教育部人文社会科学研究发展报告项目资助"中国环境法制建设发展报告"（11JGP044）

中国海洋大学一流大学建设专项经费资助

中国环境法制建设发展报告

（2016年卷）

徐祥民　主　编
于　铭

张红杰　执行副主编

人民出版社

责任编辑:宫　共
封面设计:源　源

图书在版编目(CIP)数据

中国环境法制建设发展报告.2016年卷/徐祥民,于铭 主编.—北京:人民
　出版社,2022.8
ISBN 978-7-01-024945-2

Ⅰ.①中…　Ⅱ.①徐…②于…　Ⅲ.①环境保护法-研究报告-中国-2016
　Ⅳ.①D922.604

中国版本图书馆 CIP 数据核字(2022)第 141655 号

中国环境法制建设发展报告

ZHONGGUO HUANJING FAZHI JIANSHE FAZHAN BAOGAO

(2016 年卷)

徐祥民　于　铭　主编

张红杰　执行副主编

人 民 出 版 社 出版发行

(100706　北京市东城区隆福寺街 99 号)

北京汇林印务有限公司印刷　新华书店经销

2022 年 8 月第 1 版　2022 年 8 月北京第 1 次印刷
开本:710 毫米×1000 毫米 1/16　印张:31.75　字数:518 千字

ISBN 978-7-01-024945-2　定价:95.00 元

邮购地址 100706　北京市东城区隆福寺街 99 号
人民东方图书销售中心　电话 (010)65250042　65289539

目　录

总　报　告

环境立法与政策制定篇

环境执法篇

环境司法与环境诉讼篇

总　报　告

2015 年是我国国民经济和社会发展第十二个五年规划的收官之年，是全面深化改革的关键之年，也是全面推进依法治国的开局之年。这一年是经过长达十余年修改历程后揭开面纱的有"史上最严"之称的《环境保护法》的实施年。这一年，党的十八届五中全会提出创新、协调、绿色、开放、共享的发展理念；党中央、国务院对生态文明建设和环境保护作出一系列重大决策部署，各地区、各部门坚决贯彻落实，以改善环境质量为核心着力解决突出环境问题并取得积极进展。① 因此，2015 年的环境法制建设工作具有里程碑式的意义。

我国在 2015 年的环境法制建设成绩斐然。《生态文明体制改革总体方案》的发布为加快建立系统完善的生态文明制度体系、推进生态文明建设搭建了制度框架，全面提高了我国生态文明建设水平。《固体废物污染环境防治法》的修订健全了防治固体废物污染环境长效机制，《大气污染防治法》的修订突出了大气环境质量改善主线，明确了政府在大气污染治理中的责任，贯彻了习近平总书记"形成人与自然和谐发展现代化建设新格局"② 的总方针。环境执法正在朝着严格与强势的目标迈进：在大气污染防治、核安全宣贯、环评机构专项整治、涉危涉化重点建设项目的环境影响评价领域展开了 5 次专项行动；环境保护部共对 13 家企业进行了挂牌督办；对 10 个单位进行了环境违法行政处罚。最高人民法院发布的《关于审理环境民事公益诉讼案件适用法律若干问题的解释》和《关于审理环境侵权责任纠纷案件适用法律若干问题的解释》使环境公益诉讼在司法实践中更具可操作性，最高人民检察院推行的《检察机关提起公益诉讼改革试点方案》和《人民检察院提起公益诉讼试点工作实施办法》探索了"法律规定的机关"提起公益诉讼的可行性，完成了环境公益诉讼从法律文本到司法实践的跨越。

---

① 《2015 中国环境状况公报》。
② 《中国共产党第十八届中央委员会第五次全体会议公报》。

一、环境政策

2015 年，我国出台国家环境政策共计 23 项，内容涵盖了生态文明建设的制度设计、生态文明体制改革的推行、水污染防治力度的加大、全国海洋主体功能区规划的编制等多方面。这一年，我国在环境政策制定上可谓多措并举，多管齐下，为美丽中国建设添上了浓墨重彩的一笔。总的来说，2015年我国国家环境政策制定上的主要成果有以下几个方面：

（一）顶层设计生态文明制度体系

中共中央政治局于 2015 年 3 月 24 日审议通过，中共中央、国务院于 2015 年 4 月 25 日印发的《关于加快推进生态文明建设的意见》是落实党的十八大通过的把生态文明建设放在突出地位决议的重要举措。《关于加快推进生态文明建设的意见》指出，生态文明建设的基本原则是：将"节约优先、保护优先、自然恢复为主作为基本方针；把绿色发展、循环发展、低碳发展作为基本途径；把深化改革和创新驱动作为基本动力；把培育生态文化作为重要支撑；把重点突破和整体推进作为工作方式"。《关于加快推进生态文明建设的意见》为达到"国土空间开发格局进一步优化、资源利用更加高效、生态环境质量总体改善、生态文明重大制度基本确立"的总目标，全面构建了可概括为"五位一体、五个坚持、四项任务、四项保障机制"的生态文明建设总框架，是我国立足当下着眼未来的推进生态文明制度体系建设的纲领性文件。

（二）推动生态文明体制改革

为了贯彻落实《关于加快推进生态文明建设的意见》，推动生态文明体制改革，2015 年 9 月 25 日，中共中央、国务院正式发布了《生态文明体制改革总体方案》（中发〔2015〕25 号）。《生态文明体制改革总体方案》分为10 个部分，共 56 条，提出建立健全八项制度，分别为健全自然资源资产产权制度、建立国土空间开发保护制度、建立空间规划体系、完善资源总量管理和全面节约制度、健全资源有偿使用和生态补偿制度、建立健全环境治理体系、健全环境治理和生态保护市场体系、完善生态文明绩效评价考核和责任追究制度。同年，以《生态文明体制改革总体方案》为核心，中央推出了多项配套细化措施，具体可概括为"1＋6"方案。"1"指《生态文明体制改革总体方案》，"6"包括《环境保护督察方案（试行）》（厅字〔2015〕21号）《生态环境监测网络建设方案》（中发〔2015〕25号）《开展领导干部自然资源资产离任审计的试点方案》《党政领导干部生态环境损害责任追究办法（试行）》（中办发〔2015〕45号）《编制自然资源资产负债表试点方案》（国办发〔2015〕82号）《生态环境损害赔偿制度改革试点方案》（中办发〔2015〕57号）。

（三）制定《水污染防治行动计划》

2015年2月，中央政治局常务委员会审议通过《水污染防治行动计划》（简称《水十条》）。同年4月16日，国务院印发《水污染防治行动计划》（国发〔2015〕17号），提出加大水污染防治力度，保障国家水安全。《水污染防治行动计划》主要内容包括水污染防治的总体要求、工作目标和主要指标以及10项水污染防治行动，即：全面控制污染物排放、推动经济结构转型升级、着力节约保护水资源、强化科技支撑、充分发挥市场机制作用、严格环境执法监管、切实加强水资源管理、全力保障水生态环境安全、明确和落实各方责任、强化公众参与和社会监督10个方面。

（四）制定国家环境保护规划和相关规划

2015年，国家环境政策成果还体现在系列规划与纲要的出台：1.我国第一部水情教育规划《全国水情教育规划（2015—2020年）》出台，这是统筹谋划今后一个时期水情教育发展的总体部署，是未来一段时期全国水情教育工作的指导性文件。文件要求政府要积极发挥主导作用，增强公众水安全、水忧患、水道德意识，构建"人人参与、人人受益"的全民水情教育体系。2.我国国家级水土保持规划《全国水土保持规划（2015—2030年）》首度获批，这是我国水土流失防治进程中的一个重要里程碑，也是今后一个时期我国水土保持工作的发展蓝图和重要依据。3.我国海洋空间开发的基础性和约束性规划《全国海洋主体功能区规划》发布，为推进形成海洋主体功能区布局提供了基本依据。《全国海洋主体功能区规划》成为《全国主体功能区规划》的重要组成部分，规划范围为我国内水、领海、专属经济区和大陆架及其他管辖海域（不包括港澳台地区）。4.《中共中央关于制定国民经济和社会发展第十三个五年规划的建议》发布。《中共中央关于制定国民经济和社会发展第十三个五年规划的建议》第二部分阐释了创新、协调、绿色、开放、共享的发展理念。《中共中央关于制定国民经济和社会发展第十三个五年规划的建议》第五部分强调坚持绿色发展、着力改善生态环境，从促进人与自然和谐共生、加快建设主体功能区、推动低碳循环发展、全面节约和高效利用资源、加大环境治理力度、筑牢生态安全屏障6个方面展开，提出"十三五"时期经济社会发展的主要目标之一是：生态环境质量总体改善；生产方式和生活方式绿色、低碳水平上升；能源资源开发利用效率大幅提高，能源和水资源消耗、建设用地、碳排放总量得到有效控制，主要污染物排放总量大幅减少；主体功能区布局和生态安全屏障基本形成。5.中共中央和国务院联合印发关于法治政府建设的纲领性文件《法治政府建设实施纲要（2015—2020年)》，对法治政府建设明确提出生态环境保护方面的具体要求，提出加快建立和完善有效约束开发行为和促进绿色发展、循环发展、低碳发展的生态文明法律制度。

（五）落实绿色发展理念，大力推进农业现代化

2015年年初和年末分别发布了三个内容上涵盖了生态环境保护的农村改革和农业现代化建设方面的文件：2015年2月1日，中共中央、国务院发布《中共中央、国务院关于加大改革创新力度加快农业现代化建设的若干意见》；2015年12月31日，中共中央、国务院出台了《中共中央、国务院关于落实发展新理念加快农业现代化实现全面小康目标的若干意见》。中共中央办公厅、国务院办公厅于2015年11月2日联合印发了《深化农村改革综合性实施方案》。

《中共中央、国务院关于落实发展新理念加快农业现代化实现全面小康目标的若干意见》凸显了创新、协调、绿色、开放、共享的发展理念，以实现全面小康为目标，与《中共中央、国务院关于加大改革创新力度加快农业现代化建设的若干意见》有一个共同追求，就是加快农业现代化建设。《深

化农村改革综合性实施方案》明确了深化农村改革总的目标、原则、基本任务和重要路径，是协调推进农村改革的总遵循，是深化农村改革的总体"施工图"。《深化农村改革综合性实施方案》要求："发展生态循环农业，构建农业废弃物资源化利用激励机制"；"加强重金属污染耕地治理和东北黑土地保护"；"深入推进退耕还林还草、还湿还湖、限牧限渔"；"完善森林、草原、湿地、水源、水土保持等生态保护补偿制度"；"建立健全生态保护补偿资金稳定投入机制"。《深化农村改革综合性实施方案》还提出推行对资源环境、农林水利、海洋渔业等领域的综合执法，依法维护农村生产生活秩序，提高农村基层法治水平。

（六）深化电力体制改革

为解决制约电力行业科学发展的突出矛盾和深层次问题，推动结构调整和产业升级，2015年3月15日，中共中央、国务院以中发〔2015〕9号发布了《中共中央、国务院关于进一步深化电力体制改革的若干意见》。《中共中央、国务院关于进一步深化电力体制改革的若干意见》在指导思想和总体目标部分提出：坚持清洁、高效、安全、可持续发展，全面实施国家能源战略，加快构建有效竞争的市场结构和市场体系，形成主要由市场决定能源价格的机制，转变政府对能源的监管方式，建立健全能源法治体系。《中共中央、国务院关于进一步深化电力体制改革的若干意见》指出，通过改革，建立健全电力行业"有法可依、政企分开、主体规范、交易公平、价格合理、监管有效"的市场体制，调整产业结构、提升技术水平、控制能源消费总量，提高能源利用效率、提高安全可靠性，促进公平竞争、促进节能环保。

（七）国有林场和林区改革

为深入实施以生态建设为主的林业发展战略，2015年3月17日，中共中央、国务院印发《国有林场改革方案》和《国有林区改革指导意见》的通知，以推动林业发展模式由木材生产为主转变为生态修复和建设为主、由利用森林获取经济利益为主转变为保护森林提供生态服务为主，建立有利于保护和发展森林资源、有利于改善生态和民生、有利于增强林业发展活力的国有林场和林区新体制。

《国有林场改革方案》按照分类推进改革的要求，将坚持生态导向、保护优先，坚持改善民生、保持稳定，坚持因地制宜、分类施策，坚持分类指导、省级负责作为基本原则，到 2020 年，计划实现生态功能显著提升、生产生活条件明显改善、管理体制全面创新的总体目标。

《国有林区改革指导意见》以发挥国有林区生态功能和建设国家木材战略储备基地为导向，以厘清中央与地方、政府与企业各方面关系为主线，积极推进政事企分开，健全森林资源监管体制。《国有林区改革指导意见》提出：加快林区经济转型，促进林区森林资源逐步恢复和稳定增长；将坚持生态为本、保护优先，注重民生改善、维护稳定，促进政企政事分开、各负其责，强化统一规划、融合发展，坚持分类指导、分步实施作为基本原则。依据《国有林区改革指导意见》，到 2020 年，计划实现以下目标：基本理顺中央与地方、政府与企业的关系，实现政企、政事、事企、管办分开，林区政府社会管理和公共服务职能得到进一步强化，森林资源管护和监管体系更加完善，林区经济社会发展基本融入地方，生产生活条件得到明显改善，职工基本生活得到有效保障；区分不同情况有序停止天然林商业性采伐，重点国有林区森林面积增加 550 万亩左右，森林蓄积量增长 4 亿立方米以上，森林碳汇和应对气候变化能力有效增强，森林资源质量和生态保障能力全面提升。

（八）其他关涉环境法制建设的国家政策

盘点 2015 年的国家环境政策，尚有以下文件有必要提及和关注：2015 年 5 月 18 日国务院公布的《国务院批转发展改革委关于 2015 年深化经济体制改革重点工作意见的通知》，2015 年 5 月国务院印发的《中国制造 2025》，2015 年 12 月 31 日中共中央、国务院发布的《中共中央、国务院关于实施全面两孩政策改革完善计划生育服务管理的决定》。以上 3 个文件中的要求及内容在未来一段时间内将直接或间接对人口、资源与环境产生影响，因而成为中国环境法制建设的一部分，不容忽视。

二、环境立法

2015 年，我国环境立法的成绩可以总结为中央立法稳中求进、地方立法多点开花。在中央层面，虽没有颁布新法，但是针对性地修改了 8 部已有的法律，并且共制定、修改了 27 部环境保护部门规章；在地方层面，环境立法蓬勃发展，全国共制定、修订和修正环境地方性法规和部门规章 286 部，其中，地方性环境法规 171 部，地方政府环境规章 115 部。具体的成果可概括为以下几个方面：

（一）完善立法体制——扩大地方环境立法权主体范围

《立法法》自 2000 年颁布以来的首次修是对环境立法产生重大影响的事件。2015 年 3 月 15 日，第十二届全国人民代表大会第三次会议以《全国人民代表大会关于修改〈中华人民共和国立法法〉的决定》（主席令第 20 号），对《中华人民共和国立法法》（以下简称《立法法》）进行了修正。修改后的《立法法》以提高立法质量为重点，着力发挥立法的引领和推动作用，发挥人大及其常委会在立法工作中的主导作用，进一步推进科学立法、民主立法，使立法决策与改革决策相统一和衔接，使重大改革于法有据，使我国的立法体制、法律体系更加完善。①

就环境立法和法制而言，此次《立法法》修正最重要的变化就是将地方环境立法权主体从省、自治区的人民政府所在地的市、经济特区所在地的市和国务院已经批准的较大的市扩大到所有设区的市，从 49 个扩大到 284 个。《立法法》第七十二条、第八十二条作了扩大地方环境立法权的规定。②

---

① 参见李建国《关于〈中华人民共和国立法法修正案（草案）〉的说明——2015 年 3 月 8 日在第十二届全国人民代表大会第三次会议上》。

② 《立法法》第七十二条规定："省、自治区、直辖市的人民代表大会及其常务委员会根据本行政区域的具体情况和实际需要，在不同宪法、法律、行政法规相抵触的前提下，可以制定地方性法规。设区的市的人民代表大会及其常务委员会根据本市的具体情况和实际需要，在不同宪法、法律、行政法规和本省、自治区的地方性法规相抵触的前提下，可以对城乡建设与管理、环境保护、历史文化保护等方面的事项制定地方性法规，法律对设区的市制定地方性法规的事项另有规定的，从其规定。"第八十二条规定："省、自治区、直辖市和设区的市、自治州的人民政府，可以根据法律、行政法规和本省、自治区、直辖市的地方性法规，制定规章。"

第一，规定"设区的市"可以对环境保护方面的事项制定地方性法规和地方政府规章。这样一来，有权制定地方性法规和地方政府规章的地级市的范围，就扩大到全部设区的市（包括较大的市和较大的市以外的其他设区的市）。第二，规定"自治州"也可以对环境保护方面的事项制定地方性法规和地方政府规章。第七十二条、第八十二条还明确了就环境保护事项制定地方性法规和地方政府规章的权限。①

（二）调整环境污染防治的法律应对——修改两部污染防治法

治理环境污染是大力推进生态文明建设不可或缺的环节。运行良好的环境污染防治法律体系是应对环境危机的重要保障，也是实现环境保护的前提。2015年度，全国人民代表大会常务委员会修改了两部污染防治法律重器——《大气污染防治法》和《固体废物污染环境防治法》。

《大气污染防治法》由中华人民共和国第十二届全国人民代表大会常务委员会第十六次会议于2015年8月29日修订通过，自2016年1月1日起施行。本次修订后的《大气污染防治法》从修订前的七章六十六条，扩展到现在的八章一百二十九条，新修订的《大气污染防治法》内容增加了近一倍，与之前相比，几乎所有的法律条文都经过了修改。本次全国人大常委会对《大气污染防治法》的修改定位为修订，这意味着对其调整不是小修小改，而是全面补充和调整，使其更好地满足新形势下大气污染治理的法治需要。② 与旧法相比，新修订的《大气污染防治法》主要有三处亮点：第一，大气环境质量改善的着重强调。该法以大气质量改善为核心，明确提及"大气环境质量"达36次之多，接近全部条文的1/3，体现了环境质量要与老百姓切身感受相符的立法思路。第二，政府大气污染治理职责的强化。新修订的《大气污染防治法》明确了各级政府大气污染防治工作的责任及考核标准，如在总则部分除了规定地方各级人民政府应当对本行政区域的大气环境质量负责以外，还规定了国务院环境保护主管部门对省（自治区）、直辖市大气环境质量改善目标、大气污染防治重点任务完成情况进行考核，省（自

---

① 徐祥民、宛佳欣、孔晓雨：《〈立法法〉（2015）实施后地方环境立法现状分析与研究》，《中国应用法学》2019年第1期。

② 周珂、于鲁平：《解析新〈大气污染防治法〉》，《环境保护》2015年第18期。

治区）、直辖市人民政府对本行政区域内地方大气环境质量改善目标、大气污染防治重点任务完成情况实施考核等内容。新法同时也在其他章节对各级政府的大气污染防治责任进行了全面具体的规定，在保证各级政府依法履行职责的同时，也为各级政府的大气污染防治工作提供了具体的指导和坚实的依据。① 第三，处罚力度的加大。新的《大气污染防治法》共一百二十九条，其中关于法律责任的规定就有三十条，多为具体的有针对性的措施及相应的处罚方式。具体的处罚行为和种类接近 90 种，强化了这部新法的操作性和针对性。② 新法还取消了现行法律中对造成大气污染事故企业事业单位罚款"最高不超过 50 万元"的封顶限额，增加了"按日计罚"的规定。同时，新法还明确，造成大气污染事故的，对直接负责的主管人员和其他直接责任人员可以处上一年度从本企业事业单位取得收入 50% 以下的罚款；对造成一般或者较大大气污染事故的，按照污染事故造成直接损失的 1 倍以上 3 倍以下计算罚款；对造成重大或者特大大气污染事故的，按污染事故造成的直接损失的 3 倍以上 5 倍以下计罚。

《固体废物污染环境防治法》（以下简称《固废法》）自 1995 年通过以来历经了 2004 年、2013 年和 2015 年的三次修订。《固废法》在本年度的修改虽是在原有基础上的小修补，仅对原《固废法》第二十五条的固体废物进口管理规定予以修正③，但此条规定却做出了"对洋垃圾说不"的大文章。本条规定构建了两种情况三大类的固体废物进口分类管理模式。第一种情况是不能用作原料或者以我国目前的科技水平不能以对环境无害化方式加以利用的固体废物，一律禁止进口；另一种情况是可以用作原料的固体废物，允许进口。三大类是指在上述两种情况的基础上，对可以用作原料的固体废物进一步分为限制进口和自动许可进口两大类。总体来说，进口的固体废物分为禁止进口、限制进口、自动许可进口三类。本次《固废法》的修改对贯彻落实生态文明思想和党中央有关决策部署，推进生态文明建设，打赢污染防治

① 秦天宝：《新〈大气污染防治法〉：曲折中前行》，《环境保护》2015 年第 18 期。
② 黄亮斌：《新修订〈大气污染防治法〉七大亮点》，《湖南日报》2015 年 9 月 17 日。
③ 《固体废物污染环境防治法》将原法第二十五条第一款和第二款中的"自动许可进口"修改为"非限制进口"。删去第三款中的"进口列入自动许可进口目录的固体废物，应当依法办理自动许可手续。"

攻坚战具有重大意义。

（三）协同并进——其他有关环境保护的法律的修改

本年度，《中华人民共和国种子法》于 2015 年 11 月 4 日经中华人民共和国主席令第三十五号公布，自 2016 年 1 月 1 日起生效。此次修订在种业创新体系、种子品种管理、执法体系和执法手段等方面较此前的《中华人民共和国种子法》更为完善。《中华人民共和国人口与计划生育法》进行了修正并于 2016 年 1 月 1 日起施行。此次修正涉及《人口与计划生育法》的第十八、二十、二十五、二十七、三十六条的内容，修正后的《人口与计划生育法》第十八条第一项内容为"国家提倡一对夫妻生育两个子女"，这是此次修正的核心内容。此外，《中华人民共和国防洪法》第二十五条、第三十四条第三款进行了修正，《中华人民共和国畜牧法》第二十二条第一款、第二十四条第一款、第七十一条进行了修正，《中华人民共和国动物防疫法》第二十条第一款、第五十一条、第五十二条第二款进行了修正。依据修正后的《中华人民共和国防洪法》第二十五条，护堤护岸的林木，由河道、湖泊管理机构组织营造和管理。护堤护岸林木，不得任意砍伐。采伐护堤护岸林木的，应当依法办理采伐许可手续，并完成规定的更新补种任务。依据修正后的《中华人民共和国防洪法》第三十四条第三款，城市建设不得擅自填堵原有河道沟叉、贮水湖塘洼淀和废除原有防洪围堤。确需填堵或者废除的，应当经城市人民政府批准。依据修正后的《中华人民共和国畜牧法》，取得生产家畜卵子、冷冻精液、胚胎等遗传材料的生产经营许可证，需要向省级人民政府畜牧兽医行政主管部门提出申请。《中华人民共和国动物防疫法》的修改主要集中于有关工商登记的内容。

（四）多点渐进——环境部门规章的逐步丰富

国务院各部委颁布的环境部门规章是环境法律体系的重要组成部分，对环境治理实践的法律空白可以起到有效填补。2015 年度，我国共制定、修改 27 部环境保护部门规章，这些部门规章内容涵盖了如环境保护公众参与、林业保护、城镇污水排放许可管理等多领域内的众多事项。

本年度新制定部门规章 10 部，他们是：《环境保护公众参与办法》（环境保护部令第 35 号）、《建设项目环境影响后评价管理办法（试行）》（环境保护部令第 37 号）、《建设项目使用林地审核审批管理办法》（林业局令第 35 号）、《林业工作站管理办法》（林业局令第 39 号）、《防治船舶污染内河水域环境管理规定》（交通运输部令第 25 号）、《城镇污水排入排水管网许可管理办法》（住房和城乡建设部令第 21 号）、《突发环境事件应急管理办法》（环境保护部令第 34 号）、《公共机构能源审计管理暂行办法》（国家发改委、国家机关事务管理局令第 32 号）、《节能低碳产品认证管理办法》（质检总局　国家发改委令第 168 号）、《气象信息服务管理办法》（中国气象局令第 26 号）；对以下部门规章进行了修订：《气象预报发布与传播管理办法》（中国气象局令第 26 号）、《建设项目环境影响评价资质管理办法》（环境保护部令第 36 号）、《突发林业有害生物事件处置办法》《进境动植物检疫审批管理办法》（国家质量监督检验检疫总局第 25 号）、《农作物种子生产经营许可管理办法》《转基因棉花种子生产经营许可规定》《草种管理办法》《建设项目环境影响评价分类管理名录》；修正了《城市生活垃圾管理办法》《中华人民共和国船舶污染海洋环境应急防备和应急处置管理规定》《入河排污口监督管理办法》。此外，《大熊猫国内借展管理规定》《国家重点保护野生动物驯养繁殖许可证管理办法》《林木种子生产、经营许可证管理办法》《引进陆生野生动物外来物种种类及数量审批管理办法》《国家林业局产品质量检验检测机构管理办法》《开发建设项目水土保持设施验收管理办法》等部门规章也均有不同程度的修改。

（五）良法促善治——地方环境立法的快速发展

2015 年是新修订的《立法法》实施的第一年。新《立法法》增加了地方环境立法权主体，由此也带动了地方环境立法的快速发展。本年度，我国地方环境立法成绩斐然，全国共制定、修订和修正环境地方性法规和部门规章 286 部，其中，我国地方各级人大（含常委会）共制定和修改 171 部地方性环境法规以及环保自治条例和单行条例（以下统称地方性环保法规），地方政府环保规章 115 部。在全部 286 部法律文件中，166 部属于制定（约占法律文件总数的 58%），26 部属于修订，94 部属于修正。在 171 部地方性环保法规中，81 部是首次制定，5 部是第一次修订，4 部是第二次修订，41

部是第一次修正，18 部为第二次修正，12 部为第三次修正，10 部为第四次修正。在 115 部地方政府环保规章中，86 部为新出台，12 部为第一次修订，1 部为第二次修订，3 部为第四次修订，9 部为第一次修正，3 部为第二次修正，1 部为第三次修正。

从数量上看，与环境资源保护相关的地方政府规章数量远少于地方性法规。从内容上看，这些立法不仅包括大气、河道、河沙、土地、湿地、海岛等涉及具体环境要素的立法，也包括生态保护、自然保护区等综合性环境立法。从类型上看，大多数地方环境立法都属于首次制定。

三、环境执法

环境执法是国家环境保护行政机关的执法机构以环境相关法律法规为依据，为保证实现环境保护目标、保护生态环境以及公众健康而实施的监督检查、行政处罚以及行政强制等一系列行政行为。[①]2015 年度，我国环境执法领域亮点频出，在环境执法政策的制定完善、环境执法专项行动的推进、环境违法整治的进行和环保综合督查的开展上成就斐然。

（一）环境执法政策的制定

本年度，我国环境执法政策成果显著，共发布 1213 部环境执法政策文件。其中，中央政府部门共发布环境执法政策 198 部，全国（不含港澳台）31 个省、自治区、直辖市的地级市及地级市以上政府和政府部门，共发布通知、意见、批复、函等环境执法政策 1015 部。其中，省级政府和政府部门发布环境执法政策 425 部；市级政府和政府部门发布环境执法政策 590 部。从环境保护事务法、手段法的角度考查[②]：在中央层面，环境保护手段类的文件最多，数量达到 86 部；自然资源保护类、综合类的文件和污染防治类的文件数量差距不大，分别是 41 部、28 部和 27 部；生态保护类、环境退化防治类以及其他类型文件较少，共计 16 部。在地方层面，环境保护手段类

---

① 林光洙：《环境法与环境执法》，中国环境科学出版社 2002 年版，第 1 页。

② 关于环境事务法、手段法的分类，参见徐祥民、巩固《关于环境法体系问题的几点思考》，《法学论坛》2009 年第 24 期。

的文件数量也是最多，数量达到391部；污染防治类的文件数量为208部；自然资源保护类的文件数量为198部；综合类的文件数量为152部；其余类型的文件较少，共计66部。

以省级环境执法政策为考察对象，2015年发布数量超过20部的地区包括云南、浙江、北京、山东、黑龙江。其中，云南发文数量最多，达到44部；其次是浙江，共有29部。吉林、宁夏和西藏发文不足10部。以市级环境执法政策为考察对象，2015年发文数量超过10部的城市有阳泉和东营，其余城市发文数量均为个位数。其中，阳泉市的发文数量最多，有29部，比排名第二的东营多颁布了19部。

（二）环境执法专项行动强势进行

2015年全年，环保部开展了5次环境执法专项行动，涉及大气污染防治、核安全文化宣贯推进、核与辐射安全检查和综合督查、对全国环评机构的整治与涉危涉化重点建设项目环境影响评价的检查。这5次专项行动分别是：1.环境保护部于2015年3月底在京津冀及周边地区开展的大气污染防治专项执法检查，此次专项行动重点检查了各类大气排污企业环保设施运行情况、污染物排放情况，重污染天气应急预案制定及执行情况，群众投诉案件和热点环境问题的办理情况。2.国家核安全局、国家能源局和国防科工局于2015年1月14日联合发布《核安全文化政策声明》及宣贯专项行动，《核安全文化政策声明》的发布在我国尚属首次，是国家核安全局、国家能源局、国防科工局联合推动全行业核安全文化培育与发展的重大举措。3.环境保护部于2015年8—11月在全国集中开展针对重点核设备制造单位、民用核设施营运单位、核技术利用单位、铀矿冶设施进行的核与辐射安全大检查，对重点省级环境保护主管部门进行综合督查，推动相关部门和单位高度重视核与辐射安全工作，加强资源保障，健全责任体系，切实把各项核与辐射安全生产措施落到实处。4.环境保护部办公厅于2015年9月24日下达了《关于开展全国环评机构专项整治行动的通知》（环办函〔2015〕1532号）。此次专项行动旨在进一步规范环评机构从业行为，严肃查处环评机构出租出借环评资质、环评文件编制质量低劣、环评工程师"挂靠"等违规行为，促进环评技术服务业健康发展。环境保护部办公厅于2015年12月28日发布了《关于全国环评机构专项整治行动发现部分环评机构及从业人员问题处理意见的通报》（环办函〔2015〕2154号），就专项行动中检查发现存在问题的30家环评机构和31名环评工程师通报了处理意见。5. 环境保护部2015年10月组织开展涉危涉化重点建设项目环境影响评价专项工作现场检查、抽查，重点检查建设项目是否落实了环境影响评价和验收提出的环境风险防范措施，对于检查过程中发现的问题，当即督促地方进行整改。

（三）环境违法整治和环保综合督查的开展

2015年度，环境保护部及其下属职能部门国家核安全局积极履行环保职责，对多地破坏环境的企业和个人进行了挂牌督办和行政处罚。环境保护部共对13家企业进行了挂牌督办，对10个单位进行了环境违法行政处罚。在环保综合督查方面，环境保护部印发的《2015年全国环境监察工作要点》首次要求省级环保部门对不少于30%的设区市的人民政府开展综合督查。根据环境保护部办公厅《关于2015年度环境保护综合督查工作情况的通报》（环办环监函〔2016〕214号），在具体综合督查工作的实施过程中，各地共对31个市进行约谈、对20个市县实施区域环评限批、对督查中发现的176个问题进行挂牌督办。

2015年度，环境违法整治主要包括环境违法事件挂牌督办和环境违法行为查处两个方面。本年度，环境保护部挂牌督办的环境违法案件共13起。其中，有6起涉及大气污染治理，包括：对扬州威亨热电有限公司环境违法案件挂牌督办，对河北省承德市大气污染问题挂牌督办，对山东省临沂市大气污染问题挂牌督办，对黑龙江省鑫玛热电集团有限责任公司5家下属公司环境违法案挂牌督办，对江西宏宇能源发展有限公司环境违法案挂牌督办，对山西省运城市环境问题挂牌督办。环境保护部挂牌督办的案件中有4起涉及水污染治理，包括：对浙江省苍南县金乡镇电镀工业园环境违法案挂牌督办，对江西省九江富达实业有限公司环境违法案挂牌督办，对广东省东莞市长安镇锦厦三洲水质净化有限公司环境违法案的联合挂牌督办和对湖北省武汉市余家头水厂水源地一级保护区内建设码头环境违法案挂牌督办。对危险废物违法案件的挂牌督办主要有3起：对天津市静海县双塘高档五金制品产业园环境违法案件挂牌督办，对云南省玉溪易和环境技术有限公司环境违法案挂牌督办以及对江苏省靖江市原侯河石油化工厂填埋疑似危险废物案的联合挂牌督办。在环境违法行为查处上，2015 年环境保护部共查处环境违法行为 10 件，并制作行政处罚决定书共 10 份。其中，主要涉及核安全的环境违法案件 5 件，包括：西安陕鼓通风设备有限公司核安全违法案、西安陕鼓动力股份有限公司核安全违法案、南方风机股份有限公司核安全违法案、原子高科股份有限公司辐射安全违法案、中国科学院高能物理研究所辐射安全违法案；主要涉及环境影响评价的案件 5 件，包括：安徽马钢罗河矿业有限责任公司环境违法案、三门峡义翔铝业有限公司环境违法案、铁法煤业集团大强煤矿有限责任公司环境违法案、中石油云南石化有限公司环评违法案、内蒙古珠江投资有限公司环评违法案。

在环保综合督查上，2015 年 3 月 23 日，环境保护部印发《2015 年全国环境监察工作要点》，在总结回顾 2013 年以来探索的"督企"向"督政"的转变之路的同时，根据新修订的《环境保护法》第六十七条"上级人民政府及其环境保护主管部门应当加强对下级人民政府及其有关部门环境保护工作的监督"之规定，对 2015 年全国环境监察重点工作进行了部署，首次要求省级环保部门对不少于 30% 的设区市级人民政府开展综合督查。督查结果显示，未达到 30% 标准的省份有江西省、山东省、甘肃省和宁夏回族自治区，分别完成了 27.3%、11.8%、28.57% 和 20%，海南省由于机构改革调整等原因未能开展综合督查工作。其他 26 个省份以及新疆生产建设兵团均已达到了 30% 的要求。其中，浙江、湖北、重庆和西藏等 4 省（区、市）对所辖的所有区市实施了综合督查。本年内，各省、自治区、直辖市环境保护厅（局）共对 163 个设区市、自治州、直辖市的区县人民政府实施综合督查，督查比例达到 39.5%。督查方式有各省份独立实施以及与环保部环境保护督查中心联合实施两种。与环保部环境保护督查中心联合实施的有天津、河北、黑龙江、河南、湖南、重庆等 6 省（市）环境保护厅（局），其他各省份均独立实施。① 督查过程中，各地共对 31 个市进行约谈、对 20 个市县实施区域环评限批、对 176 个问题进行挂牌督办。督查取得了成效，落实了

①　内容详见《关于 2015 年度环境保护综合督查工作情况的通报》，环办环监函〔2016〕214 号，2016 年 2 月 1 日发布。

"党政同责""一岗双责"，但也暴露了各地综合督查工作不均衡、不规范、不配合等问题。

四、环境司法、环境审判和环境诉讼

2015 年中国环境审判与环境诉讼活动成绩显著。最高人民法院在环境资源司法审判机构设置方面完成了顶层设计及全国布局，通过建立专门化审判机构、发布典型案例、设立最高人民法院环境资源审判实践基地、对全国环保法官进行培训、设立环境资源司法研究智库等方式为进一步推动环境资源司法审判工作做了全国总动员。自 2007 年 11 月全国首家两级环保审判专门机构在贵州省贵阳市建立至 2015 年 11 月，全国共有 24 个省区市人民法院设立了 456 个环境资源审判庭、合议庭、巡回法庭。福建、贵州、江苏、海南 4 省已经建立起三级环境资源审判组织体系。最高人民法院发布了环境保护行政案件十大案例和环境资源十大侵权案例，并邀请 10 位环保法领域专家对十大侵权案例进行了点评。2015 年 5 月 19 日，由 40 位专家组成环境资源审判咨询专家库、25 位优秀法官和知名学者作为主要成员的最高人民法院环境资源司法研究中心正式揭牌，并与中国人民大学、武汉大学合作设立环境资源司法理论研究基地。2015 年 11 月，最高人民法院在福建龙岩中院、福建漳州中院等 15 家中级、基层人民法院设立首批最高人民法院环境资源审判实践基地，探索完善环境资源审判机制、审判专门化的有效路径。

（一）最高人民法院发布审理环境案件的司法解释

本年度，最高人民法院先后发布了两个全部内容直接针对审理环境案件的司法解释，分别是《最高人民法院关于审理环境民事公益诉讼案件适用法律若干问题的解释》和《最高人民法院关于审理环境侵权责任纠纷案件适用法律若干问题的解释》，而另外两个司法解释——《最高人民法院关于适用〈中华人民共和国民事诉讼法〉的解释》《关于审理掩饰、隐瞒犯罪所得、犯罪所得收益刑事案件适用法律若干问题的解释》中的部分内容关涉环境案件的审理。

《关于审理环境民事公益诉讼案件适用法律若干问题的解释》（法释〔2015〕1号，以下简称《公益诉讼解释》）是最高人民法院为正确审理环境民事公益诉讼案件，结合审判实践，于2015年1月7日发布的重要司法解释。《公益诉讼解释》的发布对环境公益诉讼的落地起到重要的推动作用，使环境公益诉讼成为贯穿全年的主题。该《公益诉讼解释》共三十五条，主要包括八个方面的内容，即：社会组织的原告资格、管辖法院、原被告举证能力的适当平衡、被告承担责任的形式、职权主义的适度强化、公益诉讼和环境行政执法的衔接、公益诉讼和私益诉讼的协调、原告的诉讼成本负担。

《最高人民法院关于审理环境侵权责任纠纷案件适用法律若干问题的解释》（法释〔2015〕12号，以下简称《环境侵权责任解释》）是最高人民法院为有效衔接《环境保护法》以及各环境保护单行法与《侵权责任法》中有关环境污染责任的规定而于2015年6月1日发布的司法解释。《环境侵权责任解释》共十九条，从八个方面明确了环境侵权责任纠纷案件中的法律适用问题，即：《环境侵权责任解释》适用范围的明确；环境侵权责任纠纷案件的归责原则和减免事由的明确；数人分别或者共同排污时，污染者对内对外的责任承担方式的明确；因第三人的过错污染环境造成损害的，第三人和污染者的诉讼地位和责任承担的明确；被侵权人和污染者之间的举证证明责任分配原则的明确；环境污染案件中有关鉴定意见、检验检测或者监测报告以及专家辅助人的意见等有关证据的适用的明确；环境污染案件中有关行为保全和证据保全措施的适用条件和程序的明确以及环境侵权责任纠纷案件中承担侵权责任的方式的明确。《环境侵权责任解释》不仅适用于环境私益诉讼，而且适用于环境公益诉讼，规定了两类诉讼共同适用的一般法律规则。该《环境侵权责任解释》的发布旨在指导全国法院正确审理环境侵权责任纠纷案件，切实保护受害人的民事权益，用严格的司法程序保护好我国生态环境和美丽家园。

最高人民法院《关于适用〈中华人民共和国民事诉讼法〉的解释》（法释〔2015〕5号）共二十三个部分，五百五十二条，其中第十三部分为"公益诉讼"，该部分对包括环境公益诉讼在内的公益诉讼制度进行了具体规定。这些规定使包括环境公益诉讼在内的公益诉讼的受理条件更加细化、更加完善，管辖法院更加明确；对告知程序、公益诉讼案件裁判效力、其他有权提起公益诉讼的机关和有关组织参加诉讼作出了规定；对公益诉讼案件的和解、调解作出了详细规定；对公益诉讼原告申请撤诉作出了限制性规定；对公益诉讼与私益诉讼的关系进行了协调。①

2015 年 5 月，最高人民法院发布了《关于审理掩饰、隐瞒犯罪所得、犯罪所得收益刑事案件适用法律若干问题的解释》（法释〔2015〕11 号），此解释明确了《刑法》第三百一十二条所规定的掩饰、隐瞒犯罪所得罪的入罪标准，依据该标准，明知是非法狩猎的野生动物而收购的，数量达到五十只以上的，以掩饰、隐瞒犯罪所得罪定罪处罚。

（二）环境诉讼典型案例的发布

2015 年，环境诉讼典型案例囊括了民事诉讼、刑事诉讼和行政诉讼三个方面。民事诉讼方面，最高人民法院共发布了 10 起环境侵权典型案例，涉及普通环境侵权诉讼中界定环境侵权案件范围、归责原则、举证责任分配和证明标准等问题。10 起典型案例中有 3 起环境公益诉讼案件，其他 7 起为私益诉讼，私益诉讼中涉及噪声污染案件 3 起，涉及水污染和大气污染案件各 2 起。其他环境民事诉讼典型案例以环境污染责任案为主。刑事诉讼方面，最高人民检察院发布了 10 起检察机关加强生态环境司法保护典型案例，其中案例一为最高人民检察院挂牌督办 4 起腾格里沙漠污染环境案，其他案例分别涉及非法采矿、非法采伐和毁坏国家重点保护植物、环境监管失职等。其中，有 3 起案例已于 2015 年年内审结②。行政诉讼方面，本年度环境行政诉讼典型案例主要有：环境保护局不履行法定职责上诉案，拒绝环保执法检查行政诉讼案；不服环保局行政处罚上诉案。环境诉讼典型案例的发布有利于环境法律的统一适用，为各级法院的环境司法活动提供了裁判规则。③

① 参见《最高人民法院关于适用〈中华人民共和国民事诉讼法〉的解释》新闻发布稿。
② 这 3 起典型案例分别是张建强环境监管失职案、倪可佃等 3 人环境监管失职案以及最高检挂牌督办 4 起腾格里沙漠污染环境案中的宁夏中卫明盛染化有限公司污染环境案和宁夏中卫工业园区污染环境案。
③ 雷磊：《指导性案源法律地位再反思》，《中国法学》2015 年第 1 期。

（三）检察机关提起环境公益诉讼成为司法新常态

党的十八届四中全会提出了"探索建立检察机关提起公益诉讼制度"[①]的总要求。为贯彻落实十八届四中全会精神，2015年7月1日，全国人大常委会通过了《全国人大常委会关于授权最高人民检察院在部分地区开展公益诉讼试点工作的决定》（以下简称《决定》），授权最高人民检察院在生态环境和资源保护、国有资产保护、国有土地使用权出让、食品药品安全等领域开展提起公益诉讼试点工作。在《决定》发布后，最高人民检察院发布了2个配套文件：《检察机关提起公益诉讼改革试点方案》和《人民检察院提起公益诉讼试点工作实施办法》。前者于2015年7月2日起施行，后者于2015年12月24日起施行。《检察机关提起公益诉讼改革试点方案》和《人民检察院提起公益诉讼试点工作实施办法》为检察机关提起公益诉讼搭建了制度框架，使检察机关提起公益诉讼在现实中成为可能，也将使检察机关在环境保护领域提起公益诉讼逐渐成为司法新常态。

以《检察机关提起公益诉讼改革试点方案》和《人民检察院提起公益诉讼试点工作实施办法》为依据，2015年，包括环境公益诉讼在内的公益诉讼试点工作在下列13个省、自治区、直辖市展开：北京、内蒙古、吉林、江苏、安徽、福建、山东、湖北、广东、贵州、云南、陕西、甘肃等。试点期限自2015年7月1日起，为期二年。2015年12月16日，山东省庆云县人民检察院以县环保部门不依法履行职责为由，向县法院提起行政公益诉讼。这是启动检察机关提起公益诉讼试点改革以来的全国首例行政公益诉讼。

（四）社会组织提起的环境公益诉讼持续推进

2015年12月29日，最高人民法院发布的10起环境侵权典型案例中有3起为社会组织提起的重要环境社会公共利益诉讼，他们是：中华环保联合会诉德州晶华集团振华有限公司大气污染民事公益诉讼案，北京市朝阳区自然之友环境研究所、福建省绿家园环境友好中心诉谢知锦等4人破坏林地民

---

① 《中国共产党第十八届四中全会公报》。

事公益诉讼案；常州市环境公益协会诉储卫清、常州博世尔物资再生利用有限公司等土壤污染民事公益诉讼案。此外，江苏镇江市生态环境公益保护协会诉唐长海环境污染责任纠纷案也围绕着公益诉讼的原告主体资格、环境污染侵权责任、污染清理方式、环境污染治理的执行等争议焦点展开。另有 3 起社会组织提起的环境公益诉讼已立案尚未审结。值得一提的是，北京市朝阳区自然之友环境研究所、福建省绿家园环境友好中心诉谢知锦等 4 人破坏林地民事公益诉讼案是新《环境法》实施后全国首例环境民事公益诉讼，涉及原告主体资格的审查、环境修复责任的承担以及生态环境服务功能损失的赔偿等司法上一系列需要明确的问题。因此，本案的判决对社会组织提起的其他环境公益诉讼起到了重要的指引和示范作用。

环境立法与政策制定篇

　　截至2015年底经过改革开放以来近40年的发展，我国环境立法取得了长足的进步，逐步建立起门类丰富、制度较为全面的法律体系。2015年，中国环境法制建设在环境立法与政策制定方面取得了丰硕成果。第一，以加快推进生态文明建设的意见、"1＋6"生态文明体制改革"组合拳"、水污染防治行动计划、制定国家环境保护规划、涉及环境保护的系列改革方案等为主要内容的一批国家环境政策相继出台，为未来一段时期我国环境保护事业和环境法制建设谋划了总体方略。第二，修改了8部已有的法律，并且共制定、修改了27部环境保护部门规章。第三，全国共制定、修订和修正环境地方性法规和部门规章286部，其中，地方性环境法规171部，地方政府环境规章115部。但总体米说，我国目前依旧面临严峻的环境问题，通过健全、完善环境立法从而建成人与自然和谐的美丽中国，仍然道阻且长。但值得期待的是，环境立法是实现绿色发展、建设美丽中国的重要法制保障之一，只要不断推进全面深化改革和全面依法治国，逐年积累环境立法成果和经验，人与自然和谐的愿景也会逐年变为现实。

第 一 章

2015 年国家环境政策

2015 年，中国环境法制建设在国家环境政策方面取得了诸多成绩：2015 年 3 月 24 日，中共中央政治局审议通过了《关于加快推进生态文明建设的意见》，此意见是中央就生态文明建设作出专题部署的第一个文件。按照党中央、国务院的总体部署，国家打出"1＋6"生态文明体制改革"组合拳"，落实《生态文明体制改革总体方案》。"1"就是《生态文明体制改革总体方案》，"6"包括《环境保护督察方案（试行)》《生态环境监测网络建设方案》、《开展领导干部自然资源资产离任审计试点方案》《党政领导干部生态环境损害责任追究办法（试行)》《编制自然资源资产负债表试点方案》《生态环境损害赔偿制度改革试点方案》。为切实加大水污染防治力度，保障国家水安全，2015 年 2 月，中央政治局常务委员会审议通过《水污染防治行动计划》。为落实中央关于大力宣传节水和洁水观念，研究提出今后一个时期我国水情教育发展总体部署的有关要求，水利部会同中宣部、教育部、共青团中央编制完成了《全国水情教育规划（2015—2020 年)》。8 月 20 日，国务院发布了《国务院关于印发全国海洋主体功能区规划的通知》（国发〔2015〕42 号）。2015 年 10 月 4 日，国务院下发了《国务院关于全国水土保持规划（2015—2030 年）的批复》（国函〔2015〕160 号），原则同意水利部请示报批的《全国水土保持规划（2015—2030 年)》。2015 年 3 月 15 日，中共中央、国务院以中发〔2015〕9 号发布了《中共中央、国务院关于进一步深化电力体制改革的若干意见》。2015 年 3 月 17 日，中共中央、国务院印发《国有林场改革方案》和《国有林区改革指导意见》的通知。

农村改革和农业现代化建设方面，2015年年初和年末分别发布了三个内容上涵盖了生态环境保护的文件：2015年2月1日，中共中央、国务院发布《中共中央、国务院关于加大改革创新力度加快农业现代化建设的若干意见》；2015年11月2日，中共中央办公厅、国务院办公厅联合印发了《深化农村改革综合性实施方案》；2015年12月31日，中共中央、国务院出台了《中共中央、国务院关于落实发展新理念加快农业现代化实现全面小康目标的若干意见》，旨在牢固树立和深入贯彻落实创新、协调、绿色、开放、共享的发展理念，大力推进农业现代化，实现全面小康目标。以下四个文件是从国家全局的高度进行的宏观设计，其内容同样涉及和涵盖了有关生态环境保护方面：2015年10月26日至29日，中国共产党第十八届五中全会审议通过了《中共中央关于制定国民经济和社会发展第十三个五年规划的建议》；2015年12月23日，中共中央、国务院印发了《法治政府建设实施纲要（2015—2020年）》；2015年5月18日，国务院公布《国务院批转发展改革委关于2015年深化经济体制改革重点工作意见的通知》；2015年5月，国务院印发了《中国制造2025》，此文件是部署全面推进实施制造强国的战略文件，是中国实施制造强国战略第一个十年行动纲领。这四个文件是2015年甚至未来我国环境保护工作的背景或指南，是2015年我国环境法治建设不可忽视的内容。

第一节　加快推进生态文明建设的意见

2015年3月24日，中共中央政治局审议通过了《关于加快推进生态文明建设的意见》。2015年4月25日，中共中央、国务院印发《关于加快推进生态文明建设的意见》（本节以下简称《意见》）。

一、《关于加快推进生态文明建设的意见》的制定背景

党中央、国务院高度重视生态文明建设。党的十八大作出了把生态文明建设放在突出地位，纳入中国特色社会主义事业"五位一体"总布局的战略决策。十八届三中全会提出加快建立系统完整的生态文明制度体系。十八

届四中全会要求用严格的法律制度保护生态环境。《意见》"是中央就生态文明建设作出专题部署的第一个文件"[1]，确立了到 2020 年要实现"资源节约型和环境友好型社会建设取得重大进展，主体功能区布局基本形成，经济发展质量和效益显著提高，生态文明主流价值观在全社会得到推行，生态文明建设水平与全面建成小康社会目标相适应"[2] 的目标任务。

二、《关于加快推进生态文明建设的意见》的主要内容

《意见》包括总体要求；强化主体功能定位，优化国土空间开发格局；推动技术创新和结构调整，提高发展质量和效益；全面促进资源节约循环高效使用，推动利用方式根本转变；加大自然生态系统和环境保护力度，切实改善生态环境质量；健全生态文明制度体系；加强生态文明建设统计监测和执法监督；加快形成推进生态文明建设的良好社会风尚；切实加强组织领导 9 部分 35 条内容。这些内容概括起来就是"五位一体、五个坚持、四项任务、四项保障机制"[3]。（详细内容参见表 1–1）

表 1–1　《关于加快推进生态文明建设的意见》的主要内容

主体内容	具体内容	详细内容
五位一体	围绕十八大关于"将生态文明建设融入经济、政治、文化、社会建设各方面和全过程"的要求，提出了具体的实现路径和融合方式	
五个坚持	坚持把节约优先、保护优先、自然恢复为主作为基本方针	在资源开发与节约中，把节约放在优先位置，以最少的资源消耗支撑经济社会持续发展；在环境保护与发展中，把保护放在优先位置，在发展中保护、在保护中发展；在生态建设与修复中，以自然恢复为主，与人工修复相结合。

---

① 《国家发展和改革委员会主任徐绍史解读〈关于加快推进生态文明建设的意见〉》，《中国产经》2015 年第 6 期。

② 《中共中央、国务院关于加快推进生态文明建设的意见》（2015 年 4 月 25 日）。

③ 《国家发展和改革委员会主任徐绍史解读〈关于加快推进生态文明建设的意见〉》，《中国产经》2015 年第 6 期。

主体内容	具体内容	详细内容
	坚持把绿色发展、循环发展、低碳发展作为基本途径	经济社会发展必须建立在资源得到高效循环利用、生态环境受到严格保护的基础上，与生态文明建设相协调，形成节约资源和保护环境的空间格局、产业结构、生产方式。
	坚持把深化改革和创新驱动作为基本动力	充分发挥市场配置资源的决定性作用和更好发挥政府作用，不断深化制度改革和科技创新，建立系统完整的生态文明制度体系，强化科技创新引领作用，为生态文明建设注入强大动力。
	坚持把培育生态文化作为重要支撑	将生态文明纳入社会主义核心价值体系，加强生态文化的宣传教育，倡导勤俭节约、绿色低碳、文明健康的生活方式和消费模式，提高全社会生态文明意识。
	坚持把重点突破和整体推进作为方式	既立足当前，着力解决对经济社会可持续发展制约性强、群众反映强烈的突出问题，打好生态文明建设攻坚战；又着眼长远，加强顶层设计与鼓励基层探索相结合，持之以恒全面推进生态文明建设。
四项任务	明确了优化国土空间开发格局	1. 积极实施主体功能区战略 2. 大力推进绿色城镇化 3. 加快美丽乡村建设 4. 加快海洋资源科学开发和生态环境保护
	加快技术创新和结构调整	1. 推动科技创新 2. 调整优化产业结构 3. 发展绿色产业
	促进资源节约循环高效利用	1. 推进节能减排 2. 发展循环经济 3. 加强资源节约
	加大自然生态系统和环境保护力度	1. 保护和修复自然生态系统 2. 全面推进污染防治 3. 积极应对气候变化

续表

主体内容	具体内容	详细内容
四项保障机制	健全生态文明制度体系	1. 健全法律法规 2. 完善标准体系 3. 健全自然资源资产产权制度和用途管制制度 4. 完善生态环境监管制度 5. 严守资源环境生态红线 6. 完善经济政策 7. 推行市场化机制 8. 健全生态保护补偿机制 9. 健全政绩考核制度 10. 完善责任追究制度
	加强统计监测和执法监督	1. 加强统计监测 2. 强化执法监督
	加快形成良好社会风尚	1. 提高全民生态文明意识 2. 培育绿色生活方式 3. 鼓励公众积极参与
	切实加强组织领导	1. 强化统筹协调 2. 探索有效模式 3. 广泛开展国际合作 4. 抓好贯彻落实

三、《关于加快推进生态文明建设的意见》的评价

近年来，我国生态文明建设从实践到理论均取得积极成效，但总体上仍滞后于经济社会发展，突出表现在资源约束趋紧、环境污染严重、生态系统退化等 3 个方面。《意见》的出台，提出了生态文明建设的主要目标，顺应了时代发展的需求，"是当前和今后一个时期推动我国生态文明建设的纲领性文件，是落实党中央、国务院关于生态文明建设顶层设计和总体部署的路线图和时间表。"①特别是"两山理论"（即绿水青山就是金山银山）通篇贯穿，提出大力推进绿色发展、倡导绿色生活，推进绿色城镇化，发展绿色产业，实现生活方式绿色化等。未来我们应牢固树立和落实尊重自然、顺应

---

① 《五部委解读〈关于加快推进生态文明建设的意见〉》，来源：人民网 -http：//politics.people.com.cn/n/2015/0508/c70731-26966499.html？from=timeline&isappinstalled=0，2015 年 7 月 20 日访问。

自然、保护自然的理念，坚持绿色青山就是金山银山。不断推进生态文明建设，形成人与自然和谐发展的现代化建设格局，实现美丽中国的愿景。

第二节　生态文明体制改革"1＋6"方案

按照党中央、国务院的总体部署，国家打出"1＋6"生态文明体制改革"组合拳"，落实《生态文明体制改革总体方案》。"1"就是《生态文明体制改革总体方案》，"6"包括《环境保护督察方案（试行）》《生态环境监测网络建设方案》《开展领导干部自然资源资产离任审计试点方案》《党政领导干部生态环境损害责任追究办法（试行）》《编制自然资源资产负债表试点方案》《生态环境损害赔偿制度改革试点方案》。

一、《生态文明体制改革总体方案》

2015 年是"全面深化改革关键之年"，本年度发布的《关于批转发展改革委关于 2015 年深化经济体制改革重点工作意见的通知》要求"要加强生态文明制度顶层设计，完善国土空间开发、资源节约利用、环境治理和生态修复相关制度，加快建立源头严防、过程严管、后果严惩的制度体系，用制度保障生态文明"，"出台加快推进生态文明建设的意见，制定生态文明体制改革总体方案。"[①]"加快建立系统完整的生态文明制度体系，加快推进生态文明建设，增强生态文明体制改革的系统性、整体性、协同性"[②]。根据《关于批转发展改革委关于 2015 年深化经济体制改革重点工作意见的通知》的基本精神，2015 年 9 月 11 日，中共中央政治局召开会议，审议通过了《生态文明体制改革总体方案》。2015 年 9 月 25 日，中共中央、国务院正式发布了《生态文明体制改革总体方案》（中发〔2015〕25 号，以下简称《方案》）。《方案》细化搭建了制度框架，进一步明确了生态文明体制改革的任务书、路线图，为加快推进改革提供了重要遵循和行动指南。

---

① 参见《国务院批转发展改革委关于 2015 年深化经济体制改革重点工作意见的通知》第九部分"加快生态文明制度建设，促进节能减排和保护生态环境"。

② 《中共中央　国务院印发〈生态文明体制改革总体方案〉》，来源：中国政府网 -http：//www.gov.cn/guowuyuan/2015-09/21/content_2936327.htm，2017 年 11 月 15 日访问。

（一）《方案》的主要内容和配套制度建设

《方案》分为10个部分，共56条，其中改革任务和举措47条，提出建立健全八项制度，分别为健全自然资源资产产权制度、建立国土空间开发保护制度、建立空间规划体系、完善资源总量管理和全面节约制度、健全资源有偿使用和生态补偿制度、建立健全环境治理体系、健全环境治理和生态保护市场体系、完善生态文明绩效评价考核和责任追究制度。同时，依据《方案》的目标设置，相关部分还推出了一些配套制度的细化方案。

1. 《方案》的主要内容。在总体要求方面，《方案》提出了生态文明体制改革的指导思想、理念、原则和目标。其中生态文明体制改革总的目标是：到2020年，构筑起产权清晰、多元参与、激励约束并重、系统完整的生态文明制度体系。《方案》提出了配套的八项制度，以构筑生态文明体系，努力走向社会主义生态文明新时代。八项制度包括：第一，健全自然资源资产产权制度的核心是"清晰"。现在的问题就是自然资源产权不清晰。如果所有权人不到位，产权制度就建立不起来，解决了这个问题才能真正从源头上避免生态环境的破坏。第二，建立国土空间开发保护制度，核心是"主体功能"。不同区域自然条件不一样，应根据主体功能进行开发和保护程度不一的监管和管理。第三，建立空间规划体系的核心是"一张图"。当前我们缺乏基础性的空间规划，要推进多规合一，最终形成一个规划，"一张蓝图干到底"。第四，完善资源总量管理和全面节约制度的核心是"扩围"。"要把严格的保护制度从耕地、水拓展到其他各类自然空间和各类自然资源"。第五，健全资源有偿使用和生态补偿制度的核心是"有价"。自然资源是有价值的，使用者就必须付费，所有者必须收费，才能够真正建立起生态补偿机制理论上的基础。第六，建立健全环境治理体系核心是"共治"。环境治理需要政府、市场、个人、社会来共同参与。第七，健全环境治理和生态保护市场体系的核心是"市场机制"。第八，完善生态文明绩效考核和责任追究制度，核心是"履责"。

2. 《方案》的配套制度建设。按照党中央国务院的总体部署，围绕《生态文明体制改革总体方案》国家推出"1＋6"生态文明改革组合拳。"1"就是《方案》，"6"包括《环境保护督察方案（试行）》《生态环境监测网络建设方案》《开展领导干部自然资源资产离任审计的试点方案》《党政领导干部生态环境损害责任追究办法（试行）》《编制自然资源资产负债表试点方案》《生态环境损害赔偿制度改革试点方案》。目前，"1＋6"的方案中央都已经全部审议通过。①

（二）推行《方案》的进步与挑战

《方案》系统阐述了生态文明体制改革的理念、原则、2020年目标，以及各项制度具体的改革内容。《方案》为我国实现绿色发展的发展方式转型指明了方向，也坚定了健全自然资本管理和加强环境保护的理念。《方案》中所列生态文明体制建设内容是中国实现绿色转型平稳过渡的必然要求。《方案》的最大亮点在于全面地阐述了中央进行生态文明体制改革的操作思路，对生态文明体制改革各个环节的具体措施都进行了说明。"八大制度"是一整套生态文明体制建设的方案，全面而具体。这一整套体制建设的逐步落实将为我国绿色转型和绿色增长提供有力的制度保障。

然而，如何将这些具体的方案落到实处将是又一项重大挑战。《方案》将我国生态文明体制建设是什么的问题理清了，但是由谁来干、怎么干的问题仍悬而未决。第一，目前的《方案》并没有涉及明确的部门分工，但是未来如何进行部门分工，进而确定各项体制建设的实权单位，将是各级政府和社会各界关注的重点和焦点。在此《方案》正式印发之前，就存在各种相关讨论，但从生态文明体制建设能够最有效发挥作用的角度来看，只有打破各部委之间的权力疆界，实现各部委之间的权力均等化，才能充分地利用现有的行政资源，形成真正的部门联动合力。然而，在现实的改革过程中，可能遇到的阻力是不言而喻的。以往大型规划的部委分工方案中难以解决的牵头部门权力集中、配合部门无法切实发挥作用的情况将如何避免？如何在部门分工方案中做到执行、考评、监管分家？又如何在分工过程中避免多头管理？这都是实际工作将要解决的难点问题。第二，目前《方案》的部署将涉

---

① 2015年7月26日国务院办公厅发布了《生态环境监测网络建设方案》（国办发〔2015〕56号）；2015年10月30日，中共中央办公厅、国务院办公厅印发了《开展领导干部自然资源资产离任审计试点方案》；2015年8月17日，中共中央办公厅、国务院办公厅《党政领导干部生态环境损害责任追究办法（试行）》（中办发〔2015〕45号）；2015年发布了《中共中央办公厅、国务院办公厅环境保护督察方案（试行）》（厅字〔2015〕21号）；2015年11月8日《编制自然资源资产负债表试点方案的通知》（国办发〔2015〕82号）；2017年12月17日，中共中央办公厅、国务院办公厅印发《生态环境损害赔偿制度改革方案》（中办发〔2015〕57号）。

及中央和地方在自然资源管理和使用方面的权力划分，在平衡国家利益和地方利益的过程中，必然会触及地方经济发展的实惠。如推进自然资源资产产权的确权过程、国土空间规划和保护过程等都势必在一定程度上削弱地方政府对当地资源的控制力度。第三，《方案》中涉及的能源体系改革、国土空间规划等内容，势必关联到油、气、煤炭、房地产等强势产业和部门的改革；而社会参与和社会治理等鼓励社会第三方企业建设的相关内容也是对传统产业的冲击。两相结合，在我国产业结构调整中势必引起波澜，引发阵痛。在以往的改革中，类似的问题总是难以一步就位，其中的利益纷争比较复杂。①

总的来说，《方案》制度设计的方向是正确的，但是在具体落实的过程中还需努力平衡各方的权责，坚持按照《方案》中各项内容协同推进和落实，作好打持久战的准备。在《方案》的现实实行中，应更加充分预见到各方矛盾的焦点和可能发生的事件，做好预案，使得《方案》落到实处。

二、《环境保护督察方案（试行）》

2015 年 7 月，中央全面深化改革领导小组第十四次会议审议通过了《环境保护督察方案（试行）》，此方案要求建立环境保护督察工作机制，作为推动生态文明建设的重要抓手，督促地方党委和政府认真履行环境保护主体责任，切实落实环境保护"党政同责"和"一岗双责"。

三、《生态环境监测网络建设方案》

2015 年 7 月 26 日，国务院办公厅发布了《国务院办公厅关于印发生态环境监测网络建设方案的通知》（国办发〔2015〕56 号），此方案要求全面设点，完善生态环境监测网络；全国联网，实现生态环境监测信息集成共享；自动预警，科学引导环境管理与风险防范；依法追责，建立生态环境监测与监管联动机制；健全生态环境监测制度与保障体系。到 2020 年，全国生态环境监测网络基本实现环境质量、重点污染源、生态状况监测全覆盖，各级各类监测数据系统互联共享，监测预报预警、信息化能力和保障水平明

---

① 参见刘哲《解读〈生态文明体制改革总体方案〉》，《中国科学报》2015 年 11 月 6 日。

显提升，监测与监管协同联动，初步建成陆海统筹、天地一体、上下协同、信息共享的生态环境监测网络，使生态环境监测能力与生态文明建设要求相适应。

四、《党政领导干部生态环境损害责任追究办法（试行）》

党政领导的生态环境责任承担一直是党中央和政府较关注的问题。十八届四中全会通过的《中共中央关于全面推进依法治国若干重大问题的决定》强调，要"建立重大决策终身责任追究制度及责任倒查机制"①。2015年5月，党中央、国务院印发的《关于加快推进生态文明建设的意见》明确要求，"严格责任追究，对违背科学发展要求、造成资源环境生态严重破坏的要记录在案，实行终身追责，不得转任重要职务或提拔使用，已经调离的也要问责。对推动生态文明建设工作不力的，要及时诚勉谈话；对不顾资源和生态环境盲目决策、造成严重后果的，要严肃追究有关人员的领导责任；对履职不力、监管不严、失职渎职的，要依纪依法追究有关人员的监管责任。"② 2015年8月17日，中共中央办公厅、国务院办公厅印发了《党政领导干部生态环境损害责任追究办法（试行）》，规定地方各级党委和政府对本地区生态环境和资源保护负总责，党委和政府主要领导成员承担主要责任，其他有关领导成员在职责范围内承担相应责任。中央和国家机关有关工作部门、地方各级党委和政府的有关工作部门及其有关机构领导人员按照职责分别承担相应责任；明确了追究相关地方党委和政府主要领导成员、政府有关领导成员、政府有关工作部门领导成员责任的各类情形。党委及其组织部门在地方党政领导班子成员选拔任用工作中，应当按规定将资源消耗、环境保护、生态效益等情况作为考核评价的重要内容，对在生态环境和资源方面造成严重破坏负有责任的干部不得提拔任用或者转任重要职务。

---

① 《中共中央关于全面推进依法治国若干重大问题的决定》第三部分第二条。
② 《中共中央国务院关于加快推进生态文明建设的意见》第六部分第二十六条。

五、《开展领导干部自然资源资产离任审计试点方案》

2015 年 11 月，中共中央办公厅、国务院办公厅印发《开展领导干部自然资源资产离任审计试点方案》，此试点方案提出开展领导干部自然资源资产离任审计试点的主要目标，是探索并逐步完善领导干部自然资源资产离任审计制度。审计涉及的重点领域包括土地资源、水资源、森林资源以及矿山生态环境治理、大气污染防治等领域。要对被审计领导干部任职期间履行自然资源资产管理和生态环境保护责任情况进行审计评价，界定领导干部应承担的责任。

六、《编制自然资源资产负债表试点方案》

为贯彻落实党中央、国务院决策部署，探索编制自然资源资产负债表，指导试点地区探索形成可复制可推广的编表经验，2015 年下半年国务院办公厅印发了《编制自然资源资产负债表试点方案》，此方案提出通过探索编制自然资源资产负债表，推动建立健全科学规范的自然资源统计调查制度，努力摸清自然资源资产的家底及其变动情况，为推进生态文明建设、有效保护和永续利用自然资源提供信息基础、监测预警和决策支持。按照本方案要求，试编出自然资源资产负债表，对完善自然资源统计调查制度提出建议，为制定自然资源资产负债表编制方案提供经验。

七、《生态环境损害赔偿制度改革试点方案》

生态环境损害赔偿制度是国家环境管理的一项重要制度。中国共产党第十八届三中全会明确提出对造成生态环境损害的责任者严格实行赔偿制度。为逐步建立生态环境损害赔偿制度，中共中央办公厅、国务院办公厅于 2015 年 12 月 3 日印发了《生态环境损害赔偿制度改革试点方案》，此试点方案对今后一个时期中国生态环境损害赔偿制度改革做出了全面规划和部署。

一是明确总体要求和目标。确定 2015—2017 年选择部分省份开展试点工作，2018 年起在全国试行，到 2020 年，力争初步构建责任明确、途径畅通、技术规范、保障有力、赔偿到位、修复有效的生态环境损害赔偿制度。

二是明确试点原则。提出"依法推进，鼓励创新；环境有价，损害担责；主动磋商，司法保障；信息共享，公众监督"的试点原则。

三是提出适用范围。适用于因污染环境、破坏生态导致的生态环境要素及功能的损害，即生态环境本身的损害。涉及人身伤害、个人和集体财产损失以及海洋生态环境损害赔偿的，分别适用《侵权责任法》和《海洋环境保护法》等相关法律规定，不适用于本《方案》。

四是明晰试点内容。提出 8 项试点内容：确定赔偿范围，明确赔偿义务人，确定赔偿权利人，建立生态环境损害赔偿磋商机制，完善相关诉讼规则，加强赔偿和修复的执行和监督，规范鉴定评估，加强资金管理。

五是强调保障措施。要求试点地方加强组织领导，成立试点工作领导小组，制定试点实施意见；加强国家有关部门对试点的业务指导；加快建设国家技术体系；加大经费和政策保障；推动信息公开和鼓励公众参与。

第三节　水污染防治行动计划

为切实加大水污染防治力度，保障国家水安全，2015 年 2 月，中央政治局常务委员会审议通过《水污染防治行动计划》（以下简称"水十条"）。同年 4 月，国务院印发了《水十条》。

一、《水污染防治行动计划》的制定背景

水是生存之本、文明之源、生态之要，但长久以来，我国水污染问题一直存在且愈演愈烈。根据环保部的监测结果显示，2011 年以来，全国地表水，尤其是十大流域的水质不断改善。2012 年，全国十大水系、62 个主要湖泊分别有 31% 和 39% 的淡水水质达不到饮用水要求。2014 年十大流域好于Ⅲ类水质断面比例是 71.7%。Ⅳ、Ⅴ类是 19.3%，劣Ⅴ类是 9%，相对于 2012 年、2011 年都有所改善。相对于 2012 年，好于Ⅲ类断面比例提高了 2.7 个百分点，劣Ⅴ类的比例下降了 1.2 个百分点。相对于 2011 年，改善的程度更大一些，好于Ⅲ类断面比例提升了 10.7 个百分点，劣Ⅴ类的比例下降了 4.7 个百分点。但总体来说，我国水环境的形势依旧非常严峻，第一，就整个地表水而言，受到严重污染的劣Ⅴ类水体所占比例较高，全国

约 10%，有些流域甚至大大超过这个比例。如海河流域劣 V 类的比例高达
39.1%。第二，流经城镇的一些河段，城乡接合部的一些沟渠塘坝污染普遍
比较重，并且由于受到有机物污染，黑臭水体较多，受影响群众多，公众关
注度高，不满意度高。第三，涉及饮水安全的水环境突发事件的数量依然不
少。为切实加大水污染防治力度，保障国家水安全，相关部门 2013 年开始
着手准备编制工作，2014 年 12 月 31 日，国务院常务会议审议并原则同意
《水十条》。2015 年 2 月 26 日，中央政治局常务委员会会议审议通过《水十
条》。2015 年 4 月 16 日，国务院正式向社会公布《水十条》全文。

二、《水污染防治行动计划》的主要内容

《水十条》的主要内容包括总体要求、工作目标、主要指标，并从全面
控制污染物排放、推动经济结构转型升级、着力节约保护水资源、强化科技
支撑、充分发挥市场机制作用、严格环境执法监管、切实加强水资源管理、
全力保障水生态环境安全、明确和落实各方责任、强化公众参与和社会监督
十个方面开展具体的防治行动。力争到 2020 年，全国水环境质量得到阶段
性改善，污染严重水体较大幅度减少，饮用水安全保障水平持续提升，地下
水超采得到严格控制，地下水污染加剧趋势得到初步遏制，近岸海域环境质
量稳中趋好，京津冀、长三角、珠三角等区域水生态环境状况有所好转。到
2030 年，力争全国水环境质量总体改善，水生态系统功能初步恢复。到本
世纪中叶，生态环境质量全面改善，生态系统实现良性循环。（详细内容参
见表 1–2）

表 1–2 《水十条》的总体内容

十项防治行动	具体内容	详细内容	主管部门
一、全面控制污染物排放	（一）狠抓工业污染防治	取缔"十小"企业	环境保护部牵头，工业和信息化部、国土资源部、能源局等参与，地方各级人民政府负责落实。
		专项整治十大重点行业	环境保护部牵头，工业和信息化部等参与，地方各级人民政府负责落实。
		集中治理工业集聚区水污染	环境保护部牵头，科技部、工业和信息化部、商务部等参与，地方各级人民政府负责落实。

十项防治行动	具体内容	详细内容	主管部门
	（二）强化城镇生活污染治理	加快城镇污水处理设施建设与改造	住房城乡建设部牵头，发展改革委、环境保护部等参与，地方各级人民政府负责落实。
		全面加强配套管网建设	住房城乡建设部牵头，发展改革委、环境保护部等参与，地方各级人民政府负责落实。
		推进污泥处理处置	住房城乡建设部牵头，发展改革委、工业和信息化、环境保护部、农业部等参与，地方各级人民政府负责落实。
	（三）推进农业农村污染防治	防治畜禽养殖污染	农业部牵头，环境保护部参与，地方各级人民政府负责落实。
		控制农业面源污染	农业部牵头，发展改革委、工业和信息化部、国土资源部、环境保护部、水利部、质检总局等参与，地方各级人民政府负责落实。
		调整种植业结构与布局	农业部、水利部牵头，发展改革委、国土资源部等参与，地方各级人民政府负责落实。
		加快农村环境综合整治	环境保护部牵头，住房城乡建设部、水利部、农业部等参与，地方各级人民政府负责落实。
	（四）加强船舶港口污染控制	积极治理船舶污染	交通运输部牵头，工业和信息化部、环境保护部、农业部、质检总局等参与，地方各级人民政府负责落实。
		增强港口码头污染防治能力	交通运输部牵头，工业和信息化部、住房城乡建设部、农业部等参与，地方各级人民政府负责落实。
二、推动经济结构转型升级	（五）调整产业结构	依法淘汰落后产能	工业和信息化部牵头，发展改革委、环境保护部等参与，地方各级人民政府负责落实。
		严格环境准入	环境保护部牵头，住房城乡建设部、水利部、海洋局等参与，地方各级人民政府负责落实。
	（六）优化空间布局	合理确定发展布局、结构和规模	发展改革委、工业和信息化部牵头，国土资源部、环境保护部、住房城乡建设部、水利部等参与，地方各级人民政府负责落实。
		推动污染企业退出	工业和信息化部牵头，环境保护部等参与，地方各级人民政府负责落实。

续表

十项防治行动	具体内容	详细内容	主管部门
三、着力节约保护水资源	（七）推进循环发展	积极保护生态空间	国土资源部、住房城乡建设部牵头，环境保护部、水利部、海洋局等参与，地方各级人民政府负责落实。
		加强工业水循环利用	发展改革委、工业和信息化部牵头，水利部、能源局等参与，地方各级人民政府负责落实。
		促进再生水利用	住房城乡建设部牵头，发展改革委、工业和信息化部、环境保护部、交通运输部、水利部等参与，地方各级人民政府负责落实。
		推动海水利用	发展改革委牵头，工业和信息化部、住房城乡建设部、水利部、海洋局等参与，地方各级人民政府负责落实。
	（八）控制用水总量	实施最严格水资源管理	水利部牵头，发展改革委、工业和信息化部、住房城乡建设部、农业部等参与，地方各级人民政府负责落实。
		严控地下水超采	水利部、国土资源部牵头，发展改革委、工业和信息化部、财政部、住房城乡建设部、农业部等参与，地方各级人民政府负责落实。
	（九）提高用水效率	建立万元国内生产总值水耗指标等用水效率评估体系，把节水目标任务完成情况纳入地方政府政绩考核	水利部牵头，发展改革委、工业和信息化部、住房城乡建设部等参与，地方各级人民政府负责落实。
		抓好工业节水	工业和信息化部、水利部牵头，发展改革委、住房城乡建设部、质检总局等参与，地方各级人民政府负责落实。
		加强城镇节水	住房城乡建设部牵头，发展改革委、工业和信息化部、水利部、质检总局等参与，地方各级人民政府负责落实。
		发展农业节水	水利部、农业部牵头，发展改革委、财政部等参与，地方各级人民政府负责落实。

续表

十项防治行动	具体内容	详细内容	主管部门
	（十）科学保护水资源	完善水资源保护考核评价体系	水利部牵头，发展改革委、环境保护部等参与，地方各级人民政府负责落实。
		加强江河湖库水量调度管理	水利部牵头，环境保护部参与，地方各级人民政府负责落实。
		科学确定生态流量	水利部牵头，环境保护部参与，地方各级人民政府负责落实。
四、强化科技支撑	（十一）推广示范适用技术		科技部牵头，发展改革委、工业和信息化部、环境保护部、住房城乡建设部、水利部、农业部、海洋局等参与），地方各级人民政府负责落实。
	（十二）攻关研发前瞻技术		科技部牵头，发展改革委、工业和信息化部、国土资源部、环境保护部、住房城乡建设部、水利部、农业部、卫生计生委等参与，地方各级人民政府负责落实。
	（十三）大力发展环保产业	规范环保产业市场	发展改革委牵头，科技部、工业和信息化部、财政部、环境保护部、住房城乡建设部、水利部、海洋局等参与，地方各级人民政府负责落实。
		加快发展环保服务业	发展改革委、财政部牵头，科技部、工业和信息化部、环境保护部、住房城乡建设部等参与，地方各级人民政府负责落实。
五、充分发挥市场机制作用	（十四）理顺价格税费	加快水价改革	发展改革委牵头，财政部、住房城乡建设部、水利部、农业部等参与，地方各级人民政府负责落实。
		完善收费政策	发展改革委、财政部牵头，环境保护部、住房城乡建设部、水利部等参与，地方各级人民政府负责落实。
		健全税收政策	财政部、税务总局牵头，发展改革委、工业和信息化部、商务部、海关总署、质检总局等参与，地方各级人民政府负责落实。
	（十五）促进多元融资	引导社会资本投入	人民银行、发展改革委、财政部牵头，环境保护部、住房城乡建设部、银监会、证监会、保监会等参与，地方各级人民政府负责落实。
		增加政府资金投入	财政部牵头，发展改革委、环境保护部等参与，地方各级人民政府负责落实。

十项防治行动	具体内容	详细内容	主管部门
	（十六）建立激励机制	健全节水环保"领跑者"制度	发展改革委牵头，工业和信息化部、财政部、环境保护部、住房城乡建设部、水利部等参与，地方各级人民政府负责落实。
		推行绿色信贷	人民银行牵头，工业和信息化部、环境保护部、水利部、银监会、证监会、保监会等参与，地方各级人民政府负责落实。
		实施跨界水环境补偿	财政部牵头，发展改革委、环境保护部、水利部等参与，地方各级人民政府负责落实。
六、严格环境执法监管	（十七）完善法规标准	健全法律法规	法制办牵头，发展改革委、工业和信息化部、国土资源部、环境保护部、住房城乡建设部、交通运输部、水利部、农业部、卫生计生委、保监会、海洋局等参与，地方各级人民政府负责落实。
		完善标准体系	环境保护部牵头，发展改革委、工业和信息化部、国土资源部、住房城乡建设部、水利部、农业部、质检总局等参与，地方各级人民政府负责落实。
	（十八）加大执法力度	所有排污单位必须依法实现全面达标排放	环境保护部负责
		省级巡查、地市检查的环境监督执法机制，强化环保、公安、监察等部门和单位协作，健全行政执法与刑事司法衔接配合机制，完善案件移送、受理、立案、通报等规定。加强对地方人民政府和有关部门环保工作的监督，研究建立国家环境监察专员制度	环境保护部牵头，工业和信息化部、公安部、中央编办等参与，地方各级人民政府负责落实。

十项防治行动	具体内容	详细内容	主管部门
		严厉打击环境违法行为	环境保护部牵头，公安部、住房城乡建设部等参与，地方各级人民政府负责落实。
	（十九）提升监管水平	完善流域协作机制	环境保护部牵头，交通运输部、水利部、农业部、海洋局等参与，地方各级人民政府负责落实。
		完善水环境监测网络	环境保护部牵头，发展改革委、国土资源部、住房城乡建设部、交通运输部、水利部、农业部、海洋局等参与，地方各级人民政府负责落实。
		提高环境监管能力	环境保护部负责
七、切实加强水环境管理	（二十）强化环境质量目标管理	明确各类水体水质保护目标，逐一排查达标状况	环境保护部牵头，水利部参与，地方各级人民政府负责落实。
	（二十一）深化污染物排放总量控制	完善污染物统计监测体系，将工业、城镇生活、农业、移动源等各类污染源纳入调查范围。选择对水环境质量有突出影响的总氮、总磷、重金属等污染物，研究纳入流域、区域污染物排放总量控制约束性指标体系。	环境保护部牵头，发展改革委、工业和信息化部、住房城乡建设部、水利部、农业部等参与，地方各级人民政府负责落实。
	（二十二）严格环境风险控制	防范环境风险	环境保护部牵头，工业和信息化部、卫生计生委、安全监管总局等参与，地方各级人民政府负责落实。
		稳妥处置突发水环境污染事件	环境保护部牵头，住房城乡建设部、水利部、农业部、卫生计生委等参与，地方各级人民政府负责落实。

十项防治行动	具体内容	详细内容	主管部门
	（二十三）全面推行排污许可	依法核发排污许可证	环境保护部负责
		加强许可证管理	环境保护部牵头，海洋局参与，地方各级人民政府负责落实。
八、全力保障水生态环境安全	（二十四）保障饮用水水源安全	从水源到水龙头全过程监管饮用水安全	环境保护部牵头，发展改革委、财政部、住房城乡建设部、水利部、卫生计生委等参与，地方各级人民政府负责落实。
		强化饮用水水源环境保护	环境保护部牵头，发展改革委、财政部、住房城乡建设部、水利部、卫生计生委等参与，地方各级人民政府负责落实。
		防治地下水污染	环境保护部牵头，财政部、国土资源部、住房城乡建设部、水利部、商务部等参与，地方各级人民政府负责落实。
	（二十五）深化重点流域污染防治	编制实施七大重点流域水污染防治规划	环境保护部牵头，发展改革委、工业和信息化部、财政部、住房城乡建设部、水利部等参与，地方各级人民政府负责落实。
		加强良好水体保护	环境保护部牵头，外交部、发展改革委、财政部、水利部、林业部等参与，地方各级人民政府负责落实。
	（二十六）加强近岸海域环境保护	实施近岸海域污染防治方案	环境保护部、海洋局牵头，发展改革委、工业和信息化部、财政部、住房城乡建设部、交通运输部、农业部等参与，地方各级人民政府负责落实。
		推进生态健康养殖	农业部负责
		严格控制环境激素类化学品污染	环境保护部牵头，工业和信息化部、农业部等参与，地方各级人民政府负责落实。
	（二十七）整治城市黑臭水体	采取控源截污、垃圾清理、清淤疏浚、生态修复等措施，加大黑臭水体治理力度，每半年向社会公布治理情况	住房城乡建设部牵头，环境保护部、水利部、农业部等参与，地方各级人民政府负责落实。

续表

十项防治行动	具体内容	详细内容	主管部门
	（二十八）保护水和湿地生态系统	加强河湖水生态保护，科学划定生态保护红线	环境保护部、林业局牵头，财政部、国土资源部、住房城乡建设部、水利部、农业部等参与，地方各级人民政府负责落实。
		保护海洋生态	环境保护部、海洋局牵头，发展改革委、财政部、农业部、林业局等参与，地方各级人民政府负责落实。
九、明确和落实各方责任	（二十九）强化地方政府水环境保护责任		环境保护部牵头，发展改革委、财政部、住房城乡建设部、水利部等参与，地方各级人民政府负责落实。
	（三十）加强部门协调联动		环境保护部牵头，发展改革委、科技部、工业和信息化部、财政部、住房城乡建设部、水利部、农业部、海洋局等参与，地方各级人民政府负责落实。
	（三十一）落实排污单位主体责任		环境保护部牵头，国资委参与，地方各级人民政府负责落实。
	（三十二）严格目标任务考核	国务院与各省（区、市）人民政府签订水污染防治目标责任书，分解落实目标任务，切实落实"一岗双责"	环境保护部牵头，中央组织部参与，地方各级人民政府负责落实。
		将考核结果作为水污染防治相关资金分配的参考依据	财政部、发展改革委牵头，环境保护部参与，地方各级人民政府负责落实。
		对未通过年度考核的，要约谈省级人民政府及其相关部门有关负责人，	

十项防治行动	具体内容	详细内容	主管部门
		提出整改意见，予以督促；对有关地区和企业实施建设项目环评限批。对因工作不力、履职缺位等导致未能有效应对水环境污染事件的，以及干预、伪造数据和没有完成年度目标任务的，要依法依纪追究有关单位和人员责任。对不顾生态环境盲目决策，导致水环境质量恶化，造成严重后果的领导干部，要记录在案，视情节轻重，给予组织处理或党纪政纪处分，已经离任的也要终身追究责任。	环境保护部牵头，监察部参与，地方各级人民政府负责落实。
十、强化公众参与和社会监督	（三十三）依法公开环境信息	综合考虑水环境质量及达标情况等因素，国家每年公布最差、最好的 10 个城市名单和各省(区、市)水环境状况	环境保护部牵头，发展改革委、住房城乡建设部、水利部、卫生计生委、海洋局等参与，地方各级人民政府负责落实。

十项防治行动	具体内容	详细内容	主管部门
		各省（区、市）人民政府要定期公布本行政区域内各地级市（州、盟）水环境质量状况	环境保护部牵头，发展改革委、工业和信息化部等参与，地方各级人民政府负责落实。
	（三十四）加强社会监督	为公众、社会组织提供水污染防治法规培训和咨询，邀请其全程参与重要环保执法行动和重大水污染事件调查	环境保护部负责
	（三十五）构建全民行动格局	树立"节水洁水，人人有责"的行为准则	环境保护部牵头，教育部、住房城乡建设部、水利等参与，地方各级人民政府负责落实。

三、《水污染防治行动计划》的主要特点

《水十条》是我国环境保护领域的重大举措，所提出的从全面控制污染物排放、推动经济结构转型升级、着力节约保护水资源、强化科技支撑、充分发挥市场机制作用、严格环境执法监管、切实加强水环境管理、全力保障水生态环境安全、明确和落实各方责任、强化公众参与和社会监督等十个方面进行水污染防治的具体行动，充分彰显了党和国家全面实施水治理战略的决心和信心。《水十条》是落实依法治国，推进依法治水的具体方略；是实施铁腕治污，向水污染宣战的行动纲领；为推进水环境管理战略转型提供了路径平台；是稳增长、促改革、调结构、惠民生在水环境管理领域的具体体现。

第四节　制定国家环境保护规划和相关规划

为落实中央关于大力宣传节水和洁水观念，研究提出今后一个时期我国水情教育发展总体部署的有关要求，水利部会同中宣部、教育部、共青团中央编制完成了《全国水情教育规划（2015—2020 年)》。2015 年 8 月 20 日，国务院发布了《国务院关于印发全国海洋主体功能区规划的通知》（国发〔2015〕42 号）。2015 年 10 月 4 日，国务院下发了《国务院关于全国水土保持规划（2015—2030 年）的批复》（国函〔2015〕160 号），原则同意水利部请示报批的《全国水土保持规划（2015—2030 年)》。10 月 26 日至 29 日，中国共产党第十八届五中全会审议通过了《中共中央关于制定国民经济和社会发展第十三个五年规划的建议》。2015 年 12 月 23 日，中共中央、国务院印发了《法治政府建设实施纲要（2015—2020 年)》。

一、《全国水情教育规划（2015—2020 年）》

《全国水情教育规划（2015—2020 年)》是我国第一部水情教育规划，是未来一段时期全国水情教育工作的指导性文件。

（一）《全国水情教育规划（2015—2020 年）》的制定背景

水是生命之源、生产之要、生态之基。人多水少，水资源时空分布不均、与生产力布局不相匹配，水旱灾害频发，是我国的基本国情和水情。随着经济社会不断发展，当前我国水安全呈现出新老问题相互交织的严峻形势，特别是水资源短缺、水生态损害、水环境污染等问题愈加突出。针对我国的水安全问题，习近平总书记从战略高度提出了"节水优先、空间均衡、系统治理、两手发力"[①]的治水方针，并要求强化水情教育。2011 年中央 1 号文件（《中共中央、国务院关于加快水利改革发展的决定》）明确要求，把水情教育纳入国民素质教育体系和中小学教育课程体系，作为各级领导干部和公务员教育培训的重要内容。2012 年出台的《国务院关于实行最严格水

---

① 李纬恒、邢鸿飞：《节水优先　空间均衡　系统治理　两手发力　以新思路治水　促可持续发展》，《人民日报》2015 年 6 月 19 日。

资源管理制度的意见》，强调要广泛深入开展基本水情宣传教育，形成节约用水、合理用水的良好风尚。

广泛开展国情水情教育是贯彻落实中央决策部署，凝聚治水兴水合力，加快构建中国特色水安全保障体系，促进形成人水和谐的社会秩序，推动经济社会可持续发展的迫切需要。但总体来看，目前相当一部分社会公众对我国的水情现状了解不多、认识不深，水情教育工作相对薄弱。充分尊重公民对国情水情的知情权，有效增强公众水安全、水忧患、水道德意识，提升全社会水旱灾害防范能力，亟须从长远、宏观的角度对水情教育工作统筹考虑，科学谋划，做好顶层设计。在调查研究我国水情教育现状及典型案例，参考借鉴美国、法国、新加坡、日本、中国台湾等国家和地区的水情教育，以及我国环境、人口计生等其他国情教育的理论和实践经验，分析总结水情教育特征和规律的基础上，水利部组织开展了《全国水情教育规划（2015—2020 年）》编制工作。

（二）《全国水情教育规划（2015—2020 年）》的主要内容

《全国水情教育规划（2015—2020 年）》的主要内容包括基本原则和主要目标；主要内容、教育对象和实施方式；主要任务；重点建设项目；保障措施等主要内容。具体而言，内容如下：

1. 指导思想、基本原则和主要目标。指导思想是：全面贯彻党的十八大和十八届三中、四中全会精神，高举中国特色社会主义伟大旗帜，以邓小平理论、"三个代表"重要思想、科学发展观为指导，深入贯彻习近平总书记系列重要讲话精神，围绕协调推进全面建成小康社会、全面深化改革、全面依法治国、全面从严治党的战略布局，遵循"节水优先、空间均衡、系统治理、两手发力"的治水方针，立足我国基本国情水情，着眼于夯实构建中国特色水安全保障体系的社会基础，发挥政府主导作用，凝聚社会各方力量，因地制宜，分类施教，引导公众不断加深对我国水情的认知，增强公众水安全、水忧患、水道德意识，着力构建"人人参与、人人受益"的全民水情教育体系，促进形成全民知水、节水、护水、亲水的良好社会风尚和人水和谐的社会秩序。《规划》确立了"政府主导，多方参与""分类施教，注重实效""因地制宜，加强统筹""坚持创新，持续推进"四项基本原则。确立了"到 2020 年，基本建成'人人参与、人人受益'的全民水情教育体系""建立健全开展水情教育的长效机制"的主要目标。

2. 主要内容、教育对象和实施方式。立足我国基本水情，围绕中央治水兴水战略部署，《全国水情教育规划（2015—2020年)》确定了水情教育的主要内容，包括水状况、水政策、水法规、水常识、水科技和水文化等六个方面。水情教育的对象，包括各级领导干部、公务员、专业技术人员，学生及学龄前儿童，企业从业者，城市社区居民和农村群众等。实施主体包括政府、学校、企业、社会组织、科研院所等。实施方式包括政府主导、学校教育和社会参与。

3. 主要任务。《全国水情教育规划（2015—2020年)》确定了"发动各方力量，加快构建主体多元的工作格局""面向不同人群，持续开展全民水情教育""立足区情水情，因地制宜推进水情教育""丰富载体渠道，加强基础平台和传播体系建设""推动教育创新，不断提升水情教育效果"五项主要任务。

4. 重点建设项目。《全国水情教育规划（2015—2020年)》要求开展"主题教育活动""基地建设工程""水利设施教育展示工程""交互传播工程""读物工程""音视频工程""水清教育人才支撑工程""公益示范工程"等重点建设项目。

5. 保障措施。为确保《全国水情教育规划（2015—2020年)》各项任务落到实处，提出"加强组织领导，明确责任分工""加大经费投入，提供资金保障""强化队伍建设，提供人才支撑""做好统计分析，加强监测评估""广泛宣传动员，营造良好环境"等保障措施。

（三）《全国水情教育规划（2015—2020年)》评价

《全国水情教育规划（2015—2020年)》是我国第一部全国水情教育规划，是统筹谋划今后一个时期水情教育发展的总体部署，内容丰富，涉及面广，意义重大。因此，必须精心组织，认真实施，严格遵循"节水优先、空间均衡、系统治理、两手发力"的新时期治水方针，积极发挥政府主导作用，凝聚社会各方力量，因地制宜，分类施教，引导公众不断加深对我国水情的认知，增强公众水安全、水忧患、水道德意识，为构建"人人参与、人人受益"的全民水情教育体系，促进形成全民知水、节水、护水、亲水的良好社会风尚和人水和谐的社会秩序打下坚实基础。

二、《全国水土保持规划（2015—2030 年）》

《全国水土保持规划（2015—2030 年）》是我国首部获得批复的国家级水土保持规划，是今后一个时期我国水土保持工作的发展蓝图和重要依据，是贯彻落实国家生态文明建设总体要求的行动指南，也是我国水土流失防治进程中的一个重要里程碑。

《全国水土保持规划（2015—2030 年）》提出了全国水土保持工作应当坚持的指导思想，要求"深入贯彻党的十八大和十八届二中、三中、四中全会精神，认真落实党中央、国务院关于生态文明建设的决策部署，树立尊重自然、顺应自然、保护自然的理念，坚持预防为主、保护优先，全面规划、因地制宜，注重自然恢复，突出综合治理，强化监督管理，创新体制机制，充分发挥水土保持的生态、经济和社会效益，实现水土资源可持续利用，为保护和改善生态环境、加快生态文明建设、推动经济社会持续健康发展提供重要支撑。"明确要求开展全国水土保持工作遵循"以人为本、人与自然和谐相处，整体部署、统筹兼顾，分区防治、合理布局，突出重点、分步实施，制度创新、加强监管，科技支撑、注重效益"的基本原则。

《全国水土保持规划（2015—2030 年）》将预期目标任务分解为近期目标任务和远期目标任务。近期目标任务是"到 2020 年，基本建成与我国经济社会发展相适应的水土流失综合防治体系。全国新增水土流失治理面积 32 万平方公里，其中新增水蚀治理面积 29 万平方公里，年均减少土壤流失量 8 亿吨。"远期目标任务是"到 2030 年，建成与我国经济社会发展相适应的水土流失综合防治体系，全国新增水土流失治理面积 94 万平方公里，其中新增水蚀治理面积 86 万平方公里，年均减少土壤流失量 15 亿吨。"

《全国水土保持规划（2015—2030 年）》划分了 23 个国家级水土流失重点预防区和 17 个重点治理区，并以此为基础，以最急需保护、最需要治理的区域为重点，拟定了一批重点预防项目和重点治理项目。

重点预防项目方面。提出遵循"大预防、小治理""集中连片、以国家级水土流失重点预防区为主兼顾其他"的原则，确定了 3 个重点预防项目。一是重要江河源头区水土保持预防项目，涉及长江、黄河、淮河、嫩江、黑河等 32 条江河的源头区，提出"以封育保护和生态修复为主，辅以综合治理，以治理促保护，控制水土流失，提高水源涵养能力，构筑生态屏障。"
二是重要水源地水土保持预防项目，涉及丹江口库区、密云水库等87个重
要水源地，提出"通过封育保护、小流域综合治理、清洁小流域建设及滨河
（湖、库）植物保护带和湿地建设，形成以水源涵养林为主的防护体系"，以
减少入河（湖、库）的泥沙及面源污染物，确保源头活水，维护水质安全。
三是水蚀风蚀交错区水土保持预防项目，涉及北方农牧交错和黄泛平原风沙
地区，提出"实施大面积封禁治理和管护，保护现有植被和草场，加强农田
防护林建设，增强防风固沙功能，辅以坡耕地、侵蚀沟道、沙化土地治理"，
达到减少风沙危害、控制水土流失、保障区域农牧业生产的目的。

　　重点治理项目方面。要求以国家级水土流失重点治理区为主要范围，
充分考虑水土流失现状及老少边穷等地区治理需求，统筹兼顾正在实施的重
点治理工程，确定4个重点项目。一是重点区域水土流失综合治理项目。以
国家级水土流失重点治理区为主，要求"实施以小流域为单元的综合治理，
发展特色产业，促进区域社会经济可持续发展"。近期重点治理面积7.64万
平方公里，远期累计治理面积为23.95万平方公里。二是坡耕地水土流失综
合治理项目。要求在坡耕地分布相对集中、流失严重的地区，将坡耕地改造
成梯田，并配套道路、水系，以控制水土流失、保护耕地资源。近期综合治
理坡耕地160万公顷，远期累计综合治理坡耕地492万公顷。三是侵蚀沟综
合治理项目。要求在东北黑土区、西北黄土高原区、南方红壤区侵蚀沟和崩
岗分布密集的区域，开展系统治理，遏制侵蚀沟和崩岗发展，保护土地资
源，减少入河泥沙。提出"近期综合治理侵蚀沟4.62万条，治理崩岗7.68
万个"，"远期累计综合治理侵蚀沟12.56万条，综合治理崩岗18.28万个"。
四是水土流失综合治理示范区建设项目。提出建设一批具有示范推广带动效
应的示范区，提升治理水平和效益。

　　《全国水土保持规划（2015—2030年）》提出重点从三个方面进行综合
监管建设，逐步建立健全与国家生态文明建设要求相适应的综合监管体系。
一是强化水土保持监督管理。构建和完善水土保持政策与制度体系，重点建
立规划管理、工程建设管理、生产建设项目监督管理、监测评价等一系列制
度。严格生产建设项目水土保持管理，加大执法力度，强化监督检查，坚决
查处违法违规行为，有效遏制新增人为水土流失。二是提高监测水平。有效

开展水土保持普查、水土流失动态监测与公告、重要支流水土保持监测、生产建设项目集中区水土保持监测。逐步建立监测评价与开发管控、监督执法、考核问责的联动机制。三是提升水土保持监管能力。加强各级水土保持机构监督执法能力建设；完善水土保持监测技术标准体系和监测网络体系；加强关键技术研究，提升科技支撑能力；加强信息化建设，推进国家重点治理工程的"图斑"化精细管理、生产建设项目水土流失的"天、地一体化"动态全覆盖监控、监测工作的即时动态采集与分析，建成面向社会公众的信息服务体系。

《全国水土保持规划（2015—2030 年)》提出了以下实施保障措施：一是加强组织领导，推动各级政府把水土保持作为建设生态文明的具体实践，切实落实《规划》目标任务。二是健全法规体系，严格执行水土保持有关法律法规，完成配套规章和规范性文件的修订工作。三是加大投入力度，发挥各级政府主导作用，逐步建立并完善与经济社会发展水平相适应的水土保持投入机制。四是创新体制机制，建立地方各级政府水土保持目标责任制和考核奖惩制度，健全责任落实情况的监测评估体系。大力鼓励社会力量和民间资本参与水土流失治理。五是依靠科技进步，提升水土保持科技贡献率。六是强化宣传教育，提高全民的水土保持观念和生态文明意识。

三、《全国海洋主体功能区规划》

《全国海洋主体功能区规划》是《全国主体功能区规划》的重要组成部分，"是推进形成海洋主体功能区布局的基本依据，是海洋空间开发的基础性和约束性规划。规划范围为我国内水和领海、专属经济区和大陆架及其他管辖海域（不包括港澳台地区)。"①

（一）《全国海洋主体功能区规划》的基本理念与主要内容

2011 年发布的《全国主体功能区规划》明确提出："海洋既是目前我国资源开发、经济发展的重要载体，也是未来我国实现可持续发展的重要战略空间。鉴于海洋国土空间在全国主体功能区中的特殊性，国家有关部门将根

---

① 《全国海洋主体功能区规划》，来源：中国政府网·政务 -http://www.gov.cn/zhengce/content/2015-08/20/content_10107.htm，2017 年 12 月 5 日访问。

据本规划编制全国海洋主体功能区规划，作为本规划的重要组成部分，另行发布实施。"① 为此，国家发改委和国家海洋局组织成立了由跨部门、跨领域专家共同组成的规划编制组，开展规划编制，历经多轮征求意见、修改完善，形成规划送审稿并经国务院批准实施。这标志着我国主体功能区战略和规划实现了陆域国土空间和海洋国土空间的全覆盖。

1. 推进形成海洋主体功能区的基本理念。推进海洋主体功能区的形成，必须立足我国海洋空间的自然状况，坚持科学的海洋空间开发导向，遵循海洋经济发展规律，与海洋资源环境承载能力相适应。依据的基本理念包括：

第一，符合海洋可持续开发利用的理念。不同海洋空间的自然状况不同，其资源环境承载力也不同。开发不当或过度开发导致的海洋生态损害需要较长时间才能恢复，甚至难以恢复。因此，要坚持敬畏、尊重和顺应自然，根据不同海域的自然属性和海洋资源环境承载力，科学确定不同海域的主体功能，控制海洋空间开发强度，合理安排开发内容、开发方式及开发时序，实现海洋可持续发展。

第二，明确不同海域主体功能的理念。海洋开发具有多宜性，同一海域按照自然属性有多种功能，也可以有多种开发方向，但必有一种主体功能。明确不同海域的主体功能，并据已确定发展的主体内容和主要任务，避免因主次功能不分带来的不良后果。符合主体功能定位或与主体功能相协调的功能可作为该主体功能区的次要或其他功能。同时，要根据主体功能定位配置公共资源，完善法律法规和政策，综合运用各种手段，引导开发主体根据不同海域的主体功能定位，进行控制或有序开发。

第三，优化海洋空间布局的理念。海洋空间是滨海地区经济发展的载体。海洋空间布局调整对转变海洋经济发展方式、优化海洋资源配置、提高战略资源储备等具有重要作用。目前我国近海开发强度和规模已经很大，但深远海开发不足，不同沿海地区海洋产业结构趋同现象严重。要引导产业注重海洋生态效益，优化和规范近海开发活动，在坚持可持续开发理念的前提下，优先和重点支持深远海开发活动。

---

① 《全国主体功能区规划》序言，来源：中国政府网 -http://www.gov.cn/zwgk/2011-06/08/content_1879180.htm，2017年12月5日访问。

第四，调控海洋开发强度的理念。我国高强度开发主要集中在海岸带城镇区、工业区、港口及其周边海域，大面积的海域利用包括海水养殖区、传统渔场、海洋保护区等，要以保障水产品安全供给或提供生态服务功能为主，严格控制开发强度和捕捞强度，必要时实施禁止性开发措施。即使适宜进行围填海、港口建设等高强度集中开发的海域，也要根据资源环境承载能力进行严格的生态环境评估，控制和减少对周边海域生态环境的负面影响。

第五，强化海洋生态功能的理念。随着人们对生活质量要求的不断提高，对海洋生态环境的需求与日俱增，包括自然优美的海洋景观、舒适宜人的海洋气候等。近年来我国滨海地区不合理的海洋开发活动，已经导致海洋生态功能出现退化。必须坚持以人为本，把改善海洋生态环境作为提高居民生活质量的重要内容，把保障和增强海洋生态服务能力作为蓝色国土空间开发的重要任务，为子孙后代保留更多的自然海洋美景。[①]

2.《全国海洋主体功能区规划》的主要内容。《全国海洋主体功能区规划》对我国的海洋主体功能区，进行了不同维度的分类，最后规定了较为细致的保障措施。

（1）主体功能区分类。依据开发的内容，可分为产业与城镇建设、农渔业生产、生态环境服务三种功能。

依据海洋主体的功能，将海洋空间划分为以下四类区域：优化开发区域，是指现有开发利用强度较高，资源环境约束较强，产业结构亟需调整和优化的海域。重点开发区域，是指在沿海经济社会发展中具有重要地位，发展潜力较大，资源环境承载能力较强，可以进行高强度集中开发的海域。限制开发区域，是指以提供海洋水产品为主要功能的海域，包括用于保护海洋渔业资源和海洋生态功能的海域。禁止开发区域，是指对维护海洋生物多样性，保护典型海洋生态系统具有重要作用的海域，包括海洋自然保护区、领海基点所在岛屿等。

依据主权管辖，将我国可进行开发的海洋区域分为了内水和领海主体功能区和专属经济区和大陆架及其他管辖海域主体功能区。

---

① 参见《统筹布局·科学开发·持续发展——国家发改委、国家海洋局有关负责人就〈全国海洋主体功能区规划〉答记者问》，《中国海洋报》2015 年 9 月 8 日。

《全国海洋主体功能区规划》主要是在内水和领海主体功能区和专属经济区和大陆架及其他管辖海域主体功能区的二元分类基础之上，再按照主体功能分类进行细化分类：内水和领海主体功能区中含有全部主体功能区域、优化开发区域、重点开发区域、限制开发区域和禁止开发区域；专属经济区和大陆架及其他管辖海域主体功能区含有重点开发区域和限制开发区域两种主体功能区域。

（2）保障措施。保障措施包括政策保障和规划实施与绩效评价两部分：其中政策保障部分作了较为细致的分类；规划实施与绩效评价部分则对国务院、各沿海省级人民政府、国家发改委和国家海洋局的工作任务作了原则性的规定。

（二）《全国海洋主体功能区规划》的主要亮点

《全国海洋主体功能区规划》是推进形成海洋主体功能区布局的基本依据，是海洋空间开发的基础性和约束性规划，对于实施海洋强国战略和增强海洋可持续发展能力等具有重要意义。

首先，编制实施《全国海洋主体功能区规划》是加快海洋经济发展方式转变、促进结构优化升级的迫切需要。海洋空间开发模式不合理是导致海洋过度开发和不可持续的重要原因。我国海洋开发还处于粗放型阶段，海洋产业多以资源开发和初级产品生产为主，"重规模、轻质量"的海洋经济发展方式，导致我国海洋产业结构低质化，海洋经济布局趋同化。高消耗的能源重化工产业向滨海集聚的趋势明显，围填海规模不断增加，对海洋生态环境压力越来越大。因此，通过明确不同海域的主体功能定位和发展方向，有利于把加快转变经济发展方式和调整优化经济结构的要求，落实到具体海洋空间上。

其次，编制实施《全国海洋主体功能区规划》是促进海洋空间协调发展、提高海洋资源开发能力的迫切需要。目前，我国绝大部分海洋开发利用活动发生在近岸海域，可利用岸线、滩涂空间和浅海生物资源日趋减少，近岸过度开发问题突出，但深远海开发不足问题也比较突出。这不仅关系到我国海洋空间的可持续开发利用，也关系到我国海洋发展的未来。因此，在优化调整近岸海域开发模式的同时，在专属经济区和大陆架及其他管辖海域，培育发展若干资源条件优越、环境承载能力强的重点开发区域，促进深远海海洋资源勘探开发和部分边远岛礁及其周边海域开发，有利于促进海洋空间协调发展、提高海洋资源开发能力。

第三，编制实施《全国海洋主体功能区规划》是建设海洋生态文明、增强海洋可持续发展能力的迫切需要。我国近岸海域污染总体形势严峻，辽东湾、渤海湾、胶州湾、长江口、杭州湾、闽江口、珠江口及部分大中城市近岸局部海域污染严重。受全球气候变化、不合理开发活动等影响，近岸海域生态功能退化，海洋生态灾害频发，典型海洋生态系统受损严重，部分岛屿特殊生境难以维系。在推进形成海洋主体功能区过程中，一方面引导海洋开发活动向发展条件好的区域适度集聚，使集聚程度与资源环境承载能力相适应；另一方面，对我国传统海洋渔场、海洋各类保护区等涉及海洋生态安全的敏感区域进行保护，限制或禁止进行大规模高强度集中开发活动和对海洋生态环境有较大影响的沿岸开发活动，有利于进一步推动海洋生态文明建设、增强海洋可持续发展能力。①

四、《中共中央关于制定国民经济和社会发展第十三个五年规划的建议》

2015 年 10 月 12 日，中共中央政治局听取了《中共中央关于制定国民经济和社会发展第十三个五年规划的建议》（本节以下简称《建议》），决定根据这次会议讨论的意见对《建议》进行修改后提请中国共产党第十八届五中全会审议。10 月 26 日至 29 日，中国共产党第十八届五中全会审议通过了《建议》，于 11 月 3 日发布，自发布之日起实施。

《建议》第二部分对"十三五"时期我国经济社会发展的主要目标和基本理念进行论述，提出全面建成小康社会新的目标要求，提出并阐释了创新、协调、绿色、开放、共享的发展理念。《建议》第五部分从坚持绿色发展、着力改善生态环境，从促进人与自然和谐共生、加快建设主体功能区、推动低碳循环发展、全面节约和高效利用资源、加大环境治理力度、筑牢生态安全屏障 6 个方面展开。提出"十三五"时期经济社会发展的主要目标之

---

① 参见《统筹布局·科学开发·持续发展——国家发改委、国家海洋局有关负责人就〈全国海洋主体功能区规划〉答记者问》，《中国海洋报》2015 年 9 月 8 日。

一是"生态环境质量总体改善。生产方式和生活方式绿色、低碳水平上升。能源资源开发利用效率大幅提高，能源和水资源消耗、建设用地、碳排放总量得到有效控制，主要污染物排放总量大幅减少。主体功能区布局和生态安全屏障基本形成。"为实现上述目标，提出坚持绿色发展理念，着力改善生态环境，"坚持节约资源和保护环境的基本国策，坚持可持续发展，坚定走生产发展、生活富裕、生态良好的文明发展道路，加快建设资源节约型、环境友好型社会，形成人与自然和谐发展现代化建设新格局，推进美丽中国建设，为全球生态安全作出新贡献。"要求促进人与自然和谐共生，加快建设主体功能区，推动低碳循环发展，全面节约和高效利用资源，加大环境治理力度，筑牢生态安全屏障。要求坚持协调发展的理念，推动区域协调发展，"塑造要素有序自由流动、主体功能约束有效、基本公共服务均等、资源环境可承载的区域协调发展新格局"。

五、《法治政府建设实施纲要（2015—2020 年）》

党的十八大把法治政府基本建成确立为到 2020 年全面建成小康社会的重要目标之一，意义重大、影响深远、任务艰巨。为深入推进依法行政，加快建设法治政府，如期实现法治政府基本建成的奋斗目标，力争到 2020 年基本建成职能科学、权责法定、执法严明、公开公正、廉洁高效、守法诚信的法治政府，2015 年 12 月 23 日，中共中央、国务院印发了《法治政府建设实施纲要（2015—2020 年）》。此纲要是有史以来首次以中共中央和国务院名义联合印发的关于法治政府建设的纲领性文件，其明确了生态环境保护方面法治政府建设的具体要求，提出加快建立和完善有效约束开发行为和促进绿色发展、循环发展、低碳发展的生态文明法律制度。提出深化资源型产品价格和税费改革，实行资源有偿使用制度和生态补偿制度。改革生态环境保护管理体制，完善并严格实行环境信息公开制度、环境影响评价制度和污染物排放总量控制制度。健全生态环境保护责任追究制度和生态环境损害赔偿制度。对领导干部实行自然资源资产离任审计。此外，此纲要要求改革行政执法体制，大幅减少市县两级政府执法队伍种类，重点在资源环境、农林水利……海洋渔业等领域内推行综合执法，支持有条件的领域推行跨部门综合执法。

第五节 加快农业现代化建设中的环境政策

"我国农业资源短缺，开发过度、污染加重，如何在资源环境硬约束下保障农产品有效供给和质量安全、提升农业可持续发展能力，是必须应对的一个重大挑战。"① 对此，2015年2月1日，中共中央、国务院发布《中共中央、国务院关于加大改革创新力度加快农业现代化建设的若干意见》。为牢固树立和深入贯彻落实创新、协调、绿色、开放、共享的发展理念，大力推进农业现代化，实现全面小康目标，2015年12月31日，中共中央、国务院出台了《中共中央、国务院关于落实发展新理念加快农业现代化实现全面小康目标的若干意见》。

一、《中共中央、国务院关于加大改革创新力度加快农业现代化建设的若干意见》

做强农业，必须尽快从主要追求产量和依赖资源消耗的粗放经营转到数量质量效益并重、注重提高竞争力、注重农业科技创新、注重可持续的集约发展上来，走产出高效、产品安全、资源节约、环境友好的现代农业发展道路。

（一）《中共中央、国务院关于加大改革创新力度加快农业现代化建设的若干意见》的主要内容

《中共中央、国务院关于加大改革创新力度加快农业现代化建设的若干意见》总共包括以下五个部分：1.围绕建设现代农业，加快转变农业发展方式；2.围绕促进农民增收，加大惠农政策力度；3.围绕城乡发展一体化，深入推进新农村建设；4.围绕增添农村发展活力，全面深化农村改革；5.围绕做好"三农"工作，加强农村法治建设。

五部分内容又进一步细化为32项，其中，"围绕建设现代农业，加快转变农业发展方式"包括以下7项内容：1.不断增强粮食生产能力；2.深入推进农业结构调整；3.提升农产品质量和食品安全水平；4.强化农业科技创新

① 《中共中央、国务院关于加大改革创新力度加快农业现代化建设的若干意见》。

驱动作用；5. 创新农产品流通方式；6. 加强农业生态治理；7. 提高统筹利用国际国内两个市场两种资源的能力。

"围绕促进农民增收，加大惠农政策力度"涵盖文件中第 8—14 项共 7 项内容：8. 优先保证农业农村投入；9. 提高农业补贴政策效能；10. 完善农产品价格形成机制；11. 强化农业社会化服务；12. 推进农村一二三产业融合发展；13. 拓宽农村外部增收渠道；14. 大力推进农村扶贫开发。

"围绕城乡发展一体化，深入推进新农村建设"涵盖文件中第 15—20 项共 6 项内容：15. 加大农村基础设施建设力度；16. 提升农村公共服务水平；17. 全面推进农村人居环境整治；18. 引导和鼓励社会资本投向农村建设；19. 加强农村思想道德建设；20. 切实加强农村基层党建工作。

"围绕增添农村发展活力，全面深化农村改革"涵盖文件中第 21—27 项共 7 项内容：21. 加快构建新型农业经营体系；22. 推进农村集体产权制度改革；23. 稳步推进农村土地制度改革试点；24. 推进农村金融体制改革；25. 深化水利和林业改革；26. 加快供销合作社和农垦改革发展；27. 创新和完善乡村治理机制。

"围绕做好'三农'工作，加强农村法治建设"涵盖文件中第 28—32 项共 5 项内容：28. 健全农村产权保护法律制度；29. 健全农业市场规范运行法律制度；30. 健全"三农"支持保护法律制度；31. 依法保障农村改革发展；32. 提高农村基层法治水平。

在 32 项细化内容中的第 6、9、14、17、25、30 项中对"生态""人居环境整治"等提出了明确要求，其中第 6 项对加强农业生态治理进行了较大篇幅的论述。具体内容列表如下：

表 1–3　《中共中央．国务院关于加大改革创新力度加快农业现代化建设的若干意见》
中有关生态环境内容概览

标题	内容
我国农业资源短缺，开发过度、污染加重，如何在资源环境硬约束下保障农产品有效供给和质量安全、提升农业可持续发展能力，是必须应对的一个重大挑战。	

续表

标题		内容
一、围绕建设现代农业，加快转变农业发展方式		做强农业，必须尽快从主要追求产量和依赖资源消耗的粗放经营转到数量质量效益并重、注重提高竞争力、注重农业科技创新、注重可持续的集约发展上来，走产出高效、产品安全、资源节约、环境友好的现代农业发展道路。
	6.加强农业生态治理	实施农业环境突出问题治理总体规划和农业可持续发展规划。加强农业面源污染治理，深入开展测土配方施肥，大力推广生物有机肥、低毒低残留农药，开展秸秆、畜禽粪便资源化利用和农田残膜回收区域性示范，按规定享受相关财税政策。落实畜禽规模养殖环境影响评价制度，大力推动农业循环经济发展。继续实行草原生态保护补助奖励政策，开展西北旱区农牧业可持续发展、农牧交错带已垦草原治理、东北黑土地保护试点。加大水生生物资源增殖保护力度。建立健全规划和建设项目水资源论证制度、国家水资源督察制度。大力推广节水技术，全面实施区域规模化高效节水灌溉行动。加大水污染防治和水生态保护力度。实施新一轮退耕还林还草工程，扩大重金属污染耕地修复、地下水超采区综合治理、退耕还湿试点范围，推进重要水源地生态清洁小流域等水土保持重点工程建设。大力推进重大林业生态工程，加强营造林工程建设，发展林产业和特色经济林。推进京津冀、丝绸之路经济带、长江经济带生态保护与修复。摸清底数、搞好规划、增加投入，保护好全国的天然林。提高天然林资源保护工程补助和森林生态效益补偿标准。继续扩大停止天然林商业性采伐试点。实施湿地生态效益补偿、湿地保护奖励试点和沙化土地封禁保护区补贴政策。加快实施退牧还草、牧区防灾减灾、南方草地开发利用等工程。建立健全农业生态环境保护责任制，加强问责监管，依法依规严肃查处各种破坏生态环境的行为。
二、围绕促进农民增收，加大惠农政策力度	9.提高农业补贴政策效能	增加农民收入，必须健全国家对农业的支持保护体系。保持农业补贴政策连续性和稳定性，逐步扩大"绿箱"支持政策实施规模和范围，调整改进"黄箱"支持政策，充分发挥政策惠农增收效应。继续实施种粮农民直接补贴、良种补贴、农机具购置补贴、农资综合补贴等政策。选择部分地方开展改革试点，提高补贴的导向性和效能。完善农机具购置补贴政策，向主产区和新型农业经营主体倾斜，扩大节水灌溉设备购置补贴范围。实施农业生产重大技术措施推广补助政策。实施粮油生产大县、粮食作物制种大县、生猪调出大县、牛羊养殖大县财政奖励补助政策。扩大现代农业示范区奖补范围。健全粮食主产区利益补偿、耕地保护补偿、生态补偿制度。

续表

标题	内容
14.大力推进农村扶贫开发	增加农民收入，必须加快农村贫困人口脱贫致富步伐。以集中连片特困地区为重点，加大投入和工作力度，加快片区规划实施，打好扶贫开发攻坚战。推进精准扶贫，制定并落实建档立卡的贫困村和贫困户帮扶措施。加强集中连片特困地区基础设施建设、生态保护和基本公共服务，加大用地政策支持力度，实施整村推进、移民搬迁、乡村旅游扶贫等工程。扶贫项目审批权原则上要下放到县，省市切实履行监管责任。建立公告公示制度，全面公开扶贫对象、资金安排、项目建设等情况。健全社会扶贫组织动员机制，搭建社会参与扶贫开发平台。完善干部驻村帮扶制度。加强贫困监测，建立健全贫困县考核、约束、退出等机制。经济发达地区要不断提高扶贫开发水平。
三、围绕城乡发展一体化　17.全面推进农村人居环境整治	完善县域村镇体系规划和村庄规划，强化规划的科学性和约束力。改善农民居住条件，搞好农村公共服务设施配套，推进山水林田路综合治理。继续支持农村环境集中连片整治，加快推进农村河塘综合整治，开展农村垃圾专项整治，加大农村污水处理和改厕力度，加快改善村庄卫生状况。加强农村周边工业"三废"排放和城市生活垃圾堆放监管治理。完善村级公益事业一事一议财政奖补机制，扩大农村公共服务运行维护机制试点范围，重点支持村内公益事业建设与管护。完善传统村落名录和开展传统民居调查，落实传统村落和民居保护规划。鼓励各地从实际出发开展美丽乡村创建示范。有序推进村庄整治，切实防止违背农民意愿大规模撤并村庄、大拆大建。
四、围绕增添农村发展活力，全面深化农村改革　25.深化水利和林业改革	建立健全水权制度，开展水权确权登记试点，探索多种形式的水权流转方式。推进农业水价综合改革，积极推广水价改革和水权交易的成功经验，建立农业灌溉用水总量控制和定额管理制度，加强农业用水计量，合理调整农业水价，建立精准补贴机制。吸引社会资本参与水利工程建设和运营。鼓励发展农民用水合作组织，扶持其成为小型农田水利工程建设和管护主体。积极发展农村水利工程专业化管理。建立健全最严格的林地、湿地保护制度。深化集体林权制度改革。稳步推进国有林场改革和国有林区改革，明确生态公益功能定位，加强森林资源保护培育。建立国家用材林储备制度。积极发展符合林业特点的多种融资业务，吸引社会资本参与碳汇林业建设。

续表

标题		内容
五、围绕做好"三农"工作，加强农村法治建设	30.健全"三农"支持保护法律制度	研究制定规范各级政府"三农"事权的法律法规，明确规定中央和地方政府促进农业农村发展的支出责任。健全农业资源环境法律法规，依法推进耕地、水资源、森林草原、湿地滩涂等自然资源的开发保护，制定完善生态补偿和土壤、水、大气等污染防治法律法规。积极推动农村金融立法，明确政策性和商业性金融支农责任，促进新型农村合作金融、农业保险健康发展。加快扶贫开发立法。

（二）《中共中央、国务院关于加大改革创新力度加快农业现代化建设的若干意见》的意义

改革开放以来的中央一号文件中以"三农"为主题的共有17个。2004年以来的中央一号文件连续聚焦"三农"。① 作为2015年的中央一号文件，《中共中央、国务院关于加大改革创新力度加快农业现代化建设的若干意见》（本节以下简称《意见》）为"三农"问题的解决指明了方向，明确提出"中国要强，农业必须强"，"中国要富，农民必须富"，"中国要美，农业必须美"。"强""富""美"成为非常突出的关键词，而"活力""法治"也是《意见》中各界关注的焦点。《意见》指出了我国农业的可持续发展在资源环境方面存在的硬约束，即农业资源短缺，开发过度、污染加重等，指出了做强农业要进行的转变和要走的道路，"依赖资源消耗的粗放经营"是要做的转变之一，"资源节约""环境友好"成为现代农业发展道路内涵的一部分。中国社科院农村发展研究所研究员李国祥认为，《意见》"把农村精神文明建设提升至新的高度。由'物'到'人'，新农村建设迈向'看得见青山绿水、留得住乡愁'的新阶段，内涵更为丰富。"② 中国农科院农经所研究员朱立志谈到，《意见》"对'转方式'浓墨重彩，极具针对性，传递出我国必须走现

---

① 《一号文件关注"吃得放心"》，来源：人民网 -http://politics.people.com.cn/n/2015/0202/c70731-26487830.html，2016年12月18日访问。

② 《一号文件关注"吃得放心"》，来源：人民网 -http://politics.people.com.cn/n/2015/0202/c70731-26487830.html，2016年12月18日访问。《一号文件关注"吃得放心"》，来源：人民网 -http://politics.people.com.cn/n/2015/0202/c70731-26487830.html，2016年12月18日访问。

代农业道路的信号。"① 中国社科院农村发展研究所研究员王小映认为,《意见》"涉及农村问题的各个方面,较为全面,而重点强调转变农村发展方式,加快农村现代化建设是亮点之一"。②

二、《中共中央、国务院关于落实发展新理念加快农业现代化实现全面小康目标的若干意见》

"十二五"时期,是农业农村发展的又一个黄金期,我国粮食生产连跨两个千亿斤台阶,连续 3 年稳定在 12000 亿斤以上,标志着农业综合生产能力显著提升;农民收入年均增长 9.5%,连续 6 年实现"两个高于",城乡居民收入比下降到 2.9∶1 以下,农民生活显著改善。③ 与此同时,我国农业发展也面临严峻挑战,农产品供求结构失衡、生产成本过高、资源错配及透支利用等问题突出,在资源环境约束趋紧背景下,如何加快转变农业发展方式,推进农业供给侧结构性改革,确保粮食等重要农产品有效供给,实现绿色发展和资源永续利用,走产出高效、产品安全、资源节约、环境友好的农业现代化道路,是需要破解的现实难题,对此,2015 年 12 月 31 日,中共中央、国务院出台了《中共中央、国务院关于落实发展新理念加快农业现代化实现全面小康目标的若干意见》。

《中共中央、国务院关于落实发展新理念加快农业现代化实现全面小康目标的若干意见》在第一章"持续夯实现代农业基础,提高农业质量效益和竞争力"中针对农业环境问题提出,要"大规模推进农田水利建设。积极推进江河湖库水系连通工程建设,优化水资源空间格局,增加水环境容量。""加快推进现代种业发展。开展种质资源普查,加大保护利用力度。贯彻落实种子法,全面推进依法治种。"

《中共中央、国务院关于落实发展新理念加快农业现代化实现全面小康目标的若干意见》第二章"加强资源保护和生态修复,推动农业绿色发展"

---

① 《一号文件关注"吃得放心"》,来源:人民网 -http://politics.people.com.cn/n/2015/0202/c70731-26487830.html, 2016 年 12 月 18 日访问。

② 《一号文件关注"吃得放心"》,来源:人民网 -http://politics.people.com.cn/n/2015/0202/c70731-26487830.html, 2016 年 12 月 18 日访问。

③ 《用发展新理念破解"三农"新难题　农业供给侧改革在路上》,《人民日报》2016 年 1 月 28 日(解读人:中央一号文件起草组成员吴宏耀,祝卫东　罗丹;采访人:高云才,王浩)。

对农业环境问题展开专门论述，认为推动农业可持续发展，必须确立发展绿色农业就是保护生态的观念，加快形成资源利用高效、生态系统稳定、产地环境良好、产品质量安全的农业发展新格局。具体而言，一是要求加强农业资源保护和高效利用。基本建立农业资源有效保护、高效利用的政策和技术支撑体系，从根本上改变开发强度过大、利用方式粗放的状况。坚持最严格的耕地保护制度，坚守耕地红线，全面划定永久基本农田，大力实施农村土地整治，推进耕地数量、质量、生态"三位一体"保护。落实和完善耕地占补平衡制度，坚决防止占多补少、占优补劣、占水田补旱地，严禁毁林开垦。全面推进建设占用耕地耕作层剥离再利用。实行建设用地总量和强度双控行动，严格控制农村集体建设用地规模。完善耕地保护补偿机制。实施耕地质量保护与提升行动，加强耕地质量调查评价与监测，扩大东北黑土地保护利用试点规模。实施渤海粮仓科技示范工程，加大科技支撑力度，加快改造盐碱地。创建农业可持续发展试验示范区。划定农业空间和生态空间保护红线。落实最严格的水资源管理制度，强化水资源管理"三条红线"刚性约束，实行水资源消耗总量和强度双控行动。加强地下水监测，开展超采区综合治理。落实河湖水域岸线用途管制制度。加强自然保护区建设与管理，对重要生态系统和物种资源实行强制性保护。实施濒危野生动植物抢救性保护工程，建设救护繁育中心和基因库。强化野生动植物进出口管理，严厉打击象牙等濒危野生动植物及其制品非法交易。二是要求加快农业环境突出问题治理。基本形成改善农业环境的政策法规制度和技术路径，确保农业生态环境恶化趋势总体得到遏制，治理明显见到成效。实施并完善农业环境突出问题治理总体规划。加大农业面源污染防治力度，实施化肥农药零增长行动，实施种养业废弃物资源化利用、无害化处理区域示范工程。积极推广高效生态循环农业模式。探索实行耕地轮作休耕制度试点，通过轮作、休耕、退耕、替代种植等多种方式，对地下水漏斗区、重金属污染区、生态严重退化地区开展综合治理。实施全国水土保持规划。推进荒漠化、石漠化、水土流失综合治理。三是要求加强农业生态保护和修复。实施山水林田湖生态保护和修复工程，进行整体保护、系统修复、综合治理。到2020年森林覆盖率提高到23%以上，湿地面积不低于8亿亩。扩大新一轮退耕还林还草规模。扩大退牧还草工程实施范围。实施新一轮草原生态保护补助奖励政策，适当提高补奖标准。实施湿地保护与恢复工程，开展退耕还湿。建立沙化土地封禁保护制度。加强历史遗留工矿废弃和自然灾害损毁土地复垦利用。开展大规模国土绿化行动，增加森林面积和蓄积量。加强三北、长江、珠江、沿海防护林体系等林业重点工程建设。继续推进京津风沙源治理。完善天然林保护制度，全面停止天然林商业性采伐。完善海洋渔业资源总量管理制度，严格实行休渔禁渔制度，开展近海捕捞限额管理试点，按规划实行退养还滩。加快推进水生态修复工程建设。建立健全生态保护补偿机制，开展跨地区跨流域生态保护补偿试点。编制实施耕地、草原、河湖休养生息规划。

第六节　其他涉及环境保护的国家政策

2015 年 3 月 15 日，中共中央、国务院以中发 [2015] 9 号发布了《中共中央、国务院关于进一步深化电力体制改革的若干意见》。2015 年 3 月 17 日，中共中央、国务院印发《国有林场改革方案》和《国有林区改革指导意见》的通知。2015 年 5 月 18 日，国务院公布《国务院批转发展改革委关于 2015 年深化经济体制改革重点工作意见的通知》。2015 年 5 月，国务院印发了《中国制造 2025》，此文件是部署全面推进实施制造强国的战略文件，是中国实施制造强国战略第一个十年的行动纲领。2015 年 11 月 2 日，中共中央办公厅、国务院办公厅联合印发了《深化农村改革综合性实施方案》。2015 年 12 月 31 日，中共中央、国务院发布了《中共中央、国务院关于实施全面两孩政策改革完善计划生育服务管理的决定》。

一、《中共中央、国务院关于进一步深化电力体制改革的若干意见》

为贯彻落实党的十八大和十八届三中、四中全会精神及中央财经领导小组第六次会议，国家能源委员会第一次会议精神，进一步深化电力体制改革，解决制约电力行业科学发展的突出矛盾和深层次问题，促进电力行业又好又快发展，推动结构调整和产业升级，2015 年 3 月 15 日，中共中央、国务院以中发〔2015〕9 号发布了《中共中央、国务院关于进一步深化电力体制改革的若干意见》，对深化电力体制改革的指导思想、总体目标、路径、原则等作出明确规定。

深化电力体制改革的指导思想和总体目标是：坚持社会主义市场经济改革方向，从我国国情出发，坚持清洁、高效、安全、可持续发展，全面实施国家能源战略，加快构建有效竞争的市场结构和市场体系，形成主要由市场决定能源价格的机制，转变政府对能源的监管方式，建立健全能源法治体系，为建立现代能源体系、保障国家能源安全营造良好的制度环境，充分考虑各方面诉求和电力工业发展规律，兼顾改到位和保稳定。通过改革，建立健全电力行业"有法可依、政企分开、主体规范、交易公平、价格合理、监管有效"的市场体制，努力降低电力成本、理顺价格形成机制，逐步打破垄断、有序放开竞争性业务，实现供应多元化，调整产业结构、提升技术水平、控制能源消费总量，提高能源利用效率、提高安全可靠性，促进公平竞争、促进节能环保。

深化电力体制改革的重点和路径是：在进一步完善政企分开、厂网分开、主辅分开的基础上，按照管住中间、放开两头的体制架构，有序放开输配以外的竞争性环节电价，有序向社会资本放开配售电业务，有序放开公益性和调节性以外的发用电计划；推进交易机构相对独立，规范运行；继续深化对区域电网建设和适合我国国情的输配体制研究；进一步强化政府监管，进一步强化电力统筹规划，进一步强化电力安全高效运行和可靠供应。

深化电力体制改革的基本原则包括：坚持安全可靠。体制机制设计要遵循电力商品的实时性、无形性、供求波动性、同质化等技术经济规律，保障电能的生产、输送和使用动态平衡，保障电力系统安全稳定运行和电力可靠供应，提高电力安全可靠水平。坚持市场化改革。区分竞争性和垄断性环节，在发电侧和售电侧开展有效竞争，培育独立的市场主体，着力构建主体多元、竞争有序的电力交易格局，形成适应市场要求的电价机制，激发企业内在活力，使市场在资源配置中起决定性作用。坚持保障民生。结合我国国情和电力行业发展现状，充分考虑企业和社会承受能力，保障基本公共服务的供给。妥善处理交叉补贴问题，完善阶梯价格机制，确保居民、农业、重要公用事业和公益性服务等用电价格相对平稳，切实保障民生。坚持节能减排。从实施国家安全战略全局出发，积极开展电力需求侧管理和能效管理，完善有序用电和节约用电制度，促进经济结构调整、节能减排和产业升级。强化能源领域科技创新，推动电力行业发展方式转变和能源结构优化，提高发展质量和效率，提高可再生能源发电和分布式能源系统发电在电力供应中的比例。坚持科学监管。更好发挥政府作用，政府管理重点放在加强发展战略、规划、政策、标准等的制定实施，加强市场监管。完善电力监管机构、措施和手段，改进政府监管方法，提高对技术、安全、交易、运行等的科学监管水平。

二、《国有林场改革方案》和《国有林区改革指导意见》

国有林场是我国生态修复和建设的重要力量，是维护国家生态安全最重要的基础设施；国有林区是我国重要的生态安全屏障和森林资源培育战略基地。二者作为维护国家生态安全最重要的基础设施，为保护国家生态安全发挥了重要作用。但目前国有林场存在着功能定位不清、管理体制不顺、经营机制不活、支持政策不健全的问题，林场可持续发展面临严峻挑战，林场改革势在必行。而国有林区管理体制不完善，森林资源过度开发，民生问题较为突出，严重制约了生态安全保障能力。鉴于此，2015 年 3 月 17 日，中共中央、国务院印发《国有林场改革方案》和《国有林区改革指导意见》的通知。

（一）《国有林场改革方案》的要点

1. 国有林场改革的总体要求。（1）指导思想。全面贯彻落实党的十八大和十八届三中、四中全会精神，深入实施以生态建设为主的林业发展战略，按照分类推进改革的要求，围绕保护生态、保障职工生活两大目标，推动政事分开、事企分开，实现管护方式创新和监管体制创新，推动林业发展模式由木材生产为主转变为生态修复和建设为主、由利用森林获取经济利益为主转变为保护森林提供生态服务为主，建立有利于保护和发展森林资源、有利于改善生态和民生、有利于增强林业发展活力的国有林场新体制，为维护国家生态安全、保护生物多样性、建设生态文明作出更大贡献。（2）基本原则：坚持生态导向、保护优先。坚持改善民生、保持稳定。坚持因地制宜、分类施策。坚持分类指导、省级负责。（3）总体目标。到 2020 年，实现以下目标：生态功能显著提升。通过大力造林、科学营林、严格保护等多措并举，森林面积增加 1 亿亩以上，森林蓄积量增长 6 亿立方米以上，商业性采伐减少 20% 左右，森林碳汇和应对气候变化能力有效增强，森林质量显著提升；

生产生活条件明显改善。通过创新国有林场管理体制、多渠道加大对林场基础设施的投入，切实改善职工的生产生活条件。拓宽职工就业渠道，完善社会保障机制，使职工就业有着落、基本生活有保障；管理体制全面创新。基本形成功能定位明确、人员精简高效、森林管护购买服务、资源监管分级实施的林场管理新体制，确保政府投入可持续、资源监管高效率、林场发展有后劲。

2. 国有林场改革的主要内容。国有林场改革的主要内容包括：明确界定国有林场生态责任和保护方式；推进国有林场政事分开；推进国有林场事企分开；完善以购买服务为主的公益林管护机制；健全责任明确、分级管理的森林资源监管体制；健全职工转移就业机制和社会保障体制。

3. 完善国有林场改革发展的政策支持体系。完善国有林场改革发展的政策支持体系包括加强国有林场基础设施建设；加强对国有林场的财政支持；加强对国有林场的金融支持；加强国有林场人才队伍建设。

（二）《国有林区改革指导意见》的要点

1. 国有林区改革的总体要求。（1）指导思想。全面贯彻落实党的十八大和十八届三中、四中全会精神，深入实施以生态建设为主的林业发展战略，以发挥国有林区生态功能和建设国家木材战略储备基地为导向，以厘清中央与地方、政府与企业各方面关系为主线，积极推进政事企分开，健全森林资源监管体制，创新资源管护方式，完善支持政策体系，建立有利于保护和发展森林资源、有利于改善生态和民生、有利于增强林业发展活力的国有林区新体制，加快林区经济转型，促进林区森林资源逐步恢复和稳定增长，推动林业发展模式由木材生产为主转变为生态修复和建设为主、由利用森林获取经济利益为主转变为保护森林提供生态服务为主，为建设生态文明和美丽中国、实现中华民族永续发展提供生态保障。（2）基本原则。坚持生态为本、保护优先；注重民生改善、维护稳定；促进政企政事分开、各负其责；强化统一规划、融合发展；坚持分类指导、分步实施。（3）总体目标。到2020年，基本理顺中央与地方、政府与企业的关系，实现政企、政事、事企、管办分开，林区政府社会管理和公共服务职能得到进一步强化，森林资源管护和监管体系更加完善，林区经济社会发展基本融入地方，生产生活条件得到明显改善，职工基本生活得到有效保障；区分不同情况有序停止天然林商业性采伐，重点国有林区森林面积增加 550 万亩左右，森林蓄积量增长 4 亿立方米以上，森林碳汇和应对气候变化能力有效增强，森林资源质量和生态保障能力全面提升。

2. 国有林区改革的主要任务。国有林区改革的主要任务包括：区分不同情况有序停止重点国有林区天然林商业性采伐，确保森林资源稳步恢复和增长；因地制宜逐步推进国有林区政企分开；逐步形成精简高效的国有森林资源管理机构；创新森林资源管护机制；创新森林资源监管体制；强化地方政府保护森林、改善民生的责任；妥善安置国有林区富余职工，确保职工基本生活有保障。

3. 完善国有林区改革的政策支持体系。完善国有林区改革的政策支持体系包括：加强对国有林区的财政支持；加强对国有林区的金融支持；加强国有林区基础设施建设；加快深山远山林区职工搬迁；积极推进国有林区产业转型。

三、《发展改革委关于 2015 年深化经济体制改革重点工作意见》

2015 年是全面深化改革的关键之年，是全面推进依法治国的开局之年，是全面完成"十二五"规划的收官之年，也是稳增长、调结构的紧要之年，经济体制改革任务更加艰巨。发展改革委根据《中央全面深化改革领导小组 2015 年工作要点》和《政府工作报告》的部署，提出了 2015 年深化经济体制改革重点工作，共八个方面 39 项年度经济体制改革重点任务。此意见第九部分为"加快生态文明制度建设，促进节能减排和保护生态环境"，其要求"要加强生态文明制度顶层设计，完善国土空间开发、资源节约利用、环境治理和生态修复相关制度，加快建立源头严防、过程严管、后果严惩的制度体系，用制度保障生态文明"①，并提出四方面的具体实施举措。

第一，出台加快推进生态文明建设的意见，制定生态文明体制改革总体方案。出台生态文明建设目标体系，建立生态文明建设评价指标体系。深入推进生态文明先行示范区和生态文明建设示范区建设。加快划定生态保

---

① 《国务院批转发展改革委关于 2015 年深化经济体制改革重点工作意见的通知》（国发 [2015] 26 号）。

护红线。加强主体功能区建设，完善土地、农业等相关配套制度，建立国土空间开发保护制度。启动生态保护与建设示范区创建。建立资源环境承载能力监测预警机制，完善监测预警方法并开展试点。开展市县"多规合一"试点。在9个省份开展国家公园体制试点。研究建立矿产资源国家权益金制度。加快推进自然生态空间统一确权登记，逐步健全自然资源资产产权制度。

第二，强化节能节地节水、环境、技术、安全等市场准入标准，制订或修改50项左右节能标准。修订固定资产投资项目节能评估和审查暂行办法。调整全国工业用地出让最低价标准。实施能效领跑者制度，发布领跑者名单。修订重点行业清洁生产评价指标体系。

第三，扎实推进以环境质量改善为核心的环境保护管理制度改革。编制实施土壤污染防治行动计划。实施大气污染防治行动计划和水污染防治行动计划。建立重点地区重污染天气预警预报机制。研究提出"十三五"污染物排放总量控制方案思路。研究制定排污许可证管理办法，推行排污许可制度。完善主要污染物排污权核定办法，推进排污权有偿使用和交易试点。开展国土江河综合整治试点，扩大流域上下游横向补偿机制试点。修订建设项目环境保护管理条例。推行环境污染第三方治理。扩大碳排放权交易试点。

第四，推进国有林场和国有林区改革，总结国有林场改革试点经验，抓紧制定林场林区基础设施、化解金融债务、深山职工搬迁、富余职工安置等配套支持政策，研究制定五大林区改革实施方案。出台深化集体林权制度改革意见。

四、《中国制造2025》

制造业是国民经济的主体，是立国之本、兴国之器、强国之基。打造具有国际竞争力的制造业，是我国提升综合国力、保障国家安全、建设世界强国的必由之路。新中国成立尤其是改革开放以来，我国制造业持续快速发展，建成了门类齐全、独立完整的产业体系，有力推动工业化和现代化进程，显著增强综合国力，支撑我世界大国地位。然而，与世界先进水平相比，我国制造业仍然大而不强，在自主创新能力、资源利用效率、产业结构水平、信息化程度、质量效益等方面差距明显，转型升级和跨越发展的任务紧迫而艰巨。当前，新一轮科技革命和产业变革与我国加快转变经济发展方式形成历史性交汇，国际产业分工格局正在重塑。必须紧紧抓住这一重大历史机遇，按照"四个全面"战略布局要求，实施制造强国战略，加强统筹规划和前瞻部署，力争通过三个十年的努力，到新中国成立一百年时，把我国建设成为引领世界制造业发展的制造强国，为实现中华民族伟大复兴的中国梦打下坚实基础。《中国制造 2025》由百余名院士专家着手制定，为中国制造业未来 10 年设计顶层规划和路线图，通过努力实现中国制造向中国创造、中国速度向中国质量、中国产品向中国品牌三大转变，推动中国到 2025 年基本实现工业化，迈入制造强国行列。

《中国制造 2025》在"基本方针""战略任务""战略支撑与保障"等部分涉及了环境政策的相关内容，具体而言：《中国制造 2025》确立了五大"基本方针"，其中之一为"绿色发展"。要求"坚持把可持续发展作为建设制造强国的重要着力点，加强节能环保技术、工艺、装备推广应用，全面推行清洁生产。发展循环经济，提高资源回收利用效率，构建绿色制造体系，走生态文明的发展道路。"①《中国制造 2025》确立了九大战略任务，其中之一为"全面推行绿色制造"，要求"加大先进节能环保技术、工艺和装备的研发力度，加快制造业绿色改造升级；积极推行低碳化、循环化和集约化，提高制造业资源利用效率；强化产品全生命周期绿色管理，努力构建高效、清洁、低碳、循环的绿色制造体系。"②《中国制造 2025》在"战略支撑与保障"之"深化体制机制改革"部分提出"推行节能量、碳排放权、排污权、水权交易制度改革，加快资源税从价计征，推动环境保护费改税。"

五、《深化农村改革综合性实施方案》

当前，我国经济发展进入新常态，新型工业化、信息化、城镇化、农业现代化持续推进，农村经济社会深刻变革，农村改革涉及的利益关系更加复杂、目标更加多元、影响因素更加多样、任务也更加艰巨。农村改革综合性强，靠单兵突进难以奏效，必须树立系统性思维，做好整体谋划和顶层设

---

① 《中国制造 2025》。
② 《中国制造 2025》。

计。为此，中共中央办公厅、国务院办公厅于 2015 年 11 月 2 日联合印发了《深化农村改革综合性实施方案》（本节以下简称《方案》），自印发之日起实施。

《方案》明确了深化农村改革总的目标、大的原则、基本任务和重要路径，是协调推进农村改革的总遵循，是深化农村改革的总体"施工图"。《方案》对整个农村改革提纲挈领地提出了五大领域：一是关于改革和完善农村的产权制度；二是关于创新农业的经营形式；三是进一步改革完善国家对农业的支持保护体系；四是进一步推进增强发展一体化的体制机制；五是加强农村的基层组织建设，完善农村社会治理。就环境保护而言，主要涉及农村的产权制度、农业的支持保护体系、农村社会治理三大领域。

农村的产权制度方面，一是提出健全耕地保护和补偿制度。严格实施土地利用总体规划，加强耕地保护，全面开展永久基本农田划定工作，实行特殊保护。完善土地复垦制度，盘活土地存量，建立土地复垦激励约束机制，落实生产建设毁损耕地的复垦责任。加大中低产田改造力度，以增加高产稳产基本农田、改善农业生产条件和生态环境为目标，完善农村土地整治办法。依法加强耕地占补平衡规范管理，强化耕地占补平衡的法定责任，完善占补平衡补充耕地质量评价体系，确保补充耕地数量到位、质量到位。完善耕地和基本农田保护补偿机制。采取更有力的措施，加强对耕地占补平衡的监管，坚决防止占多补少、占优补劣、占水田补旱田现象，杜绝违规占用林地、湿地补充耕地。进一步落实耕地保护政府领导干部离任审计制度。按照有关法律法规，完善和拓展城乡建设用地增减挂钩、"地票"等试点，推动利用城乡建设用地增减挂钩政策支持易地扶贫搬迁。二是提出深化林业和水利改革。实行最严格的林地用途管制制度。以放活经营权、落实处置权、保障收益权为重点，深化配套改革，完善集体林权制度。实行森林分类经营管理，完善林木采伐权，管好公益林、放活商品林，调动林农和社会力量发展林业的积极性。稳步推进国有林场和国有林区改革。研究提出加强天然林资源保护的指导意见，有序停止天然林商业性采伐。开展小型水利工程管理体制改革，明确工程所有权和使用权，落实管护主体，促进水利工程良性运行。

农业支持保护体系方面，要求建立农业可持续发展机制。推广减量化和清洁化农业生产模式，健全农业标准化生产制度，完善农业投入品减量提效补偿机制。发展生态循环农业，构建农业废弃物资源化利用激励机制。实施耕地质量保护与提升行动，加强重金属污染耕地治理和东北黑土地保护。深入推进退耕还林还草、还湿还湖、限牧限渔。完善森林、草原、湿地、水源、水土保持等生态保护补偿制度。建立健全生态保护补偿资金稳定投入机制。

农村社会治理方面，要求深化农村行政执法体制改革。加强农村基层执法力量，推行对资源环境、农林水利海洋渔业等领域的综合执法，确保有关法律法规执行，依法维护农村生产生活秩序，提高农村基层法治水平。

六、《中共中央、国务院关于实施全面两孩政策改革完善计划生育服务管理的决定》

2015 年 12 月 31 日，中共中央、国务院发布了《中共中央、国务院关于实施全面两孩政策　改革完善计划生育服务管理的决定》。此决定指出，我国自 1982 年以来实行的计划生育基本国策，有效控制了人口过快增长的势头，有效缓解了资源、环境压力，但是，此决定同时强调我们需要清醒地认识到，"到本世纪中叶，我国人口总量仍将保持在 13 亿以上，人口众多的基本国情不会根本改变，人口对经济社会发展的压力不会根本改变，人口与资源环境的紧张关系不会根本改变。"鉴于此，此决定将促进人口与经济社会、资源环境协调可持续发展作为指导思想的一部分，要求"各级党委和政府要充分认识实施全面两孩政策、改革完善计划生育服务管理的重要性，不断探索新形势下落实计划生育基本国策的体制机制和方式方法"。

第 二 章

2015 年全国人大及其常委会制定的环境法律

环境立法是实现绿色发展、建设美丽中国的重要法制保障之一。经过改革开放以来近 40 年的发展，我国环境立法逐步建立起门类丰富、制度较为全面的法律体系，取得了长足的进步。尽管，面对我国目前依旧严峻的环境问题和不断深入推进的全面深化改革和全面依法治国，通过健全、完善环境立法从而建成人与自然和谐的美丽中国，仍然道阻且长，但是，千里之行，始于足下，随着环境立法成果和经验的逐年积累，我们会越来越接近这一目标。2015 年，全国人大及其常委会共制定和修改了《中华人民共和国立法法》《中华人民共和国大气污染防治法》以及《中华人民共和国种子法》等多部涉及环境保护的法律。

第一节　修正《中华人民共和国立法法》

2015 年 3 月 15 日，第十二届全国人民代表大会第三次会议以《全国人民代表大会关于修改〈中华人民共和国立法法〉的决定》（主席令第 20 号）对《中华人民共和国立法法》（以下简称《立法法》）进行了修正。此次修改是《立法法》颁布以来的首次修正。就环境立法和法制而言，此次《立法法》修正最重要的变化就是将环境保护地方立法权主体范围从省、自治区的人民政府所在地的市，经济特区所在地的市和国务院已经批准的较大的市扩大到所有设区的市、自治州及 4 个不设区的市。

一、修正《立法法》的必要性

《立法法》自 2000 年 7 月 1 日施行以来，在立法活动的规范、社会主义法律体系的形成和完善方面发挥了重要作用。但是，随着我国经济社会的发展和改革的不断深化，立法工作中出现了许多新情况、新问题，在总结实践经验的基础上修改《立法法》日渐必要。修改后的《立法法》以提高立法质量为重点，着力发挥立法的引领和推动作用，发挥人大及其常委会在立法工作中的主导作用，进一步推进科学立法、民主立法，力求使立法决策与改革决策相统一和衔接，使重大改革于法有据，使我国的立法体制、法律体系更加完善。①

二、修正后的《立法法》有关环境保护的内容

本次修正后的《立法法》全文共六章 105 条。除了总则和附则，其他各章分别为：法律；行政法规；地方性法规、自治条例和单行条例、规章；适用与备案审查。修正后的条款直接涉及环境立法的主要有第七十二条、七十三条、七十八条、八十二条、八十九条、九十八条。此次《立法法》修正的亮点之一就是将环境保护地方立法权主体从省、自治区的人民政府所在地的市，经济特区所在地的市和国务院已经批准的 49 个较大的市扩大到所有 284 个设区的市、30 个自治州及东莞市、中山市、嘉峪关市、三沙市四个不设区的市。②

依据《立法法》第七十二条的规定，设区的市、自治州的"人民代表大会及其常务委员会根据本市的具体情况和实际需要，在不同宪法、法律、行政法规和本省、自治区的地方性法规相抵触的前提下，可以对城乡建设与管理、环境保护、历史文化保护等方面的事项制定地方性法规，法律对设区的市制定地方性法规的事项另有规定的，从其规定。"并且，依据《立法法》第七十三条的规定，针对《立法法》第八条规定的事项以外的其他事项，在

---

①　参见李建国关于《中华人民共和国立法法修正案（草案）》的说明——2015 年 3 月 8 日在第十二届全国人民代表大会第三次会议上。

②　徐祥民、宛佳欣：《〈立法法〉（2015）实施后地方环境立法现状分析与研究》，《中国应用法学》2019 年第 1 期。

国家尚未制定法律或者行政法规的前提下，设区的市、自治州"根据本地方的具体情况和实际需要，可以先制定地方性法规"，"在国家制定的法律或者行政法规生效后，地方性法规同法律或者行政法规相抵触的规定无效，制定机关应当及时予以修改或者废止。"以此为依据，我国284个设区的市、30个州获得地方环境立法权。此外，《全国人民代表大会关于修改〈中华人民共和国立法法〉的决定》同时规定，"广东省东莞市和中山市、甘肃省嘉峪关市、海南省三沙市，比照适用本决定有关赋予设区的市地方立法权的规定。"据此，东莞市、中山市、嘉峪关市、三沙市四个不设区的市获得地方环境立法权。

《立法法》还规定了对地方性法规的合法性审查和备案制度。要求省、自治区的人民代表大会常务委员会对设区的市、自治州报请批准的地方性法规进行合法性审查，对于"同宪法、法律、行政法规和本省、自治区的地方性法规不抵触的，应当在四个月内予以批准"，"发现与其本省、自治区的人民政府的规章相抵触的，应当作出处理决定。"同时还对新增地方性法规制定主体开始制定地方性法规的时间和具体步骤作出了规定，即"由省、自治区的人民代表大会常务委员会综合考虑本省、自治区所辖的设区的市的人口数量、地域面积、经济社会发展情况以及立法需求、立法能力等因素确定，并报全国人民代表大会常务委员会和国务院备案。"（《立法法》第七十二条）

表2–1　修正后的《立法法》涉及环境保护的条文概览

序号	条文内容
1	第七十二条省、自治区、直辖市的人民代表大会及其常务委员会根据本行政区域的具体情况和实际需要，在不同宪法、法律、行政法规相抵触的前提下，可以制定地方性法规。 设区的市的人民代表大会及其常务委员会根据本市的具体情况和实际需要，在不同宪法、法律、行政法规和本省、自治区的地方性法规相抵触的前提下，可以对城乡建设与管理、环境保护、历史文化保护等方面的事项制定地方性法规，法律对设区的市制定地方性法规的事项另有规定的，从其规定。设区的市的地方性法规须报省、自治区的人民代表大会常务委员会批准后施行。省、自治区的人民代表大会常务委员会对报请批准的地方性法规，应当对其合法性进行审查，同宪法、法律、行政法规和本省、自治区的地方性法规不抵触的，应当在四个月内予以批准。 省、自治区的人民代表大会常务委员会在对报请批准的设区的市的地方性法规进行审查时，发现其同本省、自治区的人民政府的规章相抵触的，应当作出处理决定。

序号	条文内容
	除省、自治区的人民政府所在地的市，经济特区所在地的市和国务院已经批准的较大的市以外，其他设区的市开始制定地方性法规的具体步骤和时间，由省、自治区的人民代表大会常务委员会综合考虑本省、自治区所辖的设区的市的人口数量、地域面积、经济社会发展情况以及立法需求、立法能力等因素确定，并报全国人民代表大会常务委员会和国务院备案。 自治州的人民代表大会及其常务委员会可以依照本条第二款规定行使设区的市制定地方性法规的职权。自治州开始制定地方性法规的具体步骤和时间，依照前款规定确定。 省、自治区的人民政府所在地的市，经济特区所在地的市和国务院已经批准的较大的市已经制定的地方性法规，涉及本条第二款规定事项范围以外的，继续有效。
2	第七十三条　地方性法规可以就下列事项作出规定： （一）为执行法律、行政法规的规定，需要根据本行政区域的实际情况作具体规定的事项； （二）属于地方性事务需要制定地方性法规的事项。 除本法第八条规定的事项外，其他事项国家尚未制定法律或者行政法规的，省、自治区、直辖市和设区的市、自治州根据本地的具体情况和实际需要，可以先制定地方性法规。在国家制定的法律或者行政法规生效后，地方性法规同法律或者行政法规相抵触的规定无效，制定机关应当及时予以修改或者废止。 设区的市、自治州根据本条第一款、第二款制定地方性法规，限于本法第七十二条第二款规定的事项。 制定地方性法规，对上位法已经明确规定的内容，一般不作重复性规定。
3	第七十八条　省、自治区、直辖市的人民代表大会制定的地方性法规由大会主席团发布公告予以公布。 省、自治区、直辖市的人民代表大会常务委员会制定的地方性法规由常务委员会发布公告予以公布。 设区的市、自治州的人民代表大会及其常务委员会制定的地方性法规报经批准后，由设区的市、自治州的人民代表大会常务委员会发布公告予以公布。 自治条例和单行条例报经批准后，分别由自治区、自治州、自治县的人民代表大会常务委员会发布公告予以公布。
4	第八十二条　省、自治区、直辖市和设区的市、自治州的人民政府，可以根据法律、行政法规和本省、自治区、直辖市的地方性法规，制定规章。 地方政府规章可以就下列事项作出规定： （一）为执行法律、行政法规、地方性法规的规定需要制定规章的事项； （二）属于本行政区域的具体行政管理事项。 设区的市、自治州的人民政府根据本条第一款、第二款制定地方政府规章，限于城乡建设与管理、环境保护、历史文化保护等方面的事项。已经制定的地方政府规章，涉及上述事项范围以外的，继续有效。

序号	条文内容
	除省、自治区的人民政府所在地的市，经济特区所在地的市和国务院已经批准的较大的市以外，其他设区的市、自治州的人民政府开始制定规章的时间，与本省、自治区人民代表大会常务委员会确定的本市、自治州开始制定地方性法规的时间同步。应当制定地方性法规但条件尚不成熟的，因行政管理迫切需要，可以先制定地方政府规章。规章实施满两年需要继续实施规章所规定的行政措施的，应当提请本级人民代表大会或者其常务委员会制定地方性法规。 没有法律、行政法规、地方性法规的依据，地方政府规章不得设定减损公民、法人和其他组织权利或者增加其义务的规范。
5	第八十九条　地方性法规的效力高于本级和下级地方政府规章。 省、自治区的人民政府制定的规章的效力高于本行政区域内的设区的市、自治州的人民政府制定的规章。
6	第九十八条　行政法规、地方性法规、自治条例和单行条例、规章应当在公布后的三十日内依照下列规定报有关机关备案： （一）行政法规报全国人民代表大会常务委员会备案； （二）省、自治区、直辖市的人民代表大会及其常务委员会制定的地方性法规，报全国人民代表大会常务委员会和国务院备案；设区的市、自治州的人民代表大会及其常务委员会制定的地方性法规，由省、自治区的人民代表大会常务委员会报全国人民代表大会常务委员会和国务院备案； （三）自治州、自治县的人民代表大会制定的自治条例和单行条例，由省、自治区、直辖市的人民代表大会常务委员会报全国人民代表大会常务委员会和国务院备案；自治条例、单行条例报送备案时，应当说明对法律、行政法规、地方性法规作出变通的情况； （四）部门规章和地方政府规章报国务院备案；地方政府规章应当同时报本级人民代表大会常务委员会备案；设区的市、自治州的人民政府制定的规章应当同时报省、自治区的人民代表大会常务委员会和人民政府备案； （五）根据授权制定的法规应当报授权决定规定的机关备案；经济特区法规报送备案时，应当说明对法律、行政法规、地方性法规作出变通的情况。

三、修正后的《立法法》对地方环境立法权的影响

修正后的《立法法》赋予所有设区的市、自治州地方立法权，并将地方立法权的范围限定在"城乡建设与管理、环境保护、历史文化保护等方面的事项"。自此，全国拥有环境保护地方立法权的市由49个增加到284个设区的市、30个州、4个不设区的市，使拥有地方环境立法权的主体数量大增。关于环境保护的地方立法权的具体范围，《第十二届全国人民代表大

会法律委员会关于〈中华人民共和国立法法修正案（草案）〉审议结果的报告》中指出，"按照环境保护法的规定，范围包括大气、水、海洋、土地、矿藏、森林、草原、湿地、野生生物、自然遗迹、人文遗迹等"。不过，这与《环境保护法》的规定并不完全相同。《环境保护法》在第 2 条明确规定：本法所称环境，是指影响人类生存和发展的各种天然的和经过人工改造的自然因素的总体，包括大气、水、海洋、土地、矿藏、森林、草原、湿地、野生生物、自然遗迹、人文遗迹、自然保护区、风景名胜区、城市和乡村等。可见，《环境保护法》所称的"环境"，除了《第十二届全国人民代表大会法律委员会关于〈中华人民共和国立法法修正案（草案）〉审议结果的报告》所列举的内容外，还包括"自然保护区、风景名胜区、城市和乡村等"。①

第二节 修订《中华人民共和国大气污染防治法》

《中华人民共和国大气污染防治法》（以下简称《大气污染防治法》）由中华人民共和国第十二届全国人民代表大会常务委员会第十六次会议于 2015 年 8 月 29 日修订通过，自 2016 年 1 月 1 日起施行。在 2015 年修订前，《大气污染防治法》曾有过一次修正和一次修订。1995 年 8 月 29 日，根据第八届全国人民代表大会常务委员会第十五次会议通过的《全国人大常委会关于修改〈中华人民共和国大气污染防治法〉的决定》，《大气污染防治法》进行了首次修正。2000 年 4 月 29 日，第九届全国人民代表大会常务委员会第十五次会议审议通过了新修订的《大气污染防治法》（2000），修订后的《大气污染防治法》于 2000 年 9 月 1 日起施行。

一、《大气污染防治法》的修订过程和内容

（一）《大气污染防治法（2015 年修订）》的修订过程
2014 年 11 月 30 日，国务院对全国人民代表大会常务委员会提请了审

---

① 徐祥民、宛佳欣：《〈立法法〉（2015）实施后地方环境立法现状分析与研究》，《中国应用法学》2019 年第 1 期。

议《中华人民共和国大气污染防治法（修订草案)》的议案。2014 年 12 月
29 日，第十二届全国人大常委会第十二次会议初次审议了《中华人民共和
国大气污染防治法（修订草案)》，并将《中华人民共和国大气污染防治法
（修订草案)》在中国人大网公布，向社会公开征求意见。2015 年 6 月 24 日，
时任全国人大法律委员会副主任委员孙宝树在第十二届全国人民代表大会常
务委员会第十五次会议上做了《全国人民代表大会法律委员会关于〈中华人
民共和国大气污染防治法（修订草案)〉修改情况的汇报》。本次审议之后，
根据全国人大常委会组成人员和各方面的意见，对草案作了修改，形成了
《中华人民共和国大气污染防治法（修订草案二次审议稿)》，并将《中华人
民共和国大气污染防治法（修订草案二次审议稿)》在中国人大网公布，向
公众征求意见。2015 年 8 月 24 日，时任全国人大法律委员会副主任委员孙
宝树在第十二届全国人民代表大会常务委员会第十六次会议上做了《全国
人民代表大会法律委员会关于〈中华人民共和国大气污染防治法（修订草
案)〉审议结果的报告》，在此基础上形成了《中华人民共和国大气污染防治
法（修订草案三次审议稿)》。全国人民代表大会法律委员会在 2015 年 8 月
28 日发布了最后一次审议意见——《全国人民代表大会法律委员会关于〈中
华人民共和国大气污染防治法（修订草案三次审议稿)〉修改意见的报告》。
最后，2015 年 8 月 29 日，《中华人民共和国大气污染防治法》(2015) 在第
十二届全国人民代表大会常务委员会第十六次会议上修订通过，自 2016 年
1 月 1 日起施行。

（二）《大气污染防治法（2015 年修订)》的修订内容

2015 年修订后的《大气污染防治法》，删除了原《大气污染防治法
(2000 年修订)》(共 66 条) 的 46 个条文，新增了 109 个条文；此外，将《大
气污染防治法（2000 年修订)》的 17 个条文进行了修改和合并。修订后的
《大气污染防治法》共 8 章、129 条，从大气污染防治标准和限期达标规划、
大气污染防治的监督管理、大气污染防治措施、重点区域大气污染联合防
治、重污染天气应对和法律责任等方面规定了大气污染防治的立法目的、法
律原则和具体制度，其具体修订情况如下表。

表 2-2 2015 年《大气污染防治法》修订对照表

《大气污染防治法（2000）》	《大气污染防治法（2015)》
第一章 总则	第一章 总则
第一条 为防治大气污染，保护和改善生活环境和生态环境，保障人体健康，促进经济和社会的可持续发展，制定本法。	第一条 为保护和改善环境，防治大气污染，保障公众健康，推进生态文明建设，促进经济社会可持续发展，制定本法。
	第二条 防治大气污染，应当以改善大气环境质量为目标，坚持源头治理，规划先行，转变经济发展方式，优化产业结构和布局，调整能源结构。 防治大气污染，应当加强对燃煤、工业、机动车船、扬尘、农业等大气污染的综合治理，推行区域大气污染联合防治，对颗粒物、二氧化硫、氮氧化物、挥发性有机物、氨等大气污染物和温室气体实施协同控制。
第三条 国家采取措施，有计划地控制或者逐步削减各地方主要大气污染物的排放总量。 地方各级人民政府对本辖区的大气环境质量负责，制定规划，采取措施，使本辖区的大气环境质量达到规定的标准。	第三条 县级以上人民政府应当将大气污染防治工作纳入国民经济和社会发展规划，加大对大气污染防治的财政投入。 地方各级人民政府应当对本行政区域的大气环境质量负责，制定规划，采取措施，控制或者逐步削减大气污染物的排放量，使大气环境质量达到规定标准并逐步改善。
	第四条 国务院环境保护主管部门会同国务院有关部门，按照国务院的规定，对省、自治区、直辖市大气环境质量改善目标、大气污染防治重点任务完成情况进行考核。省、自治区、直辖市人民政府制定考核办法，对本行政区域内地方大气环境质量改善目标、大气污染防治重点任务完成情况实施考核。考核结果应当向社会公开。
第四条 县级以上人民政府环境保护行政主管部门对大气污染防治实施统一监督管理。 各级公安、交通、铁道、渔业管理部门根据各自的职责，对机动车船污染大气实施监督管理。 县级以上人民政府其他有关主管部门在各自职责范围内对大气污染防治实施监督管理。	第五条 县级以上人民政府环境保护主管部门对大气污染防治实施统一监督管理。 县级以上人民政府其他有关部门在各自职责范围内对大气污染防治实施监督管理。

《大气污染防治法（2000）》	《大气污染防治法（2015）》
	第六条　国家鼓励和支持大气污染防治科学技术研究，开展对大气污染来源及其变化趋势的分析，推广先进适用的大气污染防治技术和装备，促进科技成果转化，发挥科学技术在大气污染防治中的支撑作用。
	第七条　企业事业单位和其他生产经营者应当采取有效措施，防止、减少大气污染，对所造成的损害依法承担责任。 公民应当增强大气环境保护意识，采取低碳、节俭的生活方式，自觉履行大气环境保护义务。
	第二章　大气污染防治标准和限期达标规划
	第八条　国务院环境保护主管部门或者省、自治区、直辖市人民政府制定大气环境质量标准，应当以保障公众健康和保护生态环境为宗旨，与经济社会发展相适应，做到科学合理。
	第九条　国务院环境保护主管部门或者省、自治区、直辖市人民政府制定大气污染物排放标准，应当以大气环境质量标准和国家经济、技术条件为依据。
	第十条　制定大气环境质量标准、大气污染物排放标准，应当组织专家进行审查和论证，并征求有关部门、行业协会、企业事业单位和公众等方面的意见。
	第十一条　省级以上人民政府环境保护主管部门应当在其网站上公布大气环境质量标准、大气污染物排放标准，供公众免费查阅、下载。
	第十二条　大气环境质量标准、大气污染物排放标准的执行情况应当定期进行评估，根据评估结果对标准适时进行修订。
	第十三条　制定燃煤、石油焦、生物质燃料、涂料等含挥发性有机物的产品、烟花爆竹以及锅炉等产品的质量标准，应当明确大气环境保护要求。制定燃油质量标准，应当符合国家大气污染物控制要求，并与国家机动车船、非道路移动机械大气污染物排放标准相互衔接，同步实施。 前款所称非道路移动机械，是指装配有发动机的移动机械和可运输工业设备。

《大气污染防治法（2000）》	《大气污染防治法（2015）》
	第十四条　未达到国家大气环境质量标准城市的人民政府应当及时编制大气环境质量限期达标规划，采取措施，按照国务院或者省级人民政府规定的期限达到大气环境质量标准。 编制城市大气环境质量限期达标规划，应当征求有关行业协会、企业事业单位、专家和公众等方面的意见。
	第十五条　城市大气环境质量限期达标规划应当向社会公开。直辖市和设区的市的大气环境质量限期达标规划应当报国务院环境保护主管部门备案。
	第十六条　城市人民政府每年在向本级人民代表大会或者其常务委员会报告环境状况和环境保护目标完成情况时，应当报告大气环境质量限期达标规划执行情况，并向社会公开。
	第十七条　城市大气环境质量限期达标规划应当根据大气污染防治的要求和经济、技术条件适时进行评估、修订。
第二章　大气污染防治的监督管理	第三章　大气污染防治的监督管理
	第十八条　企业事业单位和其他生产经营者建设对大气环境有影响的项目，应当依法进行环境影响评价、公开环境影响评价文件；向大气排放污染物的，应当符合大气污染物排放标准，遵守重点大气污染物排放总量控制要求。
	第十九条　排放工业废气或者本法第七十八条规定名录中所列有毒有害大气污染物的企业事业单位、集中供热设施的燃煤热源生产运营单位以及其他依法实行排污许可管理的单位，应当取得排污许可证。排污许可的具体办法和实施步骤由国务院规定。
	第二十条　企业事业单位和其他生产经营者向大气排放污染物的，应当依照法律法规和国务院环境保护主管部门的规定设置大气污染物排放口。禁止通过偷排、篡改或者伪造监测数据、以逃避现场检查为目的的临时停产、非紧急情况下开启应急排放通道、不正常运行大气污染防治设施等逃避监管的方式排放大气污染物。

续表

《大气污染防治法（2000）》	《大气污染防治法（2015）》
	第二十一条　国家对重点大气污染物排放实行总量控制。 重点大气污染物排放总量控制目标，由国务院环境保护主管部门在征求国务院有关部门和各省、自治区、直辖市人民政府意见后，会同国务院经济综合主管部门报国务院批准并下达实施。 省、自治区、直辖市人民政府应当按照国务院下达的总量控制目标，控制或者削减本行政区域的重点大气污染物排放总量。 确定总量控制目标和分解总量控制指标的具体办法，由国务院环境保护主管部门会同国务院有关部门规定。省、自治区、直辖市人民政府可以根据本行政区域大气污染防治的需要，对国家重点大气污染物之外的其他大气污染物排放实行总量控制。 国家逐步推行重点大气污染物排污权交易。
	第二十二条　对超过国家重点大气污染物排放总量控制指标或者未完成国家下达的大气环境质量改善目标的地区，省级以上人民政府环境保护主管部门应当会同有关部门约谈该地区人民政府的主要负责人，并暂停审批该地区新增重点大气污染物排放总量的建设项目环境影响评价文件。约谈情况应当向社会公开。
	第二十三条　国务院环境保护主管部门负责制定大气环境质量和大气污染源的监测和评价规范，组织建设与管理全国大气环境质量和大气污染源监测网，组织开展大气环境质量和大气污染源监测，统一发布全国大气环境质量状况信息。 县级以上地方人民政府环境保护主管部门负责组织建设与管理本行政区域大气环境质量和大气污染源监测网，开展大气环境质量和大气污染源监测，统一发布本行政区域大气环境质量状况信息。
	第二十四条　企业事业单位和其他生产经营者应当按照国家有关规定和监测规范，对其排放的工业废气和本法第七十八条规定名录中所列有毒有害大气污染物进行监测，并保存原始监测记录。其中，重点排污单位应当安装、使用大气污染物

续表

《大气污染防治法（2000）》	《大气污染防治法（2015）》
	排放自动监测设备，与环境保护主管部门的监控设备联网，保证监测设备正常运行并依法公开排放信息。监测的具体办法和重点排污单位的条件由国务院环境保护主管部门规定。 重点排污单位名录由设区的市级以上地方人民政府环境保护主管部门按照国务院环境保护主管部门的规定，根据本行政区域的大气环境承载力、重点大气污染物排放总量控制指标的要求以及排污单位排放大气污染物的种类、数量和浓度等因素，商有关部门确定，并向社会公布。
	第二十五条　重点排污单位应当对自动监测数据的真实性和准确性负责。环境保护主管部门发现重点排污单位的大气污染物排放自动监测设备传输数据异常，应当及时进行调查。
	第二十六条　禁止侵占、损毁或者擅自移动、改变大气环境质量监测设施和大气污染物排放自动监测设备。
第十九条　企业应当优先采用能源利用效率高、污染物排放量少的清洁生产工艺，减少大气污染物的产生。 国家对严重污染大气环境的落后生产工艺和严重污染大气环境的落后设备实行淘汰制度。 国务院经济综合主管部门会同国务院有关部门公布限期禁止采用的严重污染大气环境的工艺名录和限期禁止生产、禁止销售、禁止进口、禁止使用的严重污染大气环境的设备名录。 生产者、销售者、进口者或者使用者必须在国务院经济综合主管部门会同国务院有关部门规定的期限内分别停止生产、销售、进口或者使用列入前款规定的名录中的设备。生产工艺的采用者必须在国务院经济综合主管部门会同国务院有关部门规定的期限内停止采用列入前款规定的名录中的工艺。 依照前两款规定被淘汰的设备，不得转让给他人使用。	第二十七条　国家对严重污染大气环境的工艺、设备和产品实行淘汰制度。 国务院经济综合主管部门会同国务院有关部门确定严重污染大气环境的工艺、设备和产品淘汰期限，并纳入国家综合性产业政策目录。 生产者、进口者、销售者或者使用者应当在规定期限内停止生产、进口、销售或者使用列入前款规定目录中的设备和产品。工艺的采用者应当在规定期限内停止采用列入前款规定目录中的工艺。 被淘汰的设备和产品，不得转让给他人使用。

续表

《大气污染防治法（2000）》	《大气污染防治法（2015）》
第二十二条　国务院环境保护行政主管部门建立大气污染监测制度，组织监测网络，制定统一的监测方法。	第二十八条　国务院环境保护主管部门会同有关部门，建立和完善大气污染损害评估制度。
	第二十九条　环境保护主管部门及其委托的环境监察机构和其他负有大气环境保护监督管理职责的部门，有权通过现场检查监测、自动监测、遥感监测、远红外摄像等方式，对排放大气污染物的企业事业单位和其他生产经营者进行监督检查。被检查者应当如实反映情况，提供必要的资料。实施检查的部门、机构及其工作人员应当为被检查者保守商业秘密。
	第三十条　企业事业单位和其他生产经营者违反法律法规规定排放大气污染物，造成或者可能造成严重大气污染，或者有关证据可能灭失或者被隐匿的，县级以上人民政府环境保护主管部门和其他负有大气环境保护监督管理职责的部门，可以对有关设施、设备、物品采取查封、扣押等行政强制措施。
	第三十一条　环境保护主管部门和其他负有大气环境保护监督管理职责的部门应当公布举报电话、电子邮箱等，方便公众举报。 环境保护主管部门和其他负有大气环境保护监督管理职责的部门接到举报的，应当及时处理并对举报人的相关信息予以保密；对实名举报的，应当反馈处理结果等情况，查证属实的，处理结果依法向社会公开，并对举报人给予奖励。 举报人举报所在单位的，该单位不得以解除、变更劳动合同或者其他方式对举报人进行打击报复。
	第四章　大气污染防治措施
	第一节　燃煤和其他能源污染防治
	第三十二条　国务院有关部门和地方各级人民政府应当采取措施，调整能源结构，推广清洁能源的生产和使用；优化煤炭使用方式，推广煤炭清洁高效利用，逐步降低煤炭在一次能源消费中的比重，减少煤炭生产、使用、转化过程中的大气污染物排放。

续表

《大气污染防治法（2000）》	《大气污染防治法（2015）》
第二十四条　国家推行煤炭洗选加工，降低煤的硫份和灰份，限制高硫份、高灰份煤炭的开采。新建的所采煤炭属于高硫份、高灰份的煤矿，必须建设配套的煤炭洗选设施，使煤炭中的含硫份、含灰份达到规定的标准。 对已建成的所采煤炭属于高硫份、高灰份的煤矿，应当按照国务院批准的规划，限期建成配套的煤炭洗选设施。 禁止开采含放射性和砷等有毒有害物质超过规定标准的煤炭。	第三十三条　国家推行煤炭洗选加工，降低煤炭的硫分和灰分，限制高硫分、高灰分煤炭的开采。新建煤矿应当同步建设配套的煤炭洗选设施，使煤炭的硫分、灰分含量达到规定标准；已建成的煤矿除所采煤炭属于低硫分、低灰分或者根据已达标排放的燃煤电厂要求不需要洗选的以外，应当限期建成配套的煤炭洗选设施。 禁止开采含放射性和砷等有毒有害物质超过规定标准的煤炭。
	第三十四条　国家采取有利于煤炭清洁高效利用的经济、技术政策和措施，鼓励和支持洁净煤技术的开发和推广。 国家鼓励煤矿企业等采用合理、可行的技术措施，对煤层气进行开采利用，对煤矸石进行综合利用。从事煤层气开采利用的，煤层气排放应当符合有关标准规范。
	第三十五条　国家禁止进口、销售和燃用不符合质量标准的煤炭，鼓励燃用优质煤炭。 单位存放煤炭、煤矸石、煤渣、煤灰等物料，应当采取防燃措施，防止大气污染。
	第三十六条　地方各级人民政府应当采取措施，加强民用散煤的管理，禁止销售不符合民用散煤质量标准的煤炭，鼓励居民燃用优质煤炭和洁净型煤，推广节能环保型炉灶。
	第三十七条　石油炼制企业应当按照燃油质量标准生产燃油。 禁止进口、销售和燃用不符合质量标准的石油焦。
第二十五条　国务院有关部门和地方各级人民政府应当采取措施，改进城市能源结构，推广清洁能源的生产和使用。 大气污染防治重点城市人民政府可以在本辖区内划定禁止销售、使用国务院环境保护行政主管部门规定的高污染燃料	第三十八条　城市人民政府可以划定并公布高污染燃料禁燃区，并根据大气环境质量改善要求，逐步扩大高污染燃料禁燃区范围。高污染燃料的目录由国务院环境保护主管部门确定。 在禁燃区内，禁止销售、燃用高污染燃料；禁止新建、扩建燃用高污染燃料的设施，已建成的，

《大气污染防治法（2000）》	《大气污染防治法（2015）》
的区域。该区域内的单位和个人应当在当地人民政府规定的期限内停止燃用高污染燃料，改用天然气、液化石油气、电或者其他清洁能源。	应当在城市人民政府规定的期限内改用天然气、页岩气、液化石，油气、电或者其他清洁能源。
	第三十九条　城市建设应当统筹规划，在燃煤供热地区，推进热电联产和集中供热。在集中供热管网覆盖地区，禁止新建、扩建分散燃煤供热锅炉；已建成的不能达标排放的燃煤供热锅炉，应当在城市人民政府规定的期限内拆除。
	第四十条　县级以上人民政府质量监督部门应当会同环境保护主管部门对锅炉生产、进口、销售和使用环节执行环境保护标准或者要求的情况进行监督检查；不符合环境保护标准或者要求的，不得生产、进口、销售和使用。
	第四十一条　燃煤电厂和其他燃煤单位应当采用清洁生产工艺，配套建设除尘、脱硫、脱硝等装置，或者采取技术改造等其他控制大气污染物排放的措施。 国家鼓励燃煤单位采用先进的除尘、脱硫、脱硝、脱汞等大气污染物协同控制的技术和装置，减少大气污染物的排放。
	第四十二条　电力调度应当优先安排清洁能源发电上网。
	第二节　工业污染防治
第三十八条　炼制石油、生产合成氨、煤气和燃煤焦化、有色金属冶炼过程中排放含有硫化物气体的，应当配备脱硫装置或者采取其他脱硫措施。	第四十三条　钢铁、建材、有色金属、石油、化工等企业生产过程中排放粉尘、硫化物和氮氧化物的，应当采用清洁生产工艺，配套建设除尘、脱硫、脱硝等装置，或者采取技术改造等其他控制大气污染物排放的措施。
	第四十四条　生产、进口、销售和使用含挥发性有机物的原材料和产品的，其挥发性有机物含量应当符合质量标准或者要求。 国家鼓励生产、进口、销售和使用低毒、低挥发性有机溶剂。

《大气污染防治法（2000）》	《大气污染防治法（2015）》
	第四十五条 产生含挥发性有机物废气的生产和服务活动，应当在密闭空间或者设备中进行，并按照规定安装、使用污染防治设施；无法密闭的，应当采取措施减少废气排放。
	第四十六条 工业涂装企业应当使用低挥发性有机物含量的涂料，并建立台账，记录生产原料、辅料的使用量、废弃量、去向以及挥发性有机物含量。台账保存期限不得少于三年。
	第四十七条 石油、化工以及其他生产和使用有机溶剂的企业，应当采取措施对管道、设备进行日常维护、维修，减少物料泄漏，对泄漏的物料应当及时收集处理。 储油储气库、加油加气站、原油成品油码头、原油成品油运输船舶和油罐车、气罐车等，应当按照国家有关规定安装油气回收装置并保持正常使用。
	第四十八条 钢铁、建材、有色金属、石油、化工、制药、矿产开采等企业，应当加强精细化管理，采取集中收集处理等措施，严格控制粉尘和气态污染物的排放。 工业生产企业应当采取密闭、围挡、遮盖、清扫、洒水等措施，减少内部物料的堆存、传输、装卸等环节产生的粉尘和气态污染物的排放。
第三十七条 工业生产中产生的可燃性气体应当回收利用，不具备回收利用条件而向大气排放的，应当进行防治污染处理。 向大气排放转炉气、电石气、电炉法黄磷尾气、有机烃类尾气的，须报经当地环境保护行政主管部门批准。 可燃性气体回收利用装置不能正常作业的，应当及时修复或者更新。在回收利用装置不能正常作业期间确需排放可燃性气体的，应当将排放的可燃性气体充分燃烧或者采取其他减轻大气污染的措施。	第四十九条 工业生产、垃圾填埋或者其他活动产生的可燃性气体应当回收利用，不具备回收利用条件的，应当进行污染防治处理。 可燃性气体回收利用装置不能正常作业的，应当及时修复或者更新。在回收利用装置不能正常作业期间确需排放可燃性气体的，应当将排放的可燃性气体充分燃烧或者采取其他控制大气污染物排放的措施，并向当地环境保护主管部门报告，按照要求限期修复或者更新。
第四章 防治机动车船排放污染	第三节 机动车船等污染防治

续表

《大气污染防治法（2000）》	《大气污染防治法（2015）》
	第五十条　国家倡导低碳、环保出行，根据城市规划合理控制燃油机动车保有量，大力发展城市公共交通，提高公共交通出行比例。 国家采取财政、税收、政府采购等措施推广应用节能环保型和新能源机动车船、非道路移动机械，限制高油耗、高排放机动车船、非道路移动机械的发展，减少化石能源的消耗。 省、自治区、直辖市人民政府可以在条件具备的地区，提前执行国家机动车大气污染物排放标准中相应阶段排放限值，并报国务院环境保护主管部门备案。 城市人民政府应当加强并改善城市交通管理，优化道路设置，保障人行道和非机动车道的连续、畅通。
第三十二条　机动车船向大气排放污染物不得超过规定的排放标准。 任何单位和个人不得制造、销售或者进口污染物排放超过规定排放标准的机动车船。	第五十一条　机动车船、非道路移动机械不得超过标准排放大气污染物。 禁止生产、进口或者销售大气污染物排放超过标准的机动车船、非道路移动机械。
	第五十二条　机动车、非道路移动机械生产企业应当对新生产的机动车和非道路移动机械进行排放检验。经检验合格的，方可出厂销售。检验信息应当向社会公开。 省级以上人民政府环境保护主管部门可以通过现场检查、抽样检测等方式，加强对新生产、销售机动车和非道路移动机械大气污染物排放状况的监督检查。工业、质量监督、工商行政管理等有关部门予以配合。
	第五十三条　在用机动车应当按照国家或者地方的有关规定，由机动车排放检验机构定期对其进行排放检验。经检验合格的，方可上道路行驶。未经检验合格的，公安机关交通管理部门不得核发安全技术检验合格标志。 县级以上地方人民政府环境保护主管部门可以在机动车集中停放地、维修地对在用机动车的大气污染物排放状况进行监督抽测；在不影响正常通行的情况下，可以通过遥感监测等技术手段对在道路上行驶的机动车的大气污染物排放状况进行监督抽测，公安机关交通管理部门予以配合。

续表

《大气污染防治法（2000）》	《大气污染防治法（2015）》
	第五十四条　机动车排放检验机构应当依法通过计量认证，使用经依法检定合格的机动车排放检验设备，按照国务院环境保护主管部门制定的规范，对机动车进行排放检验，并与环境保护主管部门联网，实现检验数据实时共享。机动车排放检验机构及其负责人对检验数据的真实性和准确性负责。 环境保护主管部门和认证认可监督管理部门应当对机动车排放检验机构的排放检验情况进行监督检查。
	第五十五条　机动车生产、进口企业应当向社会公布其生产、进口机动车车型的排放检验信息、污染控制技术信息和有关维修技术信息。 机动车维修单位应当按照防治大气污染的要求和国家有关技术规范对在用机动车进行维修，使其达到规定的排放标准。交通运输、环境保护主管部门应当依法加强监督管理。 禁止机动车所有人以临时更换机动车污染控制装置等弄虚作假的方式通过机动车排放检验。禁止机动车维修单位提供该类维修服务。禁止破坏机动车车载排放诊断系统。
	第五十六条　环境保护主管部门应当会同交通运输、住房城乡建设、农业行政、水行政等有关部门对非道路移动机械的大气污染物排放状况进行监督检查，排放不合格的，不得使用。
	第五十七条　国家倡导环保驾驶，鼓励燃油机动车驾驶人在不影响道路通行且需停车三分钟以上的情况下熄灭发动机，减少大气污染物的排放。
	第五十八条　国家建立机动车和非道路移动机械环境保护召回制度。 生产、进口企业获知机动车、非道路移动机械排放大气污染物超过标准，属于设计、生产缺陷或者不符合规定的环境保护耐久性要求的，应当召回；未召回的，由国务院质量监督部门会同国务院环境保护主管部门责令其召回。

《大气污染防治法（2000）》	《大气污染防治法（2015）》
	第五十九条　在用重型柴油车、非道路移动机械未安装污染控制装置或者污染控制装置不符合要求，不能达标排放的，应当加装或者更换符合要求的污染控制装置。
	第六十条　在用机动车排放大气污染物超过标准的，应当进行维修；经维修或者采用污染控制技术后，大气污染物排放仍不符合国家在用机动车排放标准的，应当强制报废。其所有人应当将机动车交售给报废机动车回收拆解企业，由报废机动车回收拆解企业按照国家有关规定进行登记、拆解、销毁等处理。 国家鼓励和支持高排放机动车船、非道路移动机械提前报废。
	第六十一条　城市人民政府可以根据大气环境质量状况，划定并公布禁止使用高排放非道路移动机械的区域。
	第六十二条　船舶检验机构对船舶发动机及有关设备进行排放检验。经检验符合国家排放标准的，船舶方可运营。
	第六十三条　内河和江海直达船舶应当使用符合标准的普通柴油。远洋船舶靠港后应当使用符合大气污染物控制要求的船舶用燃油。 新建码头应当规划、设计和建设岸基供电设施；已建成的码头应当逐步实施岸基供电设施改造。船舶靠港后应当优先使用岸电。
	第六十四条　国务院交通运输主管部门可以在沿海海域划定船舶大气污染物排放控制区，进入排放控制区的船舶应当符合船舶相关排放要求。
	第六十五条　禁止生产、进口、销售不符合标准的机动车船、非道路移动机械用燃料；禁止向汽车和摩托车销售普通柴油以及其他非机动车用燃料；禁止向非道路移动机械、内河和江海直达船舶销售渣油和重油。
	第六十六条　发动机油、氮氧化物还原剂、燃料和润滑油添加剂以及其他添加剂的有害物质含量和其他大气环境保护指标，应当符合有关标准的

续表

《大气污染防治法（2000）》	《大气污染防治法（2015）》
	要求，不得损害机动车船污染控制装置效果和耐久性，不得增加新的大气污染物排放。
	第六十七条　国家积极推进民用航空器的大气污染防治，鼓励在设计、生产、使用过程中采取有效措施减少大气污染物排放。 民用航空器应当符合国家规定的适航标准中的有关发动机排出物要求。
	第四节　扬尘污染防治
	第六十八条　地方各级人民政府应当加强对建设施工和运输的管理，保持道路清洁，控制料堆和渣土堆放，扩大绿地、水面、湿地和地面铺装面积，防治扬尘污染。 住房城乡建设、市容环境卫生、交通运输、国土资源等有关部门，应当根据本级人民政府确定的职责，做好扬尘污染防治工作。
	第六十九条　建设单位应当将防治扬尘污染的费用列入工程造价，并在施工承包合同中明确施工单位扬尘污染防治责任。施工单位应当制定具体的施工扬尘污染防治实施方案。 从事房屋建筑、市政基础设施建设、河道整治以及建筑物拆除等施工单位，应当向负责监督管理扬尘污染防治的主管部门备案。 施工单位应当在施工工地设置硬质围挡，并采取覆盖、分段作业、择时施工、洒水抑尘、冲洗地面和车辆等有效防尘降尘措施。建筑土方、工程渣土、建筑垃圾应当及时清运；在场地内堆存的，应当采用密闭式防尘网遮盖。工程渣土、建筑垃圾应当进行资源化处理。 施工单位应当在施工工地公示扬尘污染防治措施、负责人、扬尘监督管理主管部门等信息。 暂时不能开工的建设用地，建设单位应当对裸露地面进行覆盖；超过三个月的，应当进行绿化、铺装或者遮盖。
	第七十条　运输煤炭、垃圾、渣土、砂石、土方、灰浆等散装、流体物料的车辆应当采取密闭或者其他措施防止物料遗撒造成扬尘污染，并按照规定路线行驶。

《大气污染防治法（2000)》	《大气污染防治法（2015)》
	装卸物料应当采取密闭或者喷淋等方式防治扬尘污染。 城市人民政府应当加强道路、广场、停车场和其他公共场所的清扫保洁管理，推行清洁动力机械化清扫等低尘作业方式，防治扬尘污染。
	第七十一条　市政河道以及河道沿线、公共用地的裸露地面以及其他城镇裸露地面，有关部门应当按照规划组织实施绿化或者透水铺装。
	第七十二条　贮存煤炭、煤矸石、煤渣、煤灰、水泥、石灰、石膏、砂土等易产生扬尘的物料应当密闭；不能密闭的，应当设置不低于堆放物高度的严密围挡，并采取有效覆盖措施防治扬尘污染。 码头、矿山、填埋场和消纳场应当实施分区作业，并采取有效措施防治扬尘污染。
	第五节　农业和其他污染防治
	第七十三条　地方各级人民政府应当推动转变农业生产方式，发展农业循环经济，加大对废弃物综合处理的支持力度，加强对农业生产经营活动排放大气污染物的控制。
	第七十四条　农业生产经营者应当改进施肥方式，科学合理施用化肥并按照国家有关规定使用农药，减少氨、挥发性有机物等大气污染物的排放。 禁止在人口集中地区对树木、花草喷洒剧毒、高毒农药。
	第七十五条　畜禽养殖场、养殖小区应当及时对污水、畜禽粪便和尸体等进行收集、贮存、清运和无害化处理，防止排放恶臭气体。
	第七十六条　各级人民政府及其农业行政等有关部门应当鼓励和支持采用先进适用技术，对秸秆、落叶等进行肥料化、饲料化、能源化、工业原料化、食用菌基料化等综合利用，加大对秸秆还田、收集一体化农业机械的财政补贴力度。 县级人民政府应当组织建立秸秆收集、贮存、运输和综合利用服务体系，采用财政补贴等措施支

续表

《大气污染防治法（2000）》	《大气污染防治法（2015）》
	持农村集体经济组织、农民专业合作经济组织、企业等开展秸秆收集、贮存、运输和综合利用服务。
	第七十七条 省、自治区、直辖市人民政府应当划定区域，禁止露天焚烧秸秆、落叶等产生烟尘污染的物质。
	第七十八条 国务院环境保护主管部门应当会同国务院卫生行政部门，根据大气污染物对公众健康和生态环境的危害和影响程度，公布有毒有害大气污染物名录，实行风险管理。 排放前款规定名录中所列有毒有害大气污染物的企业事业单位，应当按照国家有关规定建设环境风险预警体系，对排放口和周边环境进行定期监测，评估环境风险，排查环境安全隐患，并采取有效措施防范环境风险。
	第七十九条 向大气排放持久性有机污染物的企业事业单位和其他生产经营者以及废弃物焚烧设施的运营单位，应当按照国家有关规定，采取有利于减少持久性有机污染物排放的技术方法和工艺，配备有效的净化装置，实现达标排放。
	第八十条 企业事业单位和其他生产经营者在生产经营活动中产生恶臭气体的，应当科学选址，设置合理的防护距离，并安装净化装置或者采取其他措施，防止排放恶臭气体。
	第八十一条 排放油烟的餐饮服务业经营者应当安装油烟净化设施并保持正常使用，或者采取其他油烟净化措施，使油烟达标排放，并防止对附近居民的正常生活环境造成污染。 禁止在居民住宅楼、未配套设立专用烟道的商住综合楼以及商住综合楼内与居住层相邻的商业楼层内新建、改建、扩建产生油烟、异味、废气的餐饮服务项目。 任何单位和个人不得在当地人民政府禁止的区域内露天烧烤食品或者为露天烧烤食品提供场地。
	第八十二条 禁止在人口集中地区和其他依法需要特殊保护的区域内焚烧沥青、油毡、橡胶、塑

《大气污染防治法（2000)》	《大气污染防治法（2015)》
	料、皮革、垃圾以及其他产生有毒有害烟尘和恶臭气体的物质。 禁止生产、销售和燃放不符合质量标准的烟花爆竹。任何单位和个人不得在城市人民政府禁止的时段和区域内燃放烟花爆竹。
	第八十三条　国家鼓励和倡导文明、绿色祭祀。火葬场应当设置除尘等污染防治设施并保持正常使用，防止影响周边环境。
	第八十四条　从事服装干洗和机动车维修等服务活动的经营者，应当按照国家有关标准或者要求设置异味和废气处理装置等污染防治设施并保持正常使用，防止影响周边环境。
第四十五条　国家鼓励、支持消耗臭氧层物质替代品的生产和使用，逐步减少消耗臭氧层物质的产量，直至停止消耗臭氧层物质的生产和使用。 在国家规定的期限内，生产、进口消耗臭氧层物质的单位必须按照国务院有关行政主管部门核定的配额进行生产、进口。	第八十五条　国家鼓励、支持消耗臭氧层物质替代品的生产和使用，逐步减少直至停止消耗臭氧层物质的生产和使用。 国家对消耗臭氧层物质的生产、使用、进出口实行总量控制和配额管理。具体办法由国务院规定。
	第五章　重点区域大气污染联合防治
	第八十六条　国家建立重点区域大气污染联防联控机制，统筹协调重点区域内大气污染防治工作。国务院环境保护主管部门根据主体功能区划、区域大气环境质量状况和大气污染传输扩散规律，划定国家大气污染防治重点区域，报国务院批准。 重点区域内有关省、自治区、直辖市人民政府应当确定牵头的地方人民政府，定期召开联席会议，按照统一规划、统一标准、统一监测、统一的防治措施的要求，开展大气污染联合防治，落实大气污染防治目标责任。国务院环境保护主管部门应当加强指导、督促。 省、自治区、直辖市可以参照第一款规定划定本行政区域的大气污染防治重点区域。

《大气污染防治法（2000）》	《大气污染防治法（2015）》
	第八十七条 国务院环境保护主管部门会同国务院有关部门、国家大气污染防治重点区域内有关省、自治区、直辖市人民政府，根据重点区域经济社会发展和大气环境承载力，制定重点区域大气污染联合防治行动计划，明确控制目标，优化区域经济布局，统筹交通管理，发展清洁能源，提出重点防治任务和措施，促进重点区域大气环境质量改善。
	第八十八条 国务院经济综合主管部门会同国务院环境保护主管部门，结合国家大气污染防治重点区域产业发展实际和大气环境质量状况，进一步提高环境保护、能耗、安全、质量等要求。 重点区域内有关省、自治区、直辖市人民政府应当实施更严格的机动车大气污染物排放标准，统一在用机动车检验方法和排放限值，并配套供应合格的车用燃油。
	第八十九条 编制可能对国家大气污染防治重点区域的大气环境造成严重污染的有关工业园区、开发区、区域产业和发展等规划，应当依法进行环境影响评价。规划编制机关应当与重点区域内有关省、自治区、直辖市人民政府或者有关部门会商。 重点区域内有关省、自治区、直辖市建设可能对相邻省、自治区、直辖市大气环境质量产生重大影响的项目，应当及时通报有关信息，进行会商。 会商意见及其采纳情况作为环境影响评价文件审查或者审批的重要依据。
	第九十条 国家大气污染防治重点区域内新建、改建、扩建用煤项目的，应当实行煤炭的等量或者减量替代。
	第九十一条 国务院环境保护主管部门应当组织建立国家大气污染防治重点区域的大气环境质量监测、大气污染源监测等相关信息共享机制，利用监测、模拟以及卫星、航测、遥感等新技术分析重点区域内大气污染来源及其变化趋势，并向社会公开。

续表

《大气污染防治法（2000）》	《大气污染防治法（2015）》
	第九十二条　国务院环境保护主管部门和国家大气污染防治重点区域内有关省、自治区、直辖市人民政府可以组织有关部门开展联合执法、跨区域执法、交叉执法。
	第六章　重污染天气应对
	第九十三条　国家建立重污染天气监测预警体系。 国务院环境保护主管部门会同国务院气象主管机构等有关部门、国家大气污染防治重点区域内有关省、自治区、直辖市人民政府，建立重点区域重污染天气监测预警机制，统一预警分级标准。可能发生区域重污染天气的，应当及时向重点区域内有关省、自治区、直辖市人民政府通报。 省、自治区、直辖市、设区的市人民政府环境保护主管部门会同气象主管机构等有关部门建立本行政区域重污染天气监测预警机制。
	第九十四条　县级以上地方人民政府应当将重污染天气应对纳入突发事件应急管理体系。 省、自治区、直辖市、设区的市人民政府以及可能发生重污染天气的县级人民政府，应当制定重污染天气应急预案，向上一级人民政府环境保护主管部门备案，并向社会公布。
	第九十五条　省、自治区、直辖市、设区的市人民政府环境保护主管部门应当会同气象主管机构建立会商机制，进行大气环境质量预报。可能发生重污染天气的，应当及时向本级人民政府报告。省、自治区、直辖市、设区的市人民政府依据重污染天气预报信息，进行综合研判，确定预警等级并及时发出预警。预警等级根据情况变化及时调整。任何单位和个人不得擅自向社会发布重污染天气预报预警信息。 预警信息发布后，人民政府及其有关部门应当通过电视、广播、网络、短信等途径告知公众采取健康防护措施，指导公众出行和调整其他相关社会活动。

续表

《大气污染防治法（2000）》	《大气污染防治法（2015）》
	第九十六条　县级以上地方人民政府应当依据重污染天气的预警等级，及时启动应急预案，根据应急需要可以采取责令有关企业停产或者限产、限制部分机动车行驶、禁止燃放烟花爆竹、停止工地土石方作业和建筑物拆除施工、停止露天烧烤、停止幼儿园和学校组织的户外活动、组织开展人工影响天气作业等应急措施。 应急响应结束后，人民政府应当及时开展应急预案实施情况的评估，适时修改完善应急预案。
	第九十七条　发生造成大气污染的突发环境事件，人民政府及其有关部门和相关企业事业单位，应当依照《中华人民共和国突发事件应对法》、《中华人民共和国环境保护法》的规定，做好应急处置工作。环境保护主管部门应当及时对突发环境事件产生的大气污染物进行监测，并向社会公布监测信息。
第六章　法律责任	第七章　法律责任
	第九十八条　违反本法规定，以拒绝进入现场等方式拒不接受环境保护主管部门及其委托的环境监察机构或者其他负有大气环境保护监督管理职责的部门的监督检查，或者在接受监督检查时弄虚作假的，由县级以上人民政府环境保护主管部门或者其他负有大气环境保护监督管理职责的部门责令改正，处二万元以上二十万元以下的罚款；构成违反治安管理行为的，由公安机关依法予以处罚。
	第九十九条　违反本法规定，有下列行为之一的，由县级以上人民政府环境保护主管部门责令改正或者限制生产、停产整治，并处十万元以上一百万元以下的罚款；情节严重的，报经有批准权的人民政府批准，责令停业、关闭：（一）未依法取得排污许可证排放大气污染物的；（二）超过大气污染物排放标准或者超过重点大气污染物排放总量控制指标排放大气污染物的；（三）通过逃避监管的方式排放大气污染物的。

《大气污染防治法（2000）》	《大气污染防治法（2015）》
	第一百条　违反本法规定，有下列行为之一的，由县级以上人民政府环境保护主管部门责令改正，处二万元以上二十万元以下的罚款；拒不改正的，责令停产整治：（一）侵占、损毁或者擅自移动、改变大气环境质量监测设施或者大气污染物排放自动监测设备的；（二）未按照规定对所排放的工业废气和有毒有害大气污染物进行监测并保存原始监测记录的；（三）未按照规定安装、使用大气污染物排放自动监测设备或者未按照规定与环境保护主管部门的监控设备联网，并保证监测设备正常运行的；（四）重点排污单位不公开或者不如实公开自动监测数据的；（五）未按照规定设置大气污染物排放口的。
第四十九条　违反本法第十九条规定，生产、销售、进口或者使用禁止生产、销售、进口、使用的设备，或者采用禁止采用的工艺的，由县级以上人民政府经济综合主管部门责令改正；情节严重的，由县级以上人民政府经济综合主管部门提出意见，报请同级人民政府按照国务院规定的权限责令停业、关闭。 将淘汰的设备转让给他人使用的，由转让者所在地县级以上地方人民政府环境保护行政主管部门或者其他依法行使监督管理权的部门没收转让者的违法所得，并处违法所得两倍以下罚款。	第一百零一条　违反本法规定，生产、进口、销售或者使用国家综合性产业政策目录中禁止的设备和产品，采用国家综合性产业政策目录中禁止的工艺，或者将淘汰的设备和产品转让给他人使用的，由县级以上人民政府经济综合主管部门、出入境检验检疫机构按照职责责令改正，没收违法所得，并处货值金额一倍以上三倍以下的罚款；拒不改正的，报经有批准权的人民政府批准，责令停业、关闭。进口行为构成走私的，由海关依法予以处罚。
第五十条　违反本法第二十四条第三款规定，开采含放射性和砷等有毒有害物质超过规定标准的煤炭的，由县级以上人民政府按照国务院规定的权限责令关闭。	第一百零二条　违反本法规定，煤矿未按照规定建设配套煤炭洗选设施的，由县级以上人民政府能源主管部门责令改正，处十万元以上一百万元以下的罚款；拒不改正的，报经有批准权的人民政府批准，责令停业、关闭。 违反本法规定，开采含放射性和砷等有毒有害物质超过规定标准的煤炭的，由县级以上人民政府按照国务院规定的权限责令停业、关闭。
	第一百零三条　违反本法规定，有下列行为之一的，由县级以上地方人民政府质量监督、工商行政管理部门按照职责责令改正，没收原材料、产品和违法所得，并处货值金额一倍以上三倍以下

《大气污染防治法（2000）》	《大气污染防治法（2015）》
	的罚款：（一）销售不符合质量标准的煤炭、石油焦的；（二）生产、销售挥发性有机物含量不符合质量标准或者要求的原材料和产品的；（三）生产、销售不符合标准的机动车船和非道路移动机械用燃料、发动机油、氮氧化物还原剂、燃料和润滑油添加剂以及其他添加剂的；（四）在禁燃区内销售高污染燃料的。
	第一百零四条 违反本法规定，有下列行为之一的，由出入境检验检疫机构责令改正，没收原材料、产品和违法所得，并处货值金额一倍以上三倍以下的罚款；构成走私的，由海关依法予以处罚：（一）进口不符合质量标准的煤炭、石油焦的；（二）进口挥发性有机物含量不符合质量标准或者要求的原材料和产品的；（三）进口不符合标准的机动车船和非道路移动机械用燃料、发动机油、氮氧化物还原剂、燃料和润滑油添加剂以及其他添加剂的。
	第一百零五条 违反本法规定，单位燃用不符合质量标准的煤炭、石油焦的，由县级以上人民政府环境保护主管部门责令改正，处货值金额一倍以上三倍以下的罚款。
	第一百零六条 违反本法规定，使用不符合标准或者要求的船舶用燃油的，由海事管理机构、渔业主管部门按照职责处一万元以上十万元以下的罚款。
第五十二条 违反本法第二十八条规定，在城市集中供热管网覆盖地区新建燃煤供热锅炉的，由县级以上地方人民政府环境保护行政主管部门责令停止违法行为或者限期改正，可以处五万元以下罚款。	第一百零七条 违反本法规定，在禁燃区内新建、扩建燃用高污染燃料的设施，或者未按照规定停止燃用高污染燃料，或者在城市集中供热管网覆盖地区新建、扩建分散燃煤供热锅炉，或者未按照规定拆除已建成的不能达标排放的燃煤供热锅炉的，由县级以上地方人民政府环境保护主管部门没收燃用高污染燃料的设施，组织拆除燃煤供热锅炉，并处二万元以上二十万元以下的罚款。 违反本法规定，生产、进口、销售或者使用不符合规定标准或者要求的锅炉，由县级以上人民政府质量监督、环境保护主管部门责令改正，没收违法所得，并处二万元以上二十万元以下的罚款。

《大气污染防治法（2000）》	《大气污染防治法（2015）》
	第一百零八条　违反本法规定，有下列行为之一的，由县级以上人民政府环境保护主管部门责令改正，处二万元以上二十万元以下的罚款；拒不改正的，责令停产整治：（一）产生含挥发性有机物废气的生产和服务活动，未在密闭空间或者设备中进行，未按规定安装、使用污染防治设施，或者未采取减少废气排放措施的；（二）工业涂装企业未使用低挥发性有机物含量涂料或者未建立、保存台账的；（三）石油、化工以及其他生产和使用有机溶剂的企业，未采取措施对管道、设备进行日常维护、维修，减少物料泄漏或者对泄漏的物料未及时收集处理的；（四）储油储气库、加油加气站和油罐车、气罐车等，未按照国家有关规定安装并正常使用油气回收装置的；（五）钢铁、建材、有色金属、石油、化工、制药、矿产开采等企业，未采取集中收集处理、密闭、围挡、遮盖、清扫、洒水等措施，控制、减少粉尘和气态污染物排放的；（六）工业生产、垃圾填埋或者其他活动中产生的可燃性气体未回收利用，不具备回收利用条件未进行防治污染处理，或者可燃性气体回收利用装置不能正常作业，未及时修复或者更新的。
	第一百零九条　违反本法规定，生产超过污染物排放标准的机动车、非道路移动机械的，由省级以上人民政府环境保护主管部门责令改正，没收违法所得，并处货值金额一倍以上三倍以下的罚款，没收销毁无法达到污染物排放标准的机动车、非道路移动机械；拒不改正的，责令停产整治，并由国务院机动车生产主管部门责令停止生产该车型。 违反本法规定，机动车、非道路移动机械生产企业对发动机、污染控制装置弄虚作假、以次充好，冒充排放检验合格产品出厂销售的，由省级以上人民政府环境保护主管部门责令停产整治，没收违法所得，并处货值金额一倍以上三倍以下的罚款，没收销毁无法达到污染物排放标准的机动车、非道路移动机械，并由国务院机动车生产主管部门责令停止生产该车型。

《大气污染防治法（2000）》	《大气污染防治法（2015）》
	第一百一十条　违反本法规定，进口、销售超过污染物排放标准的机动车、非道路移动机械的，由县级以上人民政府工商行政管理部门、出入境检验检疫机构按照职责没收违法所得，并处货值金额一倍以上三倍以下的罚款，没收销毁无法达到污染物排放标准的机动车、非道路移动机械；进口行为构成走私的，由海关依法予以处罚。 违反本法规定，销售的机动车、非道路移动机械不符合污染物排放标准的，销售者应当负责修理、更换、退货；给购买者造成损失的，销售者应当赔偿损失。
	第一百一十一条　违反本法规定，机动车生产、进口企业未按照规定向社会公布其生产、进口机动车车型的排放检验信息或者污染控制技术信息的，由省级以上人民政府环境保护主管部门责令改正，处五万元以上五十万元以下的罚款。 违反本法规定，机动车生产、进口企业未按照规定向社会公布其生产、进口机动车车型的有关维修技术信息的，由省级以上人民政府交通运输主管部门责令改正，处五万元以上五十万元以下的罚款。
	第一百一十二条　违反本法规定，伪造机动车、非道路移动机械排放检验结果或者出具虚假排放检验报告的，由县级以上人民政府环境保护主管部门没收违法所得，并处十万元以上五十万元以下的罚款；情节严重的，由负责资质认定的部门取消其检验资格。 违反本法规定，伪造船舶排放检验结果或者出具虚假排放检验报告的，由海事管理机构依法予以处罚。 违反本法规定，以临时更换机动车污染控制装置等弄虚作假的方式通过机动车排放检验或者破坏机动车车载排放诊断系统的，由县级以上人民政府环境保护主管部门责令改正，对机动车所有人处五千元的罚款；对机动车维修单位处每辆机动车五千元的罚款。

《大气污染防治法（2000）》	《大气污染防治法（2015）》
	第一百一十三条　违反本法规定，机动车驾驶人驾驶排放检验不合格的机动车上道路行驶的，由公安机关交通管理部门依法予以处罚。
	第一百一十四条　违反本法规定，使用排放不合格的非道路移动机械，或者在用重型柴油车、非道路移动机械未按照规定加装、更换污染控制装置的，由县级以上人民政府环境保护等主管部门按照职责责令改正，处五千元的罚款。 违反本法规定，在禁止使用高排放非道路移动机械的区域使用高排放非道路移动机械的，由城市人民政府环境保护等主管部门依法予以处罚。
	第一百一十五条　违反本法规定，施工单位有下列行为之一的，由县级以上人民政府住房城乡建设等主管部门按照职责责令改正，处一万元以上十万元以下的罚款；拒不改正的，责令停工整治：（一）施工工地未设置硬质密闭围挡，或者未采取覆盖、分段作业、择时施工、洒水抑尘、冲洗地面和车辆等有效防尘降尘措施的；（二）建筑土方、工程渣土、建筑垃圾未及时清运，或者未采用密闭式防尘网遮盖的。 违反本法规定，建设单位未对暂时不能开工的建设用地的裸露地面进行覆盖，或未对超过三个月不能开工的建设用地的裸露地面进行绿化、铺装或者遮盖的，由县级以上人民政府住房城乡建设等主管部门依照前款规定予以处罚。
	第一百一十六条　违反本法规定，运输煤炭、垃圾、渣土、砂石、土方、灰浆等散装、流体物料的车辆，未采取密闭或者其他措施防止物料遗撒的，由县级以上地方人民政府确定的监督管理部门责令改正，处二千元以上二万元以下的罚款；拒不改正的，车辆不得上道路行驶。
	第一百一十七条　违反本法规定，有下列行为之一的，由县级以上人民政府环境保护等主管部门按照职责责令改正，处一万元以上十万元以下的罚款；拒不改正的，责令停工整治或者停业整治：（一）未密闭煤炭、煤矸石、煤渣、煤灰、

续表

《大气污染防治法（2000）》	《大气污染防治法（2015）》
	水泥、石灰、石膏、砂土等易产生扬尘的物料的；（二）对不能密闭的易产生扬尘的物料，未设置不低于堆放物高度的严密围挡，或者未采取有效覆盖措施防治扬尘污染的；（三）装卸物料未采取密闭或者喷淋等方式控制扬尘排放的；（四）存放煤炭、煤矸石、煤渣、煤灰等物料，未采取防燃措施的；（五）码头、矿山、填埋场和消纳场未采取有效措施防治扬尘污染的；（六）排放有毒有害大气污染物名录中所列有毒有害大气污染物的企业事业单位，未按照规定建设环境风险预警体系或者对排放口和周边环境进行定期监测、排查环境安全隐患并采取有效措施防范环境风险的；（七）向大气排放持久性有机污染物的企业事业单位和其他生产经营者以及废弃物焚烧设施的运营单位，未按照国家有关规定采取有利于减少持久性有机污染物排放的技术方法和工艺，配备净化装置的；（八）未采取措施防止排放恶臭气体的。
	第一百一十八条　违反本法规定，排放油烟的餐饮服务业经营者未安装油烟净化设施、不正常使用油烟净化设施或者未采取其他油烟净化措施，超过排放标准排放油烟的，由县级以上地方人民政府确定的监督管理部门责令改正，处五千元以上五万元以下的罚款；拒不改正的，责令停业整治。 违反本法规定，在居民住宅楼、未配套设立专用烟道的商住综合楼、商住综合楼内与居住层相邻的商业楼层内新建、改建、扩建产生油烟、异味、废气的餐饮服务项目的，由县级以上地方人民政府确定的监督管理部门责令改正；拒不改正的，予以关闭，并处一万元以上十万元以下的罚款。 违反本法规定，在当地人民政府禁止的时段和区域内露天烧烤食品或者为露天烧烤食品提供场地的，由县级以上地方人民政府确定的监督管理部门责令改正，没收烧烤工具和违法所得，并处五百元以上二万元以下的罚款。

续表

《大气污染防治法（2000)》	《大气污染防治法（2015)》
第五十七条　违反本法第四十一条第一款规定，在人口集中地区和其他依法需要特殊保护的区域内，焚烧沥青、油毡、橡胶、塑料、皮革、垃圾以及其他产生有毒有害烟尘和恶臭气体的物质的，由所在地县级以上地方人民政府环境保护行政主管部门责令停止违法行为，处二万元以下罚款。 违反本法第四十一条第二款规定，在人口集中地区、机场周围、交通干线附近以及当地人民政府划定的区域内露天焚烧秸秆、落叶等产生烟尘污染的物质的，由所在地县级以上地方人民政府环境保护行政主管部门责令停止违法行为；情节严重的，可以处二百元以下罚款。	第一百一十九条　违反本法规定，在人口集中地区对树木、花草喷洒剧毒、高毒农药，或者露天焚烧秸秆、落叶等产生烟尘污染的物质的，由县级以上地方人民政府确定的监督管理部门责令改正，并可以处五百元以上二千元以下的罚款。 违反本法规定，在人口集中地区和其他依法需要特殊保护的区域内，焚烧沥青、油毡、橡胶、塑料、皮革、垃圾以及其他产生有毒有害烟尘和恶臭气体的物质的，由县级人民政府确定的监督管理部门责令改正，对单位处一万元以上十万元以下的罚款，对个人处五百元以上二千元以下的罚款。 违反本法规定，在城市人民政府禁止的时段和区域内燃放烟花爆竹的，由县级以上地方人民政府确定的监督管理部门依法予以处罚。
	第一百二十条　违反本法规定，从事服装干洗和机动车维修等服务活动，未设置异味和废气处理装置等污染防治设施并保持正常使用，影响周边环境的，由县级以上地方人民政府环境保护主管部门责令改正，处二千元以上二万元以下的罚款；拒不改正的，责令停业整治。
	第一百二十一条　违反本法规定，擅自向社会发布重污染天气预报预警信息，构成违反治安管理行为的，由公安机关依法予以处罚。 违反本法规定，拒不执行停止工地土石方作业或者建筑物拆除施工等重污染天气应急措施的，由县级以上地方人民政府确定的监督管理部门处一万元以上十万元以下的罚款。
第六十一条　对违反本法规定，造成大气污染事故的企业事业单位，由所在地县级以上地方人民政府环境保护行政主管部门根据所造成的危害后果处直接经济损失百分之五十以下罚款，但最高不超过五十万元；情节较重的，对直接负责的主管人员和其他直接责任人员，由所在单位或者上级主管机关依法给予行政处分或者纪律处分；造成重大大气污染事故，导致公私财产重大损失或者人身伤亡的严重后果，构成犯罪的，依法追究刑事责任。	第一百二十二条　违反本法规定，造成大气污染事故的，由县级以上人民政府环境保护主管部门依照本条第二款的规定处以罚款；对直接负责的主管人员和其他直接责任人员可以处上一年度从本企业事业单位取得收入百分之五十以下的罚款。 对造成一般或者较大大气污染事故的，按照污染事故造成直接损失的一倍以上三倍以下计算罚款；对造成重大或者特大大气污染事故的，按照污染事故造成的直接损失的三倍以上五倍以下计算罚款。

续表

《大气污染防治法（2000）》	《大气污染防治法（2015）》
	第一百二十三条　违反本法规定，企业事业单位和其他生产经营者有下列行为之一，受到罚款处罚，被责令改正，拒不改正的，依法作出处罚决定的行政机关可以自责令改正之日的次日起，按照原处罚数额按日连续处罚：（一）未依法取得排污许可证排放大气污染物的；（二）超过大气污染物排放标准或者超过重点大气污染物排放总量控制指标排放大气污染物的；（三）通过逃避监管的方式排放大气污染物的；（四）建筑施工或者贮存易产生扬尘的物料未采取有效措施防治扬尘污染的。
	第一百二十四条　违反本法规定，对举报人以解除、变更劳动合同或者其他方式打击报复的，应当依照有关法律的规定承担责任。
	第一百二十五条　排放大气污染物造成损害的，应当依法承担侵权责任。
第六十四条　环境保护行政主管部门或者其他有关部门违反本法第十四条第三款的规定，将征收的排污费挪作他用的，由审计机关或者监察机关责令退回挪用款项或者采取其他措施予以追回，对直接负责的主管人员和其他直接责任人员依法给予行政处分。	第一百二十六条　地方各级人民政府、县级以上人民政府环境保护主管部门和其他负有大气环境保护监督管理职责的部门及其工作人员滥用职权、玩忽职守、徇私舞弊、弄虚作假的，依法给予处分。
第六十五条　环境保护监督管理人员滥用职权、玩忽职守的，给予行政处分；构成犯罪的，依法追究刑事责任。	第一百二十七条　违反本法规定，构成犯罪的，依法追究刑事责任。
第七章　附则	第八章　附则
	第一百二十八条　海洋工程的大气污染防治，依照《中华人民共和国海洋环境保护法》的有关规定执行。
第六十六条　本法自 2000 年 9 月 1 日起施行。	第一百二十九条　本法自 2016 年 1 月 1 日起施行。
第二条　国务院和地方各级人民政府，必须将大气环境保护工作纳入国民经济和社会发展计划，合理规划工业布局，加强防治大气污染的科学研究，采取防治大气污染的措施，保护和改善大气环境。	删除

《大气污染防治法（2000）》	《大气污染防治法（2015）》
第五条　任何单位和个人都有保护大气环境的义务，并有权对污染大气环境的单位和个人进行检举和控告。	删除
第六条　国务院环境保护行政主管部门制定国家大气环境质量标准。省、自治区、直辖市人民政府对国家大气环境质量标准中未作规定的项目，可以制定地方标准，并报国务院环境保护行政主管部门备案。	删除
第七条　国务院环境保护行政主管部门根据国家大气环境质量标准和国家经济、技术条件制定国家大气污染物排放标准。 省、自治区、直辖市人民政府对国家大气污染物排放标准中未作规定的项目，可以制定地方排放标准；对国家大气污染物排放标准中已作规定的项目，可以制定严于国家排放标准的地方排放标准。地方排放标准须报国务院环境保护行政主管部门备案。 省、自治区、直辖市人民政府制定机动车船大气污染物地方排放标准严于国家排放标准的，须报经国务院批准。 凡是向已有地方排放标准的区域排放大气污染物的，应当执行地方排放标准。	删除
第八条　国家采取有利于大气污染防治以及相关的综合利用活动的经济、技术政策和措施。 在防治大气污染、保护和改善大气环境方面成绩显著的单位和个人，由各级人民政府给予奖励。	删除
第九条　国家鼓励和支持大气污染防治的科学技术研究，推广先进适用的大气污染防治技术；鼓励和支持开发、利用太阳能、风能、水能等清洁能源。 国家鼓励和支持环境保护产业的发展。	删除
第十条　各级人民政府应当加强植树种草、城乡绿化工作，因地制宜地采取有效措施做好防沙治沙工作，改善大气环境质量。	删除

续表

《大气污染防治法（2000）》	《大气污染防治法（2015）》
第十一条　新建、扩建、改建向大气排放污染物的项目，必须遵守国家有关建设项目环境保护管理的规定。 建设项目的环境影响报告书，必须对建设项目可能产生的大气污染和对生态环境的影响作出评价，规定防治措施，并按照规定的程序报环境保护行政主管部门审查批准。 建设项目投入生产或者使用之前，其大气污染防治设施必须经过环境保护行政主管部门验收，达不到国家有关建设项目环境保护管理规定的要求的建设项目，不得投入生产或者使用。	删除
第十二条　向大气排放污染物的单位，必须按照国务院环境保护行政主管部门的规定向所在地的环境保护行政主管部门申报拥有的污染物排放设施、处理设施和在正常作业条件下排放污染物的种类、数量、浓度，并提供防治大气污染方面的有关技术资料。 前款规定的排污单位排放大气污染物的种类、数量、浓度有重大改变的，应当及时申报；其大气污染物处理设施必须保持正常使用，拆除或者闲置大气污染物处理设施的，必须事先报经所在地的县级以上地方人民政府环境保护行政主管部门批准。	删除
第十三条　向大气排放污染物的，其污染物排放浓度不得超过国家和地方规定的排放标准。	删除
第十四条　国家实行按照向大气排放污染物的种类和数量征收排污费的制度，根据加强大气污染防治的要求和国家的经济、技术条件合理制定排污费的征收标准。 征收排污费必须遵守国家规定的标准，具体办法和实施步骤由国务院规定。 征收的排污费一律上缴财政，按照国务院的规定用于大气污染防治，不得挪作他用，并由审计机关依法实施审计监督。	删除

《大气污染防治法（2000）》	《大气污染防治法（2015）》
第十五条　国务院和省、自治区、直辖市人民政府对尚未达到规定的大气环境质量标准的区域和国务院批准划定的酸雨控制区、二氧化硫污染控制区，可以划定为主要大气污染物排放总量控制区。主要大气污染物排放总量控制的具体办法由国务院规定。 大气污染物总量控制区内有关地方人民政府依照国务院规定的条件和程序，按照公开、公平、公正的原则，核定企业事业单位的主要大气污染物排放总量，核发主要大气污染物排放许可证。 有大气污染物总量控制任务的企业事业单位，必须按照核定的主要大气污染物排放总量和许可证规定的排放条件排放污染物。	删除
第十六条　在国务院和省、自治区、直辖市人民政府划定的风景名胜区、自然保护区、文物保护单位附近地区和其他需要特别保护的区域内，不得建设污染环境的工业生产设施；建设其他设施，其污染物排放不得超过规定的排放标准。在本法施行前企业事业单位已经建成的设施，其污染物排放超过规定的排放标准的，依照本法第四十八条的规定限期治理。	删除
第十七条　国务院按照城市总体规划、环境保护规划目标和城市大气环境质量状况，划定大气污染防治重点城市。 直辖市、省会城市、沿海开放城市和重点旅游城市应当列入大气污染防治重点城市。 未达到大气环境质量标准的大气污染防治重点城市，应当按照国务院或者国务院环境保护行政主管部门规定的期限，达到大气环境质量标准。该城市人民政府应当制定限期达标规划，并可以根据国务院的授权或者规定，采取更加严格的措施，按期实现达标规划。	删除

续表

《大气污染防治法（2000）》	《大气污染防治法（2015）》
第十八条 国务院环境保护行政主管部门会同国务院有关部门，根据气象、地形、土壤等自然条件，可以对已经产生、可能产生酸雨的地区或者其他二氧化硫污染严重的地区，经国务院批准后，划定为酸雨控制区或者二氧化硫污染控制区。	删除
第二十条 单位因发生事故或者其他突然性事件，排放和泄漏有毒有害气体和放射性物质，造成或者可能造成大气污染事故、危害人体健康的，必须立即采取防治大气污染危害的应急措施，通报可能受到大气污染危害的单位和居民，并报告当地环境保护行政主管部门，接受调查处理。 在大气受到严重污染，危害人体健康和安全的紧急情况下，当地人民政府应当及时向当地居民公告，采取强制性应急措施，包括责令有关排污单位停止排放污染物。	删除
第二十一条 环境保护行政主管部门和其他监督管理部门有权对管辖范围内的排污单位进行现场检查，被检查单位必须如实反映情况，提供必要的资料。检查部门有义务为被检查单位保守技术秘密和业务秘密。	删除
第二十三条 大、中城市人民政府环境保护行政主管部门应当定期发布大气环境质量状况公报，并逐步开展大气环境质量预报工作。 大气环境质量状况公报应当包括城市大气环境污染特征、主要污染物的种类及污染危害程度等内容。	删除
第三章 防治燃煤产生的大气污染	
第二十六条 国家采取有利于煤炭清洁利用的经济、技术政策和措施，鼓励和支持使用低硫份、低灰份的优质煤炭，鼓励和支持洁净煤技术的开发和推广。	删除

《大气污染防治法（2000）》	《大气污染防治法（2015）》
第二十七条　国务院有关主管部门应当根据国家规定的锅炉大气污染物排放标准，在锅炉产品质量标准中规定相应的要求；达不到规定要求的锅炉，不得制造、销售或者进口。	删除
第二十八条　城市建设应当统筹规划，在燃煤供热地区，统一解决热源，发展集中供热。在集中供热管网覆盖的地区，不得新建燃煤供热锅炉。	删除
第二十九条　大、中城市人民政府应当制定规划，对饮食服务企业限期使用天然气、液化石油气、电或者其他清洁能源。 对未划定为禁止使用高污染燃料区域的大、中城市市区内的其他民用炉灶，限期改用固硫型煤或者使用其他清洁能源。	删除
第三十条　新建、扩建排放二氧化硫的火电厂和其他大中型企业，超过规定的污染物排放标准或者总量控制指标的，必须建设配套脱硫、除尘装置或者采取其他控制二氧化硫排放、除尘的措施。 在酸雨控制区和二氧化硫污染控制区内，属于已建企业超过规定的污染物排放标准排放大气污染物的，依照本法第四十八条的规定限期治理。 国家鼓励企业采用先进的脱硫、除尘技术。 企业应当对燃料燃烧过程中产生的氮氧化物采取控制措施。	删除
第三十一条　在人口集中地区存放煤炭、煤矸石、煤渣、煤灰、砂石、灰土等物料，必须采取防燃、防尘措施，防止污染大气。	删除
第三十三条　在用机动车不符合制造当时的在用机动车污染物排放标准的，不得上路行驶。	删除

续表

《大气污染防治法（2000）》	《大气污染防治法（2015）》
省、自治区、直辖市人民政府规定对在用机动车实行新的污染物排放标准并对其进行改造的，须报经国务院批准。 机动车维修单位，应当按照防治大气污染的要求和国家有关技术规范进行维修，使在用机动车达到规定的污染物排放标准。	
第三十四条　国家鼓励生产和消费使用清洁能源的机动车船。 国家鼓励和支持生产、使用优质燃料油，采取措施减少燃料油中有害物质对大气环境的污染。单位和个人应当按照国务院规定的期限，停止生产、进口、销售含铅汽油。	删除
第三十五条　省、自治区、直辖市人民政府环境保护行政主管部门可以委托已取得公安机关资质认定的承担机动车年检的单位，按照规范对机动车排气污染进行年度检测。 交通、渔政等有监督管理权的部门可以委托已取得有关主管部门资质认定的承担机动船舶年检的单位，按照规范对机动船舶排气污染进行年度检测。 县级以上地方人民政府环境保护行政主管部门可以在机动车停放地对在用机动车的污染物排放状况进行监督抽测。	删除
第五章　防治废气、尘和恶臭污染	
第三十六条　向大气排放粉尘的排污单位，必须采取除尘措施。 严格限制向大气排放含有毒物质的废气和粉尘；确需排放的，必须经过净化处理，不超过规定的排放标准。	删除
第三十九条　向大气排放含放射性物质的气体和气溶胶，必须符合国家有关放射性防护的规定，不得超过规定的排放标准。	删除
第四十条　向大气排放恶臭气体的排污单位，必须采取措施防止周围居民区受到污染。	删除

《大气污染防治法（2000）》	《大气污染防治法（2015）》
第四十一条　在人口集中地区和其他依法需要特殊保护的区域内，禁止焚烧沥青、油毡、橡胶、塑料、皮革、垃圾以及其他产生有毒有害烟尘和恶臭气体的物质。 禁止在人口集中地区、机场周围、交通干线附近以及当地人民政府划定的区域露天焚烧秸秆、落叶等产生烟尘污染的物质。 除前两款外，城市人民政府还可以根据实际情况，采取防治烟尘污染的其他措施。	删除
第四十二条　运输、装卸、贮存能够散发有毒有害气体或者粉尘物质的，必须采取密闭措施或者其他防护措施。	删除
第四十三条　城市人民政府应当采取绿化责任制、加强建设施工管理、扩大地面铺装面积、控制渣土堆放和清洁运输等措施，提高人均占有绿地面积，减少市区裸露地面和地面尘土，防治城市扬尘污染。 在城市市区进行建设施工或者从事其他产生扬尘污染活动的单位，必须按照当地环境保护的规定，采取防治扬尘污染的措施。 国务院有关行政主管部门应当将城市扬尘污染的控制状况作为城市环境综合整治考核的依据之一。	删除
第四十四条　城市饮食服务业的经营者，必须采取措施，防治油烟对附近居民的居住环境造成污染。	删除
第四十六条　违反本法规定，有下列行为之一的，环境保护行政主管部门或者本法第四条第二款规定的监督管理部门可以根据不同情节，责令停止违法行为，限期改正，给予警告或者处以五万元以下罚款：（一）拒报或者谎报国务院环境	删除

续表

《大气污染防治法（2000）》	《大气污染防治法（2015）》
保护行政主管部门规定的有关污染物排放申报事项的；（二）拒绝环境保护行政主管部门或者其他监督管理部门现场检查或者在被检查时弄虚作假的；（三）排污单位不正常使用大气污染物处理设施，或者未经环境保护行政主管部门批准，擅自拆除、闲置大气污染物处理设施的；（四）未采取防燃、防尘措施，在人口集中地区存放煤炭、煤矸石、煤渣、煤灰、砂石、灰土等物料的。	
第四十七条　违反本法第十一条规定，建设项目的大气污染防治设施没有建成或者没有达到国家有关建设项目环境保护管理的规定的要求，投入生产或者使用的，由审批该建设项目的环境影响报告书的环境保护行政主管部门责令停止生产或者使用，可以并处一万元以上十万元以下罚款。	删除
第四十八条　违反本法规定，向大气排放污染物超过国家和地方规定排放标准的，应当限期治理，并由所在地县级以上地方人民政府环境保护行政主管部门处一万元以上十万元以下罚款。限期治理的决定权限和违反限期治理要求的行政处罚由国务院规定。	删除
第五十一条　违反本法第二十五条第二款或者第二十九条第一款的规定，在当地人民政府规定的期限届满后继续燃用高污染燃料的，由所在地县级以上地方人民政府环境保护行政主管部门责令拆除或者没收燃用高污染燃料的设施。	删除
第五十三条　违反本法第三十二条规定，制造、销售或者进口超过污染物排放标准的机动车船的，由依法行使监督管理权的部门责令停止违法行为，没收违法所得，可以并处违法所得一倍以下的罚款；对无法达到规定的污染物排放标准的机动车船，没收销毁。	删除

续表

《大气污染防治法（2000）》	《大气污染防治法（2015）》
第五十四条　违反本法第三十四条第二款规定，未按照国务院规定的期限停止生产、进口或者销售含铅汽油的，由所在地县级以上地方人民政府环境保护行政主管部门或者其他依法行使监督管理权的部门责令停止违法行为，没收所生产、进口、销售的含铅汽油和违法所得。	删除
第五十五条　违反本法第三十五条第一款或者第二款规定，未取得所在地省、自治区、直辖市人民政府环境保护行政主管部门或者交通、渔政等依法行使监督管理权的部门的委托进行机动车船排气污染检测的，或者在检测中弄虚作假的，由县级以上人民政府环境保护行政主管部门或者交通、渔政等依法行使监督管理权的部门责令停止违法行为，限期改正，可以处五万元以下罚款；情节严重的，由负责资质认定的部门取消承担机动车船年检的资格。	删除
第五十六条　违反本法规定，有下列行为之一的，由县级以上地方人民政府环境保护行政主管部门或者其他依法行使监督管理权的部门责令停止违法行为，限期改正，可以处五万元以下罚款：（一）未采取有效污染防治措施，向大气排放粉尘、恶臭气体或者其他含有有毒物质气体的；（二）未经当地环境保护行政主管部门批准，向大气排放转炉气、电石气、电炉法黄磷尾气、有机烃类尾气的；（三）未采取密闭措施或者其他防护措施，运输、装卸或者贮存能够散发有毒有害气体或者粉尘物质的；（四）城市饮食服务业的经营者未采取有效污染防治措施，致使排放的油烟对附近居民的居住环境造成污染的。	删除
第五十八条　违反本法第四十三条第二款规定，在城市市区进行建设施工或者从事其他产生扬尘污染的活动，未采取	删除

《大气污染防治法（2000）》	《大气污染防治法（2015）》
有效扬尘防治措施，致使大气环境受到污染的，限期改正，处二万元以下罚款；对逾期仍未达到当地环境保护规定要求的，可以责令其停工整顿。 前款规定的对因建设施工造成扬尘污染的处罚，由县级以上地方人民政府建设行政主管部门决定；对其他造成扬尘污染的处罚，由县级以上地方人民政府指定的有关主管部门决定。	
第五十九条　违反本法第四十五条第二款规定，在国家规定的期限内，生产或者进口消耗臭氧层物质超过国务院有关行政主管部门核定配额的，由所在地省、自治区、直辖市人民政府有关行政主管部门处二万元以上二十万元以下罚款；情节严重的，由国务院有关行政主管部门取消生产、进口配额。	删除
第六十条　违反本法规定，有下列行为之一的，由县级以上人民政府环境保护行政主管部门责令限期建设配套设施，可以处二万元以上二十万元以下罚款：（一）新建的所采煤炭属于高硫份、高灰份的煤矿，不按照国家有关规定建设配套的煤炭洗选设施的；（二）排放含有硫化物气体的石油炼制、合成氨生产、煤气和燃煤焦化以及有色金属冶炼的企业，不按照国家有关规定建设配套脱硫装置或者未采取其他脱硫措施的。	删除
第六十二条　造成大气污染危害的单位，有责任排除危害，并对直接遭受损失的单位或者个人赔偿损失。 赔偿责任和赔偿金额的纠纷，可以根据当事人的请求，由环境保护行政主管部门调解处理；调解不成的，当事人可以向人民法院起诉。当事人也可以直接向人民法院起诉。	

续表

《大气污染防治法（2000）》	《大气污染防治法（2015）》
第六十三条　完全由于不可抗拒的自然灾害，并经及时采取合理措施，仍然不能避免造成大气污染损失的，免于承担责任。	删除

　　总体来看，从修订前的七章66条，扩展到现在的八章129条，新修订的《大气污染防治法》内容增加了近一倍，与之前相比，几乎所有的法律条文都经过了修改。与旧法相比，新修订的《大气污染防治法》主要有三处亮点：

　　第一，突出大气环境质量改善主线。"环境质量目标主义主张把环境质量目标确定为法律的直接规制目标，并根据环境质量目标的要求构建环境法。环境质量目标主义环境法是环保目标先定的法、政府负责的法、服从科学的法，既便于实现立法确定的环境保护目标，又能使法定的环境保护目标更符合人与自然和谐的要求。"[1] 该法通篇围绕大气质量改善目标这个主线展开，明确提及"大气环境质量"达36次之多，所涉条文接近全部条文的1/3，这成为该法的最大亮点，体现了环境质量要与老百姓切身感受相符的立法思路，为大气污染防治工作全面转向以质量改善为核心提供了法律保障。

　　第二，明确了政府在大气污染治理中的责任。尽管在2000年版的《大气污染防治法》中，就有各级人民政府对辖区环境质量负责的规定。"但要求空气质量限期达标并持续改善还是第一次。"限期达标并持续改善与《中共中央国务院关于加快推进生态文明建设的意见》中要求的环境质量"只能更好、不能变坏"作为地方各级政府环保责任红线的要求相一致，也充分体现了《大气污染防治法》的立法目标，即以空气质量达标为核心，以保护公众的健康为目的。为实现目标，新修订的《大气污染防治法》确立了目标责任制、约谈制和考核评价制度。三大制度齐下，督促地方政府为当地的空气质量负责，并要求将考核结果向社会公开。[2]

---

① 徐祥民：《环境质量目标主义：关于环境法直接规制目标的思考》，《中国法学》2015年第6期。
② 文雯：《新大气法还有哪些新变化?》，《中国环境报》2015年9月23日。

第三，提高违法成本，督促企业承担责任，加大处罚力度。新的《大气污染防治法》的条文有 129 条，其中法律责任条款就有 30 条，规定了大量的具体的有针对性的措施，并有相应的处罚责任。具体的处罚行为和种类接近 90 种，提高了这部新法的操作性和针对性。① 新法还取消了现行法律中对造成大气污染事故企业事业单位罚款"最高不超过 50 万元"的封顶限额，增加了"按日计罚"的规定。同时，新法还明确，造成大气污染事故的，对直接负责的主管人员和其他直接责任人员可以处上一年度从本企业事业单位取得收入 50% 以下的罚款。对造成一般或者较大大气污染事故的，按照污染事故造成直接损失的 1 倍以上 3 倍以下计算罚款；对造成重大或者特大大气污染事故的，按污染事故造成的直接损失的 3 倍以上 5 倍以下计罚。

第三节　修订《中华人民共和国种子法》

《中华人民共和国种子法》（以下简称《种子法》）于 2000 年 7 月 8 日由第九届全国人民代表大会常务委员会第十六次会议审议通过，同日经中华人民共和国主席令第三十四号公布，自 2000 年 12 月 1 日起施行。2004 年 8 月 28 日，第十届全国人民代表大会常务委员会第十一次会议对《种子法》进行了第一次修订，同日经中华人民共和国主席令第二十六号公布并实施。根据 2013 年 6 月 29 日第十二届全国人民代表大会常务委员会第三次会议《关于修改〈中华人民共和国文物保护法〉等十二部法律的决定》进行了第二次修订，同日经中华人民共和国主席令第五号公布并实施。2015 年 11 月 4 日，第十二届全国人民代表大会常务委员会第十七次会议进行了修订，同日经中华人民共和国主席令第三十五号公布，自 2016 年 1 月 1 日起生效。

一、2015 年修订《种子法》的背景

《种子法》自 2000 年实施以来，在提高品种选育水平，发育种子生产经营多元主体，规范种子市场秩序等方面发挥了重要作用。作为保障国家粮食安全、生态安全和林业发展的重要法律制度，《种子法》设定的基本制度，

---

① 黄亮斌：《新修订〈大气污染防治法〉七大亮点》，《湖南日报》2015 年 9 月 17 日。

总体上得到了较好的落实。但是随着社会主义市场经济发展，我国种子生产经营出现了不少新情况，《种子法》的一些规定已不适应：一是种质资源保护不力，有效利用不足，流失比较严重，需要完善种质资源保护和利用制度。二是育种创新体制机制还不适应现代种业发展要求，需要培育和构建能够激发自主创新的育种体制机制。三是植物新品种保护力度小，假冒侵权现象时有发生，需要加大对原始创新的保护力度。四是种子生产经营管理环节多，需要简化，有的审批事项需要下放。五是种业国际竞争力弱，做大做强需要大力扶持和培育。六是基层种业执法机构权责不清，需要明确种子种苗管理机构在执法中的职责地位。七是法律责任范围偏窄，处罚力度偏小，需要充实。种子是农林科技进步的基础和重要载体，种业是提升农林竞争力的关键。适时修改《种子法》，对做大做强种业，转变农林发展方式，发展现代农林产业，促进农民增收意义重大。

二、2015 年修订《种子法》的经过

自 2008 年 3 月以来，全国人大代表 780 人次提出修订《种子法》和制定《植物新品种保护法》的议案共 25 件。2010 年，全国人大常委会对《种子法》实施情况进行了检查，提出了修订《种子法》的建议。2013 年，修订《种子法》列入第十二届全国人大常委会立法规划，由全国人大农业与农村委员会牵头修改。在修订过程中，先后两次征求 31 个省、自治区、直辖市人大和国务院有关部委、科研院所、高等院校、种子企业和专家的意见。在认真总结实践经验、深入调查研究、反复论证的基础上，形成了《种子法（修订草案）》。

2015 年 4 月 20 日，全国人大常委会第十四次会议对《种子法（修订草案）》进行了初次审议。会后，法制工作委员会将修订草案印发各省、自治区、直辖市、中央有关部门和部分高等院校、研究机构、企业征求意见，并在中国人大网全文公布修订草案征求社会公众意见。法律委员会、农业与农村委员会、法制工作委员会联合召开座谈会，听取中央有关部门和部分全国人大代表对修订草案的意见。法律委员会、法制工作委员会还到一些地方进行调研，听取意见，并就修订草案的有关问题与农业与农村委员会、国务院法制办公室、农业部、国家林业局交换意见，共同研究。法律委员会于同年

9 月 28 日召开会议，根据常委会组成人员的审议意见和各方面意见，对修订草案进行了逐条审议。农业与农村委员会、国务院法制办公室、农业部、国家林业局的负责同志列席了会议。同年 10 月 21 日，法律委员会召开会议，再次进行审议。法律委员会认为，为进一步保护利用种质资源，规范品种选育、种子生产经营和管理，保护植物新品种权，维护种子生产经营者、使用者的合法权益，保障国家粮食安全，对《种子法》予以修订是必要的，修订草案经过常委会审议修改，已经比较成熟。

三、《种子法（2013）》与《种子法（2015）》对照

与旧法（共 78 条）相比，新法大幅增减合并了一些内容，修订后的《种子法》共计 94 条。具体修订情况如下表。

表 2-3　2015 年《种子法》修订对照表

《种子法（2013）》	《种子法（2015）》
第一章　总则	第一章　总则
第一条　为了保护和合理利用种质资源，规范品种选育和种子生产、经营、使用行为，维护品种选育者和种子生产者、经营者、使用者的合法权益，提高种子质量水平，推动种子产业化，促进种植业和林业的发展，制定本法。	第一条　（修改）为了保护和合理利用种质资源，规范品种选育、种子生产经营和管理行为，保护植物新品种权，维护种子生产经营者、使用者的合法权益，提高种子质量，推动种子产业化，发展现代种业，保障国家粮食安全，促进农业和林业的发展，制定本法。
第二条　在中华人民共和国境内从事品种选育和种子生产、经营、使用、管理等活动，适用本法。 本法所称种子，是指农作物和林木的种植材料或者繁殖材料，包括籽粒、果实和根、茎、苗、芽、叶等。	第二条　（修改）在中华人民共和国境内从事品种选育、种子生产经营和管理等活动，适用本法。 本法所称种了，是指农作物和林木的种植材料或者繁殖材料，包括籽粒、果实、根、茎、苗、芽、叶、花等。
第三条　国务院农业、林业行政主管部门分别主管全国农作物种子和林木种子工作；县级以上地方人民政府农业、林业行政主管部门分别主管本行政区域内农作物种子和林木种子工作。	第三条　（修改并新增）国务院农业、林业主管部门分别主管全国农作物种子和林木种子工作；县级以上地方人民政府农业、林业主管部门分别主管本行政区域内农作物种子和林木种子工作。 各级人民政府及其有关部门应当采取措施，加强种子执法和监督，依法惩处侵害农民权益的种子违法行为。

续表

《种子法（2013）》	《种子法（2015）》
第五条　县级以上人民政府应当根据科教兴农方针和种植业、林业发展的需要制定种子发展规划，并按照国家有关规定在财政、信贷和税收等方面采取措施保证规划的实施。	第五条　（修改）省级以上人民政府应当根据科教兴农方针和农业、林业发展的需要制定种业发展规划并组织实施。
第七条　国家建立种子贮备制度，主要用于发生灾害时的生产需要，保障农业生产安全。对贮备的种子应当定期检验和更新。种子贮备的具体办法由国务院规定。	第六条　（修改）省级以上人民政府建立种子储备制度，主要用于发生灾害时的生产需要及余缺调剂，保障农业和林业生产安全。对储备的种子应当定期检验和更新。种子储备的具体办法由国务院规定。
第十四条　转基因植物品种的选育、试验、审定和推广应当进行安全性评价，并采取严格的安全控制措施。具体办法由国务院规定。	第七条　（修改）转基因植物品种的选育、试验、审定和推广应当进行安全性评价，并采取严格的安全控制措施。国务院农业、林业主管部门应当加强跟踪监管并及时公告有关转基因植物品种审定和推广的信息。具体办法由国务院规定。
第二章　种质资源保护	第二章　种质资源保护
第九条　国家有计划地收集、整理、鉴定、登记、保存、交流和利用种质资源，定期公布可供利用的种质资源目录。具体办法由国务院农业、林业行政主管部门规定。 国务院农业、林业行政主管部门应当建立国家种质资源库，省、自治区、直辖市人民政府农业、林业行政主管部门可以根据需要建立种质资源库、种质资源保护区或者种质资源保护地。	第九条　（修改）国家有计划地普查、收集、整理、鉴定、登记、保存、交流和利用种质资源，定期公布可供利用的种质资源目录。具体办法由国务院农业、林业主管部门规定。 第十条　（修改并新增）国务院农业、林业主管部门应当建立种质资源库、种质资源保护区或者种质资源保护地。省、自治区、直辖市人民政府农业、林业主管部门可以根据需要建立种质资源库、种质资源保护区、种质资源保护地。种质资源库、种质资源保护区、种质资源保护地的种质资源属公共资源，依法开放利用。 占用种质资源库、种质资源保护区或者种质资源保护地的，需经原设立机关同意。
第十条　国家对种质资源享有主权，任何单位和个人向境外提供种质资源的，应当经国务院农业、林业行政主管部门批准；从境外引进种质资源的，依照国务院农业、林业行政主管部门的有关规定办理。	第十一条　（修改）国家对种质资源享有主权，任何单位和个人向境外提供种质资源，或者与境外机构、个人开展合作研究利用种质资源的，应当向省、自治区、直辖市人民政府农业、林业主管部门提出申请，并提交国家共享惠益的方案；受理申请的农业、林业主管部门经审核，报国务院农业、林业主

《种子法（2013）》	《种子法（2015）》
	管部门批准。 从境外引进种质资源的，依照国务院农业、林业主管部门的有关规定办理。
第三章　品种选育与审定	第三章　品种选育、审定与登记
第十一条　国务院农业、林业、科技、教育等行政主管部门和省、自治区、直辖市人民政府应当组织有关单位进行品种选育理论、技术和方法的研究。 国家鼓励和支持单位和个人从事良种选育和开发。	第十二条　（修改）国家支持科研院所及高等院校重点开展育种的基础性、前沿性和应用技术研究，以及常规作物、主要造林树种育种和无性繁殖材料选育等公益性研究。 国家鼓励种子企业充分利用公益性研究成果，培育具有自主知识产权的优良品种；鼓励种子企业与科研院所及高等院校构建技术研发平台，建立以市场为导向、资本为纽带、利益共享、风险共担的产学研相结合的种业技术创新体系。 国家加强种业科技创新能力建设，促进种业科技成果转化，维护种业科技人员的合法权益。
	第十三条　（修改）由财政资金支持形成的育种发明专利权和植物新品种权，除涉及国家安全、国家利益和重大社会公共利益的外，授权项目承担者依法取得。 由财政资金支持为主形成的育种成果的转让、许可等应当依法公开进行，禁止私自交易。
第十五条　主要农作物品种和主要林木品种在推广应用前应当通过国家级或者省级审定，申请者可以直接申请省级审定或者国家级审定。由省、自治区、直辖市人民政府农业、林业行政主管部门确定的主要农作物品种和主要林木品种实行省级审定。 主要农作物品种和主要林木品种的审定办法应当体现公正、公开、科学、效率的原则，由国务院农业、林业行政主管部门规定。 国务院和省、自治区、直辖市人民政府的农业、林业行政主管部门分别设立由专业人员组成的农作物品种和林木品种审定委员会，承担主要农作物品种和主要林木品种的审定工作。	第十五条　（修改）国家对主要农作物和主要林木实行品种审定制度。主要农作物品种和主要林木品种在推广前应当通过国家级或者省级审定。由省、自治区、直辖市人民政府林业主管部门确定的主要林木品种实行省级审定。 申请审定的品种应当符合特异性、一致性、稳定性要求。 主要农作物品种和主要林木品种的审定办法由国务院农业、林业主管部门规定。审定办法应当体现公正、公开、科学、效率的原则，有利于产量、品质、抗性等的提高与协调，有利于适应市场和生活消费需要的品种的推广。在制定、修改审定办法时，应当充分听

续表

《种子法（2013）》	《种子法（2015）》
在具有生态多样性的地区，省、自治区、直辖市人民政府农业、林业行政主管部门可以委托设区的市、自治州承担适宜于在特定生态区域内推广应用的主要农作物品种和主要林木品种的审定工作。	取育种者、种子使用者、生产经营者和相关行业代表意见。
	第十六条 （修改并新增）国务院和省、自治区、直辖市人民政府的农业、林业主管部门分别设立由专业人员组成的农作物品种和林木品种审定委员会。品种审定委员会承担主要农作物品种和主要林木品种的审定工作，建立包括申请文件、品种审定试验数据、种子样品、审定意见和审定结论等内容的审定档案，保证可追溯。在审定通过的品种依法公布的相关信息中应当包括审定意见情况，接受监督。 品种审定实行回避制度。品种审定委员会委员、工作人员及相关测试、试验人员应当忠于职守，公正廉洁。对单位和个人举报或者监督检查发现的上述人员的违法行为，省级以上人民政府农业、林业主管部门和有关机关应当及时依法处理。
	第十七条 （新增）实行选育生产经营相结合，符合国务院农业行政主管部门规定条件的种子企业，对自主研发的品种需要审定的，可依照审定办法自行完成试验。种子企业建立试验数据可追溯制度并对真实性负责。
	第二十二条 （新增）国家对部分非主要农作物实行品种登记制度。列入非主要农作物登记目录的品种在推广前应当登记。 实行品种登记的农作物范围应当严格控制，并根据保护生物多样性、保证消费安全和用种安全的原则确定。登记目录由国务院农业主管部门制定和调整。 申请者申请品种登记应当向省、自治区、直辖市人民政府农业主管部门提交申请文件和种子样品，并对其真实性负责，保证可追溯，接受监督检查。申请文件包括品种的种类、名称、来源、特性、育种过程以及特异性、

续表

《种子法（2013）》	《种子法（2015）》
	一致性、稳定性测试报告等。 省、自治区、直辖市人民政府农业主管部门自受理品种登记申请之日起二十个工作日内，对申请者提交的申请文件进行书面审查，符合要求的，报国务院农业主管部门予以登记公告。 对已登记品种存在申请文件、种子样品不实的，由国务院农业主管部门撤销该品种登记，并将该申请者的违法信息记入社会诚信档案，向社会公布；给种子使用者和其他种子生产经营者造成损失的，依法承担赔偿责任。 对已登记品种出现不可克服的严重缺陷等情形的，由国务院农业主管部门撤销登记，并发布公告，停止推广。 非主要农作物品种登记办法由国务院农业主管部门规定。
第十六条　通过国家级审定的主要农作物品种和主要林木良种由国务院农业、林业行政主管部门公告，可以在全国适宜的生态区域推广。通过省级审定的主要农作物品种和主要林木良种由省、自治区、直辖市人民政府农业、林业行政主管部门公告，可以在本行政区域内适宜的生态区域推广；相邻省、自治区、直辖市属于同一适宜生态区的地域，经所在省、自治区、直辖市人民政府农业、林业行政主管部门同意后可以引种。	第十九条　（修改并新增）通过国家级审定的农作物品种和林木良种由国务院农业、林业主管部门公告，可以在全国适宜的生态区域推广。通过省级审定的农作物品种和林木良种由省、自治区、直辖市人民政府农业、林业主管部门公告，可以在本行政区域内适宜的生态区域推广；其他省、自治区、直辖市属于同一适宜生态区的地域引种农作物品种、林木良种的，引种者应当将引种的品种和区域报所在省、自治区、直辖市人民政府农业、林业主管部门备案。 引种本地区没有自然分布的林木品种，应当按照国家引种标准通过试验。
第十八条　审定未通过的农作物品种和林木品种，申请人有异议的，可以向原审定委员会或者上一级审定委员会申请复审。	第十八条　（修改并新增）审定未通过的农作物品种和林木品种，申请人有异议的，可以向原审定委员会或者国家级审定委员会申请复审。
	第二十二条　（新增）审定通过的农作物品种和林木良种出现不可克服的严重缺陷等情形不宜继续推广、销售的，经原审定委员会审核确认后，撤销审定，由原公告部门发布公告，停止推广、销售。

续表

《种子法（2013）》	《种子法（2015）》
第十九条　在中国没有经常居所或者营业场所的外国人、外国企业或者外国其他组织在中国申请品种审定的，应当委托具有法人资格的中国种子科研、生产、经营机构代理。	第二十四条　（修改）在中国境内没有经常居所或者营业场所的境外机构、个人在境内申请品种审定或者登记的，应当委托具有法人资格的境内种子企业代理。
	第四章　新品种保护
第十二条　国家实行植物新品种保护制度，对经过人工培育的或者发现的野生植物加以开发的植物品种，具备新颖性、特异性、一致性和稳定性的，授予植物新品种权，保护植物新品种权所有人的合法权益。具体办法按照国家有关规定执行。选育的品种得到推广应用的，育种者依法获得相应的经济利益。	第二十五条　（修改并新增）国家实行植物新品种保护制度。对国家植物品种保护名录内经过人工选育或者发现的野生植物加以改良，具备新颖性、特异性、一致性、稳定性和适当命名的植物品种，由国务院农业、林业主管部门授予植物新品种权，保护植物新品种权所有人的合法权益。植物新品种权的内容和归属、授予条件、申请和受理、审查与批准，以及期限、终止和无效等依照本法、有关法律和行政法规规定执行。 国家鼓励和支持种业科技创新、植物新品种培育及成果转化。取得植物新品种权的品种得到推广应用的，育种者依法获得相应的经济利益。
	第二十六条　（新增）一个植物新品种只能授予一项植物新品种权。两个以上的申请人分别就同一个品种申请植物新品种权的，植物新品种权授予最先申请的人；同时申请的，植物新品种权授予最先完成该品种育种的人。对违反法律、法规，危害公共利益、生态环境的植物新品种，不授予植物新品种权。
	第二十七条　（新增）授予植物新品种权的植物新品种名称，应当与相同或者相近的植物属或者种中已知品种的名称相区别。该名称经授权后即为该植物新品种的通用名称。 下列名称不得用于授权品种的命名： （一）仅以数字表示的； （二）违反社会公德的； （三）对植物新品种的特征、特性或者育种者身份等容易引起误解的。 同一植物品种在申请新品种保护、品种审定、品种登记、销售、推广时只能使用一个名称。生产销售、推广的种子必须与申请新品种保护、品种审定、品种登记时提供的样品相符。

续表

《种子法（2013）》	《种子法（2015）》
	第二十八条 （新增）完成育种的单位或者个人对其授权品种，享有排他的独占权。任何单位或者个人未经植物新品种权所有人许可，不得生产、繁殖或者销售该授权品种的繁殖材料，不得为商业目的将该授权品种的繁殖材料重复使用于生产另一品种的繁殖材料；但是法律、法规另有规定的除外。
	第二十九条 （新增）在下列情况下使用授权品种的，可以不经植物新品种权所有人许可，不向其支付使用费，但不得侵犯植物新品种权所有人依照本法、有关法律、行政法规享有的其他权利： （一）利用授权品种进行育种及其他科研活动； （二）农民自繁自用授权品种的繁殖材料。
	第三十条 （新增）为了国家利益或者社会公共利益，国务院农业、林业主管部门可以作出实施植物新品种权强制许可的决定，并予以登记和公告。 取得实施强制许可的单位或者个人不享有独占的实施权，并且无权允许他人实施。
第四章 种子生产	第五章 种子生产经营 （由旧法第四章《种子生产》、第五章《种子经营》、第六章《种子使用》合并而成）
第二十条 主要农作物和主要林木的商品种子生产实行许可制度。 主要农作物杂交种子及其亲本种子、常规种原种种子、主要林木良种的种子生产许可证，由生产所在地县级人民政府农业、林业行政主管部门审核，省、自治区、直辖市人民政府农业、林业行政主管部门核发；其他种子的生产许可证，由生产所在地县级以上地方人民政府农业、林业行政主管部门核发。	第三十一条 （修改并新增）从事种子进出口业务的种子生产经营许可证，由省、自治区、直辖市人民政府农业、林业主管部门审核，国务院农业、林业主管部门核发。 从事主要农作物杂交种子及其亲本种子、林木良种种子的生产经营以及实行选育生产经营相结合，符合国务院农业、林业主管部门规定条件的种子企业的种子生产经营许可证，由生产经营者所在地县级人民政府农业、林业主管部门审核，省、自治区、直辖市人民政府农业、林业主管部门核发。 前两款规定以外的其他种子的生产经营许可证，由生产经营者所在地县级以上地方人民

续表

《种子法（2013）》	《种子法（2015）》
第二十六条　种子经营实行许可制度。种子经营者必须先取得种子经营许可证后，方可凭种子经营许可证向工商行政管理机关申请办理或者变更营业执照。 种子经营许可证实行分级审批发放制度。种子经营许可证由种子经营者所在地县级以上地方人民政府农业、林业行政主管部门核发。主要农作物杂交种子及其亲本种子、常规种原种种子、主要林木良种的种子经营许可证，由种子经营者所在地县级人民政府农业、林业行政主管部门审核，省、自治区、直辖市人民政府农业、林业行政主管部门核发。实行选育、生产、经营相结合并达到国务院农业、林业行政主管部门规定的注册资本金额的种子公司和从事种子进出口业务的公司的种子经营许可证，由省、自治区、直辖市人民政府农业、林业行政主管部门审核，国务院农业、林业行政主管部门核发。	政府农业、林业主管部门核发。 只从事非主要农作物种子和非主要林木种子生产的，不需要办理种子生产经营许可证。
第二十一条　申请领取种子生产许可证的单位和个人，应当具备下列条件： （一）具有繁殖种子的隔离和培育条件； （二）具有无检疫性病虫害的种子生产地点或者县级以上人民政府林业行政主管部门确定的采种林； （三）具有与种子生产相适应的资金和生产、检验设施； （四）具有相应的专业种子生产和检验技术人员； （五）法律、法规规定的其他条件。 申请领取具有植物新品种权的种子生产许可证的，应当征得品种权人的书面同意。	第三十二条　（修改）申请取得种子生产经营许可证的，应当具有与种子生产经营相适应的生产经营设施、设备及专业技术人员，以及法规和国务院农业、林业主管部门规定的其他条件。 从事种子生产的，还应当同时具有繁殖种子的隔离和培育条件，具有无检疫性有害生物的种子生产地点或者县级以上人民政府林业主管部门确定的采种林。 申请领取具有植物新品种权的种子生产经营许可证的，应当征得植物新品种权所有人的书面同意。
第二十九条第一款　申请领取种子经营许可证的单位和个人，应当具备下列条件： （一）具有与经营种子种类和数量相适应的资金及独立承担民事责任的能力； （二）具有能够正确识别所经营的种子、检验种子质量、掌握种子贮藏、保管技术的人员； （三）具有与经营种子的种类、数量相适应的营业场所及加工、包装、贮藏保管设施和检验种子质量的仪器设备； （四）法律、法规规定的其他条件。	

续表

《种子法（2013）》	《种子法（2015）》
第二十二条　种子生产许可证应当注明生产种子的品种、地点和有效期限等项目。 禁止伪造、变造、买卖、租借种子生产许可证；禁止任何单位和个人无证或者未按照许可证的规定生产种子。 第三十一条　种子经营许可证应当注明种子经营范围、经营方式及有效期限、有效区域等项目。 禁止伪造、变造、买卖、租借种子经营许可证；禁止任何单位和个人无证或者未按照许可证的规定经营种子。	第三十三条　（修改）种子生产经营许可证应当载明生产经营者名称、地址、法定代表人、生产种子的品种、地点和种子经营的范围、有效期限、有效区域等事项。 前款事项发生变更的，应当自变更之日起三十日内，向原核发许可证机关申请变更登记。 除本法另有规定外，禁止任何单位和个人无种子生产经营许可证或者违反种子生产经营许可证的规定生产、经营种子。禁止伪造、变造、买卖、租借种子生产经营许可证。
第二十五条　商品种子生产者应当建立种子生产档案，载明生产地点、生产地块环境、前茬作物、亲本种子来源和质量、技术负责人、田间检验记录、产地气象记录、种子流向等内容。 第三十六条　种子经营者应当建立种子经营档案，载明种子来源、加工、贮藏、运输和质量检测各环节的简要说明及责任人、销售去向等内容。 一年生农作物种子的经营档案应当保存至种子销售后二年，多年生农作物和林木种子经营档案的保存期限由国务院农业、林业行政主管部门规定。	第三十六条　（修改）种子生产经营者应当建立包括种子来源、产地、数量、质量、销售去向和销售日期等内容的生产经营档案。种子生产经营档案及种子样品的保存期限由国务院农业、林业行政主管部门规定。
第五章　种子经营	
第二十七条　农民个人自繁、自用的常规种子有剩余的，可以在集贸市场上出售、串换，不需要办理种子经营许可证，由省、自治区、直辖市人民政府制定管理办法。	第三十七条　（修改）农民个人自繁自用的常规种子有剩余的，可以在当地集贸市场上出售、串换，不需要办理种子生产经营许可证。
第三十条　种子经营许可证的有效区域由发证机关在其管辖范围内确定。种子经营者按照经营许可证规定的有效区域设立分支机构的，可以不再办理种子经营许可证，但应当在办理或者变更营业执照后十五日内，向当地农业、林业行政主管部门和原发证机关备案。	第三十八条　（修改）种子生产经营许可证的有效区域由发证机关在其管辖范围内确定。种子生产经营者在种子生产经营许可证载明的有效区域设立分支机构的，专门经营不再分装的包装种子的，或者受具有种子生产经营许可证的种子生产经营者以书面委托生产、代销其种子的，不需要办理种子生产经营许可证，但应当向当地农业、林业主管部门

《种子法（2013）》	《种子法（2015）》
第二十九条第二款　种子经营者专门经营不再分装的包装种子的，或者受具有种子经营许可证的种子经营者以书面委托代销其种子的，可以不办理种子经营许可证。	备案。 实行选育生产经营相结合，符合国务院农业、林业主管部门规定条件的种子企业的生产经营许可证的有效区域为全国。
第三十五条　销售的种子应当附有标签。标签应当标注种子类别、品种名称、产地、质量指标、检疫证明编号、种子生产及经营许可证编号或者进口审批文号等事项。标签标注的内容应当与销售的种子相符。 销售进口种子的，应当附有中文标签。 销售转基因植物品种种子的，必须用明显的文字标注，并应当提示使用时的安全控制措施。 第三十二条　种子经营者应当遵守有关法律、法规的规定，向种子使用者提供种子的简要性状、主要栽培措施、使用条件的说明与有关咨询服务，并对种子质量负责。 任何单位和个人不得非法干预种子经营者的自主经营权。	第四十一条　（修改并新增）销售的种子应当符合国家或者行业标准，附有标签和使用说明。标签和使用说明标注的内容应当与销售的种子相符。种子生产经营者对标注内容的真实性和种子质量负责。 标签应当标注种子类别、品种名称、品种审定或者登记编号、品种适宜种植区域及季节、生产经营者及注册地、质量指标、检疫证明编号、种子生产经营许可证编号和信息代码，以及国务院农业、林业主管部门规定的其他事项。 销售授权品种种子的，应当标注品种权号。 销售进口种子的，应当附有进口审批文号和中文标签。 销售转基因植物品种种子的，必须用明显的文字标注，并应当提示使用时的安全控制措施。 种子生产经营者应当遵守有关法律、法规的规定，诚实守信，向种子使用者提供种子生产者信息、种子的主要性状、主要栽培措施、适应性等使用条件的说明、风险提示与有关咨询服务，不得作虚假或者引人误解的宣传。 任何单位和个人不得非法干预种子生产经营者的生产经营自主权。
第六章　种子使用	
第四十条　国家投资或者国家投资为主的造林项目和国有林业单位造林，应当根据林业行政主管部门制定的计划使用林木良种。 国家对推广使用林木良种营造防护林、特种用途林给予扶持。	第四十五条　（修改）国家对推广使用林木良种造林给予扶持。国家投资或者国家投资为主的造林项目和国有林业单位造林，应当根据林业主管部门制定的计划使用林木良种。
第四十一条　种子使用者因种子质量问题遭受损失的，出售种子的经营者应当予以赔偿，赔偿额包括购种价款、有关费用和可得利益	第四十六条　（修改并新增）种子使用者因种子质量问题或者因种子的标签和使用说明标注的内容不真实，遭受损失的，种子使用者

续表

《种子法（2013）》	《种子法（2015）》
损失。 经营者赔偿后，属于种子生产者或者其他经营者责任的，经营者有权向生产者或者其他经营者追偿。	可以向出售种子的经营者要求赔偿，也可以向种子生产者或者其他经营者要求赔偿。赔偿额包括购种价款、可得利益损失和其他损失。属于种子生产者或者其他经营者责任的，出售种子的经营者赔偿后，有权向种子生产者或者其他经营者追偿；属于出售种子的经营者责任的，种子生产者或者其他经营者赔偿后，有权向出售种子的经营者追偿。
第七章　种子质量	第六章　种子监督管理 （由旧法第七章《种子质量》和第九章《种子行政管理》合并而成）
第四十三条　种子的生产、加工、包装、检验、贮藏等质量管理办法和行业标准，由国务院农业、林业行政主管部门制定。 农业、林业行政主管部门负责对种子质量的监督。	第四十七条　（修改并新增）农业、林业主管部门应当加强对种子质量的监督检查。种子质量管理办法、行业标准和检验方法，由国务院农业、林业主管部门制定。 农业、林业主管部门可以采用国家规定的快速检测方法对生产经营的种子品种进行检测，检测结果可以作为行政处罚依据。被检查人对检测结果有异议的，可以申请复检，复检不得采用同一检测方法。因检测结果错误给当事人造成损失的，依法承担赔偿责任。
第四十四条　农业、林业行政主管部门可以委托种子质量检验机构对种子质量进行检验。承担种子质量检验的机构应当具备相应的检测条件和能力，并经省级以上人民政府有关主管部门考核合格。 第四十五条　种子质量检验机构应当配备种子检验员。种子检验员应当具备以下条件： （一）具有相关专业中等专业技术学校毕业以上文化水平； （二）从事种子检验技术工作三年以上； 农作物种子检验员应当经省级以上人民政府农业行政主管部门考核合格；林木种子检验员应当经省、自治区、直辖市人民政府林业行政主管部门考核合格。	第四十八条　（修改）农业、林业主管部门可以委托种子质量检验机构对种子质量进行检验。 承担种子质量检验的机构应当具备相应的检测条件、能力，并经省级以上人民政府有关主管部门考核合格。 种子质量检验机构应当配备种子检验员。种子检验员应当具有中专以上有关专业学历，具备相应的种子检验技术能力和水平。

《种子法（2013）》	《种子法（2015）》
第四十六条　禁止生产、经营假、劣种子。 下列种子为假种子： （一）以非种子冒充种子或者以此种品种种子冒充他种品种种子的； （二）种子种类、品种、产地与标签标注的内容不符的。 下列种子为劣种子： （一）质量低于国家规定的种用标准的； （二）质量低于标签标注指标的； （三）因变质不能作种子使用的； （四）杂草种子的比率超过规定的； （五）带有国家规定检疫对象的有害生物的。	第四十九条　（修改）禁止生产经营假、劣种子。农业、林业主管部门和有关部门依法打击生产经营假、劣种子的违法行为，保护农民合法权益，维护公平竞争的市场秩序。 下列种子为假种子： （一）以非种子冒充种子或者以此种品种种子冒充其他品种种子的； （二）种子种类、品种与标签标注的内容不符或者没有标签。 下列种子为劣种子： （一）质量低于国家规定标准的； （二）质量低于标签标注指标的； （三）带有国家规定的检疫性有害生物的。
第五十五条　农业、林业行政主管部门是种子行政执法机关。种子执法人员依法执行公务时应当出示行政执法证件。 农业、林业行政主管部门为实施本法，可以进行现场检查。	第五十条　（修改并新增）农业、林业主管部门是种子行政执法机关。种子执法人员依法执行公务时应当出示行政执法证件。农业、林业主管部门依法履行种子监督检查职责时，有权采取下列措施： （一）进入生产经营场所进行现场检查； （二）对种子进行取样测试、试验或者检验； （三）查阅、复制有关合同、票据、账簿、生产经营档案及其他有关资料； （四）查封、扣押有证据证明违法生产经营的种子，以及用于违法生产经营的工具、设备及运输工具等； （五）查封违法从事种子生产经营活动的场所。 农业、林业主管部门依照本法规定行使职权，当事人应当协助、配合，不得拒绝、阻挠。 农业、林业主管部门所属的综合执法机构或者受其委托的种子管理机构，可以开展种子执法相关工作。
	第五十三条　（新增）种子生产经营者依法自愿成立种子行业协会，加强行业自律管理，维护成员合法权益，为成员和行业发展提供信息交流、技术培训、信用建设、市场营销和咨询等服务。

续表

《种子法（2013）》	《种子法（2015）》
	第五十四条 （新增）国家建立种子质量认证制度。种子生产经营者可自愿向具有资质的认证机构申请种子质量认证。经认证合格的，可以在包装上使用认证标识。
	第五十五条 （新增）省级以上人民政府农业、林业主管部门应当在统一的政府信息发布平台上发布品种审定、品种登记、新品种保护、种子生产经营许可、监督管理等信息。国务院农业、林业主管部门建立植物品种标准样品库，为种子监督管理提供依据。
第五十六条 农业、林业行政主管部门及其工作人员不得参与和从事种子生产、经营活动；种子生产经营机构不得参与和从事种子行政管理工作。种子的行政主管部门与生产经营机构在人员和财务上必须分开。	第五十六条 （修改）农业、林业主管部门及其工作人员，不得参与和从事种子生产经营活动。
第八章 种子进出口和对外合作	第七章 种子进出口和对外合作
第五十条 从事商品种子进出口业务的法人和其他组织，除具备种子经营许可证外，还应当依照有关对外贸易法律、行政法规的规定取得从事种子进出口贸易的许可。从境外引进农作物、林木种子的审定权限，农作物、林木种子的进出口审批办法，引进转基因植物品种的管理办法，由国务院规定。	第五十八条 （修改）从事种子进出口业务的，除具备种子生产经营许可证外，还应当依照国家有关规定取得种子进出口许可。从境外引进农作物、林木种子的审定权限，农作物、林木种子的进口审批办法，引进转基因植物品种的管理办法，由国务院规定。
第五十四条 境外企业、其他经济组织或者个人来我国投资种子生产、经营的，审批程序和管理办法由国务院有关部门依照有关法律、行政法规规定。	第六十二条 （修改）国家建立种业国家安全审查机制。境外机构、个人投资、并购境内种子企业，或者与境内科研院所、种子企业开展技术合作，从事品种研发、种子生产经营的审批管理依照有关法律、行政法规的规定执行。
	第八章 扶持措施
第六条 国务院和省、自治区、直辖市人民政府设立专项资金，用于扶持良种选育和推广。具体办法由国务院规定。	第六十三条 （修改并新增）国家加大对种业发展的支持。对品种选育、生产、示范推广、种质资源保护、种子储备以及制种大县给予扶持。国家鼓励推广使用高效、安全制种采种技术和先进适用的制种采种机械，将先进适用的制种采种机械纳入农机具购置补贴范围。国家积极引导社会资金投资种业。

《种子法（2013）》	《种子法（2015）》
	第六十四条　（新增）国家加强种业公益性基础设施建设。 对优势种子繁育基地内的耕地，划入基本农田保护区，实行永久保护。优势种子繁育基地由国务院农业主管部门商所在省、自治区、直辖市人民政府确定。 第六十五条　（新增）对从事农作物和林木品种选育、生产的种子企业，按照国家有关规定给予扶持。 第六十六条　（新增）国家鼓励和引导金融机构为种子生产经营和收储提供信贷支持。 第六十七条　（新增）国家支持保险机构开展种子生产保险。省级以上人民政府可以采取保险费补贴等措施，支持发展种业生产保险。
第二十八条　国家鼓励和支持科研单位、学校、科技人员研究开发和依法经营、推广农作物新品种和林木良种。	第六十八条　国家鼓励科研院所及高等院校与种子企业开展育种科技人员交流，支持本单位的科技人员到种子企业从事育种成果转化活动；鼓励育种科研人才创新创业。
第九章　种子行政管理	
第五十八条　农业、林业行政主管部门在依照本法实施有关证照的核发工作中，除收取所发证照的工本费外，不得收取其他费用。	
第十章　法律责任	第九章　法律责任
	第七十三条　（新增）违反本法第二十八条规定，有侵犯植物新品种权行为的，由当事人协商解决，不愿协商或者协商不成的，植物新品种权所有人或者利害关系人可以请求县级以上人民政府农业、林业主管部门进行处理，也可以直接向人民法院提起诉讼。 县级以上人民政府农业、林业主管部门，根据当事人自愿的原则，对侵犯植物新品种权所造成的损害赔偿可以进行调解。调解达成协议的，当事人应当履行；当事人不履行协议或者调解未达成协议的，植物新品种权所有人或者利害关系人可以依法向人民法院提起诉讼。 侵犯植物新品种权的赔偿数额按照权利人因

《种子法（2013）》	《种子法（2015）》
	被侵权所受到的实际损失确定；实际损失难以确定的，可以按照侵权人因侵权所获得的利益确定。权利人的损失或者侵权人获得的利益难以确定的，可以参照该植物新品种权许可使用费的倍数合理确定。赔偿数额应当包括权利人为制止侵权行为所支付的合理开支。侵犯植物新品种权，情节严重的，可以在按照上述方法确定数额的一倍以上三倍以下确定赔偿数额。 权利人的损失、侵权人获得的利益和植物新品种权许可使用费均难以确定的，人民法院可以根据植物新品种权的类型、侵权行为的性质和情节等因素，确定给予三百万元以下的赔偿。 县级以上人民政府农业、林业主管部门处理侵犯植物新品种权案件时，为了维护社会公共利益，责令侵权人停止侵权行为，没收违法所得和种子；货值金额不足五万元的，并处一万元以上二十五万元以下罚款；货值金额五万元以上的，并处货值金额五倍以上十倍以下罚款。 假冒授权品种的，由县级以上人民政府农业、林业主管部门责令停止假冒行为，没收违法所得和种子；货值金额不足五万元的，并处一万元以上二十五万元以下罚款；货值金额五万元以上的，并处货值金额五倍以上十倍以下罚款。
	第七十四条 （新增）当事人就植物新品种的申请权和植物新品种权的权属发生争议的，可以向人民法院提起诉讼。
第五十九条 违反本法规定，生产、经营假、劣种子的，由县级以上人民政府农业、林业行政主管部门或者工商行政管理机关责令停止生产、经营，没收种子和违法所得，吊销种子生产许可证、种子经营许可证或者营业执照，并处以罚款；有违法所得的，处以违法所得五倍以上十倍以下罚款；没有违法所得的，处以二千元以上五万元以下罚款；构成犯罪的，依法追究刑事责任。	第七十五条 （修改）违反本法第四十九条规定，生产经营假种子的，由县级以上人民政府农业、林业主管部门责令停止生产经营，没收违法所得和种子，吊销种子生产经营许可证；违法生产经营的货值金额不足一万元的，并处一万元以上十万元以下罚款；货值金额一万元以上的，并处货值金额十倍以上二十倍以下罚款。 因生产经营假种子犯罪被判处有期徒刑以上

《种子法（2013）》	《种子法（2015）》
	刑罚的，种子企业或者其他单位的法定代表人、直接负责的主管人员自刑罚执行完毕之日起五年内不得担任种子企业的法定代表人、高级管理人员。 第七十六条　（修改）违反本法第四十九条规定，生产经营劣种子的，由县级以上人民政府农业、林业主管部门责令停止生产经营，没收违法所得和种子；违法生产经营的货值金额不足一万元的，并处五千元以上五万元以下罚款；货值金额一万元以上的，并处货值金额五倍以上十倍以下罚款；情节严重的，吊销种子生产经营许可证。 因生产经营劣种子犯罪被判处有期徒刑以上刑罚的，种子企业或者其他单位的法定代表人、直接负责的主管人员自刑罚执行完毕之日起五年内不得担任种子企业的法定代表人、高级管理人员。
第六十条　违反本法规定，有下列行为之一的，由县级以上人民政府农业、林业行政主管部门责令改正，没收种子和违法所得，并处以违法所得一倍以上三倍以下罚款；没有违法所得的，处以一千元以上三万元以下罚款；可以吊销违法行为人的种子生产许可证或者种子经营许可证；构成犯罪的，依法追究刑事责任： （一）未取得种子生产许可证或者伪造、变造、买卖、租借种子生产许可证，或者未按照种子生产许可证的规定生产种子的； （二）未取得种子经营许可证或者伪造、变造、买卖、租借种子经营许可证，或者未按照种子经营许可证的规定经营种子的。	第七十七条　（修改）违反本法第三十二条、第三十三条规定，有下列行为之一的，由县级以上人民政府农业、林业主管部门责令改正，没收违法所得和种子；违法生产经营的货值金额不足一万元的，并处三千元以上三万元以下罚款；货值金额一万元以上的，并处货值金额三倍以上五倍以下罚款；可以吊销种子生产经营许可证： （一）未取得种子生产经营许可证生产经营种子的； （二）以欺骗、贿赂等不正当手段取得种子生产经营许可证的； （三）未按照种子生产经营许可证的规定生产经营种子的； （四）伪造、变造、买卖、租借种子生产经营许可证的。 被吊销种子生产经营许可证的单位，其法定代表人、直接负责的主管人员自处罚决定作出之日起五年内不得担任种子企业的法定代表人、高级管理人员。

续表

《种子法（2013）》	《种子法（2015）》
第六十一条 违反本法规定，有下列行为之一的，由县级以上人民政府农业、林业行政主管部门责令改正，没收种子和违法所得，并处以违法所得一倍以上三倍以下罚款；没有违法所得的，处以一千元以上二万元以下罚款；构成犯罪的，依法追究刑事责任： （一）为境外制种的种子在国内销售的； （二）从境外引进农作物种子进行引种试验的收获物在国内作商品种子销售的； （三）未经批准私自采集或者采伐国家重点保护的天然种质资源的。	第七十九条 （修改）违反本法第五十八条、第六十条、第六十一条规定，有下列行为之一的，由县级以上人民政府农业、林业主管部门责令改正，没收违法所得和种子；违法生产经营的货值金额不足一万元的，并处三千元以上三万元以下罚款；货值金额一万元以上的，并处货值金额三倍以上五倍以下罚款；情节严重的，吊销种子生产经营许可证： （一）未经许可进出口种子的； （二）为境外制种的种子在境内销售的； （三）从境外引进农作物或者林木种子进行引种试验的收获物作为种子在境内销售的； （四）进出口假、劣种子或者属于国家规定不得进出口的种子的。 第八十一条 （修改）违反本法第八条规定，侵占、破坏种质资源，私自采集或者采伐国家重点保护的天然种质资源的，由县级以上人民政府农业、林业主管部门责令停止违法行为，没收种质资源和违法所得，并处五千元以上五万元以下罚款；造成损失的，依法承担赔偿责任。
第六十二条 违反本法规定，有下列行为之一的，由县级以上人民政府农业、林业行政主管部门或者工商行政管理机关责令改正，处以一千元以上一万元以下罚款： （一）经营的种子应当包装而没有包装的； （二）经营的种子没有标签或者标签内容不符合本法规定的； （三）伪造、涂改标签或者试验、检验数据的； （四）未按规定制作、保存种子生产、经营档案的； （五）种子经营者在异地设立分支机构未按规定备案的。	第八十条 （修改）违反本法第三十六条、第三十八条、第四十条、第四十一条规定，有下列行为之一的，由县级以上人民政府农业、林业主管部门责令改正，处二千元以上二万元以下罚款： （一）销售的种子应当包装而没有包装的； （二）销售的种子没有使用说明或者标签内容不符合规定的； （三）涂改标签的； （四）未按规定建立、保存种子生产经营档案的； （五）种子生产经营者在异地设立分支机构、专门经营不再分装的包装种子或者受委托生产、代销种子，未按规定备案的。

续表

《种子法（2013）》	《种子法（2015）》
第六十三条　违反本法规定，向境外提供或者从境外引进种质资源的，由国务院或者省、自治区、直辖市人民政府的农业、林业行政主管部门没收种质资源和违法所得，并处以一万元以上五万元以下罚款。 未取得农业、林业行政主管部门的批准文件携带、运输种质资源出境的，海关应当将该种质资源扣留，并移送省、自治区、直辖市人民政府农业、林业行政主管部门处理。	第八十二条　（修改）违反本法第十一条规定，向境外提供或者从境外引进种质资源，或者与境外机构、个人开展合作研究利用种质资源的，由国务院或者省、自治区、直辖市人民政府的农业、林业主管部门没收种质资源和违法所得，并处二万元以上二十万元以下罚款。 未取得农业、林业主管部门的批准文件携带、运输种质资源出境的，海关应当将该种质资源扣留，并移送省、自治区、直辖市人民政府农业、林业主管部门处理。
第六十四条　违反本法规定，经营、推广应当审定而未经审定通过的种子的，由县级以上人民政府农业、林业行政主管部门责令停止种子的经营、推广，没收种子和违法所得，并处以一万元以上五万元以下罚款。	第七十八条　（修改）违反本法第二十一条、第二十二条、第二十三条规定，有下列行为之一的，由县级以上人民政府农业、林业主管部门责令停止违法行为，没收违法所得和种子，并处二万元以上二十万元以下罚款： （一）对应当审定未经审定的农作物品种进行推广、销售的； （二）作为良种推广、销售应当审定未经审定的林木品种的； （三）推广、销售应当停止推广、销售的农作物品种或者林木良种的； （四）对应当登记未经登记的农作物品种进行推广，或者以登记品种的名义进行销售的； （五）对已撤销登记的农作物品种进行推广，或者以登记品种的名义进行销售的。 违反本法第二十三条、第四十二条规定，对应当审定未经审定或者应当登记未经登记的农作物品种发布广告，或者广告中有关品种的主要性状描述的内容与审定、登记公告不一致的，依照《中华人民共和国广告法》的有关规定追究法律责任。
第六十五条　违反本法规定，抢采掠青、损坏母树或者在劣质林内和劣质母树上采种的，由县级以上人民政府林业行政主管部门责令停止采种行为，没收所采种子，并处以所采林木种子价值一倍以上三倍以下的罚款；构成犯罪的，依法追究刑事责任。	第八十三条　（修改）违反本法第三十五条规定，抢采掠青、损坏母树或者在劣质林内、劣质母树上采种的，由县级以上人民政府林业主管部门责令停止采种行为，没收所采种子，并处所采种子货值金额二倍以上五倍以下罚款。

《种子法（2013）》	《种子法（2015）》
第六十六条　违反本法第三十三条规定收购林木种子的，由县级以上人民政府林业行政主管部门没收所收购的种子，并处以收购林木种子价款二倍以下的罚款。	第八十四条　（修改）违反本法第三十九条规定，收购珍贵树木种子或者限制收购的林木种子的，由县级以上人民政府林业主管部门没收所收购的种子，并处收购种子货值金额二倍以上五倍以下罚款。
	第八十五条　（新增）违反本法第十七条规定，种子企业有造假行为的，由省级以上人民政府农业、林业主管部门处一百万元以上五百万元以下罚款；不得再依照本法第十七条的规定申请品种审定；给种子使用者和其他种子生产经营者造成损失的，依法承担赔偿责任。
	第八十六条　（新增）违反本法第四十五条规定，未根据林业主管部门制定的计划使用林木良种的，由同级人民政府林业主管部门责令限期改正；逾期未改正的，处三千元以上三万元以下罚款。
第六十七条　违反本法规定，在种子生产基地进行病虫害接种试验的，由县级以上人民政府农业、林业行政主管部门责令停止试验，处以五万元以下罚款。	第八十七条　（新增）违反本法第五十四条规定，在种子生产基地进行检疫性有害生物接种试验的，由县级以上人民政府农业、林业主管部门责令停止试验，处五千元以上五万元以下罚款。
第六十八条　种子质量检验机构出具虚假检验证明的，与种子生产者、销售者承担连带责任；并依法追究种子质量检验机构及其有关责任人的行政责任；构成犯罪的，依法追究刑事责任。	第七十二条　（修改）品种测试、试验和种子质量检验机构伪造测试、试验、检验数据或者出具虚假证明的，由县级以上人民政府农业、林业主管部门责令改正，对单位处五万元以上十万元以下罚款，对直接负责的主管人员和其他直接责任人员处一万元以上五万元以下罚款；有违法所得的，并处没收违法所得；给种子使用者和其他种子生产经营者造成损失的，与种子生产经营者承担连带责任；情节严重的，由省级以上人民政府有关主管部门取消种子质量检验资格。
第七十条　农业、林业行政主管部门违反本法规定，对不具备条件的种子生产者、经营者核发种子生产许可证或者种子经营许可证的，对直接负责的主管人员和其他直接责任	

续表

《种子法（2013）》	《种子法（2015）》
人员，依法给予行政处分；构成犯罪的，依法追究刑事责任。	
第七十一条 种子行政管理人员徇私舞弊、滥用职权、玩忽职守的，或者违反本法规定从事种子生产、经营活动的，依法给予行政处分；构成犯罪的，依法追究刑事责任。	第七十条 （修改）农业、林业主管部门不依法作出行政许可决定，发现违法行为或者接到对违法行为的举报不予查处，或者有其他未依照本法规定履行职责的行为的，由本级人民政府或者上级人民政府有关部门责令改正，对负有责任的主管人员和其他直接责任人员依法给予处分。 违反本法第五十六条规定，农业、林业主管部门工作人员从事种子生产经营活动的，依法给予处分。 第七十一条 （修改）违反本法第十六条规定，品种审定委员会委员和工作人员不依法履行职责，弄虚作假、徇私舞弊的，依法给予处分；自处分决定作出之日起五年内不得从事品种审定工作。
第七十二条 当事人认为有关行政机关的具体行政行为侵犯其合法权益的，可以依法申请行政复议，也可以依法直接向人民法院提起诉讼。	
第七十三条 农业、林业行政主管部门依法吊销违法行为人的种子经营许可证后，应当通知工商行政管理机关依法注销或者变更违法行为人的营业执照。	
	第八十八条 （新增）违反本法第五十条规定，拒绝、阻挠农业、林业主管部门依法实施监督检查的，处二千元以上五万元以下罚款，可以责令停产停业整顿；构成违反治安管理行为的，由公安机关依法给予治安管理处罚。
	第八十九条 （新增）违反本法第十三条规定，私自交易育种成果，给本单位造成经济损失的，依法承担赔偿责任。
	第九十一条 （新增）违反本法规定，构成犯罪的，依法追究刑事责任。
第十一章 附则	第十章 附则

续表

《种子法（2013）》	《种子法（2015）》
第七十四条　本法下列用语的含义是： （三）主要农作物是指稻、小麦、玉米、棉花、大豆以及国务院农业行政主管部门和省、自治区、直辖市人民政府农业行政主管部门各自分别确定的其他一至二种农作物。 （五）标签是指固定在种子包装物表面及内外的特定图案及文字说明。	第九十二条　（修改并新增）本法下列用语的含义是： （三）主要农作物是指稻、小麦、玉米、棉花、大豆。 （四）主要林木由国务院林业主管部门确定并公布；省、自治区、直辖市人民政府林业主管部门可以在国务院林业主管部门确定的主要林木之外确定其他八种以下的主要林木。 （六）新颖性是指申请植物新品种权的品种在申请日前，经申请权人自行或者同意销售、推广其种子，在中国境内未超过一年；在境外，木本或者藤本植物未超过六年，其他植物未超过四年。 本法施行后新列入国家植物品种保护名录的植物的属或者种，从名录公布之日起一年内提出植物新品种权申请的，在境内销售、推广该品种种子未超过四年的，具备新颖性。 除销售、推广行为丧失新颖性外，下列情形视为已丧失新颖性： 1. 品种经省、自治区、直辖市人民政府农业、林业主管部门依据播种面积确认已经形成事实扩散的； 2. 农作物品种已审定或者登记两年以上未申请植物新品种权的。 （七）特异性是指一个植物品种有一个以上性状明显区别于已知品种。 （八）一致性是指一个植物品种的特性除可预期的自然变异外，群休内个休间相关的特征或者特性表现一致。 （九）稳定性是指一个植物品种经过反复繁殖后或者在特定繁殖周期结束时，其主要性状保持不变。 （十）已知品种是指已受理申请或者已通过品种审定、品种登记、新品种保护，或已经销售、推广的植物品种。 （十一）标签是指印制、粘贴、固定或者附着在种子、种子包装物表面的特定图案及文字说明。
第七十五条　本法所称主要林木由国务院林业行政主管部门确定并公布；省、自治区、直辖市人民政府林业行政主管部门可以在国务院林业行政主管部门确定的主要林木之外确定其他八种以下的主要林木。	

《种子法（2013）》	《种子法（2015）》
第七十六条　草种、食用菌菌种的种质资源管理和选育、生产、经营、使用、管理等活动，参照本法执行。	第九十三条　（修改）草种、烟草种、中药材种、食用菌菌种的种质资源管理和选育、生产经营、管理等活动，参照本法执行。
第七十八条　本法自 2000 年 12 月 1 日起施行。1989 年 3 月 13 日国务院发布的《中华人民共和国种子管理条例》同时废止。	第九十四条　本法自 2016 年 1 月 1 日起施行。

四、《种子法（2015）》的主要亮点

相较于《种子法（2013）》，《种子法（2015）》修订的内容比较广泛，具体而言，主要包括以下方面：

第一，完善种业创新体系。包括：一是支持科研院所及高等院校重点开展育种的基础性、前沿性和应用技术研究，以及常规作物、主要造林树种育种和无性繁殖材料选育等公益性研究。二是鼓励种子企业充分利用公益性研究成果，培育具有自主知识产权的优良品种。三是鼓励种子企业与科研院所及高等院校构建技术研发平台，或建立以市场为导向、资本为纽带、利益共享、风险共担的产学研相结合的种业技术创新体系。四是完善品种选育的区域协作机制。五是加强种业科技创新能力建设，促进种业科技成果转化，维护种业科技人员的合法权益。六是由财政资金支持形成的育种发明专利权和植物新品种权，除涉及国家安全、国家利益和重大社会公共利益外，授权项目承担者依法取得。

第二，完善种子品种管理。主要是对品种审定制度和非主要农作物登记制度进行了完善。品种审定制度方面，一是缩小了主要农作物品种审定范围，取消原种子法关于国务院和省级人民政府农业主管部门可以分别确定一至二种主要农作物品种的规定，审定品种由 28 种减为 5 种（稻、小麦、玉米、棉花、大豆）；二是规范审定条件和规则，将品种的特异性、一致性、稳定性测试作为品种审定的重要依据，审定标准体现产量、品质、抗性、方便耕作等的提高与协调；三是对经认定的"育繁推一体化"种子企业实行"绿色通道"，允许其对自主研发品种自行完成试验，达到审定标准的，由审

定委员会颁发审定证书，企业对试验数据真实性负责，并建立试验数据可追溯制度；四是对属于同一生态区的其他省份的引种，改审批制为备案制，简化了程序。非主要农作物登记制度方面，一是规定由国务院农业主管部门制定和调整需要登记的非主要农作物品种目录，列入目录的品种在推广前应当登记，否则不得发布广告、推广，不得以登记品种名义销售；二是规定省级农业主管部门负责登记受理工作，明确了登记的内容、程序、办法，明确了对已登记品种存在申请文件、种子样品不实情形时的处罚方式。

第三，强化植物新品种保护的关键性制度。新增设《新品种保护》一章，明确国家实行植物新品种保护制度及授权条件和原则；明确取得植物新品种权的品种得到推广应用的，权利人依法获得相应的经济利益；明确完成育种的单位或个人对其授权品种享有排他的独占权；规范植物新品种权保护的命名、保护例外和强制许可情形；规定同一植物品种在申请新品种保护、品种审定、品种登记、推广、销售时只能使用同一个名称；要求生产推广、销售的种子应与申请植物新品种保护、品种审定、品种登记时提供的样品相符；规定对违反法律，危害社会公共利益、生态环境的植物新品种不授予植物新品种权；规定取得实施强制许可的单位或者个人不享有独占实施权，无权允许他人实施。

第四，完善种业管理制度。一是将种子生产许可证和种子经营许可证合并为种子生产经营许可证，下放"育繁推一体化"企业种子生产经营许可证审批权限，取消先证后照的规定。二是加强了种子质量管理的规定。三是建立了不合格品种退出制度。四是完善特许经营备案制度。五是完善种业安全审查评估制度。六是完善转基因品种监管制度。

第五，完善了执法体系和执法手段。明确规定，农业、林业主管部门所属的综合执法机构或受其委托的种子管理机构，可以开展种子执法相关工作；农业、林业主管部门在依法履行监督检查职责时，可以进入生产经营场所进行现场检查，对种子取样测试、试验或者检验，查阅、复制有关材料，可以采取查封、扣押等行政强制措施。

第六，完善了法律责任规定。围绕完善民事、行政和刑事法律责任，加大处罚力度、拓宽处罚范围，共涉及 40 多处。一是增加了对侵犯植物新品种权、植物新品种申请权和植物新品种权权属纠纷救济途径的 3 项规定。

二是增加了对植物新品种侵权行为等 24 种种子违法行为的行政处罚措施。三是加大了对生产经营假、劣种子等 10 种违法行为的行政处罚力度，增加了因生产假、劣种子犯罪被判处有期徒刑以上刑罚的，被吊销种子生产经营许可证的等 3 项从业禁止的规定。

第四节　修正其他五部法律

除修改上述《立法法》《大气污染防治法》以及《种子法》外，还修正了其他几部规范性文件。

一、《中华人民共和国防洪法》（2015 修正）

1997 年 8 月 29 日第八届全国人民代表大会常务委员会第二十七次会议通过的《中华人民共和国防洪法》经历了两次修正：根据 2009 年 8 月 27 日第十一届全国人民代表大会常务委员会第十次会议《关于修改部分法律的决定》第一次修正；根据 2015 年 4 月 24 日第十二届全国人民代表大会常务委员会第十四次会议《关于修改〈中华人民共和国港口法〉等七部法律的决定》第二次修正。第二次修正的内容如下：

（一）将第二十五条修改为："护堤护岸的林木，由河道、湖泊管理机构组织营造和管理。护堤护岸林木，不得任意砍伐。采伐护堤护岸林木的，应当依法办理采伐许可手续，并完成规定的更新补种任务。"

（二）将第三十四条第三款修改为："城市建设不得擅自填堵原有河道沟叉、贮水湖塘洼淀和废除原有防洪围堤。确需填堵或者废除的，应当经城市人民政府批准。"

二、《中华人民共和国畜牧法》（2015 修正）

2005 年 12 月 29 日，第十届全国人民代表大会常务委员会第十九次会议通过《中华人民共和国畜牧法》，自 2006 年 7 月 1 日起施行。2015 年 4 月 24 日，根据第十二届全国人民代表大会常务委员会第十四次会议通过的《关于修改〈中华人民共和国计量法〉等五部法律的决定》，《中华人民共和国畜牧法》进行了第一次修正。此次修正的内容如下：

（一）删去第二十二条第一款中的"申请人持种畜禽生产经营许可证依法办理工商登记，取得营业执照后，方可从事生产经营活动。"

（二）将第二十四条第一款修改为："申请取得生产家畜卵子、冷冻精液、胚胎等遗传材料的生产经营许可证，应当向省级人民政府畜牧兽医行政主管部门提出申请。受理申请的畜牧兽医行政主管部门应当自收到申请之日起六十个工作日内依法决定是否发给生产经营许可证。"

（三）删去第七十一条。

三、《中华人民共和国动物防疫法》（2015 修正）

1997 年 7 月 3 日，第八届全国人民代表大会常务委员会第二十六次会议通过《中华人民共和国动物防疫法》。此后，《中华人民共和国动物防疫法》经历了以下修改：根据 2007 年 8 月 30 日第十届全国人民代表大会常务委员会第二十九次会议进行了修订；根据 2013 年 6 月 29 日第十二届全国人民代表大会常务委员会第三次会议《全国人民代表大会常务委员会关于修改〈中华人民共和国文物保护法〉等十二部法律的决定》进行了第一次修正；根据 2015 年 4 月 24 日第十二届全国人民代表大会常务委员会第十四次会议《全国人民代表大会常务委员会关于修改〈中华人民共和国电力法〉等六部法律的决定》进行了第二次修正。第二次修正的内容如下：

（一）删去第二十条第一款中的"需要办理工商登记的，申请人凭动物防疫条件合格证向工商行政管理部门申请办理登记注册手续。"

（二）删去第五十一条中的"申请人凭动物诊疗许可证向工商行政管理部门申请办理登记注册手续，取得营业执照后，方可从事动物诊疗活动。"

（三）删去第五十二条第二款中的"并依法办理工商变更登记手续"。

四、《中华人民共和国固体废物污染环境防治法》（2015 修正）

《中华人民共和国固体废物污染环境防治法》（以下简称《固体废物污染环境防治法》）最早于 1995 年 10 月 30 日第八届全国人民代表大会常务委员会第十六次会议通过，1995 年 10 月 30 日中华人民共和国主席令第 58 号公布，自 1996 年 4 月 1 日施行。2004 年 12 月 29 日，中华人民共和国第十届全国人民代表大会常务委员会第十三次会议修订通过新的《固体废物污染环境防治法》。根据 2013 年 6 月 29 日第十二届全国人民代表大会常务委员会第三次会议《关于修改〈中华人民共和国文物保护法〉等十二部法律的决定》，《固体废物污染环境防治法》的特定条款被修正。

2015 年 4 月 24 日，第十二届全国人民代表大会常务委员会第十四次会议通过了《关于修改〈中华人民共和国港口法〉等七部法律的决定》，《固体废物污染环境防治法》位列这七部法律之中，第二十五条被修正，将原《固体废物污染环境防治法》第二十五条第一款和第二款中的"自动许可进口"修改为"非限制进口"。删去第三款中的"进口列入自动许可进口目录的固体废物，应当依法办理自动许可手续。"

修正后的条款内容为：

"第二十五条禁止进口不能用作原料或者不能以无害化方式利用的固体废物；对可以用作原料的固体废物实行限制进口和非限制进口分类管理。

国务院环境保护行政主管部门会同国务院对外贸易主管部门、国务院经济综合宏观调控部门、海关总署、国务院质量监督检验检疫部门制定、调整并公布禁止进口、限制进口和非限制进口的固体废物目录。

禁止进口列入禁止进口目录的固体废物。进口列入限制进口目录的固体废物，应当经国务院环境保护行政主管部门会同国务院对外贸易主管部门审查许可。

进口的固体废物必须符合国家环境保护标准，并经质量监督检验检疫部门检验合格。

进口固体废物的具体管理办法，由国务院环境保护行政主管部门会同国务院对外贸易主管部门、国务院经济综合宏观调控部门、海关总署、国务院质量监督检验检疫部门制定。"

根据此条规定，我国对固体废物进口实行分类管理，具体地说，实行两种情况三大类的管理模式。第一种情况是不能用作原料或者以我国目前的科技水平不能以对环境无害化方式加以利用的固体废物，一律禁止进口；另一种情况是可以用作原料的固体废物，允许进口。三大类是指在上述两种情况的基础上，对可以用作原料的固体废物进一步分为限制进口和自动许可进口两大类。总体来说，进口的固体废物分为禁止进口、限制进口、自动许可进口三类。

针对固体废物进口的具体管理措施包括目录管理、不同类别进口固体废物实施不同的管理措施、检验检疫措施等。

五、《中华人民共和国人口与计划生育法》（2015 修正）

根据 2015 年 12 月 27 日发布的《全国人民代表大会常务委员会关于修改〈中华人民共和国人口与计划生育法〉的决定》（中华人民共和国主席令第 41 号），《中华人民共和国人口与计划生育法》进行了修正并于 2016 年 1 月 1 日起施行。此次修正涉及《人口与计划生育法》的第十八、二十、二十五、二十七、三十六条的内容，修正后的《人口与计划生育法》第十八条第一项内容为"国家提倡一对夫妻生育两个子女"，这是此次修正的核心内容。《人口与计划生育法》关涉公民的合法权益、家庭幸福、民族繁荣与社会进步，也势必对人口与经济、社会、资源、环境的协调发展产生深远影响。

第 三 章

2015 年环境部门规章

2015 年，我国新制定了《城镇污水排入排水管网许可管理办法》《建设项目使用林地审核审批管理办法》《突发环境事件应急管理办法》《环境保护公众参与办法》《林业工作站管理办法》《建设项目环境影响后评价管理办法（试行）》《防治船舶污染内河水域环境管理规定》《公共机构能源审计管理暂行办法》《节能低碳产品认证管理办法》《气象信息服务管理办法》十部环境部门规章，此外，修改了《突发林业有害生物事件处置办法》《建设项目环境影响评价资质管理办法》《进境动植物检疫审批管理办法》等 17 部环境部门规章。

第一节　制定《城镇污水排入排水管网许可管理办法》

《城镇污水排入排水管网许可管理办法》（本节以下简称《办法》）于 2015 年 1 月 22 日由住房和城乡建设部第 20 次部常务会议审议通过、经中华人民共和国住房和城乡建设部令第 21 号公布，自 2015 年 3 月 1 日起施行。

一、《城镇污水排入排水管网许可管理办法》的主要内容

《办法》包括五章 34 条。这五章及主要内容分别为：第一章总则，就全国排水许可工作的指导监督和具体工作的委托、公布重点排污单位名录等事宜作出了规定。第二章许可申请与审查，就申请排水许可需提交的材料、作

出排水许可决定的期限、核发排水许可证的条件、排水许可证的有效期等事宜作出了规定。第三章管理和监督，就排水监测、排水许可的撤销、注销以及对排水户档案实行信息化管理等事宜进行了规定。第四章法律责任，就违反《办法》的排水户所应承担的责令改正、警告、罚款等法律责任进行了规定，同时对违反《办法》的城镇排水主管部门及其负责人所应承担的法律责任进行了规定。第五章附则，规定《城市排水许可管理办法》（建设部令第152 号）同时废止等事宜。

二、《城镇污水排入排水管网许可管理办法》的主要成就

《办法》根据《中华人民共和国行政许可法》《城镇排水与污水处理条例》等法律法规制定。《办法》的公布有助于加强对污水排入城镇排水管网的管理，保障城镇排水与污水处理设施安全运行，防治城镇水污染，有助于对从事工业、建筑、餐饮、医疗等活动的企业事业单位、个体工商户（以下称排水户）向城镇排水设施排放污水的活动实施监督管理。公布重点排污单位名录以及对其监测数据由环境保护主管部门与城镇排水主管部门实时共享的规定，有利于把握城镇污水排入排水管网许可管理工作的重点、取得的成效。

第二节 制定《建设项目使用林地审核审批管理办法》

《建设项目使用林地审核审批管理办法》于 2015 年 2 月 15 日由国家林业局局务会议审议通过、经中华人民共和国国家林业局令第 35 号公布，自 2015 年 5 月 1 日起施行，国家林业局于 2001 年 1 月 4 日发布、2011 年 1 月 25 日修改的《占用征收征用林地审核审批管理办法》同时废止。《建设项目使用林地审核审批管理办法》（本节以下简称《办法》）是根据《中华人民共和国森林法》《中华人民共和国行政许可法》《中华人民共和国森林法实施条例》，为规范建设项目使用林地审核和审批，严格保护和合理利用林地，促进生态林业和民生林业发展而制定。

一、《建设项目使用林地审核审批管理办法》的主要内容

《办法》共 29 条，明确规定"建设项目应当不占或者少占林地"。对于必须使用林地的，除了"应当符合林地保护利用规划，合理和节约集约利用林地"、实行总量控制和定额管理外，还受到"三个限制"：限制使用生态区位重要和生态脆弱地区的林地，限制使用天然林和单位面积蓄积量高的林地，限制经营性建设项目使用林地（第三条）。《办法》将林地分为国务院批准、同意的建设项目；国防、外交建设项目；合自然保护区、森林公园、湿地公园、风景名胜区等规划的建设项目；公路、铁路、通讯、电力、油气管线等线性工程和水利水电、航道工程等建设项目配套的采石（沙）场、取土场等 8 大类，要求这 8 大类占用林地的建设项目遵守林地分级管理的规定（第四条）。《办法》的第五条到第十三条规定了建设用地的审核审批权限及申请所需提供的材料等事项，将"对生态环境不会造成重大影响"作为取得使用林地行政许可的条件之一（第十四条），严禁化整为零、规避林地使用审核审批（第十五条）。《办法》针对临时占用林地、抢险救灾等急需使用林地以及增加或者减少使用林地面积的情况作出了规定（第十七、十八、十九条），对在批准期限届满后仍需继续使用的，就其申请和批准事项作出了规定（第二十条）。此外，《办法》还规定了使用林地的恢复和补偿等事宜。

二、《建设项目使用林地审核审批管理办法》的主要改进

《办法》提出的"建设项目应当不占或者少占林地"为今后建设项目用地的申请和审批确立了基本原则，强调了对于林地进行保护的理念。而在"不占或者少占"的原则下仍要使用林地的，《办法》提出的"应当符合林地保护利用规划，合理和节约集约利用林地"、实行总量控制和定额管理以及"三个限制"仍然是对林地保护观念的强化。《办法》中提出的林地分级管理以及严禁化整为零、规避林地使用审核审批兼顾了林地的使用以及对林地的保护，而"对生态环境不会造成重大影响"可以理解为为建设项目使用林地划定了底线。

第三节　制定《突发环境事件应急管理办法》

为预防和减少突发环境事件的发生，控制、减轻和消除突发环境事件引起的危害，规范突发环境事件应急管理工作，保障公众生命安全、环境安全和财产安全，2015 年 3 月 19 日，环境保护部部务会议通过《突发环境事件应急管理办法》（本节以下简称《办法》），自 2015 年 6 月 5 日起施行。

一、制定《突发环境事件应急管理办法》的背景

当前，我国正处于工业化、城镇化加速发展阶段，经济增长方式比较粗放，重化工行业占国民经济比重较大，工业布局不够合理，加之自然灾害多发频发，当前的环境安全形势面临严重挑战，环境应急管理形势严峻。一是突发环境事件频发。二是环境风险十分突出。频发的突发环境事件和环境风险，对环境应急管理提出更系统、更严格和更规范的要求。制定本《办法》，有助于从总体上加强环境应急管理工作，有效应对突发环境事件严峻形势，有力维护保障环境安全，促进经济社会的协调发展。

二、《突发环境事件应急管理办法》的主要内容

《办法》共八章 40 条，明确了环保部门和企业事业单位在突发环境事件应急管理工作中的职责定位，从风险控制、应急准备、应急处置和事后恢复等 4 个环节构建全过程突发环境事件应急管理体系，规范工作内容，理顺工作机制，并根据突发事件应急管理的特点和需求，设置了信息公开专章，充分发挥舆论宣传和媒体监督作用（详细内容参见表 3–1）。

表 3–1　《突发环境事件应急管理办法》的主要内容简表

目录	主要内容
第一章　总则	主要规定了适用范围和管理体制。
第二章　风险控制	一是规定了企业事业单位突发环境事件风险评估、风险防控措施以及隐患排查治理的要求。二是规定了环境保护主管部门区域环境风险评估以及对环境风险防范和隐患排查的监督管理责任。

续表

目录	主要内容
第三章　应急准备	一是规定了企业事业单位、环境保护主管部门应急预案的管理要求。二是规定了环境污染预警机制、突发环境事件信息收集系统、应急值守制度等。三是规定了企业事业单位环境应急培训、环境应急队伍、能力建设以及环境应急物资保障。
第四章　应急处置	主要明确了企业事业单位和环境保护主管部门的响应职责。一是规定了企业的先期处置和协助处置责任。二是规定了环境保护主管部门在应急响应时的信息报告、跨区域通报、排查污染源、应急监测、提出处置建议等职责。三是规定了应急终止的条件
第五章　事后恢复	规定了总结及持续改进、损害评估、事后调查、恢复计划等职责。
第六章　信息公开	规定了企业事业单位相关信息公开、应急状态时信息发布、环保部门相关信息公开。
第七章　法律责任	规定了污染责任人法律责任。
第八章　附则	主要明确《办法》的解释权和实施日期。

三、《突发环境事件应急管理办法》的主要改进

《办法》的主要如下：一是从全过程角度系统规范突发环境事件应急管理工作。二是构建了风险评估制度、隐患排查制度、应急预案制度、预警管理制度、应急保障制度、应急处置制度、损害评估制度、调查处理制度八项突发环境事件应急管理基本制度。三是突出了企业事业单位的环境安全主体责任。四是明确了突发环境事件应急管理优先保障顺序。《办法》明确了突发环境事件应急管理的目的，即预防和减少突发环境事件的发生及危害，规范相关工作，保障人民群众生命安全、环境安全和财产安全。《办法》将突发环境事件应急管理优先保障顺序确定为"生命安全""环境安全""财产安全"，突出强调了环境作为公共资源的特殊性和重要性，这也是《办法》的一大创新点。五是依据部门规章的权限新设了部分罚则。对于发生突发环境事件并造成后果的，相关法律法规已多有严格规定，但在风险防控和应急准备阶段，《办法》依据部门规章的权限，针对六种情形设立了警告及罚款。

第四节 制定《环境保护公众参与办法》

《环境保护公众参与办法》（环境保护部令第 35 号，本节以下简称《办法》）于 2015 年 7 月 2 日由环境保护部部务会议通过，2015 年 7 月 13 日予以公布，自 2015 年 9 月 1 日起施行。从我国环境保护公众参与的标志性事件——圆明园听证会的成功召开以来，环境保护部在推动公众参与方面做了很多探索和尝试，先后出台的《环境影响评价公众参与暂行办法》《环境信息公开办法（试行）》《关于推进环境保护公众参与的指导意见》《关于培育引导环保社会组织有序发展的指导意见》等，均对公众参与做出了明确规定。这些工作和法规，都成为了《办法》出台的理论和实践准备。《办法》是自新修订的《环境保护法》实施以来，首个对环境保护公众参与做出专门规定的部门规章。环保法作为综合性、基础性法律，不可能对公众参与的具体规则做出详细规定，只能提出总括性的要求。《办法》正是在新环保法总括性要求的基础上，进行了细化，使环境保护公众参与的法律规则在一定程度上具有了可操作性，为环境保护公众参与提供了依据。

一、《环境保护公众参与办法》的制定背景

党的十八大报告明确指出，"保障人民知情权、参与权、表达权、监督权，是权力正确运行的重要保证"。新修订的《环境保护法》在总则中明确规定了"公众参与"原则，并对"信息公开和公众参与"进行专章规定。中共中央、国务院《关于加快推进生态文明建设的意见》中提出要"鼓励公众积极参与。完善公众参与制度，及时准确披露各类环境信息，扩大公开范围，保障公众知情权，维护公众环境权益。"为保障公民、法人和其他组织获取环境信息、参与和监督环境保护的权利，畅通参与渠道，规范引导公众依法、有序、理性参与，促进环境保护公众参与更加健康地发展，环境保护部于 2015 年 7 月发布了《办法》，作为新修订的《环境保护法》的重要配套细则。①

---

① 参见《推动公众参与依法有序发展 提高环保公共事务参与水平——解读〈环境保护公众参与办法〉》，来源：环境保护部网 -http://www.zhb.gov.cn/gkml/hbb/qt/201507/t20150721_306985.htm，2017年 11 月 12 日访问。

二、《环境保护公众参与办法》的亮点与创新

《办法》共 20 条，主要内容依次为：立法目的和依据，适用范围，参与原则，参与方式，各方主体权利、义务和责任，配套措施。《办法》具有以下亮点：

一是原则依据强。《办法》以新修订的《环境保护法》第五章"信息公开和公众参与"为立法依据，吸收了《环境影响评价法》《环境影响评价公众参与暂行办法》《环境保护行政许可听证暂行办法》等有关规定，参考了环保部过去出台的有关文件和指导意见，借鉴了部分地方省市已经出台的有关法规、规章，较好地反映了我国环境保护公众参与的现状，制定的各项内容切合实际，具有较强的可操作性。《办法》强调依法、有序、自愿、便利的公众参与原则，将全面依法治国与全面加强环境社会治理有机结合，努力满足公众对生态环境保护的知情权、参与权、表达权和监督权，体现了社会主义民主法制的参与机制。

二是参与方式广。《办法》明确规定了环境保护主管部门可以通过征求意见、问卷调查，组织召开座谈会、专家论证会、听证会等方式开展公众参与环境保护活动，并对各种参与方式作了详细规定，贯彻和体现了环保部门在组织公众参与活动时应当遵循公开、公平、公正和便民的原则。近年来，公众参与环境事务的热情日益高涨，但也随之出现盲目参与、过激参与等问题，《办法》的出台，让公众参与环保事务的方式更加科学规范，参与渠道更加通畅透明，参与程度更加全面深入。

三是监督举报实。《办法》支持和鼓励公众对环境保护公共事务进行舆论监督和社会监督，规定了公众对污染环境和破坏生态行为的举报途径以及地方政府和环保部门不依法履行职责的，公民、法人和其他组织有权向其上级机关或监察机关举报。为调动公众依法监督举报的积极性，《办法》要求接受举报的环保部门，要保护举报人的合法权益，及时调查情况并将处理结果告知举报人，并鼓励设立有奖举报专项资金。通过这些详细措施，《办法》将监督的"利剑"铸实、磨快并交予公众，建立健全了全民参与的环境保护行动体系。

四是保障措施多。《办法》强调环保部门有义务加强宣传教育工作，动

员公众积极参与环境事务，鼓励公众自觉践行绿色生活，树立尊重自然、顺应自然、保护自然的生态文明理念，形成共同保护环境的社会风尚。《办法》还提出，环保部门可以对环保社会组织依法提起环境公益诉讼的行为予以支持，可以通过项目资助、购买服务等方式，支持、引导社会组织参与环境保护活动，广泛凝聚社会力量，最大限度地形成治理环境污染和保护生态环境的合力。①

第五节 制定《林业工作站管理办法》

为了加强林业工作站的建设与管理，发挥林业工作站在发展林业中的作用，2015 年 10 月 30 日，国家林业局局务会议审议通过了《林业工作站管理办法》，同年 11 月 24 日国家林业局令第 39 号予以公布，自 2016 年 1 月 1 日起施行。2000 年 3 月 13 日国家林业局发布的《林业工作站办法》同时废止。《林业工作站管理办法》主要内容如下。

一、林业工作站的管理体制和主管部门

规定林业工作站由县级林业主管部门直接领导或者实行由县级林业主管部门和所在地乡镇人民政府双重领导的管理体制。国家林业局主管全国林业工作站的建设和管理工作，具体工作由其设立的林业工作站管理总站负责。县级以上地方林业主管部门主管本行政区域内林业工作站的建设和管理工作，具体工作由其设立或者确定的林业工作站管理机构负责。

二、林业工作站的职责

明确了林业工作站承担政策宣传、资源管理、林政执法、生产组织、科技推广和社会化服务等职能，细化了下列九项工作职责：一是宣传与贯彻执行森林、野生动植物资源保护等法律、法规和各项林业方针、政策；二是协助县级林业主管部门和乡镇人民政府制定和落实林业发展规划；三是配合

---

① 参见《推动公众参与依法有序发展 提高环保公共事务参与水平——解读〈环境保护公众参与办法〉》，来源：环境保护部网 -http：//www.zhb.gov.cn/gkml/hbb/qt/201507/t20150721_306985.htm，2017 年 11 月 12 日访问。

县级林业主管部门开展资源调查、档案管理、造林检查验收、林业统计等工作；四是协助县级林业主管部门或者乡镇人民政府开展林木采伐等行政许可受理、审核和发证工作；五是配合县级林业主管部门或者乡镇人民政府开展森林防火、林业有害生物防治、陆生野生动物疫源疫病防控、森林保险和林业重点建设工程等工作；六是协助有关部门处理森林、林木和林地所有权或者使用权争议，查处破坏森林和野生动植物资源案件；七是配合乡镇人民政府建立健全乡村护林网络和管理乡村护林队伍；八是推广林业科学技术，开展林业技术培训、技术咨询和技术服务等林业社会化服务；九是承担县级林业主管部门或者乡镇人民政府规定的其他职责。

三、林业工作站的建设

规定有林业生产和经营管理任务的地方，应当在乡镇设立林业工作站；林业生产和经营管理任务相对较轻的地方，可以设立区域林业工作站；不具备设立林业工作站条件的，乡镇人民政府应当依法设专职或者兼职人员负责林业工作。规定林业工作站新进人员应当主要接收大中专院校毕业生，林业工作站应当设立符合工作需要的专业技术岗位，林业工作站新进专业技术人员，应当具备大中专以上专业学历。规定林业工作站所需事业经费，根据国家有关规定纳入地方预算；林业工作站应当具有必要的房屋、交通、通讯工具等设施。

四、林业工作站的管理

要求林业工作站的撤销或者变更，由县级林业主管部门提出意见或者由县级林业主管部门与当地乡镇人民政府协商后提出意见，报原批准设立的机关批准；林业工作站负责人的任免，由县级林业主管部门负责或者按照所在地人事管理规定办理。要求县级以上地方林业主管部门应当有计划地对林业工作站的工作人员进行业务培训。要求建立健全岗位责任制、目标管理责任制和技术承包责任制，建立健全人事、财务会计、国有资产管理以及廉政建设等各项制度；明确了林业工作人员的工作条件、生活条件和待遇；提出奖励成绩显著的林业工作站及其工作人员；要求对违法违纪的林业工作人员按照有关规定进行处理。

第六节　制定《建设项目环境影响后评价管理办法（试行）》

为规范建设项目环境影响后评价工作，2015 年 4 月 2 日环境保护部部务会议审议通过了《建设项目环境影响后评价管理办法（试行）》，同年 12 月 10 日中华人民共和国环境保护部令第 37 号予以公布，自 2016 年 1 月 1 日起施行，主要内容如下。

一、建设项目环境影响后评价的定义

明确环境影响后评价是指编制环境影响报告书的建设项目在通过环境保护设施竣工验收且稳定运行一定时期后，对其实际产生的环境影响以及污染防治、生态保护和风险防范措施的有效性进行跟踪监测和验证评价，并提出补救方案或者改进措施，提高环境影响评价有效性的方法与制度。

二、建设项目环境影响后评价适用情形

规定建设项目运行过程中产生下列三项不符合经审批的环境影响报告书情形的，应当开展环境影响后评价：一是水利、水电、采掘、港口、铁路行业中实际环境影响程度和范围较大，且主要环境影响在项目建成运行一定时期后逐步显现的建设项目，以及其他行业中穿越重要生态环境敏感区的建设项目；二是冶金、石化和化工行业中有重大环境风险，建设地点敏感，且持续排放重金属或者持久性有机污染物的建设项目；三是审批环境影响报告书的环境保护主管部门认为应当开展环境影响后评价的其他建设项目。

三、建设项目环境影响后评价原则

规定环境影响后评价应当遵循科学、客观、公正的原则，全面反映建设项目的实际环境影响，客观评估各项环境保护措施的实施效果。

四、建设项目环境影响后评价的管理

规定建设项目环境影响后评价的管理，由审批该建设项目环境影响报告书的环境保护主管部门负责。要求建设单位或者生产经营单位负责组织开

展环境影响后评价工作，编制环境影响后评价文件，并对环境影响后评价结论负责；明确建设单位或者生产经营单位可以委托环境影响评价机构、工程设计单位、大专院校和相关评估机构等编制环境影响后评价文件；规定编制建设项目环境影响报告书的环境影响评价机构，原则上不得承担该建设项目环境影响后评价文件的编制工作；规定建设单位或者生产经营单位应当将环境影响后评价文件报原审批环境影响报告书的环境保护主管部门备案，并接受环境保护主管部门的监督检查。

五、建设项目环境影响后评价文件的内容

规定建设项目环境影响后评价文件应当包括以下内容：一是建设项目过程回顾，包括环境影响评价、环境保护措施落实、环境保护设施竣工验收、环境监测情况，以及公众意见收集调查情况等；二是建设项目工程评价，包括项目地点、规模、生产工艺或者运行调度方式，环境污染或者生态影响的来源、影响方式、程度和范围等；三是区域环境变化评价，包括建设项目周围区域环境敏感目标变化、污染源或者其他影响源变化、环境质量现状和变化趋势分析等；四是环境保护措施有效性评估，包括环境影响报告书规定的污染防治、生态保护和风险防范措施是否适用、有效，能否达到国家或者地方相关法律、法规、标准的要求等；五是环境影响预测验证，包括主要环境要素的预测影响与实际影响差异，原环境影响报告书内容和结论有无重大漏项或者明显错误，持久性、累积性和不确定性环境影响的表现等；六是环境保护补救方案和改进措施；七是环境影响后评价结论。

六、建设项目环境影响后评价开展时限

要求建设项目环境影响后评价应当在建设项目正式投入生产或者运营后三至五年内开展。规定原审批环境影响报告书的环境保护主管部门也可以根据建设项目的环境影响和环境要素变化特征，确定开展环境影响后评价的时限。

七、建设项目环境影响后评价信息公开

规定建设单位或者生产经营单位完成环境影响后评价后，应当依法公

开环境影响评价文件，接受社会监督。

第七节　制定《防治船舶污染内河水域环境管理规定》

2015 年 12 月 15 日，交通运输部第 25 次部务会议通过了《防治船舶污染内河水域环境管理规定》（交通运输部令 2015 年第 25 号），同年 12 月 31 日予以公布，自 2016 年 5 月 1 日起施行。原 2005 年 8 月 20 日以交通部令 2005 年第 11 号令公布的《中华人民共和国防治船舶污染内河水域环境管理规定》同时废止。《防治船舶污染内河水域环境管理规定》的主要变动如下。

一、船舶污染管理规定变动

（一）开辟免于配备污染物处理装置的通道。规定船舶经船舶检验机构检验可以免除配备相应的污染物处理装置的，应当在相应的船舶检验证书中予以注明。

（二）增加船舶污染损害民事责任保险制度。规定船舶或者有关作业单位造成水域环境污染损害的，应当依法承担污染损害赔偿责任；规定通过内河运输危险化学品的船舶，其所有人或者经营人应当投保船舶污染损害责任保险或者取得财务担保；船舶污染损害责任保险单证或者财务担保证明的副本应当随船携带；通过内河运输危险化学品的中国籍船舶的所有人或者经营人，应当向在我国境内依法成立的商业性保险机构和互助性保险机构投保船舶污染损害责任保险。

（三）增加船舶污染损害争议调解机制。规定船舶污染事故引起的污染损害赔偿争议，当事人可以申请海事管理机构调解；在调解过程中，当事人申请仲裁、向人民法院提起诉讼或者一方中途退出调解的，应当及时通知海事管理机构，海事管理机构应当终止调解，并通知其他当事人；调解成功的，由各方当事人共同签署《船舶污染事故民事纠纷调解协议书》；调解不成或者在 3 个月内未达成调解协议的，应当终止调解。

（四）增加在港防污染作业事前报告制度。要求船舶从事水上船舶清舱、洗舱、污染物接收、燃料供受、修造、打捞、拆解、污染清除作业以及利用船舶进行其他水上水下活动的，应当遵守相关操作规程，采取必要的防治污染措施；在港从事前款所列相关作业的，在开始作业时，应当通过甚高频、电话或者信息系统等向海事管理机构报告作业时间、作业内容等信息。

（五）增加防污染检查表制度。规定船舶从事散装液体污染危害性货物装卸作业、从事散装液体污染危害性货物水上过驳作业、从事船舶燃料供受作业等，需提前对防污染措施进行确认，并按照规定填写防污染检查表。

二、船舶污染防治规定变动

（一）完善船舶污染防治原则。规定防治船舶及其作业活动污染内河水域环境，实行预防为主、防治结合、及时处置、综合治理的原则。

（二）强化码头防污能力建设。规定港口、码头、装卸站以及从事船舶水上修造、水上拆解、打捞等作业活动的单位，应当按照国家有关规范和标准，配备相应的污染防治设施、设备和器材，并保持良好的技术状态；同一港口、港区、作业区或者相邻港口的单位，可以通过建立联防机制，实现污染防治设施、设备和器材的统一调配使用。

（三）建立船舶污染物接收作业新格局。规定港口、码头、装卸站应当接收靠泊船舶生产经营过程中产生的船舶污染物，建立了"以港口、码头、装卸站为主，社会接收单位接收为辅"的船舶污染物接收新格局。

（四）调整《船舶垃圾管理计划》适用对象。将《船舶垃圾管理计划》适用对象由原来的"400 总吨及以上的船舶和经核定可载客 15 人及以上且单次航程超过 2 公里或者航行时间超过 15 分钟的船舶"调整为"100 总吨及以上的船舶以及经核准载运 15 名及以上人员且单次航程超过 2 公里或者航行时间超过 15 分钟的船舶"。

（五）调整防治船舶污染大气的规定。要求船舶使用的燃料应当符合有关法律法规和标准要求，鼓励船舶使用清洁能源；要求船舶不得超过相关标准向大气排放动力装置运转产生的废气以及船上产生的挥发性有机化合物。

（六）调整围油栏布设的规定。一是调整了围油栏布设作业的对象，由"长江、珠江、黑龙江水系干线超过 300 总吨和其他内河水域超过 150 总吨的船舶"调整为"在长江、珠江、黑龙江水系干线作业量超过 300 吨和其他内河水域超过 150 吨的"；二是调整了围油栏布设的主体，由原来从事作业的船舶调整为港口、码头、装卸站。三是规定布设主体原则上除自然条件外不得采取替代措施。

（七）细化船舶燃料供应管理要求。一是将船用 LNG 等新型燃料纳入管理；二是明确水上燃料加注站接受燃料补给作业时按照污染危害性货物过驳作业进行管理；三是明确船舶燃料供受作业中实行防污染检查表制度。

（八）完善船舶污染事故调查处理要求。一是明确了不同等级船舶污染事故的调查处理机构及调查争议权；二是明确了船舶污染事故调查证据种类和证据留存要求；三是增加了船舶污染事故协查的若干情形；四是明确了对船舶污染事故中鉴定事项和船舶污染事故的结案要求。①

第八节　制定《公共机构能源审计管理暂行办法》

为加强公共机构节能管理，规范公共机构能源审计工作，提高公共机构能源利用效率，节约财政支出，2015 年 12 月 31 日，国家发展和改革委员会、国家机关事务管理局联合公布了《公共机构能源审计管理暂行办法》。《公共机构能源审计管理暂行办法》自 2016 年 3 月 1 日起施行。

一、公共机构能源审计定义

公共机构能源审计是指依据有关法律、法规和标准，对公共机构的用能系统、设备的运行、管理及能源资源利用状况进行检验、核查和技术、经济分析评价，提出改进用能方式或提高用能效率建议和意见的行为。公共机构能源审计可由公共机构自行或委托能源审计服务机构，或由管理机关事务工作的机构委托能源审计服务机构实施。

二、公共机构能源审计原则

规定公共机构能源审计应当坚持"全面客观、突出重点、量化细化、安全保密"原则。

---

① 《〈中华人民共和国防治船舶污染内河水域环境管理规定〉相关要求解读》，来源：南通海事局 -http：//www.ntmsa.gov.cn/art/2016/6/15/art_3509_1122657.html，2016 年 6 月 5 日访问。

三、公共机构能源审计工作的管理体制

规定国务院管理节能工作的部门会同国务院管理机关事务工作的机构，推进全国公共机构能源审计工作；县级以上管理节能工作的部门会同同级地方人民政府管理机关事务工作的机构，推进本地区公共机构能源审计工作；教育、科技、文化、卫生、体育等系统各级主管部门在同级管理机关事务工作的机构指导下，推进本级系统内公共机构能源审计工作。

四、公共机构能源的审计范围

要求"年能源消费量达500吨标准煤以上或年电力消耗200万千瓦时以上或建筑面积1万平方米以上的公共机构或集中办公区每5年应开展一次能源审计，并纳入政府购买服务范围"。

五、能源审计服务机构管理

要求能源审计服务机构须具有独立法人资格，具备履行能源审计工作所必须的检验、测试等专业技术能力，具备相关领域认证资质或实验室认可资质；鼓励具备采用合同能源管理方式提供节能服务经验的企业承担能源审计服务工作。规定能源审计服务机构开展能源审计，应符合《公共机构能源审计技术导则》及相关规范性文件的要求。

六、能源审计结果监督整改

要求公共机构根据能源审计报告提出的建议和意见，采取提高能源利用效率的措施，2月内制定整改方案。规定公共机构应对所属公共机构能源审计工作情况进行监督检查，督促其及时整改。规定县级以上人民政府管理机关事务工作的机构应对法定职责范围内公共机构能源审计工作情况进行监督检查，督促其及时整改。

七、承担法律责任的情形及处罚措施

规定能源审计服务机构有下列行为之一的，县级以上人民政府管理机关事务工作的机构应立即中止其能源审计工作，会同管理节能工作的部门在

官方网站按照有关规定向社会公示，纳入信用体系记录，并依法追究其责任：一是在能源审计过程中违纪违规的；二是未履行能源审计合同的；三是能源审计结果与事实严重不符，有重大偏差的；四是未履行保密责任的。

规定公共机构有下列行为之一的，由本级人民政府管理机关事务工作的机构会同管理节能工作的部门责令限期整改；逾期不改正的，予以通报：一是未按本办法规定组织实施能源审计的；二是拒绝、阻碍能源审计的；三是拒绝、拖延提供与能源审计有关资料，或者提供的资料不真实、不完整的；四是未按照能源审计结果进行整改的。

第九节 制定《节能低碳产品认证管理办法》

为了提高用能产品以及其他产品的能源利用效率，改进材料利用，控制温室气体排放，应对气候变化，规范和管理节能低碳产品认证活动，2015年 9 月 17 日，国家质量监督检验检疫总局、国家发展和改革委员会发布了《节能低碳产品认证管理办法》（本节以下简称《办法》，质检总局 国家发改委令第 168 号）。

一、《节能低碳产品认证管理办法》的主要内容

《办法》共五章 41 条，自 2015 年 11 月 1 日起施行。五章分别是：总则、认证实施、认证证书和认证标志、监督管理、附则。

《办法》总则部分将"节能低碳产品认证"分为"节能产品认证"和"低碳产品认证"并分别进行了界定；规定国家质量监督检验检疫总局主管全国节能低碳产品认证工作，国家发展和改革委员会负责指导开展节能低碳产品认证工作，国家认证认可监督管理委员会负责节能低碳产品认证的组织实施、监督管理和综合协调工作。

关于节能低碳产品的认证实施，《办法》明确，国家认监委和国家发展改革委组建节能低碳认证技术委员会，对涉及认证技术的重大问题进行研究和审议，国家认监委会同国家发展改革委制定节能、低碳产品认证规则，国家认监委对从事节能低碳产品认证活动的认证机构依法予以批准。《办法》要求，从事节能低碳产品认证相关检验检测活动的机构应当依法经过资质认

定，符合检验检测机构能力的通用要求，并具备从事节能低碳产品认证检验检测工作相关技术能力；从事节能低碳产品认证检查或者核查的人员，应当具备检查或者核查的技术能力，并经国家认证人员注册机构注册。《办法》规定，产品的生产者或者销售者可以委托认证机构进行节能、低碳产品认证，认证机构应当对认证委托人提供样品的真实性进行审查，委托符合《办法》规定的检验检测机构对样品进行产品型式试验。检验检测机构对样品进行检验检测，应当确保检验检测结果的真实、准确，并对检验检测全过程做出完整记录，归档留存，保证检验检测过程和结果具有可追溯性，配合认证机构对获证产品进行有效的跟踪检查。

《办法》列举了认证证书应包含的基本内容，规定了节能产品认证标志和低碳产品认证标志的式样，规定节能、低碳产品认证证书的格式、内容由国家认监委统一制定发布，认证证书有效期为3年。

关于对节能低碳产品的监督管理，《办法》规定，国家发展改革委、国家质检总局、国家认监委对节能低碳产品认证相关主体的违法违规行为建立信用记录，并纳入全国统一的信用信息共享交换平台；伪造、变造、冒用、非法买卖或者转让节能、低碳产品认证证书的，由地方质检两局责令改正，并处3万元罚款；转让节能、低碳产品认证标志的，由地方质检两局责令改正，并处3万元以下的罚款。

《办法》在附则部分规定，在国家尚未制定认证规则的节能低碳产品认证新领域，认证机构可以根据市场需求自行开展相关产品认证业务，自行制定的认证规则应当向国家认监委备案。

二、《节能低碳产品认证管理办法》出台的意义

国家发展改革委、国家认监委曾于2013年2月18日制定发布了《低碳产品认证管理暂行办法》。随着认证制度的出台，《低碳产品认证管理暂行办法》同时废止。与《低碳产品认证管理暂行办法》相比，《办法》将节能产品也纳入了认证管理的范围；将主管管理部门由发改委牵头调整为质检总局牵头、发改委指导相关工作；对转让节能、低碳产品认证标志的违规行为明确了罚则以及计入全国统一信用信息共享交换平台；允许相关认证机构在国家尚未制定认证规则的节能低碳认证领域自行开展相关产品认证业务。

第十节　制定《气象信息服务管理办法》

为了贯彻落实党的十八届三中、四中全会精神，为社会发展和人民生活提供更优质的气象服务保障，全面推进气象现代化、全面深化气象改革和全面推进气象法治建设，2015 年 3 月 12 日，中国气象局公布了《气象信息服务管理办法》（中国气象局令第 26 号，本节以下简称《办法》），《办法》于 2015 年 6 月 1 日正式施行。

一、《气象信息服务管理办法》出台的背景

新媒体技术和信息技术的快速发展是《办法》出台的时代背景，这些新形势对促进气象信息服务发展，推动气象信息服务体制改革提出了新的要求；培育和开放气象信息服务市场、培育气象信息服务市场主体、规范气象信息服务活动、在气象信息服务领域建立市场规则是经济社会发展和人民生活对气象信息服务的新需求；"构建政府部门主导、市场资源配置、社会力量参与的气象服务新格局，加快构建气象服务业务现代化、主体多元化、管理法治化的中国特色现代气象服务体系"①、提高公共气象服务的能力和水平势在必行。

二、《气象信息服务管理办法》的主要内容

《办法》共 21 条，内容涉及气象信息服务的适用范围和定义、国家的鼓励政策、遵循的原则、资料提供、禁止性规定、监督管理、涉外气象信息服务、法律责任等。

《办法》对气象信息服务以及信息服务单位进行了明确界定，将"自愿公平、诚实信用原则，不得损害国家利益、公共利益和他人的合法权益"作为气象信息服务活动遵循的原则，明确了国家"鼓励依法开展气象信息服务活动，支持与气象信息服务有关的科研开发和成果推广应用，引导和吸引社

---

① 张明禄：《开放市场规范有序——中国气象局副局长于新文解读〈气象信息服务管理办法〉》，《中国气象报》2015 年 4 月 28 日。

会资本支持气象信息产业发展"的态度。《办法》允许外国组织和个人在华从事气象信息服务活动，同时要求应当按照气象法和有关外商投资的法律法规办理。

《办法》规定国务院气象主管机构及地方各级气象主管机构负责气象信息服务活动的监督管理工作；规定国务院气象主管机构应当建立气象资料汇交共享平台，并制定数据汇交制度，从事气象信息服务单位可无偿获取基本气象资料和产品。《办法》要求国务院气象主管机构应当建立全国统一的气象信息服务单位备案统计与公示制度，列举了气象信息服务单位备案应当提供的材料；要求国务院气象主管机构或者省、自治区、直辖市气象主管机构对气象信息服务单位开展的气象信息服务质量进行定期评价，并公示评价结果；广泛征集气象信息服务单位的信用信息，经核实后向社会发布。

《办法》规定，气象信息服务的单位应当充分利用气象主管机构所属气象台提供的基本气象资料和产品，避免重复建设气象探测站（点）。在这一前提下，确需建站获取资料的，可以建站开展探测活动，但是要备案和汇交所获得的气象探测资料。《办法》鼓励建立气象信息服务行业组织，要求该组织制定气象信息服务行业自律制度和执业准则。《办法》也对从事气象信息服务的单位提出了要求，列举了禁止气象信息服务单位从事的活动，列举了违法行为及相应的处罚措施。

《办法》彰显了我国鼓励依法开展气象信息服务活动、引导和吸引社会资本支持气象信息产业发展、开放气象信息服务市场的鲜明态度，有利于激发市场活力，利用市场机制优胜劣汰，促进气象信息服务业的繁荣和健康有序发展。

第十一节　修订《建设项目环境影响评价资质管理办法》

《建设项目环境影响评价资质管理办法》（环境保护部令第36号，本节以下简称《办法》）于2015年4月2日由环境保护部部务会议修订通过，2015年9月28日予以公布，自2015年11月1日起施行。新修订的《办法》作为新《环境保护法》颁布后环评领域的部门规章，在环境影响评价的资质条件、资质申请与审查、评价机构管理、监督检查、法律责任等方面作了全面修订，这对于促进环评技术资源重组整合、深化行政审批制度改革、完善监管体系建设和强化信息公开都将起到积极作用。同时《办法》也为后来出台的《中华人民共和国环境影响评价法》（2016）做了铺垫。

一、《建设项目环境影响评价资质管理办法》的立法演进

本次发布的《办法》是以 2005 年发布的《建设项目环境影响评价资质管理办法》为基础做的修订。2005 年 8 月 15 日，原国家环境保护总局为加强建设项目环境影响评价管理，提高环境影响评价工作质量，维护环境影响评价行业秩序，根据《中华人民共和国环境影响评价法》（2002）和《中华人民共和国行政许可法》的有关规定，制定了《办法》（2005），自 2006 年 1 月 1 日起施行。2015 年修订的《办法》则是在新《中华人民共和国环境保护法》颁布后的配套部门规章，并且在随后发布了《办法》的一系列配套文件。[①]

二、《建设项目环境影响评价资质管理办法》的主要内容

《办法》主要规定了如何加强建设项目环境影响评价管理，提高环境影响评价工作质量，维护环境影响评价行业秩序。

（一）建设项目环境影响评价资质证书的取得方式

要求为建设项目环境影响评价提供技术服务的机构，应当按照《办法》的规定，向环境保护部申请建设项目环境影响评价资质（以下简称资质），经审查合格，取得《建设项目环境影响评价资质证书》（以下简称资质证书）后，方可在资质证书规定的资质等级和评价范围内接受建设单位委托，编制建设项目环境影响报告书或者环境影响报告表（以下简称环境影响报告书（表））。

（二）资质等级的划分与管理

将资质等级分为甲级和乙级。评价范围包括环境影响报告书的十一个类别和环境影响报告表的二个类别，其中环境影响报告书类别分设甲、乙两

---

① 参见 2015 年 10 月 29 日发布的环境保护部公告 2015 年第 67 号：《关于发布〈建设项目环境影响评价资质管理办法〉配套文件的公告》（附：《现有建设项目环境影响评价机构资质过渡的有关规定》《建设项目环境影响评价资质申请材料规定》《环境影响评价工程师从业情况管理规定》）。

个等级。资质等级为甲级的环评机构（以下简称甲级机构），其评价范围应当至少包含一个环境影响报告书甲级类别；资质等级为乙级的环评机构（以下简称乙级机构），其评价范围只包含环境影响报告书乙级类别和环境影响报告表类别。

规定资质证书在全国范围内通用，有效期为四年，由环境保护部统一印制、颁发。资质证书包括正本和副本，记载环评机构的名称、资质等级、评价范围、证书编号、有效期，以及环评机构的住所、法定代表人等信息。

（三）环境影响评价机构的资质条件

规定环评机构应当为依法经登记的企业法人或者核工业、航空和航天行业的事业单位法人，应当有固定的工作场所，具备环境影响评价工作质量保证体系，建立并实施环境影响评价业务承接、质量控制、档案管理、资质证书管理等制度。明确了甲级机构、乙级机构除具备上述条件外，各自还应当具备的条件。

（四）资质的申请与审查

规定环境保护部负责受理资质申请，并根据情况开展核查；要求申请资质的机构如实提交相关申请材料；规定了申请变更资质证书内容的情形；规定了资质证书有效期届满前申请资质延续的程序；明确了违法取得资质证书的处罚措施；规定了应当办理资质注销手续的情形。

（五）环境影响评价机构的管理

要求环境影响评价机构坚持公正、科学、诚信的原则，遵守职业道德，执行国家法律、法规及有关管理要求；明确了环境影响报告书（表）的编制责任主体；要求环境影响评价机构建立其主持编制的环境影响报告书（表）完整档案；要求环境影响评价工程师和参与环境影响报告书（表）编制的其他相关专业技术人员定期参加业务培训。

（六）环境影响评价机构的监督检查

要求环境保护主管部门加强对环境影响评价机构的监督检查；规定了抽查和年度检查相结合的监督检查方式；明确了环境影响评价机构不同违法违规情形的处罚方式；要求建立环境影响评价机构及其环境影响评价工程师诚信档案，建立环境影响评价机构工作质量监督管理数据信息系统。

（七）违反相关规定的法律责任

明确了环境影响评价机构"拒绝接受监督检查或者在接受监督检查时弄虚作假""环境影响评价机构涂改、出租、出借资质证书或者超越资质等级、评价范围接受委托和主持编制环境影响报告""环境影响评价机构不负责任或者弄虚作假，致使主持编制的环境影响报告书（表）失实"，以及"环境保护主管部门工作人员在环境影响评价机构资质管理工作中徇私舞弊、滥用职权、玩忽职守"时的处罚措施。

三、《建设项目环境影响评价资质管理办法》的主要亮点

《办法》是一部专门规范建设项目环评技术服务领域工作的部门规章，具有以下主要亮点。

第一，从制度设计上彻底排除了环境影响评价"红顶中介"机构。规定四类"红顶中介"不得申请资质。第一类是由负责审批或者核准环境影响报告书（表）的主管部门设立的事业单位出资的企业法人；第二类是由负责审批或者核准环境影响报告书（表）的主管部门作为业务主管单位或者挂靠单位的社会组织出资的企业法人；第三类是受负责审批或者核准环境影响报告书（表）的主管部门委托，开展环境影响报告书（表）技术评估的企业法人；第四类是前三类中的企业法人出资的企业法人。

第二，简化了环境影响评价机构审批前置条件。简化了资质条件设定事项，取消岗位证书、注册资金、固定资产、仪器设备等前置条件，不再将环评机构评价范围等级与环保部门审批级别挂钩。

第三，完善了环境影响评价机构监管机制。一是赋予地方环保部门监管和处罚权限，形成各级环保部门齐抓共管的监管体系；二是强化质量监管，对出现质量问题的，加重处罚，并一律实行从环评机构到从业人员的双重责任追究；三是强化诚信体系建设，建立从国家到地方的四级诚信档案数据库，对环评机构和从业人员违法违规行为及时进行记录，并向社会公布；四是强化信息公开，实现资质受理和审查信息全部公开，审查程序和内容全部公开，环评机构和环评工程师基本信息全部公开；五是加强行业自律，支持成立环境影响评价行业组织，开展环评机构及其环境影响评价工程师和相关专业技术人员的水平评价，建立健全行业内奖惩机制。

第十二节 修订《突发林业有害生物事件处置办法》

为了及时处置突发林业有害生物事件，控制林业有害生物传播、蔓延，减少灾害损失，2015年11月24日国家林业局公布了修改后的《突发林业有害生物事件处置办法》，自公布之日起施行。

与《突发林业有害生物事件处置办法（2005）》相比，此次修改主要涉及突发林业有害生物事件的一级和二级分类以及不同级别分类下的管理机构调整，具体修改情况列表如下。

表3-2 2015年《突发林业有害生物事件处置办法》修改对照表

《突发林业有害生物事件处置办法（2005）》	《突发林业有害生物事件处置办法（2015）》
第四条 突发林业有害生物事件分为一级和二级。林业有害生物直接危及人类健康、从国（境）外新传入林业有害生物，以及首次在省、自治区、直辖市范围内发生林业检疫性有害生物的，为一级突发林业有害生物事件。一级突发林业有害生物事件以外的其他突发林业有害生物事件，为二级突发林业生物有害事件。	第四条 （修改）突发林业有害生物事件分为一级和二级。直接危及人类健康的突发林业有害生物事件，为一级突发林业有害生物事件；一级突发林业有害生物事件以外的其他突发林业有害生物事件，为二级突发林业有害生物事件。
第五条第一款 突发林业有害生物事件由省、自治区、直辖市人民政府林业主管部门确认。	第五条第一款 （修改）一级突发林业有害生物事件，由国家林业局确认；二级突发林业有害生物事件，由省、自治区、直辖市人民政府林业主管部门确认。
第十三条 县级人民政府林业主管部门接到疑似突发林业有害生物事件等异常情况的报告或者有关情况反映的，应当及时开展调查核实；认为属于突发林业有害生物事件的，应当及时逐级上报到省、自治区、直辖市人民政府林业主管部门，并同时报告同级人民政府。	第十三条 （修改）县级人民政府林业主管部门接到疑似突发林业有害生物事件等异常情况的报告或者有关情况反映的，应当及时开展调查核实；认为属于突发林业有害生物事件的，应当按照有关规定逐级上报国家林业局。突发林业有害生物事件的报告，主要包括有害生物的种类、发生地点和时间、级别、危害程度、已经采取的措施以及相关图片材料等内容。

续表

《突发林业有害生物事件处置办法（2005）》	《突发林业有害生物事件处置办法（2015）》
第十四条 省、自治区、直辖市人民政府林业主管部门应当组织专家和有关人员对县级人民政府林业主管部门报告的情况进行调查和论证，确认是否属于突发林业有害生物事件。经确认属于突发林业有害生物事件的，省、自治区、直辖市人民政府林业主管部门应当立即向省、自治区、直辖市人民政府和国家林业局报告，并向相邻的其他省、自治区、直辖市人民政府林业主管部门通报有关情况。突发林业有害生物事件的报告，主要包括有害生物的种类、发生地点和时间、级别、危害程度、已经采取的措施以及相关图片材料等内容。	第十四条 （修改）国家林业局或者省、自治区、直辖市人民政府林业主管部门应当组织专家和有关人员对县级人民政府林业主管部门报告的情况进行调查和论证，确认是否属于突发林业有害生物事件。经确认属于一级突发林业有害生物事件的，国家林业局应当启动应急预案；经确认属于二级突发林业有害生物事件的，省、自治区、直辖市人民政府林业主管部门应当启动应急预案。
第十六条 一级突发林业有害生物事件应急预案，由国家林业局批准启动实施。二级突发林业有害生物事件应急预案，由省、自治区、直辖市人民政府林业主管部门批准启动实施，同时报告省、自治区、直辖市人民政府和国家林业局。	本条已删除

第十三节 修订《进境动植物检疫审批管理办法》

为了依法推进行政审批制度改革和政府职能转变，加大简政放权力度，进一步激发市场、社会的创造活力，2015年11月6日国家质量监督检验检疫总局局务会议审议通过了《国家质量监督检验检疫总局关于修改〈进境动植物检疫审批管理办法〉的决定》。同年11月25日公布了修改后的《进境动植物检疫审批管理办法》，自公布之日起施行。

与《进境动植物检疫审批管理办法（2002）》相比，此次修改涉及七处内容，具体修改情况列表如下。

表 3–3　2015 年《进境动植物检疫审批管理办法》修改对照表

《进境动植物检疫审批管理办法（2002）》	《进境动植物检疫审批管理办法（2015）》
第一章　总则	第一章　总则
第一条　为进一步加强对进境动植物检疫审批的管理工作，防止动物传染病、寄生虫病和植物危险性病虫杂草以及其他有害生物的传入，根据《中华人民共和国进出境动植物检疫法》（以下简称进出境动植物检疫法）及其实施条例和《农业转基因生物安全管理条例》的有关规定，制定本办法。	第一条　（修改）为进一步加强对进境动植物检疫审批的管理工作，防止动物传染病、寄生虫病和植物危险性病虫杂草以及其他有害生物的传入，根据《中华人民共和国进出境动植物检疫法》（以下简称进出境动植物检疫法）及其实施条例的有关规定，制定本办法。
第二条第一款　本办法适用于对进出境动植物检疫法及其实施条例以及国家有关规定需要审批的进境动物（含过境动物）、动植物产品和需要特许审批的禁止进境物的检疫审批。	第二条第一款　（修改）本办法适用于对进出境动植物检疫法及其实施条例以及国家有关规定需要审批的进境动物（含过境动物）、动植物产品和需要特许审批的禁止进境物的检疫审批。
第二章　申请	第二章　申请
第四条第二款　过境动物和过境转基因产品的申请单位应当是具有独立法人资格并直接对外签订贸易合同或者协议的单位或者其代理人。	第四条第二款　（修改）过境动物的申请单位应当是具有独立法人资格并直接对外签订贸易合同或者协议的单位或者其代理人。
第五条第二款　过境动物或者过境转基因产品在过境前，申请单位应当向国家质检总局提出申请并取得《检疫许可证》。	第五条第二款　（修改）过境动物在过境前，申请单位应当向国家质检总局提出申请并取得《检疫许可证》。
第三章　审核批准	第三章　审核批准
第十一条　国家质检总局根据审核情况，自收到初审机构提交的初审材料之日起 30 个工作日内签发《检疫许可证》或者《检疫许可证申请未获批准通知单》。 属于农业转基因生物在中华人民共和国过境的，国家质检总局应当在规定期限内作出批准或者不批准的决定，并通知申请单位。	第十一条　（修改）国家质检总局根据审核情况，自初审机构受理申请之日起二十日内签发《检疫许可证》或者《检疫许可证申请未获批准通知单》。二十日内不能做出许可决定的，经国家质检总局负责人批准，可以延长十日，并应当将延长期限的理由告知申请单位。
第四章　许可单证的管理和使用	第四章　许可单证的管理和使用
第十六条　有下列情况之一的，《检疫许可证》失效、废止或者终止使用： （一）超过有效期的自行失效； （二）在许可范围内，分批进口、多次报检使用的，许可数量全部核销完毕的自行失效；	第十六条　（修改）有下列情况之一的，《检疫许可证》失效、废止或者终止使用： （一）《检疫许可证》有效期届满未延续的，国家质检总局应当依法办理注销手续；

续表

《进境动植物检疫审批管理办法（2002）》	《进境动植物检疫审批管理办法（2015）》
（三）国家依法发布禁止有关检疫物进境的公告或者禁令后，已签发的有关《检疫许可证》自动废止； （四）申请单位违反检疫审批的有关规定，国家质检总局可以终止已签发的《检疫许可证》的使用。	（二）在许可范围内，分批进口、多次报检使用的，许可数量全部核销完毕的，国家质检总局应当依法办理注销手续； （三）国家依法发布禁止有关检疫物进境的公告或者禁令后，国家质检总局可以撤回已签发的《检疫许可证》； （四）申请单位违反检疫审批的有关规定，国家质检总局可以撤销已签发的《检疫许可证》。
第五章　附则	第五章　附则
	第十九条　（新增）国家质检总局可以授权直属出入境检验检疫局对其所辖地区进境动植物检疫审批申请进行审批，签发《检疫许可证》或者出具《检疫许可证申请未获批准通知单》。

第十四节　修订《气象预报发布与传播管理办法》

为了规范气象工作，准确、及时地发布气象预报，《中华人民共和国气象法》（2014修正）第二十二条规定：国家对公众气象预报和灾害性天气警报实行统一发布制度。为了细化和落实这一规定，2015年3月12日，中国气象局公布了《气象预报发布与传播管理办法》（中国气象局令第26号，本节以下简称《办法》），《办法》于2015年5月1日正式施行。

一、《气象预报发布与传播管理办法》出台的背景

早在2003年12月，中国气象局就曾出台了《气象预报发布与刊播管理办法》，在一定程度上有效规范了气象预报发布与刊播活动。但是由于新媒体的出现，气象预报的传播渠道和传播方式日渐增多，随之而来的是"预报来源不统一、缺乏权威性，预报准确率不高、针对性不强，预报更新不

及时、存在过时预报，预警信号发送慢、覆盖面不广"等问题①，这些问题易于造成以讹传讹的不良影响，误导公众。为了适应新形势，规范气象预报发布，同时又鼓励社会力量参与气象预报传播，根据《中华人民共和国气象法》和《气象灾害防御条例》，中国气象局制定了《办法》。

《办法》的修订遵循"统一发布、鼓励传播"的基本原则。"统一发布"是指气象预报专业特点强，要由各级气象主管机构所属的气象台这些专业部门提供，"鼓励传播"是指国家鼓励和支持各类媒体和单位传播权威发布的气象预报，但要注明气象预报的来源，确保预报的准确和及时更新。

二、《气象预报发布与传播管理办法》的主要内容

《办法》的基本框架共 15 条，主要包括：气象预报发布与传播的适用范围、有关术语解释、部门与政府职责、统一发布制度、公众气象预报和灾害性天气警报传播、传播要求、学术交流、专项预报、法律责任。具体内容如下：

第一，《办法》进一步明晰了有关概念及其内涵。《办法》明确了气象预报的范围，对公众气象预报、灾害性天气警报和气象灾害预警信号进行了界定，并特别补充了空间天气的有关内容。同时，对气象预报的发布、传播进行了界定。

第二，《办法》重申和细化了气象预报的统一发布制度。明确气象预报发布主体是各级气象主管机构所属的气象台，其他任何组织或个人都不能作为气象预报的发布主体向社会发布气象预报。这是对《气象法》第二十二条规定的统一发布制度的细化。

第三，《办法》健全了发布和传播渠道。《办法》第五条第一款规定"县级以上地方人民政府应当组织新闻出版广播电视、电信、交通运输、气象、互联网等有关部门和单位建立完善气象预报发布和传播渠道"。这一规定拓宽了气象预报的发布渠道。《办法》还规定，传播气象预报的媒体和单位应当与当地气象主管机构所属的气象台建立获取最新气象预报机制，以便确保

---

① 参见《统一发布 鼓励传播 中国气象局副局长于新文解读〈气象预报发布与传播管理办法〉》，来源：中国气象局网 -http://www.cma.gov.cn/2011xwzx/2011xqxxw/2011xqxyw/201503/t20150313_276489.html，2016 年 12 月 27 日访问。

及时准确传播气象预报。

第五，明确分工和强化监管。《办法》第四条明确了国务院有关部门和县级以上地方人民政府有关部门的分工和监管职责。

第六，建立气象灾害预警信息快速发布和传播机制。《办法》第八条规定各级人民政府应当组织气象等有关部门建立气象灾害预警信息快速发布和传播机制，及时增播、插播并不得传播过时的重要灾害性天气警报和气象灾害预警信号。

《办法》适应了新形势下气象预报传播的特点，解决了新媒体时代气象预报传播过程中出现的新问题，强化了公共气象服务的基础作用。统一发布制度的细化以及发布和传播渠道的健全有利于防灾减灾、有利于公众获得更及时准确的气象预报产品，为公众参与气象预报的传播注入了新动力。

第十五节　修改其他十三部环境部门规章

2015 年 3 月 19 日由环境保护部部务会议修订通过《建设项目环境影响评价分类管理名录》，自 2015 年 6 月 1 日起施行。原《建设项目环境影响评价分类管理名录》（环境保护部令第 2 号）同时废止。2015 年 4 月 27 日，国家林业局局务会议审议通过《国家林业局关于修改部分部门规章的决定》，本决定根据《中华人民共和国公司法》和《国务院关于印发注册资本登记制度改革方案的通知》（国发〔2014〕7 号）等有关规定，对《国家重点保护野生动物驯养繁殖许可证管理办法》《林木种子生产、经营许可证管理办法》《引进陆生野生动物外来物种种类及数量审批管理办法》《国家林业局产品质量检验检测机构管理办法》作了相应修改。2015 年 4 月 29 日，为贯彻国务院关于加快推进落实注册资本登记制度改革有关事项的要求，农业部令 2015 年第 1 号发布了《农业部关于修订部分规章和规范性文件的决定》，此决定对《农作物种子生产经营许可管理办法》《转基因棉花种子生产经营许可规定》《草种管理办法》进行了修订。根据 2015 年 5 月 4 日住房和城乡建设部令第 24 号《住房和城乡建设部关于修改〈房地产开发企业资质管理规定〉等部门规章的决定》，《城市生活垃圾管理办法》进行了修正。根据 2015 年 5 月 12 日交通运输部《关于修改〈中华人民共和国船舶污染海洋环境应急防备和应急处置管理规定〉的决定》，《中华人民共和国船舶污染海洋环境应急防备和应急处置管理规定》进行了第三次修正。2015 年 10 月 30 日，国家林业局局务会议审议通过了《国家林业局关于修改部分部门规章的决定》，决定对《大熊猫国内借展管理规定》等六项部门规章进行修改。2015 年 12 月 16 日，水利部根据《水利部关于废止和修改部分规章的决定》对《入河排污口监督管理办法（2004)》《开发建设项目水土保持设施验收管理办法（2005)》等进行了修改。

一、修订《建设项目环境影响评价分类管理名录》

根据《环境影响评价法》和《建设项目环境保护管理条例》，我国对建设项目环境影响评价实行分类管理，《名录》是分类管理的依据。1999 年，原国家环境保护总局首次颁布实施《建设项目环境保护分类管理名录》（试行）。2015 年 3 月 19 日由环境保护部部务会议修订通过《建设项目环境影响评价分类管理名录》（以下简称《名录》），自 2015 年 6 月 1 日起施行。原《建设项目环境影响评价分类管理名录》（环境保护部令第 2 号）同时废止。

二、修改《城市生活垃圾管理办法》

《城市生活垃圾管理办法》于 2015 年 5 月 4 日根据住房和城乡建设部令第 24 号《住房和城乡建设部关于修改〈房地产开发企业资质管理规定〉等部门规章的决定》修改，修改的内容主要包括两部分。

第一，删除《城市生活垃圾管理办法》（建设部令第 157 号）第十九条第一项：

（一）具备企业法人资格，从事垃圾清扫、收集的企业注册资本不少于人民币 100 万元，从事垃圾运输的企业注册资本不少于人民币 300 万元；

第二，删除第二十七条第一项：

（一）具备企业法人资格，规模小于 100 吨 / 日的卫生填埋场和堆肥厂的注册资本不少于人民币 500 万元，规模大于 100 吨 / 日的卫生填埋场和堆肥厂的注册资本不少于人民币 5000 万元，焚烧厂的注册资本不少于人民币 1 亿元。

三、修正《中华人民共和国船舶污染海洋环境应急防备和应急处置管理规定》

《中华人民共和国船舶污染海洋环境应急防备和应急处置管理规定》的修改主要涉及以下条文：

第一，将第十三条第一款修改为："船舶污染清除单位是指具备相应污染清除能力，为船舶提供污染事故应急防备和应急处置服务的单位"。

第二，将第十四条修改为："从事船舶污染清除的单位应当具备以下条件，并接受海事管理机构的监督检查：

（一）应急清污能力符合《船舶污染清除单位应急清污能力要求》（见附件）的规定；

（二）制定的污染清除作业方案符合防治船舶及其有关作业活动污染海洋环境的要求；

（三）污染物处理方案符合国家有关防治污染规定。"

第三，将第十五条至第二十条删除。

第四，新增一条，作为第十五条。内容为："船舶污染清除单位应当将下列情况向社会公布，并报送服务区域所在地的海事管理机构：

（一）本单位的污染清除能力符合《船舶污染清除单位应急清污能力要求》相应能力等级和服务区域的报告；

（二）污染清除作业方案；

（三）污染物处理方案；

（四）船舶污染清除设施、设备、器材和应急人员情况；

（五）船舶污染清除协议的签订和履行情况以及参与船舶污染事故应急处置工作情况。

船舶污染清除单位的污染清除能力和服务区域发生变更的，应当及时将变更情况向社会公布，并报送作业所在地的海事管理机构。"

第五，将第三十九条修改为："违反本规定，有下列情形之一的，由海事管理机构处1万元以上5万元以下的罚款：

（一）载运散装液体污染危害性货物的船舶和1万总吨以上的其他船舶，其经营人未按照规定签订污染清除作业协议的；

（二）船舶污染清除单位超出能力等级或者服务区域签订污染清除作业协议并从事污染清除作业的；

（三）船舶污染清除单位未按规定履行应急值守义务的。"

四、修改《大熊猫国内借展管理规定》

2015年10月30日，国家林业局局务会议审议通过了《国家林业局关于修改部分部门规章的决定》，决定对《大熊猫国内借展管理规定》等六项部门规章进行修改。同年11月24日，国家林业局公布了修改后的《大熊猫国内借展管理规定》，自公布之日起实施。此次修改仅涉及《大熊猫国内借展管理规定》的第七条第二项，将申请借展大熊猫应当提交"借展双方的法人证书、组织机构代码证等单位证明材料"修改为应当提交"借展双方的单位证明材料"。

五、修正《入河排污口监督管理办法》

为加强入河排污口监督管理，保护水资源，保障防洪和工程设施安全，促进水资源的可持续利用，水利部根据2015年12月16日《水利部关于废止和修改部分规章的决定》对《入河排污口监督管理办法（2004）》进行修正。此次修正涉及内容为江河、湖泊新建、改建或者扩大排污口审核，具体修正内容列表如下。

表3-4　2015年《入河排污口监督管理办法》修正对照表

《入河排污口监督管理办法（2004）》	《入河排污口监督管理办法（2015）》
第十条　入河排污口设置论证报告应当委托具有以下资质之一的单位编制：（一）建设项目水资源论证资质；（二）水文水资源调查评价资质；（三）建设项目环境影响评价资质（业务范围包括地表水和地下水的）。	第十条　（修正）排污单位应当按照有关技术要求，自行或者委托有关单位编制入河排污口设置论证报告。

六、修改《开发建设项目水土保持设施验收管理办法》

为加强开发建设项目水土保持设施的验收工作，2015年12月16日水利部对《开发建设项目水土保持设施验收管理办法（2005）》进行修改。此次修改的背景是国务院取消了技术评估机构要具有水土保持生态建设咨询评估资质的要求，具体修正内容列表如下。

表 3-5 2015 年《开发建设项目水土保持设施验收管理办法》修改对照表

《开发建设项目水土保持设施验收管理办法（2005)》	《开发建设项目水土保持设施验收管理办法（2015)》
第十条 技术评估，由具有水土保持生态建设咨询评估资质的机构承担。承担技术评估的机构，应当组织水土保持、水工、植物、财务经济等方面的专家，依据批准的水土保持方案、批复文件和水土保持验收规程规范对水土保持设施进行评估，并提交评估报告。	第十条 （修改）承担技术评估的机构，应当组织水土保持、水工、植物、财务经济等方面的专家，依据批准的水土保持方案、批复文件和水土保持验收规程规范对水土保持设施进行评估，并提交评估报告。

七、《国家林业局关于修改部分部门规章的决定》

2015 年 4 月 27 日，国家林业局局务会议审议通过《国家林业局关于修改部分部门规章的决定》（以下简称《决定》），本决定根据《中华人民共和国公司法》和《国务院关于印发注册资本登记制度改革方案的通知》（国发〔2014〕7 号）等有关规定，对《国家重点保护野生动物驯养繁殖许可证管理办法》《林木种子生产、经营许可证管理办法》《引进陆生野生动物外来物种种类及数量审批管理办法》《国家林业局产品质量检验检测机构管理办法》作了相应修改。

（一）《国家重点保护野生动物驯养繁殖许可证管理办法》

1991 年 1 月 9 日，林业部发布了《国家重点保护野生动物驯养繁殖许可证管理办法》。根据 2011 年 1 月 25 日国家林业局令第 26 号进行了第一次修正。根据国家林业局令第 37 号进行了第二次修正，此次修正的内容如下：

1. 删除第三条第二项中的"资金"。

2. 删除第六条。

（二）《林木种子生产、经营许可证管理办法》

2002 年 11 月 2 日，国家林业局令第 5 号发布了《林木种子生产、经营许可证管理办法》，根据 2011 年 1 月 25 日国家林业局令第 26 号进行了第一次修正。根据国家林业局令第 37 号进行了第二次修正，此次修正的内容如下：

1. 删除第七条第一款第二项中的"和资金证明材料"。

2. 删除第八条第一款第二项中的"和资金证明材料"。

3. 删除第十一条第一款第四项中的"和资金"。

4. 删除第十二条第一款第一项和第三款第一项。

5. 删除第二十二条。

（三）《引进陆生野生动物外来物种种类及数量审批管理办法》

2005 年 9 月 27 日，国家林业局令第 19 号发布了《引进陆生野生动物外来物种种类及数量审批管理办法》，根据国家林业局令第 37 号进行了第二次修正，此次修正的内容如下：

1. 删除第五条第一款第三项中的"资金"。

2. 删除第六条第一项中的"资金"。

（四）《国家林业局产品质量检验检测机构管理办法》

2007 年 11 月 30 日，国家林业局令第 24 号发布了《国家林业局产品质量检验检测机构管理办法》，根据国家林业局令第 37 号进行了第二次修正，此次修正的内容如下：

1. 删除第五条第二项。

八、《农业部关于修订部分规章和规范性文件的决定》

2015 年 4 月 29 日，为贯彻国务院关于加快推进落实注册资本登记制度改革有关事项的要求，农业部令 2015 年第 1 号发布了《农业部关于修订部分规章和规范性文件的决定》，此决定对《农作物种子生产经营许可管理办法》《转基因棉花种子生产经营许可规定》《草种管理办法》进行了修订。

（一）《农作物种子生产经营许可管理办法》

2011 年 8 月 22 日，农业部令 2011 年第 3 号公布了《农作物种子生产经营许可管理办法》，根据农业部令 2015 年第 1 号进行了第一次修正，此次修正的内容如下：

将第八条第一款第二项中的"验资报告或者申请之日前 1 年内的年度会计报表及中介机构审计报告等注册资本证明材料复印件"修改为"营业执照复印件"。

将第十七条第二项修改为："营业执照复印件"。

删除第十八条第三项。

(二)《转基因棉花种子生产经营许可规定》

2011 年 9 月 6 日,农业部公告第 1643 号公布了《转基因棉花种子生产经营许可规定》,根据农业部令 2015 年第 1 号进行了第一次修正,此次修正的内容如下:

将第四条第一款第二项中的"验资报告或者申请之日前 1 年内的年度会计报表及中介机构审计报告等注册资本证明材料复印件"修改为"营业执照复印件"。

将第六条第二项修改为："营业执照复印件"。

(三)《草种管理办法》

2006 年 1 月 12 日,农业部令第 56 号公布了《草种管理办法》,此后,该法进行了三次修改:2013 年 12 月 31 日,根据农业部令 2013 年第 5 号进行了第一次修改;2014 年 4 月 25 日,根据农业部令 2014 年第 3 号进行了第二次修改;2015 年 4 月 29 日,根据农业部令 2015 年第 1 号进行了第三次修改。2015 年修改的内容为将第二十一条第一款第三项修改为"营业执照复印件"。

第 四 章

2015 年地方环境立法

2015 年，地方环境立法在推动中国环境法制建设方面取得了较大成就。全国各地区共制定、修改、修正地方性环保法规、地方政府环保规章 286 部；其中，我国地方各级人大（含常委会）共制定和修改 171 部地方性环境法规以及环保自治条例和单行条例，地方政府环保规章 115 部。在全部 286 部法律文件中，166 部属于制定（约占法律文件总数的 58%），26 部属于修订，94 部属于修正。

第一节　地方性环保法规

2015 年是新修订的《立法法》实施的第一年。我国地方各级人大（含常委会）共制定和修改 171 部地方性环境法规以及环保自治条例和单行条例。

一、2015 年地方性环保法规立法成果概览

2015 年，我国地方各级人大及其常委会为保护环境、不断加快推进环境立法进程，共制定和修改 171 部地方性环境法规以及环保自治条例和单行条例（见表 4–1，以下统称地方性环保法规）。其中，81 部是首次制定，5 部是第一次修订，4 部是第二次修订，41 部是第一次修正，18 部为第二次修正，12 部为第三次修正，10 部为第四次修正。

表 4–1 2015 年地方性环保法规立法成果概览

序号	颁布时间	名称	成果类型
1	2015.01.01	海南省实施《中华人民共和国海域使用管理法》办法修正案	第二次修正
2	2015.01.12	河北省国土保护和治理条例	制定
3	2015.01.13	广东省环境保护条例	第一次修订
4	2015.01.14	乌鲁木齐市燃气管理条例	制定
5	2015.01.15	东湖国家自主创新示范区条例	制定
6	2015.01.15	贵州省黔中水利枢纽工程管理条例	制定
7	2015.01.16	西藏自治区防雷减灾条例	制定
8	2015.01.23	湖南省人口与计划生育条例	第四次修正
9	2015.01.27	青海省生态文明建设促进条例	第一次修正
10	2015.01.27	徐州市云龙湖风景名胜区条例	制定
11	2015.01.30	天津市大气污染防治条例	制定
12	2015.01.31	安徽省大气污染防治条例	制定
13	2015.02.01	江苏省大气污染防治条例	制定
14	2015.02.02	太原市发展新型墙体材料条例	制定
15	2015.02.05	包头市气象灾害防御条例	制定
16	2015.02.26	广东省社会力量参与救灾促进条例	制定
17	2015.02.26	南昌市水资源条例	制定
18	2015.02.26	昆明市城市市容和环境卫生管理条例	制定
19	2015.02.26	云南省新平彝族傣族自治县水资源条例	制定
20	2015.02.26	云南省德宏傣族景颇族自治州村庄规划建设管理条例	制定
21	2015.02.26	云南省镇沅彝族哈尼族拉祜族自治县城镇规划建设管理条例	制定
22	2015.02.26	云南省澜沧拉祜族自治县景迈山保护条例	制定
23	2015.02.27	西宁市餐厨垃圾管理条例	第一次修正
24	2015.03.26	河北省固体废物污染环境防治条例	制定
25	2015.03.26	南昌市军山湖保护条例	第二次修正
26	2015.03.26	安徽省实施《中华人民共和国野生动物保护法》办法	第四次修正

序号	颁布时间	名称	成果类型
27	2015.03.26	安徽省实施《中华人民共和国土地管理法》办法	第二次修正
28	2015.03.26	安徽省全民义务植树条例	第二次修正
29	2015.03.26	安徽省气象管理条例	第二次修正
30	2015.03.26	安徽省实施《中华人民共和国防洪法》办法	第四次修正
31	2015.03.26	安徽省森林公园管理条例	第一次修正
32	2015.03.27	安徽省非煤矿山管理条例	制定
33	2015.03.27	三都水族自治县民族文化村寨保护条例	制定
34	2015.03.27	青海省气象灾害防御条例	制定
35	2015.03.27	安徽省实施《中华人民共和国渔业法》办法	第四次修正
36	2015.03.27	江苏省绿色建筑发展条例	制定
37	2015.03.30	唐山市防震减灾条例	第一次修订
38	2015.03.31	宁夏回族自治区城市绿化管理条例	第三次修正
39	2015.03.31	宁夏回族自治区盐业管理条例	第二次修正
40	2015.04.17	黑龙江省农村可再生能源开发利用条例	第一次修正
41	2015.04.17	黑龙江省实施《中华人民共和国水法》条例	第一次修正
42	2015.04.17	黑龙江省矿产资源管理条例	第一次修正
43	2015.04.17	黑龙江省辐射污染防治条例	第一次修正
44	2015.04.17	黑龙江省环境保护条例	第一次修正
45	2015.04.17	黑龙江省石油天然气勘探开发环境保护条例	第二次修正
46	2015.04.17	黑龙江省松花江流域水污染防治条例	第一次修正
47	2015.04.17	黑龙江省野生药材资源保护条例	第一次修正
48	2015.04.17	黑龙江省野生动物保护条例	第三次修正
49	2015.05.01	山东省森林资源条例	制定
50	2015.05.20	宁夏回族自治区实施《中华人民共和国渔业法》办法	第二次修正
51	2015.05.25	威宁彝族回族苗族自治县水资源保护管理条例	制定
52	2015.05.25	黔南布依族苗族自治州剑江河流域保护条例	制定

续表

序号	颁布时间	名称	成果类型
53	2015.05.28	陕西省实施《中华人民共和国野生动物保护法》办法	第四次修正
54	2015.05.29	云南省迪庆藏族自治州水资源保护管理条例	制定
55	2015.06.01	河北省人民代表大会常务委员会关于促进农作物秸秆综合利用和禁止露天焚烧的决定	制定
56	2015.06.01	武汉市湖泊保护条例	第一次修订
57	2015.06.18	上海市实施《中华人民共和国野生动物保护法》办法	第三次修正
58	2015.07.01	上海市环境保护条例	第三次修正
59	2015.07.01	江西省矿产资源管理条例	制定
60	2015.07.01	鄂温克族自治旗森林草原防火条例	制定
61	2015.07.01	海南省森林防火条例	制定
62	2015.07.17	安徽省节约用水条例	制定
63	2015.07.22	成都市古树名木保护管理规定	第一次修正
64	2015.07.22	成都市《中华人民共和国渔业法》实施办法	第三次修正
65	2015.07.22	四川省河道采砂管理条例	制定
66	2015.07.23	上海市实施《中华人民共和国水法》办法	第四次修正
67	2015.07.23	上海市公园管理条例	第四次修正
68	2015.07.23	上海市绿化条例	第一次修正
69	2015.07.23	上海市内河航道管理条例	第三次修正
70	2015.07.24	大通回族土族自治县森林草原防火条例	制定
71	2015.07.24	河北省海域使用管理条例	第一次修止
72	2015.07.24	河北省陆生野生动物保护条例	第一次修正
73	2015.07.24	河北省水文管理条例	第二次修正
74	2015.07.30	山西省实施《中华人民共和国水土保持法》办法	第一次修订
75	2015.07.30	西安市扬尘污染防治条例	制定
76	2015.07.30	内蒙古自治区水土保持条例	制定
77	2015.07.30	重庆市河道管理条例	制定
78	2015.07.30	吉林省水文条例	制定

序号	颁布时间	名称	成果类型
79	2015.07.31	贵州省防洪条例	第二次修正
80	2015.07.31	贵州省土地管理条例	第二次修正
81	2015.07.31	贵州省森林条例	第三次修正
82	2015.07.31	海南省城镇园林绿化条例	第一次修正
83	2015.07.31	海南省实施《中华人民共和国水土保持法》办法	第一次修订
84	2015.07.31	海南省人大常委会关于修改《海南省城镇园林绿化条例》的决定	第一次修正
85	2015.07.31	海南省实施《中华人民共和国渔业法》办法	第二次修正
86	2015.07.31	黔东南苗族侗族自治州生态环境保护条例	制定
87	2015.07.31	贵州省人大常委会关于修改《贵州省防洪条例》个别条款的决定	第一次修正
88	2015.07.31	贵州省渔业条例	第一次修正
89	2015.08.01	福建省风景名胜区条例	制定
90	2015.08.05	河南省湿地保护条例	制定
91	2015.08.08	黔南布依族苗族自治州剑江河流域保护条例	制定
92	2015.08.12	洛阳市古树名木保护条例	制定
93	2015.08.17	南京市农田水利条例	制定
94	2015.08.24	杭州市生活垃圾管理条例	制定
95	2015.08.28	成都市人大常委会关于修改《成都市古树名木保护管理规定》的决定	制定
96	2015.08.28	成都市人大常委会关于修改《成都市〈中华人民共和国渔业法〉实施办法》的决定	制定
97	2015.09.01	广西壮族自治区巴马盘阳河流域生态环境保护条例	制定
98	2015.09.01	宁夏回族自治区实施《中华人民共和国水土保持法》办法	第二次修订
99	2015.09.23	长春净月潭风景名胜区保护管理条例	制定
100	2015.09.23	五峰土家族自治县森林资源保护条例	制定
101	2015.09.24	山东省土地整治条例	制定
102	2015.09.25	辽宁省实施《中华人民共和国土地管理法》办法	第四次修正

续表

序号	颁布时间	名称	成果类型
103	2015.09.25	甘肃省农村饮用水供水管理条例	制定
104	2015.09.25	江苏省循环经济促进条例	制定
105	2015.09.25	广东省城乡生活垃圾处理条例	制定
106	2015.09.25	云南省实施《中华人民共和国水法》办法	第一次修正
107	2015.09.25	云南省地质环境保护条例	第一次修正
108	2015.09.25	福州市城乡规划条例	制定
109	2015.09.28	三亚市白鹭公园保护管理规定	制定
110	2015.09.28	大同市餐厨废弃物管理条例	制定
111	2015.10.01	海南省实施《中华人民共和国渔业法》办法	第二次修正
112	2015.10.19	邯郸市矿产资源管理条例	第三次修正
113	2015.10.22	黑龙江省湿地保护条例	制定
114	2015.10.22	哈尔滨市磨盘山水库饮用水水源保护条例	第一次修正
115	2015.10.30	长阳土家族自治县河流保护条例	制定
116	2015.11.19	陕西省固体废物污染环境防治条例	制定
117	2015.11.19	陕西省地下水条例	制定
118	2015.11.20	安徽省湿地保护条例	制定
119	2015.11.20	吉林省地质灾害防治条例	第二次修正
120	2015.11.20	吉林省饮用天然矿泉水资源开发保护条例	第一次修正
121	2015.11.20	吉林省矿产资源勘查开采管理条例	第一次修正
122	2015.11.20	吉林省矿产资源开发利用保护条例	第一次修正
123	2015.11.20	吉林省土地管理条例	第四次修正
124	2015.11.26	长春市水土保持条例	第一次修正
125	2015.11.26	郑州市城乡规划管理条例	第一次修正
126	2015.11.26	西藏自治区实施《中华人民共和国草原法》办法	第四次修正
127	2015.11.26	湖北省实施《中华人民共和国水土保持法》办法	制定
128	2015.11.26	云南省国家公园管理条例	制定

序号	颁布时间	名称	成果类型
129	2015.11.27	辽宁省渔业管理条例	制定
130	2015.11.27	贵州省湿地保护条例	制定
131	2015.11.27	海南省河道采砂管理规定	制定
132	2015.11.27	海南省节约能源条例	制定
133	2015.11.27	天津市海洋环境保护条例	第一次修正
134	2015.11.27	西宁市大气污染防治条例	制定
135	2015.11.27	沈阳市生活垃圾管理条例	制定
136	2015.12.01	福建省河道保护管理条例	第一次修正
137	2015.12.01	石家庄市市区生活饮用水地下水源保护区污染防治条例	制定
138	2015.12.03	四川省世界遗产保护条例	制定
139	2015.12.03	太原市禁止燃放烟花爆竹的规定	第三次修正
140	2015.12.04	湖南省实施《中华人民共和国城乡规划法》办法	制定
141	2015.12.04	浙江省滩涂围垦管理条例	第一次修正
142	2015.12.04	浙江省海塘建设管理条例	第一次修正
143	2015.12.04	浙江省海洋环境保护条例	第二次修正
144	2015.12.04	浙江省绿色建筑条例	制定
145	2015.12.04	镇江市金山焦山北固山南山风景名胜区保护条例	制定
146	2015.12.08	太原市东西山绿化条例	第一次修正
147	2015.12.10	鞍山市水土保持条例	制定
148	2015.12.10	西安市机动车和非道路移动机械排气污染防治条例	第一次修正
149	2015.12.10	广西壮族自治区海域使用管理条例	制定
150	2015.12.10	南宁市五象岭保护条例	制定
151	2015.12.11	西安市机动车和非道路移动机械排气污染防治条例	制定
152	2015.12.14	吉林省矿产资源开发利用保护条例	第二次修订
153	2015.12.14	吉林省矿产资源勘查开采管理条例	第二次修订
154	2015.12.14	吉林省饮用天然矿泉水资源开发保护条例	第二次修订

序号	颁布时间	名称	成果类型
155	2015.12.23	齐齐哈尔市机动车排气污染防治条例	制定
156	2015.12.23	广州市森林公园管理条例	第一次修正
157	2015.12.23	广州市建筑废弃物管理条例	第一次修正
158	2015.12.23	广州市机动车排气污染防治规定	第三次修正
159	2015.12.23	广州市大气污染防治规定	第三次修正
160	2015.12.23	广州市流溪河流域保护条例	第一次修正
161	2015.12.23	广州市环境保护条例	第一次修正
162	2015.12.23	广州市市容环境卫生管理规定	第二次修正
163	2015.12.23	广州市饮用水水源污染防治规定	第一次修正
164	2015.12.23	广州市水域市容环境卫生管理条例	第一次修正
165	2015.12.23	广州市环境噪声污染防治规定	第三次修正
166	2015.12.23	广州市生态公益林条例	第一次修正
167	2015.12.23	广州市固体废物污染环境防治规定	第一次修正
168	2015.12.25	齐齐哈尔市机动车排气污染防治条例	制定
169	2015.12.25	青岛市海洋环境保护规定	第二次修正
170	2015.12.30	广东省渔业管理条例	第二次修正
171	2015.12.30	广东省实施《中华人民共和国海洋环境保护法》办法	第一次修正

二、2015 年地方性环保法规成果考查

从内容上看，2015 年地方性环境法规成果涉及领域广泛，既涉及大气、水、河流、湿地、渔业、土地、矿产、海洋等环境要素，也涉及循环经济、城乡规划、政府环境保护责任、环境教育等主题。从行政区域范围来看，2015 年地方性环境法规成果主要由东部沿海省份出台，中西部省份占比不高。从立法主体的角度来看，省级人大是 2015 年度地方性环境法规立法的主力，不仅新制定出台了多部环保条例，还适时修订、修正了相关的实施办法。

第二节　地方政府环保规章

2015 年修订的《立法法》增加了地方环境立法权主体，这势必推动地方环境立法的快速发展。本年度地方政府的立法成果之一体现为制定和修改了 115 部环保规章。

一、2015 年地方性环保规章立法成果概览

2015 年，我国地方政府共制定和修改 115 部环保规章（见表 4–2）。其中，86 部为新出台，12 部为第一次修订，1 部为第二次修订，3 部为第四次修订，9 部为第一次修正，3 部为第二次修正，1 部为第三次修正。

表 4–2　2015 年地方政府环保规章立法成果概览

序号	颁布时间	名称	成果类型
1	2015.01.07	山东省国有土地储备办法	第二次修订
2	2015.01.09	山东省渔业船舶管理办法	制定
3	2015.01.14	兰州市城市节约用水管理办法实施细则	制定
4	2015.01.15	甘肃省民用机场净空和民用航空电磁环境保护规定	制定
5	2015.01.15	宁波市民用建筑节能管理办法	制定
6	2015.01.20	珠海市城乡规划监督检查办法	制定
7	2015.01.20	敖江流域水源保护管理办法（2015 年修订）	第一次修订
8	2015.01.23	甘肃省气象灾害风险评估管理办法	制定
9	2015.02.06	拉萨市燃气管理办法	制定
10	2015.02.06	宁波市城乡规划实施规定	制定
11	2015.02.06	武汉市城市居民住宅二次供水管理办法	制定
12	2015.02.07	山西省散装水泥促进办法	第一次修正
13	2015.02.08	山西省石油天然气管道建设和保护办法	制定
14	2015.02.10	银川市土地储备管理办法	制定
15	2015.02.17	南宁市公园管理规定	第一次修正

序号	颁布时间	名称	成果类型
16	2015.02.17	南宁市城市照明管理规定	第二次修正
17	2015.02.28	新疆维吾尔自治区辐射污染防治办法	制定
18	2015.03.11	无锡市防震减灾办法	制定
19	2015.03.13	贵州省水土保持补偿费征收管理办法	制定
20	2015.03.18	陕西省实施《中华人民共和国抗旱条例》细则	制定
21	2015.03.18	陕西省耕地质量保护办法	制定
22	2015.03.19	四川省灰霾污染防治办法	制定
23	2015.03.27	内蒙古自治区工业节能监察办法	制定
24	2015.03.27	内蒙古自治区城镇绿化管理办法	制定
25	2015.03.27	内蒙古自治区矿山地质环境治理办法	制定
26	2015.05.22	上海市崇明东滩鸟类自然保护区管理办法	第二次修正
27	2015.05.22	上海市森林管理规定	第一次修正
28	2015.05.22	上海市放射性污染防治若干规定	第一次修正
29	2015.06.01	安徽省自然灾害救助办法	制定
30	2015.06.01	江苏省林业有害生物防控办法	制定
31	2015.06.01	上海港船舶污染防治办法	制定
32	2015.06.15	南京市餐厨废弃物管理办法	制定
33	2015.06.16	六盘水月照机场净空和电磁环境保护管理规定	制定
34	2015.07.01	西宁市机动车排气污染防治管理办法	制定
35	2015.07.01	郑州市龙湖水域保护管理办法	制定
36	2015.07.01	福建省森林公园管理办法	制定
37	2015.07.05	辽宁省森林防火实施办法	制定
38	2015.07.20	山东省畜禽养殖管理办法	第一次修正
39	2015.07.20	山东省国有产权交易管理办法	第一次修订
40	2015.07.21	山东省水文管理办法	制定
41	2015.07.30	辽阳市古树名木保护管理办法	制定
42	2015.07.31	福建武夷山国家级自然保护区管理办法	制定

序号	颁布时间	名称	成果类型
43	2015.08.01	内蒙古自治区气候资源开发利用和保护办法	制定
44	2015.08.01	江苏省土地利用总体规划管理办法	制定
45	2015.08.01	广州市建设项目占用水域管理办法	制定
46	2015.08.01	深圳市生活垃圾分类和减量管理办法	制定
47	2015.09.01	广州市生活垃圾分类管理规定	制定
48	2015.09.02	昆明市防汛抗旱办法	制定
49	2015.09.07	天津市危险化学品企业安全治理规定	制定
50	2015.09.13	汕头经济特区城乡生活垃圾管理规定	制定
51	2015.09.16	福建省水利风景区管理办法	制定
52	2015.09.16	福建省节约用水管理办法	制定
53	2015.09.17	张掖市渣土、商砼车辆运输管理办法	制定
54	2015.09.19	张掖市大气污染防治综合管理办法	制定
55	2015.09.19	张掖市燃煤锅炉大气污染防治管理办法	制定
56	2015.09.19	张掖市餐饮服务行业大气污染防治管理办法	制定
57	2015.09.19	张掖市工业企业物料堆场扬尘污染防治管理办法	制定
58	2015.09.19	张掖市建设工程扬尘污染防治管理办法	制定
59	2015.09.19	张掖市地下水资源管理办法	制定
60	2015.09.30	广州市再生资源回收利用管理规定	第一次修订
61	2015.09.30	广州市绿色建筑和建筑节能管理规定	第一次修订
62	2015.09.30	广州市突发事件危险源和危险区域管理规定	第一次修订
63	2015.09.30	广州市餐饮场所污染防治管理办法	第一次修订
64	2015.09.30	广州市医疗废物管理若干规定	第一次修订
65	2015.09.30	广州市排水管理办法	第一次修订
66	2015.09.30	广州市地下空间开发利用管理办法	第一次修订
67	2015.09.30	广州市城乡规划程序规定	第一次修订
68	2015.09.30	镇江市主要污染物排污权有偿使用和交易管理办法（试行）	制定
69	2015.10.09	枣庄市饮用水水源保护管理办法	制定

续表

序号	颁布时间	名称	成果类型
70	2015.10.09	长治市主要污染物排污权交易实施办法（试行）	制定
71	2015.10.10	《四川省港口管理条例》实施办法	制定
72	2015.10.16	淮南市扬尘污染防治办法	制定
73	2015.10.26	辽源市气候可行性论证管理办法	制定
74	2015.10.27	西安市公共机构节能办法	制定
75	2015.11.04	广州市城乡规划技术规定	第一次修订
76	2015.11.14	宁夏回族自治区艾依河管理办法	制定
77	2015.11.15	扬州市水资源管理办法	制定
78	2015.11.17	沈阳市防灾减灾办法	制定
79	2015.11.17	南京市水土保持办法	制定
80	2015.11.17	南京市环境教育促进办法	制定
81	2015.11.24	杭州市城市节约用水管理办法	第一次修订
82	2015.11.27	乌鲁木齐市病媒生物预防控制管理办法	制定
83	2015.11.27	乌鲁木齐市城市绿化管理条例实施细则	制定
84	2015.11.30	常德市环境保护工作责任规定（试行）	制定
85	2015.12.01	青岛市建筑废弃物管理办法	制定
86	2015.12.02	湘西自治州环境保护工作责任实施细则（试行）	制定
87	2015.12.03	福建省土壤污染防治办法	制定
88	2015.12.07	广元市城区广场舞噪声污染防治管理暂行办法	制定
89	2015.12.08	海口市餐厨废弃物管理办法	制定
90	2015.12.08	山东省京杭运河航运污染防治办法	制定
91	2015.12.10	广西壮族自治区气象设施和气象探测环境保护管理办法	制定
92	2015.12.16	湖北省烟花爆竹安全管理办法	制定
93	2015.12.16	江西省民用建筑节能和推进绿色建筑发展办法	制定
94	2015.12.19	日照市公共机构节能管理办法	制定
95	2015.12.20	南京市水土保持办法	制定
96	2015.12.21	葫芦岛市海岸带保护与开发管理暂行办法	制定

序号	颁布时间	名称	成果类型
97	2015.12.22	河南省小型水库管理办法	制定
98	2015.12.22	朝阳市气象探测环境保护办法	第四次修订
99	2015.12.22	双鸭山市节约用水管理办法	制定
100	2015.12.24	青岛市餐饮服务业环境污染防治监督管理办法	制定
101	2015.12.24	青岛市民用机场净空和电磁环境保护管理办法	制定
102	2015.12.24	郑州市禁止燃放烟花爆竹规定	制定
103	2015.12.25	山西省煤炭资源矿业权出让转让管理办法	制定
104	2015.12.25	浙江省环境污染监督管理办法	第四次修订
105	2015.12.28	衡阳市环境保护工作责任规定（试行）	制定
106	2015.12.28	浙江省种畜禽管理办法	第一次修正
107	2015.12.28	浙江省环境污染监督管理办法	第四次修订
108	2015.12.28	浙江省政府信息公开暂行办法	第一次修正
109	2015.12.28	浙江省水产种苗管理办法	第二次修正
110	2015.12.28	浙江省实施《地质资料管理条例》办法	第一次修正
111	2015.12.28	浙江省排污许可证管理暂行办法	第一次修正
112	2015.12.29	韶关市古树名木保护管理办法	制定
113	2015.12.29	沈阳市棋盘山风景名胜区管理办法	制定
114	2015.12.31	厦门市建筑废土管理办法	第三次修正

二、2015 年地方政府环保规章成果考查

从数量上看，与环境资源保护相关地方政府规章数量远少于地方性法规。据不完全统计，全国共制定、修订和修正环境地方性法规和部门规章286 部，其中，我国地方各级人大（含常委会）共制定和修改 171 部地方性环境法规以及环保自治条例和单行条例，地方政府环保规章 115 部。

从类型上看，多数地方政府规章属于制定。此外，值得关注的是，常德市、衡阳市、湘西自治州等地方出台了一些地方政府规章，明确了政府及其职能部门、企业事业单位和其他生产经营者、公民和其他社会机构的环境

保护责任，尤其是分解和细化了政府相关职能部门所负担的环境保护职责，真正确立了地方环境保护工作是在地方政府环境保护主管部门统一监督管理下，由其他有关政府部门在各自职责范围内履行环境保护职责的监管模式。

从内容上看，这些立法不仅包括大气、河道、河沙、土地、湿地、海岛等涉及具体环境要素的立法，也包括生态保护、自然保护区等综合性环境立法。其中，许多地方政府规章都立足解决当地的环境问题，如《上海市崇明东滩鸟类自然保护区管理办法》《郑州市龙湖水域保护管理办法》等。

环境执法篇

　　2015 年，我国共发布通知、意见、批复、函等形式的环境执法政策性文件 1213 部。其中，中央层面的环境执法政策 198 部，地方层面环境执法政策 1015 部。中央层面的环境执法政策中，环境保护手段类文件 86 件，自然资源保护类文件 41 件，污染防治类文件 27 件。在独立发文主体中，环境保护部发文数量最多，共 96 部。

　　在地方层面的环境执法政策中，省级层面的环境执法政策 425 部，市级政府和政府部门发布环境执法政策 590 部。云南省环境执法政策数量在省级层面位居第一，共 44 部。阳泉市在市级政府和政府部门中发文数量位居第一，共 29 部。在地方层面的环境执法政策中，环境保护手段类文件共计 391 部，污染防治类文件共计 208 部，自然资源保护类文件共计 198 部。

　　《环境保护法》第六十七条规定：上级人民政府及其环境保护主管部门应当加强对下级人民政府及其有关部门环境保护工作的监督。为了使这一法律规定落到实处，环境保护部印发了《2015 年全国环境监察工作要点》，首次要求省级环保部门对不少于 30% 的设区市级人民政府开展综合督查。通过对 31 个市进行约谈、对 20 个市县实施区域环评限批、对 176 个问题进行挂牌督办，环保督查强化了"党政同责"和"一岗双责"，但也存在各地综合督查工作不均衡、不规范、不配合等问题，使综合督查效果受到一定程度的影响。①

本年度，环境执法在大气污染防治、核安全宣贯、环评机构专项整治、涉危涉化重点建设项目的环境影响评价领域展开了5次专项行动，其中2次专项行动涉及核安全。在大气污染防治专项行动中，京津冀及周边地区依然是专项执法检查的重点。《核安全文化政策声明》是国家核安全局、国家能源局、国防科工局联合推动全行业核安全文化培育与发展的重大举措，在我国尚属首次。国家核安全局在全行业开展了为期一年的核安全文化宣贯推进专项行动，核与辐射安全检查和综合督查专项行动也在年底开展。在涉危涉化重点建设项目环境影响评价专项行动中，环境保护部在16个省级行政单位组织开展了现场检查和抽查工作。全国环评机构专项整治行动旨在进一步规范环评机构从业行为，严肃查处环评机构出租出借环评资质、环评文件编制质量低劣、环评工程师"挂靠"等违规行为，促进环评技术服务业健康发展。

2015年上半年，全国实施按日连续处罚案件292件，罚款数额达23635.09万元；全国查封扣押案件1814件；实施限产、停产案件1092件；移送行政拘留782起，移送涉嫌污染犯罪案件740起。全国共检查企业62万余家（次），责令停产15839家，关停取缔9325家，罚款23227家。2015年上半年，环境保护部下达行政处罚决定案件3件，直接立案2件。7批次对14起违法问题挂牌督办，对减排存在突出问题的5个城市实行环评限批，对脱硫设施运行不正常的火电企业扣减脱硫电价款5.1亿元。②

2015年，环境保护部共对13家企业进行了挂牌督办，其中，涉及大气污染的共6起，涉及水污染的共4起，涉及危险废物的3起。督办期限一般以半年为限。对10个单位进行了环境违法行政处罚，其中，主要涉及核安全的环境违法案件5件，主要涉及环境影响评价的案件5件。环境执法正在朝着严格与强势的目标迈进。

---

① 《关于2015年度环境保护综合督查工作情况的通报》，环境保护部办公厅环办环监函〔2016〕214号，2016年2月1日发布。

② 岳跃国：《法立有犯必施　令出唯行不返——2015年上半年环境监管执法工作综述》，《中国环境报》2015年8月5日。

第 五 章

2015 年环境执法政策与环保综合督查

　　2015 年，我国共发布通知、意见、批复、函等形式的环境执法政策性文件 1213 部。其中，中央层面的环境执法政策 198 部，地方层面环境执法政策 1015 部。中央层面的环境执法政策以环境保护手段类文件为主，共 86 件，内容涉及环境标准、环境影响评价、污染物与污染源管理、渔业管理等。中央层面发布的环境保护事务类文件中，自然资源保护类文件居多，共 41 部，污染防治类文件数量较多，共 27 件。从发文主体角度考查，环境保护部独立发布的环境执法政策最多，共 96 部；其次是国家海洋局，14 部；国家林业局发布 10 部，位列第三。在地方层面的环境执法政策中，省级层面的环境执法政策 425 部，市级政府和政府部门发布环境执法政策 590 部。云南省环境执法政策数量显著，共 44 部，位居第一。阳泉市在市级政府和政府部门中发文数量位居第一，共 29 部。在地方层面的环境执法政策中，环境保护手段类的执法政策共有 391 部，约占全部文件数量的 38.5%。污染防治类文件共有 208 部，内容涉及大气、水、固体废物、畜产品、电了产品、化学产品、石油产品、危险品管理等等。自然资源保护类文件共计 198 部，数量相对较多。

　　截至 2015 年 8 月初，环境保护部直接约谈了两个地市政府主要负责人，协调区域环保督查中心约谈长春、沧州、临沂、承德、吕梁、资阳、无锡、马鞍山等 8 市政府主要负责同志。这一轮约谈多是公开进行、公开报道。① "在实施综合督查工作中，各地共对 31 个市进行约谈、对 20 个市县实施区域环评限批、对督查中发现的 176 个问题进行挂牌督办。"② 环境保护综合督查 "推动了环境保护 '党政同责' 和 '一岗双责' 的落实"③。"在华北环保督查中心管辖区域，被约谈后，沧州市 29 名、驻马店市 7 名、保定市 3 名、承德市 18 名，共 57 名相关主要负责人被批评、警告、免职。"④ 但是，环保综合督查也存在各地综合督查工作不均衡、综合督查不规范、部分负有履行环境保护职责的部门对综合督查工作不能主动配合等问题。⑤

第一节　环境执法政策

2015 年我国环境执法政策成果丰硕，共发布 1213 部规范性文件。其中，环境保护部、财政部、工业和信息化部、住房城乡建设部、国家发改委、国家海洋局、国家林业局、国家能源局、国家核安全局等中央政府部门共发布环境执法政策 198 部；全国（不含港澳台）31 个省、自治区、直辖市的地级及地级以上政府和政府部门共发布通知、意见、批复、函等环境执法政策 1015 部，包括省级政府和政府部门发布环境执法政策 425 部，市级政府和政府部门发布环境执法政策 590 部。环境执法政策的不断丰富在现实中进一步强化了我国环境法律制度的执行能力。

一、中央政府部门环境执法政策

2015 年，我国中央政府部门为使环境法律法规在现实中得到切实执行出台了数量众多的环境执法政策，共计 198 部。其中，属于一个部门独立发

---

①　岳跃国：《法立有犯必施　令出唯行不返——2015 年上半年环境监管执法工作综述》，《中国环境报》2015 年 8 月 5 日。

②　《关于 2015 年度环境保护综合督查工作情况的通报》，环境保护部办公厅环办环监函〔2016〕214 号，2016 年 2 月 1 日发布。

③　《关于 2015 年度环境保护综合督查工作情况的通报》，环境保护部办公厅环办环监函〔2016〕214 号，2016 年 2 月 1 日发布。

④　岳跃国：《法立有犯必施　令出唯行不返——2015 年上半年环境监管执法工作综述》，《中国环境报》2015 年 8 月 5 日。

⑤　《关于 2015 年度环境保护综合督查工作情况的通报》，环境保护部办公厅环办环监函〔2016〕214 号，2016 年 2 月 1 日发布。

布的文件有163部，属于两个部门联合发布的文件有19部，属于三个及三个以上部门联合发布的文件有16部。属于一个部门独立发布的文件中，环境保护部发文96部，约占全部独立发文文件数量的59%；国家海洋局发文14部，约占全部独立发文文件数量的8.6%；国家林业局发文10部，约占全部独立发文数量的6.1%；其余部门独立发文数量均为个位数。此外，从文件类型上来看，在中央政府部门发布的环境执法政策中，属于环境保护手段类的文件最多，数量达到86部，占全部发文数量的43%。

在中央政府部门发布的属于环境保护事务类的执法政策中，自然资源保护类文件数量最多，共有41部；污染防治类文件共有27部。进一步细分可发现各类型的文件亚类多样，涵盖了多个领域的不同内容。以自然资源保护类文件为例，这类文件具体涉及环保综合规定、污染防治、资源综合利用、环境标准、渔业管理、水资源等多个领域。中央政府部门全年共发布环境保护手段类的执法政策86部，内容涉及环保综合规定、环境标准、环境影响评价、污染物与污染源管理、渔业管理等多方面。其中，环保综合规定类文件数量最多，有34部。

二、地方政府和政府部门环境执法政策

2015年，全国（不含港澳台）31个省、自治区、直辖市的地级及地级以上政府和政府部门共发布环境执法政策1015部。从类型上看，地方政府和政府部门发布的环境执法政策主要包括通知、意见、函、公告、报告、批复等（内容详见附录三：2015年地方政府和政府部门环境执法政策发布情况一览表）。从数量上来看，属于环境保护手段类的执法政策最多，共有391部，约占全部文件数量的38.5%。以省级环境执法政策为考察对象，云南发文数量最多，达到44部；以市级环境执法政策为考察对象，阳泉市发文数量最多，有29部。相比中央政府部门发布的执法政策来说，地方执法政策在数量上远超中央，在类型上也更加多样。

本年度，地方政府和政府部门发布的环境执法政策中数量位居第二的是污染防治类文件，共有208部。这些污染防治类文件几乎囊括了污染防治方面的全部内容，包括了大气、水、固体废物、畜产品、电子产品、化学产品、石油产品、危险品管理等等。污染防治类文件的数量众多体现了在本年

度内污染防治依然是地方政府在环境保护执法领域内面临的主要挑战。

本年度，地方政府和政府部门发布的环境执法政策中数量排名第三的是自然资源保护类文件，共计198部。该类文件涵盖了水资源保护、矿产资源保护、林业资源保护、资源综合利用、节能管理、植树造林与管理等内容。自然资源保护类文件数量颇丰并且和污染防治类文件数量差距不大体现了地方政府在解决环境问题上污染防治和生态保护并举，多管齐下力促生态环境保护。

第二节　环保综合督查

2015年3月23日，环境保护部印发《2015年全国环境监察工作要点》，对2015年全国环境监察重点工作进行了部署，对2013年以来探索"督企"向"督政"的转变之路进行了总结和回顾。2016年2月1日，环境保护部办公厅以环办环监函〔2016〕214号发布了《关于2015年度环境保护综合督查工作情况的通报》。

一、我国环保督查的发展脉络

2006年国家环保总局开始组建环境保护的区域管理机构，在华东、华南、西北、西南、东北、华北6个区域组建了环保督查中心，其监管范围覆盖了全国内地31个省市自治区。"环保督查中心属于环保部的直属事业单位，并无执法权，它对地方的环境污染违法行为只能进行督查，并无处罚权。执法权属于当地的环保主管部门，督查中心的作用是只能督促地方的环保部门去执法。"①

2013年以来，环保部门开始探索由"督企"向"督政"的转变之路。环境保护部各督查中心分别在湖南株洲、陕西渭南、河北廊坊、湖北鄂州等地开展了综合督查的试点工作。所谓综合督查，是指环保部门依法对下级人民政府及其相关部门履行环境保护职责情况开展监督检查，提出处理意见

---

① 《环保体制改革蓄势待发　职能分散致监管不力》，来源：中国青年网-http：//news.youth.cn/wztt/201403/t20140330_4944450_1.htm，2016年12月23日访问。

建议，并督促整改落实的活动。从试点情况来看，初步达到了全面督查依法履职情况、深入分析环境问题产生的深层次原因、提出综合性的建议的目的。

2014年，为推广综合督查的成功经验，规范综合督查行为，环境保护部于年底制定发布了《环境保护部综合督查工作暂行办法》，对综合督查的对象、流程、方法等内容进行了明确规定。《环境保护部综合督查工作暂行办法》的发布标志着环境监管执法从单纯的监督企业转向了监督企业和监督政府并重。根据该《办法》，2015年各环保督查中心的工作重点是监督地方政府环保法定职责落实情况。省级环保部门每年督查的市县级政府不少于5个。

2015年3月23日，为严格执行新修订的《环境保护法》第六十七条"上级人民政府及其环境保护主管部门应当加强对下级人民政府及其有关部门环境保护工作的监督"的规定，环境保护部印发《2015年全国环境监察工作要点》，对2015年全国环境监察重点工作进行了部署。《全国环境监察工作要点》首次要求省级环保部门对不少于30%的设区市级人民政府开展综合督查。督查对象可以是环境保护成效突出的地区，综合督查可挖掘其做法，总结其经验，推动其自身环保工作更上一个台阶，同时为全国环保工作提供借鉴。督查对象也可以是工作问题多的地区，通过综合督查，发现其问题，找到其原因，研究其对策，结合通报、约谈、挂牌、限批以及环保资金补助等手段推动其工作。综合督查的具体实施方式较为灵活多样，包括派驻干部、现场检查、组织环保部门及相关职能部门召开座谈会、调阅政府相关决策资料等多种手段，后期还可以辅以通报、约谈、挂牌督办乃至限批等各种手段。督查内容包括宏观、中观、微观各个层次，如政策督查（政府制定的政策对环境影响的督查）、履职督查（政府及各职能部门环保履职的督查）、守法督查（企业守法情况的督查）等。①

---

① 参见《2015年全国环境监察工作要点——全面解读〈全国环境监察工作要点〉》，来源：环境保护部网 -http://www.zhb.gov.cn/gkml/hbb/qt/201503/t20150323_297880.shtml，2016年11月14日访问。

二、2015 年度环境保护综合督查工作情况

2016 年 2 月 1 日，环境保护部办公厅以环办环监函〔2016〕214 号发布《关于 2015 年度环境保护综合督查工作情况的通报》。通报的内容如下①：

（一）基本情况

各省、自治区、直辖市环境保护厅（局）共对 163 个设区市、自治州、直辖市的区县人民政府实施综合督查，督查比例达到 39.5%。天津、河北、黑龙江、河南、湖南、重庆等 6 省（市）环境保护厅（局）与环境保护部环境保护督查中心联合实施，其他各省份均独立实施。除江西、山东、海南、甘肃和宁夏外，其他 26 个省份以及新疆生产建设兵团均已达到了 30% 设区市的综合督查任务。其中，浙江、湖北、重庆和西藏等 4 省（区、市）对所辖的所有区市实施了综合督查。江西省、山东省、甘肃省和宁夏回族自治区分别完成 27.3%、11.8%、28.57% 和 20%，海南省由于机构改革调整等原因未能开展综合督查工作。在实施综合督查工作中，各地共对 31 个市进行约谈、对 20 个市县实施区域环评限批、对督查中发现的 176 个问题进行挂牌督办。

环境保护综合督查强化了地方各级党委、政府的环境保护意识和责任，推动了环境保护"党政同责"和"一岗双责"的落实，解决了一批重点难点问题，加快了环境监管方式转变。各地也有一些好的经验做法：

一是党委、政府高度重视。湖北、广东、陕西等省专门召开专题会议进行安排部署，分别由省人民政府主要负责同志或者其他有关部门主要负责人组成督查组开展督查。北京市专门成立了北京市人民政府督查室环境保护督察处负责综合督查工作。安徽省环保厅邀请人大代表和政协委员参加综合督查。福建、黑龙江等省环保厅在综合督查后，把督查中发现的问题及时向省人民政府汇报、向当地政府通报，强化了督查权威。福建省在政府召开的全省季度经济运行分析会上，将各设区市突出环境问题和整改进展情况进行通报，通过省人民政府领导有针对性的直接点评及整改要求，让参会的各

---

① 《关于 2015 年度环境保护综合督查工作情况的通报》，环境保护部办公厅环办环监函〔2016〕214 号，2016 年 2 月 1 日发布。

设区市人民政府主要领导"脸红出汗"。上海、西藏、新疆、青海、吉林等省（区、市）建立了环境监管执法考核制度，将综合督查结果纳入环境保护目标责任制考核评价体系，作为审批、考核、评比、安排专项资金的重要依据。

二是前期准备充分。湖北省编写了《督查手册》和《文件汇编》分发各督查组，为督查工作顺利进行奠定了基础。黑龙江省把督查内容，细化为 6 个方面 35 项内容。贵州省提前进行摸底调查，确定被督查单位并提前印发《产业园区情况表》《基础设施建设表》《环境能力建设情况表》等，由被督查单位填写反馈，在实施督查前初步了解相关工作开展情况。

三是各地均采取了调阅资料、座谈调研、现场检查等多种方式开展综合督查。黑龙江省把督查跨度延长，每次督查为期三个月，调阅资料多达 53 个方面 1300 余份。青海省在督查期间，对 18 个部门进行了走访座谈，调阅了近年来市（州）、县（区）经济、能源、产业、环保等文件和档案资料 862 份。内蒙古自治区充分依靠群众，广泛征集信息，综合督查开展期间，公布举报电话，充分利用 12369 环保举报热线、微信举报平台等方式，多渠道收集地方环境管理方面的信息资料，使综合督查工作有的放矢。

（二）存在问题

一是各地综合督查工作不均衡。江西、山东、海南、甘肃和宁夏等 5 个省（区）环保部门没有完成 30% 的任务要求。二是综合督查尚不规范。有的地方对综合督查的概念有些模糊，将综合督查工作混同于一般的监督检查，督查时间也较短，督查程序不健全，督查结果利用不够，难以起到督政的作用。三是部分负有履行环境保护职责的部门对综合督查工作不能主动配合，也在一定程度上影响了综合督查效果。

（三）下一步工作要求

各省、自治区、直辖市环境保护厅（局）要认真总结 2015 年度综合督查工作，逐步完善制度和程序，并适时对 2015 年度综合督查整改落实情况开展"回头看"。督促各地落实整改要求，切实解决突出环境问题。

三、2015 年环境保护部开展的大气污染防治督查

为贯彻落实《大气污染防治行动计划》，督促地方加强大气污染源环境监管，强化冬季大气污染防治工作，保障冬季空气质量，2014 年 10 月起至 2015 年 3 月，环境保护部启动 2014 年冬季大气污染防治督查工作，每月开展一次例行督查。2015 年 10 月至 2016 年 3 月期间，环境保护部继续组织开展每月一次的大气污染防治督查行动，进行"一月一督查"，并对督查发现的问题通报各市人民政府，督促依法处罚到位，整改到位，督促地方做好大气污染防治工作。根据环境保护部通报内容及相关报道，现将 2015 年 1—3 月，10—12 月环境保护部大气污染防治督查行动简明情况概括为下表①。

表 5-1 2015 年冬季大气污染防治督查情况概览

序号	督查时间	督查范围	督查方式	督查内容	发现问题或处置措施
1	2015 年 1 月	北京市、河北省、山西省、内蒙古自治区、辽宁省、吉林省、河南省、广东省、四川省、贵州省、云南省和陕西省	暗查、夜查、突击检查	对各市（区）部分建筑工地、主要道路、储煤场及重点排污企业的大气污染防治情况进行了现场检查，并在沿途查看了道路扬尘、机动车尾气排放、物料堆场等大气污染面源排放情况	各地大气污染防治的进展情况和督查中发现的问题共 91 项，在通报中公示

---

① 本部分相应月份内容根据以下资料整理：1.《环境保护部通报 1~2 月份大气污染防治督查情况》，《中国环境报》2015 年 3 月 20 日。2.《环境保护部通报 2015 年 3 月份大气污染防治督查情况》，来源：环境保护部网 -http：//www.zhb.gov.cn/gkml/hbb/qt/201505/t20150518_301741.htm，2016 年 12 月 28 日访问。3.《环境保护部通报 2015 年 10 月大气污染防治督查情况》，来源：环境保护部网 -http：//www.zhb.gov.cn/gkml/hbb/qt/201511/t20151120_317413.htm，2016 年 12 月 27 日访问。4.《环境保护部通报 2015 年 11 月大气污染防治督查情况》，来源：环境保护部网 -http://www.zhb.gov.cn/gkml/hbb/qt/201512/t20151225_320537.htm，2016 年 12 月 27 日访问。5.《环境保护部通报 2015 年 12 月份冬季大气污染防治督查情况》，来源：环境保护部网 -http：//www.zhb.gov.cn/gkml/hbb/qt/201512/t20151225_320537.htm，2016 年 12 月 27 日访问。

续表

序号	督查时间	督查范围	督查方式	督查内容	发现问题或处置措施
2	2015 年 2 月	天津市东丽区、西青区、北辰区、宁河县，河北省石家庄市、保定市、承德市，山西省长治市，内蒙古自治区乌兰察布市，江苏省宿迁市、淮安市，河南省焦作市，陕西省渭南市、铜川市等 14 个市（县、区）	暗查、夜查、突击检查	对各市（区）部分建筑工地、主要道路、储煤场及重点排污企业的大气污染防治情况进行了现场检查，并在沿途查看了道路扬尘、机动车尾气排放、物料堆场等大气污染面源排放情况。	各地大气污染防治的进展情况和督查中发现的问题共 42 项，在通报中公示。
3	2015 年 3 月	北京、天津，河北省保定、石家庄、邢台、张家口，山西省忻州、朔州、大同，辽宁省沈阳、鞍山、抚顺，吉林省长春、吉林、四平、白山，黑龙江省哈尔滨，江苏省苏州、无锡，湖北省武汉、荆州、鄂州、荆门、黄冈、咸宁，广东省广州、肇庆、汕头，重庆，四川省成都、眉山、乐山，云南省昆明，陕西省西安、汉中、宝鸡、咸阳、渭南、安康、商洛，甘肃省兰州、白银、甘南、临夏，宁夏银川、宁东、石嘴山、吴忠，新疆乌鲁木齐、昌吉、吐鲁番、克拉玛依等 52 个市	督查	对各市（区）部分建筑工地、主要道路、储煤场及重点排污企业的大气污染防治情况进行了现场检查，并在沿途查看了道路扬尘、机动车尾气排放、物料堆场等大气污染面源排放情况	超标排放、违反环评"三同时"制度、颗粒物无组织排放等突出环境问题共 88 项，在通报中公示。
4	2015 年 10 月	黑龙江省哈尔滨市、绥化市、黑河市，浙江省嘉兴市、绍兴市、宁波市，广东省广州市、肇庆市，湖南省湘潭市，重庆市主城区、梁平区，四川省达州市、巴中市，云南省昭通市，陕西省西安市、咸阳市，甘肃省金昌市等 17 个地市（区）进	采取明查、暗查相结合的方式，共抽查各类工业 228 家	污染物排放，污染物处理设施使用，加油站油气回收设施使用等	污染源超标排放、未正常运行污染物处理设施、小企业群区域污染、加油站油气回收设施不正常使用等问题。将 24 件典型环境违法案件向社会公开通报

续表

序号	督查时间	督查范围	督查方式	督查内容	发现问题或处置措施
5	2015 年 11 月	北京市，天津市，河北省保定市、唐山市，山西省阳泉市、忻州市，内蒙古自治区包头市、鄂尔多斯市，辽宁省沈阳市、鞍山市、抚顺市、本溪市、营口市、辽阳市、铁岭市、葫芦岛市，吉林省长春市、吉林市、延边市，黑龙江省哈尔滨市、齐齐哈尔市，湖北省仙桃市、孝感市，广东省东莞市，山东省济南市、德州市、聊城市、潍坊市，河南省郑州市、新乡市，四川省内江市、雅安市，贵州省黔东南州，陕西省西咸新区，甘肃省庆阳市，新疆维吾尔自治区乌鲁木齐市和新疆生产建设兵团五家渠市等 37 个地市（州）	采取明查、暗查相结合的方式，共抽查各类工业 504 家	政府和企业的大气污染防治情况等	发现部分地方政府及相关部门大气污染防治责任未落实，综合整治城市扬尘、推进集中供热改造、煤炭总量控制、加油站油气回收等多项工作进展滞后；一些地方重污染天气应急管理工作问题较多；部分企业仍存在违法排污问题，小企业聚集区、燃煤锅炉、VOCs 治理不足等问题相对突出。将 28 件典型环境违法案件向社会公开通报
6	2015 年 12 月	山西省运城市、吕梁市，内蒙古自治区赤峰市、通辽市，湖北省荆门市，湖南省株洲市，广东省中山市，四川省广元市和云南省文山州等 59 个地市（州）	采取明查、暗查相结合的方式，共抽查各类工业 648 家	污染物排放及大气污染防治设施使用情况等。	超标排放，不正常运行大气污染防治设施。将武邑新邑兴精细化工有限公司等 31 件典型环境违法案件向社会公开通报

在进行上述大气污染防治督查期间，环境保护部还进行了与大气污染防治相关的专项督查，并就发现的问题责成地方及相关部门进行处理和整改。2015 年 3 月，环境保护部出动执法人员 6.3 万人次，在京津冀及周边地区针对各类重点大气排污企业、燃煤扬尘面源污染、重污染天气应对、群众投诉案件办理等情况检查企业 2.5 万家次，对部分污染排放突出企业加大惩

治力度。环境保护部同时还组织 10 个督查组在北京、天津、河北、山西、内蒙古及河南等地开展大气污染防治专项执法督查。督查中发现北京市丰台铁路车辆段检修厂等 18 家企业（群）存在弄虚作假、不正常使用治污设施或治污设施不完善、超标排放以及企业群或区域性污染问题，环境保护部责成当地环保部门严格查处，督促企业整改到位，并要求及时公开企业整改情况和案件处理情况。①

2015 年 11 月，环境保护部组织对北京、天津，以及唐山、廊坊、保定、沧州等京津冀大气污染防治核心区散煤洁净化工作进行专项督查，对煤炭来源、销售对象、煤质监管等情况进行检查，现场随机采集煤样，统一送有资质单位进行检测。从现场督查及煤质检测情况看，全硫均值 0.41%，灰分均值 10.23%，煤质总体控制较好。京津冀大气污染防治核心区各地高度重视散烧煤污染防治工作，北京市城乡接合部临时售煤点得到有效管控，天津市中心城区煤场已全部取缔，保定市煤场由 2000 多家整合为 900 余家，沧州市关闭取缔煤场 180 余家。京津冀大气污染防治核心区散煤煤质管控尚存在以下薄弱环节：一是煤质超标情况仍然较多。本次抽检煤样中，北京市超标率为 22.2%；天津市超标率为 26.7%；河北省 4 市平均超标率为 37.5%。二是部分售煤网点仍不规范。此次随机抽查无名网点，占比约 40%。三是部分县（区）在售散煤煤质较差。四是集中供热站煤质管控仍待加强。②

2015 年 12 月 6 日，环境保护部派出督察组对北京市重污染天气应急响应工作进行现场督察，发现应急响应过程中道路扬尘和工地未停工现象仍然存在，燃煤散烧问题依然存在，部分企业存在违法生产现象。2015 年 12 月上旬，环境保护部 12 个督查组对北京，天津，河北石家庄、衡水，山东济南、德州、聊城、滨州，河南郑州、安阳、鹤壁、开封、焦作等重点城市重污染天气应急响应工作开展专项督查，发现以下问题：一是个别地区小企业群污染严重；二是部分企业违法违规排放；三是散煤污染管控不到位，焚烧垃圾秸秆情况时有发生；四是施工工地未按要求停工，道路扬尘污染等问

---

① 王昆婷：《环境保护部通报 3 月大气污染防治专项执法检查及督查情况》，《中国环境报》2015 年 5 月 12 日。

② 本部分资料来源：《环保部：打击销售劣质煤行为，力促散煤洁净化工作》，来源：民生网 -http://www.msweekly.com/show.html？id=49209，2016 年 11 月 22 日访问。

题依然存在。2015年12月中下旬，针对京津冀及周边地区70个地级及以上城市大气污染程度加重的情况，环境保护部组织14个督查组在北京、天津、河北等11省（市）重点城市开展专项督查，重点督查各相关市县应急预案的启动与落实情况。12月19至20日，各级环境保护部门共出动1.2万人次，现场检查企业数10829家次，查处环境违法企业190家。①

2015年12月下旬，环境保护部组织西北环境保护督查中心对陕西省关中地区12月8日至22日先后两次发生重度雾霾天气过程开展专项督查。督查中发现陕西省西安市在落实重污染天气应急响应方面存在以下突出问题：一是西安市人民政府重污染天气应急响应启动迟缓。二是西安市重污染天气应急响应机制不健全，相关部门动作慢、措施少。三是西安市大气污染防治网格化、精细化管理不到位。四是个别企业存在超标排污行为。②

四、2015年华北地区环保综合督查结果

根据环境保护部12月14日在其官方网站公布的本年度环保综合督查结果显示，各地市的大气污染治理工作存在一些共性问题，有的事关地方长远发展，有的涉及工作落实机制和精细化管理水平。环境保护部特别强调，督查中发现华北地区大气污染防治问题仍然突出。本年度，华北地区完成22个城市（区）的环保综合督查，督查范围涵盖了华北六省（区、市）。综合督查中发现的问题主要有③：

（一）产业结构布局和能源结构问题日益成为环保瓶颈

由于规划布局不合理，产业结构调整进展较慢，"工业围城""一钢独大""一煤独大"等现象在华北地区一些城市比较普遍，重化产业是造成环境污染的主要因素。

（二）环保基础设施建设滞后的问题十分普遍

多数城市对环保基础设施建设重视不够、投入不足，环保基础设施落

---

① 本部分资料来源：《环保部：打击销售劣质煤行为，力促散煤洁净化工作》，来源：民生网-http://www.msweekly.com/show.html? id=49209，2016年11月22日访问。

② 本部分资料来源：《环保部：打击销售劣质煤行为，力促散煤洁净化工作》，来源：民生网-http://www.msweekly.com/show.html? id=49209，2016年11月22日访问。

③ 摘自《环保部：华北地区大气污染防治问题仍然突出》，来源：中国新闻网-http://www.xinhuanet.com//politics/2015-12/15/c_128529994.htm，2016年3月6日访问。

后，历史欠账较多。城乡集中供热率普遍较低，清洁能源供应不足，工业园区或产业集聚区小型自备锅炉常见，散烧煤大量使用，致使冬季大气污染问题十分突出。污水处理能力及配套管网建设滞后，生活垃圾及粪便处理设施不足，污泥、垃圾渗滤液及危废处置设施落后等问题也十分普遍。

（三）基层政府及有关部门环保责任落实不到位

环保不作为、不到位的现象较为常见，环保监管矛盾大。环保部门单打独斗的情况仍然突出，其他有关部门环保责任不落实与畏难松懈、推诿扯皮情况并存。

（四）城乡接合部和农村环境问题日益突出

城乡接合部及广大农村地区环保能力不足，环境管理粗放，"三尘""三烧"污染屡禁不止。这些地区治污设施落后，日常监管薄弱，大气环境质量总体偏差。

（五）治污方案落实、考核不力的情况仍然多见

在大气污染防治工作中，许多地方有方案、没措施，有部署、没落实，有考核、没问责，导致许多工作流于形式，难以取得实质性环境效果。河北省部分地市制定的压钢减煤计划、南阳市制订的蓝天工程等系列实施方案、郑州市制定的 14 个大气污染治理专案以及焦作、安阳、呼和浩特、通州等地制订的治理方案实际落实情况都不理想。

（六）散煤污染治理工作问题依然突出

北京市在售散煤煤质超标率为 22.2%，天津市超标率为 26.7%，河北省唐山、廊坊、保定、沧州 4 市平均超标率为 37.5%。邯郸、邢台、张家口、阳泉、乌海等地散烧煤污染问题十分突出，河南省多数地市甚至尚未将散煤污染问题纳入管控重点。

（七）企业环境违法违规问题依然常见

提标改造不及时、日常监管不到位、擅自停运治污设施，甚至弄虚作假的情况时有发现，超标排放问题较为常见，突出存在于焦化、玻璃等行业。另外，许多城市的产业集聚区或传统工业区，区域性污染常常十分突出，如，安阳的铜冶镇、水冶镇（已整改），呼和浩特的土左旗煤场、托克托园区，平顶山的石龙区，南阳的蒲山镇，运城的河津县等，区域性环境质量较差。

第 六 章

2015 年环境执法专项行动

　　2015 年环境执法专项行动主要有 5 次，1 次涉及大气污染防治、2 次涉及核安全、1 次涉及对全国环评机构的专项整治、1 次涉及涉危涉化重点建设项目的环境影响评价。这 5 次专项行动分别是：2015 年 3 月底，环境保护部在京津冀及周边地区开展大气污染防治专项执法检查；2015 年 1 月，国家核安全局、国家能源局和国防科工局联合发布《核安全文化政策声明》及宣贯专项行动；2015 年 9 月，环境保护部开展核与辐射安全检查和综合督查专项行动；2015 年 9 月，环境保护部开展全国环评机构专项整治行动；2015 年 10 月，环境保护部组织开展了涉危涉化重点建设项目环境影响评价专项工作现场检查、抽查。在大气污染防治专项行动中，京津冀及周边地区依然是专项执法检查的重点。《核安全文化政策声明》的发布在我国尚属首次，是国家核安全局、国家能源局、国防科工局联合推动全行业核安全文化培育与发展的重大举措。与《核安全文化政策声明》的发布同时，国家核安全局在全行业开展为期一年的核安全文化宣贯推进专项行动。在核与辐射安全检查和综合督查专项行动中，环境保护部辐射源安全监管司先后对福建、江西、河南等省份以及中国辐射防护研究院的核与辐射安全工作进行了检查和综合督查。在涉危涉化重点建设项目环境影响评价专项行动中，环境保护部派出 6 个小组，在河北、内蒙古等 16 个省级行政单位组织开展了现场检查和抽查工作。全国环评机构专项整治行动旨在进一步规范环评机构从业行为，严肃查处环评机构出租出借环评资质、环评文件编制质量低劣、环评工程师

"挂靠"等违规行为，促进环评技术服务业健康发展。

第一节 环境保护部在京津冀及周边地区
开展大气污染防治专项执法检查

2015 年 3 月下旬，根据预测分析，京津冀及周边地区气象条件不利于大气污染扩散，可能出现重污染天气过程。于是，环境保护部向北京市、天津市、河北省、山西省、内蒙古自治区、山东省环境保护厅（局）下发了在京津冀及周边地区开展大气污染防治专项执法检查的通知。此次专项检查旨在全面贯彻实施《环境保护法》，督促落实《大气污染防治行动计划》各项措施及《国务院办公厅关于加强环境监管执法的通知》（国办发〔2014〕56号）要求，推动落实京津冀协同发展战略，消除环境污染隐患，保障大气环境安全。环境保护部组织 10 个督查组，对重点地区进行督查；同时采取卫星遥感、无人机监控等方式加强巡查。每个督查组安排随行记者参加，发现问题随时曝光。此次检查要求六省（区、市）环境保护厅（局）于 2015 年4 月 10 日前将总结报告和《大气污染防治专项检查情况汇总表》报送环境保护部。

专项检查以地方为主，以京津冀为重点并兼顾周边地区。重点检查各类大气排污企业环保设施运行情况、污染物排放情况，重污染天气应急预案制定及执行情况，群众投诉案件和热点环境问题的办理情况。根据安排，专项检查以国家督查与属地监管相结合、检查与考核相结合、明查与暗查相结合、日常巡查与突击检查相结合等形式开展。省级环保部门对市县进行指导、监督，市县级环保部门实施专项检查。检查不定时间、不打招呼、不听汇报、直奔现场、直接督查、直接曝光，严肃查处不正常使用防治污染设施、超标排放、偷排漏排等环境违法行为，以保持执法检查的高压态势。①关于此次专项检查行动的具体要求和内容如下：

---

① 《环境保护部部署 3 月大气污染防治专项执法检查》，来源：环境保护部网 -http://www.zhb.gov.cn/gkml/hbb/qt/201503/t20150317_297326.htm，2016 年 11 月 31 日访问。

一、工作重点

以落实《大气污染防治行动计划》为重点，全面检查各地区执行《环境保护法》情况，督促强化大气污染防治各项措施，加快改善环境空气质量。具体包括：（一）各类大气排污企业环保设施运行情况、污染物排放情况。重点检查燃煤发电（包括企业自备电厂）、钢铁、水泥、化工、玻璃等工业企业及燃煤锅炉的除尘、脱硫、脱硝设施运行状况和污染物排放等情况，严查重处超标排污、偷排偷放等违法行为。（二）燃煤、扬尘等面源污染防治和机动车环境管理情况。重点检查城市扬尘、渣土运输、煤堆料堆等防尘抑尘管理情况；城中村、城乡接合部以及农村地区燃煤污染防控措施落实情况；以及机动车污染防治情况等。（三）妥善应对重污染天气情况。重点检查各地重污染天气应急预案制定及执行情况，包括开展预报会商、发布预警信息、启动应急响应、采取应急措施等情况。一旦遇到不利气象条件，地方政府应根据预警等级，迅速启动应急预案，引导公众做好卫生防护。（四）群众投诉案件和热点环境问题的办理情况。按照《关于创新群众工作方法解决信访突出问题的意见》（中办发〔2014〕27号）要求，及时解决群众合理环境诉求。

二、基本要求

（一）高度重视执法工作

各级环保部门要充分认识执法工作的重要性和紧迫性，进行周密部署，配备精干力量，加大执法力度。省级环保部门要加强组织领导，切实做好本行政区域的执法检查组织工作，同时成立巡查组，对市县工作情况进行指导、监督。各市县级环保部门要严格执法，加大违法行为惩处力度，认真落实执法检查各项任务。

（二）加大环保执法力度

要注重运用暗查和突击检查方式，做到执法检查不定时间、不打招呼、不听汇报、直奔现场、直接检查、直接曝光，持续保持环境执法的高压态势。要严格执行《环境保护法》规定，对偷排偷放、不正常使用防治污染设施、伪造或篡改环境监测数据等恶意违法行为，依法严厉处罚；对于监管不严、执法不到位，甚至包庇、纵容环境违法的人员和单位，依法严厉问责；对大气污染问题突出的地区，采取区域限批、挂牌督办等措施。

（三）严厉打击环境犯罪

对涉嫌环境犯罪的，要依据《关于办理环境污染刑事案件适用法律若干问题的解释》《关于加强环境保护与公安部门执法衔接配合工作的意见》的规定，及时移送司法机关追究刑事责任。

（四）切实做好重污染天气应对工作

对没有及时发布预警或没有及时采取应急响应措施的，以及措施落实不到位的地方，要及时提出整改意见，并进行通报。特别是对因工作不力、履职缺位等导致未能有效应对重污染天气的，环保部门要依法采取约谈、限批等措施，并配合监察机关追究有关单位和人员的责任。

（五）加强环境信息公开

要充分发挥新闻媒体的作用，主动邀请新闻媒体参与执法工作。及时公布执法检查情况和违法案件查处信息，公开曝光违法排污行为和违法案件。推动设立有奖举报，鼓励广大人民群众举报环境违法行为。对群众举报的环境违法行为，努力做到件件有回音、事事有结果。

第二节　《核安全文化政策声明》宣贯推进专项行动①

2015 年 1 月 14 日，国家核安全局、国家能源局和国防科工局联合举办《核安全文化政策声明》（本节以下简称《声明》）新闻发布暨媒体解读会。《声明》发布的同时，国家核安全局正在全行业开展核安全文化宣贯推进专项行动。

据国家核安全局负责人介绍，我国已投运核电机组 22 台，在建机组 26 台，在建规模居世界首位。运行核电机组保持良好安全业绩，从未发生二级及以上事件或事故，在建机组质量受控。在核技术应用方面，我国在用的放射源 11 万余枚，在用射线装置近 13 万台（套），我国已经成为世界最大的

---

① 本部分内容根据邢飞龙：《〈核安全文化政策声明〉发布　宣贯推进专项行动为期一年，要求做到两个"全覆盖"，落实两个"零容忍"》整理，《中国环境报》2015 年 1 月 22 日。

核技术利用国家之一。近年来，放射源事故发生率逐年降低，从上世纪 90 年代的 6 起 / 万枚源下降到现在的 1 起 / 万枚源左右。国家核安全局作为我国核安全监管部门，自身的核安全文化体现就是秉持"独立、公开、法治、理性、有效"的监管理念，以及坚持"严慎细实"的工作作风。我国核安全监管通过"许可、监督、执法"来实现。

《声明》的发布是国家核安全局、国家能源局、国防科工局联合推动全行业核安全文化培育与发展的重大举措，在我国尚属首次。《声明》阐明对核安全文化的基本态度、培育和实践核安全文化的原则要求，在充分借鉴国际经验、全面总结我国 30 年核安全文化建设良好实践的基础上，揭示了核安全与核安全文化的内涵，阐述了培育和实践良好核安全文化的"八大特性"，提出了持续推进核安全文化的倡议。核安全是指对核设施、核活动、核材料和放射性物质采取必要和充分的监控、保护、预防和缓解等安全措施，防止由于任何技术原因、人为原因或自然灾害造成事故，并最大限度地减少事故情况下的放射性后果，从而保护工作人员、公众和环境免受不当的辐射危害。核安全文化是各有关组织和个人以"安全第一"为根本方针，以维护公众健康和环境安全为最终目标，达成共识并付诸实践的价值观、行为准则和特性的总和。我国奉行"理性、协调、并进"的核安全观，它是现阶段中国倡导的核安全文化的核心价值观，是国际社会和中国核安全发展经验的总结。《声明》首次提出了"营造适宜的工作环境"和"创造和谐的公共关系"两项新的内容，这两个方面都要求建立与核安全文化相适应的、共同发展的、互相影响的环境因素和公共关系因素。这些因素将影响组织的核安全状态和核安全范围，同时这些因素也将受到组织核安全状态和氛围的反作用。适宜的环境、和谐的关系将会促使核安全文化和核安全状态水平的保持和提高。

在中国核安全观的提出和核安全纳入国家安全体系的新形势下，《声明》的发布充分体现了我国政府对确保核安全的高度重视。推进核安全文化建设，强化全行业从业人员的核安全文化素养，提升全社会的核安全文化认知水平，对提高核设施安全水平、促进核能与核技术利用事业可持续发展、保障公众健康和环境安全具有重要意义。

《声明》发布的同时，国家核安全局正在全行业开展核安全文化宣贯推进专项行动。专项行动为期一年，分4个阶段实施。此次专项行动有两个特点，一是做到两个"全覆盖"，即覆盖全体持证单位、覆盖所有骨干人员；二是落实两个"零容忍"，即对隐瞒虚报"零容忍"、对违规操作"零容忍"。通过专项行动，增强核与辐射安全从业人员的法制意识、责任意识、风险意识和诚信意识，最终达到推进核安全文化建设、提升我国核安全水平的目的。国家核安全局负责人表示，通过这两个"全覆盖"和两个"零容忍"来落实依法治国的要求。发布《声明》是国家核安全局履行党和国家赋予的核安全监管重要职责所在，国家核安全局期望各核能与核技术利用单位、工程和服务单位及利益相关单位，包括国家核安全监管部门自身和其他政府部门，共同遵守和践行《声明》所表达的原则和要求，不断培育和发展适合自身特点的核安全文化。

第三节　核与辐射安全检查和综合督查专项行动

按核与辐射安全大检查及综合督查工作部署，2015年9月16日至18日，环境保护部辐射源安全监管司叶民司长对福建宁德核电、漳州核电中低放处置场备选场址及中核集团后处理厂备选厂址进行调研，并结合核与辐射安全检查和综合督查专项行动一同开展。调研组现场踏勘了宁德核电筛选出的四个备选厂址、中核集团宁德后处理厂备选厂址、漳州核电备选厂址，分别听取了中广核集团环保工程公司、中核集团安全环保部、漳州核电对处置场选址及前期工作开展情况的汇报，和漳州市及云霄县政府、各相关局办的同志进行了座谈交流，广泛听取各单位对处置场选址工作、核电建设、公众宣传等方面的意见和建议。

2015年9月17日，环境保护部刘华核安全总工程师带队对福建省环保厅进行了综合督查，对福建省城市废物库进行了安全检查。

2015年10月15日至16日、2015年11月2至4日环境保护部辐射源安全监管司叶民司长带队组织督查组对江西河南两省核与辐射安全监管工作进行综合督查。督查采取听取汇报、座谈交流、人员访谈、文件检查、现场抽查等多种方式。督查的内容包括核与辐射安全大检查活动和核安全文化宣贯推进专项行动的开展情况、履行核与辐射安全监管职责的情况、环保部下达的预算项目和委托进行的监测项目的工作开展情况、核与辐射应急准备的有关情况等。

2015 年 11 月 24 日至 25 日，环保部辐射源安全监管司康玉峰副司长带队对中国辐射防护研究院辐射管理工作进行现场检查，听取了中国辐射防护研究院辐射管理工作情况汇报，实地察看了中辐院辐照装置，查问了有关记录及相关规章制度等材料，对辐照装置中超出年限钴源的处理方案进行了审查，并对下步专项行动提出了具体要求。

第四节　开展全国环评机构专项整治行动

2015 年 9 月 24 日，环境保护部办公厅下达了《关于开展全国环评机构专项整治行动的通知》（环办函〔2015〕1532 号，本节以下简称《通知》）。此次专项行动旨在进一步规范环评机构从业行为，严肃查处环评机构出租出借环评资质、环评文件编制质量低劣、环评工程师"挂靠"等违规行为，促进环评技术服务业健康发展。

此次专项行动以全国环评机构为核查对象，核查内容包括环评机构资质证书管理；环评机构环评工程师管理；环评机构分支机构设置与管理；环评机构环评文件编制质量管理；近期涉及举报和年度考核反映的出租、出借资质和环评文件质量问题。核查方式分为环评机构自报、省级环保部门核查、环境保护部重点核查三种。《通知》明确了出租出借环评资质、环评文件质量较差、环评工程师"挂靠"三种违规行为的界定标准，规定有下列情形之一的，可以认定为出租、出借环评资质：1. 在环评机构同意的情况下，由其他无资质法人单位承接环评项目、签订合同；2. 环评机构向环保部门提交的环评文件中有 50% 以上章节或内容实际由其他机构人员编制的。有下列情形之一的，可以认定为环评文件质量较差：1. 建设项目工程分析或者引用的现状监测数据错误；2. 主要环境保护目标或者主要评价因子遗漏；3. 环境影响评价工作等级或者环境标准适用错误；4. 环境影响预测与评价方法错误；5. 主要环境保护措施缺失；6. 选址、选线不当，评价结论错误。有下列情形之一的，可以认定为环评工程师"挂靠"：1. 未在环评机构专职工作的环评工程师；2. 已调离环评机构，但未按有关规定报告相关情况的环评工程师。《通知》同时明确，专项整治行动期间，公众可对环评机构相关违法、违规行为进行举报。

2015 年 12 月 28 日，环境保护部办公厅发布了《关于全国环评机构专项整治行动发现部分环评机构及从业人员问题处理意见的通报》（环办函〔2015〕2154 号），就专项行动中检查发现存在问题的 30 家环评机构和 31 名环评工程师通报了处理意见（详见下表）。

表 6-1 　 30 家环评机构处理意见①

序号	机构名称	资质证书编号	存在问题	处理意见	
1	黑龙江省风云环境科技咨询有限公司	国环评证乙字第 1727 号	盗用中国气象科学研究院（国环评证甲字第 1003 号）环评资质，违法开展《昱峰供热有限公司龙江县新城区集中供热工程环境影响报告书》、《东北变压器（集团）220kV—500kV 级超高压特大型电力变压器环境影响报告书》、《盛和湾住宅小区项目环境影响报告书》编制工作	拟吊销资质证书	
2	广东核力工程勘察院	国环评证乙字第 2852 号	存在出租出借环评资质行为	限期整改 1 年；缩减评价范围，取消核工业环境影响报告书类别评价范围	
3	黑龙江农垦勘测设计研究院	国环评证甲字第 1705 号	存在出租出借环评资质行为	限期整改 1 年	
4	河南蓝森环保科技有限公司	国环评证乙字第 2537 号	1. 主持编制的《龙岩市城市建设投资发展有限公司铁溪路一期（北三环—佳苑路）道路工程项目环境影响报告书》地下水评价等级为一级，报告书中地下水内容很少、基本评价和图件均没有。主持编制的《年产 2000 吨塑料粒籽生产线项目环境影响报告书》等 9 个塑料粒籽生产线项目环境影响报告书，产生的焚烧飞灰、灰渣的	限期整改 1 年	

　① 引自《关于全国环评机构专项整治行动发现部分环评机构及从业人员问题处理意见的通报》，来源：环境保护部网 -http：//www.zhb.gov.cn/gkml/hbb/qt/201512/t20151230_320733.htm，2016 年 8 月 20 日访问。

序号	机构名称	资质证书编号	存在问题	处理意见	
			处理没有分析；酸碱废水的处理没有进行分析，水平衡中没有酸碱废水；环评文件中提出废水零排放，没有分析产生的盐分和废酸碱的成分，零排放分析不充分、不可行；废塑料水处理产生的污泥没有做成分分析，按照一般生活垃圾处理不可行。 2. 存在环评工程师挂靠。		
5	广州市中绿环保有限公司	国环评证乙字第2829号	1. 主持编制的《东莞市崇德五金制品项目环境影响报告书》废水治理措施不合理，废水中含有氟离子，但处理工艺中缺少除氟工序，提出的废水全部回用生产的处理工艺不可行；打磨、喷粉生产过程废气产生量缺少计算依据。 2. 存在环评工程师挂靠。	限期整改1年	
6	深圳鹏达信环保科技有限公司	国环评证乙字第2862号	1. 主持编制的《耿马县勐撒生猪定点屠宰场建设项目环境影响报告表》废水源强确定不符合屠宰项目特点，COD、BOD5、NH3–N 浓度过低；大气污染治理措施确定不合理，活性炭吸附环保装置未明确设置工序。 2. 存在环评工程师挂靠。	限期整改1年	
7	北京中安质环技术评价中心有限公司	国环评证乙字第1029号	主持编制的《广西西江重工有限责任公司贵港西江重工基地项目环境影响报告书》港池疏浚工程量、施工工艺介绍不清；水生生态现状调查内容缺失；溢油环境风险预测模式错误，预测结果不可信；水环境风险防范措施缺乏针对性，缺少应急预案。	限期整改1年	
8	保定市益达环境工程技术有限公司	国环评证乙字第1238号	主持编制的《安国市橡塑制品有限公司年产100吨和谐机车及汽车橡胶件技改项目环境影响报告书》特征污染因子考虑不全面，H2S 未进行评价。	限期整改6个月	
9	大连经环建科技服务有限公司	国环评证乙字第1502号	主持编制的《清河水库水电站工程项目环境影响报告书》评价等级确定错误，缺少环境治理现状调查、规划相符性论证、生态影响评价、清洁生产等内容。	限期整改6个月	

续表

序号	机构名称	资质证书编号	存在问题	处理意见	
10	中国新型建材设计研究院	国环评证乙字第 2001 号		主持编制的《广西壮族自治区矿业建设公司九谋锡矿选矿厂及尾矿干堆场建设项目环境影响报告书》未反映现有工程环保手续办理情况、工程实际建设情况以及区域环境整治进展情况，项目基本情况介绍不清，污染物源强不可信，监测数据使用不规范，干堆场水文地质资料不详。	限期整改 6 个月
11	浙江冶金环境保护设计研究有限公司	国环评证乙字第 2011 号		主持编制的《浙江耿基实业有限公司年产 12000 吨涤纶缝纫线技改项目环境影响报告书》工程分析失实，环境与污染源现状描述不清，环境现状问题及整改要求缺失；章节内容表达不清、前后自相矛盾；污染防治措施分析评价缺失，项目环境准入、行业整治提升要求符合性分析缺失，环评结论缺乏支撑。	限期整改 6 个月
12	煤科集团杭州环保研究院有限公司	国环评证乙字第 2015 号		主持编制的《省道 307 线桂口至樟林公路桂口至文龙段项目环境影响报告书》声评价工作等级确定有误。	限期整改 6 个月
13	浙江商达环保有限公司	国环评证乙字第 2027 号		主持编制的《广州广汽比亚迪新能源客车零部件项目环境影响报告书》评价因子识别不准确，主要评价标准适用错误；工艺流程不详细，污染物产生节点分析不全面，污染源强取值依据不明确。	限期整改 6 个月
14	浙江瑞阳环保科技有限公司	国环评证乙字第 2035 号		主持编制的《龙泉市小梅萤石矿有限责任公司小梅镇田坑铁矿采选工程建设项目环境影响报告书》生态评价等级错误；缺少矿石的全成分分析，无尾砂固废属性判别依据；缺少水平衡分析及零排放的可行性论证。	限期整改 6 个月
15	浙江博华环境技术工程有限公司	国环评证乙字第 2036 号		主持编制的《淳安汾口污水处理厂一期提标和二期扩建工程项目环境影响报告书》一期工程现状进出水质调查不清，地表水评价标准前后不一致，地表水预测源强、预测结果存在较大偏差，污泥处理措施论证不深入。	限期整改 6 个月

续表

序号	机构名称	资质证书编号	存在问题	处理意见	
16	福建通和环境保护有限公司	国环评证乙字第 2220 号	主持编制的《福建省晋江顺顺石材有限公司技改项目环境影响报告表》过渡期生活污水处理后排放的纳污水体——梅塘溪的水环境现状没有调查；生活污水利用厌氧工艺，达标可行性论证不足；敏感目标有误。	限期整改 6 个月	
17	福建闽科环保技术开发有限公司	国环评证乙字第 2225 号	主持编制的《联二线（仙游境）游洋天马至西苑半林段工程（仙游环山区公路）环境影响报告书》环境空气执行标准有误，大气评价工作等级有误；工程地表水评价深度不足，环境保护措施深度不足，应急措施不足；评价深度不能满足二级评价要求。	限期整改 6 个月	
18	东方环宇环保科技发展有限公司	国环评证乙字第 2543 号	主持编制的《立敦电子科技（阿坝州）有限公司扩建 30 条高压化成箔生产线技改项目环境影响报告书》废水、废气污染防治措施未进行详细介绍，措施针对性较差，大气现状未监测特征污染因子。	限期整改 6 个月	
19	广州市环境保护工程设计院有限公司	国环评证乙字第 2834 号	主持编制的《紫金铜业有限公司 200kt/a 铜冶炼工程挖潜增效项目环境影响报告书》大气评价因子缺少 Hg、Cd、Cr、HCl 等特征因子，工程分析中未进行 Hg、Cd、Cr 物料衡算。	限期整改 6 个月	
20	英德市德宝环境保护服务有限公司	国环评证乙字第 2868 号	主持编制的《广州市沙浦长江电线电缆有限公司年产电线电缆 3.8 万公里建设项目环境影响报告表》项目概况表述不清，社会环境简况出现重大错误，引用标准不当，污水排放去向不明确。	限期整改 6 个月	
21	海南琼州环境评价有限公司	国环评证乙字第 3007 号	主持编制的《陵水黎族自治县广播电视台景观发射塔项目环境影响报告表》、《屯昌县广播电视发射塔项目环境影响报告表》和《保亭什道 110 千伏输变电新建工程环境影响报告表》等 3 个项目环境影响报告表，评价内容不明确，预测评价方法不当，工程分析不深入，环境保护目标调查不到位，污染防治措施缺乏针对性和可行性。	限期整改 6 个月	

续表

序号	机构名称	资质证书编号	存在问题	处理意见	
22	莱州市绿诺环境科学技术研究有限公司	国环评证乙字第2442号	存在环评工程师挂靠，环评工程师数量不满足环评机构最低资质条件要求。	限期整改6个月	
23	济宁富美环境研究设计院	国环评证乙字第2451号	存在环评工程师挂靠。	限期整改6个月	
24	洛阳市青源环保科技有限公司	国环评证乙字第2534号	存在环评工程师挂靠。	限期整改6个月；缩减评价范围，取消社会区域环境影响报告书类别评价范围	
25	邵阳市环境保护研究所	国环评证乙字第2707号	存在环评工程师挂靠。	限期整改6个月；缩减评价范围，取消轻工纺织化纤、化工石化医药、农林水利、社会区域环境影响报告书类别评价范围	
26	常德市双赢环境咨询服务有限公司	国环评证乙字第2721号	存在环评工程师挂靠。	限期整改6个月；缩减评价范围，取消农林水利环境影响报告书类别评价范围	
27	新疆兵团勘测设计院(集团)有限责任公司	国环评证甲字第4001号	存在环评工程师挂靠。	限期整改6个月	
28	国环宏博（北京）节能环保科技有限责任公司	国环评证乙字第1061号	存在环评工程师挂靠。	限期整改6个月	

续表

序号	机构名称	资质证书编号	存在问题	处理意见	
29	扬州市江都区环境保护科学研究所	国环评证乙字第1923号	存在环评工程师挂靠。		限期整改6个月
30	岳阳市环境保护科学研究所	国环评证乙字第2709号	存在环评工程师挂靠。		限期整改6个月

第五节　涉危涉化重点建设项目环境影响评价专项检查

2015年，我国涉危、涉化园区和建设项目面临的环境安全形势依然严峻，布局性环境风险仍然是威胁环境安全、公众健康甚至社会稳定重大隐患。为落实中央领导批示精神，维护公众环境权益，环境保护部组织开展了一系列污染问题后续整治和环评专项工作，并印发《关于开展化工、有色行业涉危险废物建设项目环评专项清理工作的通知》，加大专项清理力度。为进一步强化涉危、涉化建设项目环境管理，环境保护部对部分省（区、市）重点化工园区及涉危、涉化重点建设项目开展环评专项检查。

据环境保护部副部长潘岳介绍，早在2006年，为消除化工石化行业突出的环境风险隐患问题，原环保总局曾对7555个化工石化项目进行风险排查，排查结果显示化工石化项目存在较为严重的环境风险，相应的防范机制却存在明显缺陷。这些问题的实质，从环境保护角度看，是产业空间布局与生态安全格局之间，以及产业结构规模与资源环境承载之间存在两大突出矛盾。就发展态势上而言，短期内这类产业及项目快速扩张对环境安全的压力加大，对生态安全格局的冲击加大，对城市环境安全的威胁加大，对企业环境风险防范能力的要求也在加大。因此，切实加大规划环评力度，加强环评专项清理工作，检查过去所批的项目周边是否存在被任意改变规划的情况就成为环境保护工作的重要内容之一。

2015年10月中旬，环境保护部抽调相关司局与省级环境保护人员，分成 6 个小组，从 10 月下旬至 11 月上旬，在河北、内蒙古等 16 个省级行政单位组织开展了涉危涉化重点建设项目环境影响评价专项工作现场检查、抽查。此次环境影响评价专项检查的抽查重点为化工园区及涉危险化学品港区、省级及以上环境保护部门批复的石化、化工、有色金属、港口码头等重点行业的重点建设项目。对于化工园区（港区），重点检查是否开展规划环境影响评价、是否落实规划环境影响评价要求、周边规划变化情况、是否新增环境敏感保护目标、存在的环境风险和整改计划。对于涉危险废物重点建设项目，现场抽查危险废物管理情况、危险废物处置是否符合相关规定、整改要求是否落实、是否仍存在问题。对于涉危险化学品重点建设项目，重点检查建设项目是否落实了环境影响评价和验收提出的环境风险防范措施。对于检查过程中发现的问题，当即督促地方进行整改。

第 七 章

2015 年环境违法事件挂牌督办和环境违法行为查处

2015 年环境保护部及其下属职能部门国家核安全局积极行使环保职责，对多地破坏环境的企业和个人进行了挂牌督办和行政处罚。据统计，环境保护部共对 13 家企业进行了挂牌督办，督办期限一般以半年为限。对 10 个单位进行了环境违法行政处罚。在环境保护部作出的 10 个环境违法行政处罚中，主要涉及核安全的环境违法案件 5 件，主要涉及环境影响评价的案件 5 件。

第一节 环境违法事件挂牌督办

所谓"挂牌督办"，通常指的是上级政府或上级政府的组成部门通过公示公开等方式，督促下级政府或下级政府的组成部门在规定期限内对某些重大、紧急案件依法完成执法活动。根据《环境违法案件挂牌督办管理办法》的定义，环境违法案件挂牌督办是指，"环境保护部对违反环境保护法律、法规，严重污染环境或造成重大社会影响的环境违法案件办理提出明确要求，公开督促省级环境保护部门办理，并向社会公开办理结果，接受公众监督的一种行政手段。"

环境保护部挂牌督办环境违法案件，有利于督促地方政府相关部门时刻注重环境保护，对各级政府、企业乃至整个社会能产生较好的警示作用。2015 年，我国环境保护部对发生在天津、湖北、云南、浙江等地的 13 起环境违法案件进行了挂牌督办，涉及大气污染、水污染、危险废物等领域（详见下表）。

表 7–1　2015 年环境保护部挂牌督办环境违法案件一览表

编号	发文时间	督办事项	文件名称	督办期限
1	2015.01.21	对天津市静海县双塘高档五金制品产业园环境违法案件挂牌督办	关于对天津市静海县双塘高档五金制品产业园环境违法案件告破督办的通知	2015 年 7 月 20 日前完成挂牌督办事项
2	2015.02.10	对扬州威亨热电有限公司环境违法案件挂牌督办	关于对扬州威亨热电有限公司环境违法案件挂牌督办的通知	2015 年 8 月 20 日前完成挂牌督办事项
3	2015.02.27	对河北省承德市大气污染问题挂牌督办	关于对河北省承德市大气污染问题挂牌督办的通知	2015 年 8 月底前完成挂牌督办事项
4	2015.03.02	对山东省临沂市大气污染问题挂牌督办	关于对山东省临沂市大气污染问题挂牌督办的通知	2015 年 8 月底前完成挂牌督办事项
5	2015.08.14	对云南省玉溪易和环境技术有限公司环境违法案挂牌督办	关于对云南省玉溪易和环境技术有限公司环境违法案挂牌督办的通知	2016 年 2 月 10 日前完成挂牌督办事项
6	2015.8.14	对浙江省苍南县金乡镇电镀工业园环境违法案挂牌督办	关于对浙江省苍南县金乡镇电镀工业园环境违法案挂牌督办的通知环境违法案件挂牌督办的通知	2016 年 2 月 10 日前完成挂牌督办事项
7	2015.10.14	对江西省九江富达实业有限公司环境违法案挂牌督办	关于对江西省九江富达实业有限公司环境违法案挂牌督办的通知	2016 年 4 月 20 日前完成挂牌督办事项
8	2015.12.24	对江苏省靖江市原侯河石油化工厂填埋疑似危险废物案件进行联合挂牌督办	环境保护部、公安部和最高人民检察院关于对江苏省靖江市原侯河石油化工厂填埋疑似危险废物案件和广东省东莞市长安镇锦厦三洲水质净化有限公司进行联合挂牌督办的通知	
9	2015.12.24	对广东省东莞市长安镇锦厦三洲水质净化有限公司进行联合挂牌督办	环境保护部、公安部和最高人民检察院关于对江苏省靖江市原侯河石油化工厂填埋疑似危险废物案件和广东省东莞市长安镇锦厦三洲水质净化有限公司进行联合挂牌督办的通知	

编号	发文时间	督办事项	文件名称	督办期限
10	2015.12.28	对黑龙江省鑫玛热电集团有限责任公司 5 家下属公司环境违法案挂牌督办	关于对黑龙江省鑫玛热电集团有限责任公司 5 家下属公司等环境违法案挂牌督办的通知	2016 年 6 月 30 日前完成挂牌督办事项
11	2015.12.28	对江西宏宇能源发展有限公司环境违法案挂牌督办	关于对黑龙江省鑫玛热电集团有限责任公司 5 家下属公司等环境违法案挂牌督办的通知	2016 年 6 月 30 日前完成挂牌督办事项
12	2015.12.28	对湖北省武汉市余家头水厂水源地一级保护区内建设码头环境违法案挂牌督办	关于对黑龙江省鑫玛热电集团有限责任公司 5 家下属公司等环境违法案挂牌督办的通知	2016 年 6 月 30 日前完成挂牌督办事项
13	2015.12.28	对山西省运城市环境问题挂牌督办	关于对山西省运城市环境问题挂牌督办的通知	2016 年 6 月底前完成挂牌督办事项

一、对主要涉及大气污染的环境违法案件的挂牌督办

2015 年，我国环境保护部查处的环境违法案件中涉及大气污染的挂牌督办案件主要有以下 6 起：对扬州威亨热电有限公司环境违法案件挂牌督办，对河北省承德市大气污染问题挂牌督办，对山东省临沂市大气污染问题挂牌督办，对黑龙江省鑫玛热电集团有限责任公司 5 家下属公司环境违法案挂牌督办，对江西宏宇能源发展有限公司环境违法案挂牌督办，对山西省运城市环境问题挂牌督办。

（一）对扬州威亨热电有限公司环境违法案件挂牌督办

基本情况：扬州威亨热电有限公司（组织机构代码：60870704-7，营业执照：321000400001299，法定代表人：蔡卫宏）4 台燃煤锅炉均未配套建设脱硫、脱硝设施，除尘设施简陋，二氧化硫、氮氧化物和烟尘长期超标排放。

督办要求：依法责令该公司限期治理，并处罚款；可以责令其采取限制生产、停产整治措施。治理期间不得超标排污，仍超过污染物排放标准的，应实施按日连续处罚。限 2015 年 8 月 20 日前完成挂牌督办事项。

（二）对河北省承德市大气污染问题挂牌督办

基本情况：河北省承德市大气污染防治存在薄弱环节，是河北省乃至京津冀地区唯一一个2014年空气污染指标不降反升的地市。一是部分工业企业污染问题突出。河北钢铁集团承德钢铁集团有限公司烧结机冒黑烟，高炉烟粉尘无组织排放；承德市创远矿业有限公司石灰窑等生产工段及料场无组织排放；承德兆丰钢铁集团有限公司烧结机未采取全烟气脱硫，机尾烟气和环冷机烟气经除尘后直接排放，烟气存在拖尾现象；承德盛丰钢铁有限公司高炉无组织排放，烧结机、球团除尘效果不佳，烟粉尘排放明显；宽城宏宇热力有限公司脱硫除尘工艺简单，SO_2等主要污染物排放超标，烟囱存在明显的冒黑烟现象；承德天宝水泥有限公司装卸水泥时存在明显的无组织排放现象；鹰手营子矿区凯兴能源公司矸石热电厂脱硫设施腐蚀严重，浆液循环泵未运行，生产炉渣随意倾倒并伴有自燃现象厂区环境恶劣；承德县甲山镇建材厂开采区域及生产车间粉尘无组织排放；承德县金谷酒业有限公司、承德隆城钢管制造有限公司锅炉均存在冒黑烟问题。二是部分区域扬尘污染情况严重。兴隆县兴安化工园区施工场地没有实现硬化，建筑材料露天堆放，施工场地尘土飞扬；鹰手营子矿区金隅料场无苫盖，无防风抑尘网，扬尘污染严重；双滦区钒钛工业园区废渣露天堆放，园区道路积尘导致车辆扬尘严重；承秦高速承德县至宽城段两侧山丘之中有多处矿山开采和道路施工场点，砂土大面积裸露，尤其是矿山运输道路，在车辆驶过后形成明显的扬尘污染带。三是散烧煤、烧荒、烧垃圾污染情况比较普遍。兴隆县、鹰手营子矿区、双滦区、承德县和宽城县等县区，居民住宅以及部分宾馆、学校、商业等单位取暖小锅炉、茶浴炉燃用煤质较差，无治理措施。同时，督查沿途发现十余处烧垃圾、烧荒情况。另外，兴隆县柳源污水处理厂氧化沟部分曝气设施没有运行，污泥性状差，二沉池跑泥严重，出水悬浮物多、色度高，出水氨氮严重超标。

督办要求：督促承德市人民政府和有关部门严格按照《国务院关于印发大气污染防治行动计划的通知》（国发〔2013〕37号）要求，对本行政区内大气污染情况进行全面排查，加强工业企业大气污染综合治理和面源污染综合整治，推进煤炭清洁利用。加大监管执法力度，依法严肃查处污染防治设施不完善、不正常运行、偷排偷放等环境违法行为。限2015年8月底前完成挂牌督办事项。

（三）对山东省临沂市大气污染问题挂牌督办

基本情况：山东省临沂市区域环境污染问题较为严重，环境保护部华东环境保护督查中心现场检查的15家企业中，有7家存在偷排、漏排和不正常运行环保设施的情况，其中焦化、钢铁行业尤为突出；环保"三同时"手续完备的只有7家，4家钢铁企业和1家水泥企业全部存在未批先建问题，6家焦化企业中有3家久试不验；有8家安装了废气在线监测设施，但均未通过有效性审核，其中7家运行不规范；高耗能、高污染、资源型企业数量多、分布广，如罗庄区江泉工业园集中了临沂江鑫钢铁有限公司、临沂烨华焦化有限公司、临沂江泉管业有限公司等众多焦化、钢铁、建材、热电等高耗能、高污染企业，污染物排放量大，而且存在严重的偷排、漏排等违法现象，区域空气污染严重。

督办要求：督促临沂市人民政府和有关部门严格按照《国务院关于印发大气污染防治行动计划的通知》（国发〔2013〕37号）要求，对本行政区内大气污染情况进行全面排查，加强工业企业大气污染综合整治；抓住实施新修订的《环境保护法》契机，加大监管执法力度，依法严肃查处违反建设项目环境保护管理规定、污染防治设施不完善、不正常运行、偷排偷放等环境违法企业，加快解决影响科学发展和损害群众健康的突出环境问题，着力推进环境质量改善。限2015年8月底前完成挂牌督办事项。

（四）对黑龙江省鑫玛热电集团有限责任公司5家下属公司环境违法案挂牌督办

基本情况：黑龙江省鑫玛热电集团有限责任公司（法定代表人：杨宏）以热电联产为主营业务。下属多家公司存在违反建设项目环境保护管理规定、超标排污、欠缴排污费等环境问题。具体情况如下：黑龙江省鑫玛热电集团木兰有限公司（组织机构代码57808698-x，法定代表人：杨宏）锅炉未按环评要求建设脱硫脱硝设施；欠缴排污费。黑龙江省鑫玛热电集团呼兰有限公司（组织机构代码73863310-3，法定代表人：杨宏）1台20吨锅炉无脱硫脱硝设施，现场检查时二氧化硫、氮氧化物、烟尘超标排放；欠缴排污费。黑龙江省鑫玛热电集团宾县有限公司（组织机构代码79928663-5，法定代表人：杨宏）未按环评要求建设脱硫除尘设施，未建设脱硝设施；煤堆露天堆放，且无苫盖；现场检查时二氧化硫、氮氧化物超标排放；欠缴排污费。黑龙江省鑫玛热电集团通河有限公司（组织机构代码 –4—55825394–7，法定代表人：杨宏）未按环评要求建设脱硝设施；投产后至今未完成竣工环保验收；未批先建 1 台发电机组，已被责令停止建设，主体设备已进场未安装；欠缴排污费。依兰县达连河镇鑫玛热电有限公司（组织机构代码 06368524–6，法定代表人：杨宏）欠缴排污费。

督办要求：督促当地环保部门依法查处相关企业环境违法行为，督促企业整改期间不得超标排放；依法追缴排污费；督促黑龙江省鑫玛热电集团有限责任公司对下属企业环境守法情况进行全面排查，对存在的问题进行彻底整改，切实提高环境管理水平。督办期限：2016 年 6 月 30 日前完成挂牌督办事项。

（五）对江西宏宇能源发展有限公司环境违法案挂牌督办

基本情况：江西宏宇能源发展有限公司（组织机构代码 68093315–3（00），营业执照注册号 360982210006055，法定代表人：肖永草）未建设脱硝设施。现场检查时，排放废气中氮氧化物浓度超标。自动监控设施运行不正常，上传原始数据是实测一氧化氮数据，未按要求进行折算；氮氧化物浓度数据波动异常。

督办要求：督促当地环保部门依法查处该公司环境违法问题，督促其整改期间不得超标排污。督办期限：2016 年 6 月 30 日前完成挂牌督办事项。

（六）对山西省运城市环境问题挂牌督办

基本情况：山西省运城市相关县（市、区）环境保护责任落实不到位，2015 年 1 月至 11 月，除城区外的 12 个县市中，7 个县市的空气质量指数（SO_2、PM_{10}、NO_2 三项指标）同比不降反升，特别是绛县、垣曲县、新绛县、稷山县分别同比上升 50.85%、46.92%、21.66%、14.56%。一是列入整改计划的环保基础设施建设项目难以按期完成。如富斯特污水处理厂、永济市污水处理厂、新绛县污水处理厂扩容提标工程，运城开发区姚暹渠综合整治工程，8 个县（市、区）生活垃圾渗滤液处理设施建设等进展缓慢；白沙河水库、涑水河临猗段仍有污水直排；全市生活污水处理收费标准较低。二是工业企业环境污染严重。全市 19 家焦化厂中，仅有 1 家完成了升级改造，另有多家企业存在污染治理设施不正常运行、超标排放、跑冒滴漏、无组织排放等问题；2014年无人机检查和2015年综合督查中已要求取缔关闭的大量"土小"企业死灰复燃，环境污染严重。三是小锅炉污染问题突出。现场检查发现禹都区尉村热水炉、圣惠南路惠景嘉园取暖锅炉、佳杰公寓采暖炉等多处小锅炉黑烟直排。四是面源污染失于监管，现场检查发现40多处焚烧秸秆、焚烧垃圾、道路扬尘等现象，量多面广，对环境空气质量影响较大。

督办要求：督促运城市人民政府和有关部门严格按照《大气污染防治行动计划》《水污染防治行动计划》要求，对本行政区内所有排污单位污染排放情况进行全面排查，加大综合整治力度，完善环境基础设施建设；加大监管执法力度，依法严肃查处违反建设项目环境保护管理规定、污染防治设施不完善或不正常运行、超标排放、偷排偷放等环境违法行为，加快解决影响可持续发展和损害群众健康的突出环境问题，着力推进环境质量改善。限2016年6月底前完成挂牌督办事项。

二、对主要涉及水污染的环境违法案件的挂牌督办

2015年，我国环境保护部查处的环境违法案件中涉及水污染的挂牌督办案件主要有以下4起：对浙江省苍南县金乡镇电镀工业园环境违法案挂牌督办，对江西省九江富达实业有限公司环境违法案挂牌督办，环境保护部、公安部和最高人民检察院对广东省东莞市长安镇锦厦三洲水质净化有限公司环境违法案进行联合挂牌督办，对湖北省武汉市余家头水厂水源地一级保护区内建设码头环境违法案挂牌督办。

（一）对浙江省苍南县金乡镇电镀工业园环境违法案挂牌督办

基本情况：2015年6月23日至26日，环保部华东环境保护督查中心对群众投诉的浙江省温州市苍南县金乡镇电镀工业园环境污染问题现场调查时发现，该工业园存在电镀废水和部分车间废气收集和处理不到位、危险废物管理不规范、废水超标排放、卫生防护距离未落实、当地环保部门监测频次不足等问题。温州市环境保护局于2013年责令该工业园将污水纳入临港产业基地污水处理厂集中处理，但一直未得到有效解决。温州苍南县金乡镇电镀工业园未按温州市环境保护局要求将污水纳入临港产业基地污水处理厂集中处理，卫生防护距离内居民未搬迁。园区污水处理站废水COD、氨氮超标排放；电镀废水未分质处理，未按要求对一类污染物在车间或生产设施

排放口开展监测；压滤污泥贮存场所不符合《危险废物贮存污染控制标准》（GB18597—2001）有关要求，危险废物电镀废液未按环评要求交有资质的单位处置。C13、C14 酸洗车间废气收集处理不到位，排放黄色浓烟。

督办要求：督促当地政府组织该工业园限期完成污水纳管处理和防护距离内居民搬迁工作。督促地方环保部门加强日常监管，严格按照有关频次和点位要求开展污染源监测工作，依法查处工业园和相关企业环境违法问题。责令污水处理站和相关企业限期完善各项污染防治设施，限期治理超标排放问题，并处罚款，治理期间不得超标排污；限期改正危险废物贮存、处置不规范问题，并处罚款。限 2016 年 2 月 10 日前完成挂牌督办事项。

（二）对江西省九江富达实业有限公司环境违法案挂牌督办

基本情况：九江富达实业有限公司（组织机构代码：74606696–2，营业执照：360429210000671，法定代表人：吴礼富）年产 3800 吨分散染料项目配套的污水处理站没有采用强氧化、脱盐等有针对性的处理工艺；长期抽取地表水与废水分别在二沉池后和终沉池前进行混合，废水稀释排放；好氧池无活性污泥，污水处理设施不正常运行。

督办要求：督促当地环保部门对该公司的环境违法行为依法处理处罚到位并执行到位、督促整改到位；督促地方环保部门加强日常监管；涉嫌严重违法适用行政拘留的，依法移送公安机关。限 2016 年 4 月 20 日前完成挂牌督办事项。

（三）环境保护部、公安部和最高人民检察院对广东省东莞市长安镇锦厦三洲水质净化有限公司环境违法案进行联合挂牌督办

基本情况：东莞长安镇锦厦三洲水质净化有限公司存在主要问题有：一是出水流量计涉嫌造假、非法骗取污水处理费用。经华南国家计量测试中心（广东省计量科学研究院）东莞分院多次排水实验测试，出水流量计实验误差超出最大允许误差 3 倍多，该厂流量计涉嫌造假、非法骗取巨额污水处理费用。二是出水水质在线监测设备弄虚作假。经现场检查发现该厂出水口在线监测设施预处理器电磁阀被拆除，增加自来水管道。进水口三条进水管道设有手动控制阀门，可调节进水样稀释比例。三是私设暗管投放自来水稀释水样干扰人工采样监测。检查组发现该厂在环保部门监督性监测取样口附近埋设了稀释管道，可通过加注自来水稀释取样口水样。四是在线设备运维商严重失职。设备运维商杭州聚光科技有限公司日常校准维护长期缺失，对仪器设施存在故障问题从未记录，日常管理存在重大疏漏。

督办要求：环境保护部要求广东省环保部门对东莞市长安镇锦厦三洲水质净化有限公司依法处罚，涉嫌犯罪的，依法移送公安机关；强化对自动监控设施的监管工作，依法依规追究运维企业的责任，并要求企业将污染源自动监控仪器参数向环保部门备案。公安部要求广东省公安部门积极开展案件侦办工作，迅速查明犯罪事实，抓捕涉案人员；主动加强与检察院、法院的沟通协调，在案件定性、证据固定等方面加强案情会商、及时达成共识，确保案件顺利移送起诉。最高人民检察院要求广东省检察机关从严打击，对符合逮捕、起诉条件的要坚决、及时批捕、起诉，提高办案效率；要严格按照《人民检察院侦查监督部门办理挂牌督办案件办法》（试行）要求，加强挂牌督办案件的督办和管理。

（四）对湖北省武汉市余家头水厂水源地一级保护区内建设码头环境违法案挂牌督办

基本情况：湖北省武汉市武昌区余家头水厂水源地一级保护区内违法建设 11 个码头，长航 204 基地码头距离取水口仅 200 米，检查时个别码头仍在进行采砂作业；武汉辉腾达建筑工程有限公司在保护区内新建渣土水运专用码头，环保部门于 2015 年 5 月依法对其处以罚款并报请政府责令关闭，直至现场核查时，该码头仍未拆除清理。

督办要求：督促当地人民政府依法处理该保护区内违法建设项目，切实保障饮用水安全。督办期限：2016 年 6 月 30 日前完成挂牌督办事项。

三、对主要涉及危险废物的环境违法案件的挂牌督办

2015 年，主要涉及危险废物的环境违法案件的挂牌督办主要有以下 3 起：对天津市静海县双塘高档五金制品产业园环境违法案件挂牌督办，对云南省玉溪易和环境技术有限公司环境违法案挂牌督办，环境保护部、公安部和最高人民检察院对江苏省靖江市原侯河石油化工厂填埋疑似危险废物案进行联合挂牌督办。

（一）对天津市静海县双塘高档五金制品产业园环境违法案件挂牌督办

基本情况：静海县双塘高档五金制品产业园部分企业危险废物管理不规

范，洪民发拉丝厂酸洗废水产生的污泥和锌渣锌土，以及杨家园污水处理厂电镀废水处理污泥（约 30 吨／日），均直接外运至争光渠东岸露天堆存；天津海钢板材有限公司外送处理危险废物量不及环评预测量的 1%，大量压滤状污泥露天堆存于厂区二期工程预留地。双塘镇争光渠东岸有大量污泥（属危险废物）无序堆放，部分与生活垃圾混存，一些污泥已进入河道，环境隐患严重。

督办要求：依法责令相关企业立即停止违法处置危险废物的行为，处以罚款；拒不改正的，可以实施按日连续处罚；涉嫌环境犯罪的，依法移送公安机关；督促静海县人民政府妥善处置争光渠现存污泥带，确保环境安全；积极推进园区配套危险废物处置设施，科学谋划园区污泥处置的出路。限2015 年 7 月 20 日前完成挂牌督办事项。

（二）对云南省玉溪易和环境技术有限公司环境违法案挂牌督办

基本情况：云南省玉溪易和环境技术有限公司未经许可长期从事危险废物经营处置活动，焚烧灰渣填埋场及 2010 年、2012 年技术改造项目和活性炭炭化炉未经环评审批擅自投产。2014 年，环保部西南环境保护督查中心现场检查时，发现云南省玉溪易和环境技术有限公司存在无危险废物经营许可证从事危险废物处置经营活动、违反环境影响评价制度、污染防治设施不到位等突出问题。根据调度了解和地方函复的情况，云南省玉溪易和环境技术有限公司仍存在以下问题：一是无危险废物经营许可证，违法从事危险废物处置经营活动；二是未批投产的违法建设项目仍在继续生产。根据《环境违法案件挂牌督办管理办法》，环保部决定对云南省玉溪易和环境技术有限公司环境违法案件挂牌督办。

督办要求：督促当地环保部门对该公司的环境违法行为依法处理处罚到位并执行到位、督促整改到位；督促地方环保部门加强日常环境监管；涉及其他部门职责的，要及时移送相关部门处理；涉嫌环境犯罪的，要及时移送司法机关。限 2016 年 2 月 10 日前完成挂牌督办事项。

（三）环境保护部、公安部和最高人民检察院对江苏省靖江市原侯河石油化工厂填埋疑似危险废物案进行联合挂牌督办

基本情况：靖江市原侯河石油化工厂（已停产，2012 年在其原址建立了靖江市华顺生猪养殖场）厂区内地面下 3 至 4 米的部分区域填埋疑似危险废物，特征污染物为1，4–二氯苯、甲苯、三氯甲烷、四氯化碳、氯苯等。经查，疑似危险废物主要来自江苏扬农化工股份有限公司和江苏长青农化股份有限公司，两家公司及下属企业存在违反"三同时"验收制度和违反危险废物管理制度的问题。

督办要求：环境保护部要求江苏省环保部门进一步调查核实侯河化工填埋疑似危废的数量、种类和性质，督促指导地方政府切实做好污染物的处置工作；加强对受污染场地修复工作的环境监管，严密防范，避免造成二次污染；严查案件所涉企业相关环境违法问题，依法处理处罚，并举一反三，督促完善和加强危险废物的管理。公安部要求江苏省公安部门积极开展案件侦办工作，迅速查明犯罪事实，抓捕涉案人员；主动加强与检察院、法院的沟通协调，在案件定性、证据固定等方面加强案情会商、及时达成共识，确保案件顺利移送起诉。最高人民检察院要求江苏省检察机关从严打击，对符合逮捕、起诉条件的要坚决、及时批捕、起诉，提高办案效率；要严格按照《人民检察院侦查监督部门办理挂牌督办案件办法》（试行）要求，加强挂牌督办案件的督办和管理。

第二节　环境违法行为查处

2015年，环境保护部共查处环境违法案件10件。这10件环境违法案件分为两大类，一类主要是涉及环境影响评价的案件，共5件；另一类主要是涉及核安全的环境违法案件，共5件（见表7–2）。对核安全环境违法行为的查处工作是在2015年初国家核安全局、国家能源局和国防科工局联合发布《核安全文化政策声明》后，与国家核安全局在全行业开展的为期一年的核安全文化宣贯推进专项行动同步展开的。而涉及环境影响评价的案件的处罚主要是依据《中华人民共和国环境影响评价法》第三十一条第二款之规定，即"建设项目环境影响评价文件未经批准或者未经原审批部门重新审核同意，建设单位擅自开工建设的，由有权审批该项目环境影响评价文件的环境保护行政主管部门责令停止建设，可以处五万元以上二十万元以下的罚款，对建设单位直接负责的主管人员和其他直接责任人员，依法给予行政处分"。

表 7-2　2015 年环境保护部（含国家核安全局）查处环境违法行为一览表

编号	时间	文件名称
1	2015.2.10	核安全行政处罚决定书（西安陕鼓通风设备有限公司）
2	2015.2.10	核安全行政处罚决定书（西安陕鼓动力股份有限公司）
3	2015.2.10	核安全行政处罚决定书（南方风机股份有限公司）
4	2015.2.26	行政处罚决定书（铁法煤业集团大强煤矿有限责任公司）
5	2015.2.26	行政处罚决定书（三门峡义翔铝业有限公司）
6	2015.2.26	行政处罚决定书（安徽马钢罗河矿业有限责任公司）
7	2015.8.14	行政处罚决定书（中石油云南石化有限公司）
8	2015.8.21	行政处罚决定书（内蒙古珠江投资有限公司）
9	2015.12.14	核安全行政处罚决定书（原子高科股份有限公司）
10	2015.12.14	核安全行政处罚决定书（中国科学院高能物理研究所）

一、主要涉及核安全的环境违法案件

本年度，环境保护部及其下属的国家核安全局对以下 5 起涉及核安全的环境违法案件进行了行政处罚：西安陕鼓通风设备有限公司核安全违法案，西安陕鼓动力股份有限公司核安全违法案，南方风机股份有限公司核安全违法案，原子高科股份有限公司辐射安全违法案，中国科学院高能物理研究所辐射安全违法案。

（一）西安陕鼓通风设备有限公司核安全违法案

基本案情：西安陕鼓通风设备有限公司存在无许可证擅自从事台山核电项目核级风机设计、制造活动的行为，违反了《民用核安全设备监督管理条例》第十九条关于禁止无许可证擅自从事民用核安全设备设计、制造活动的规定。国家核安全局于 2015 年 1 月 19 日告知该公司违法事实、处罚依据和拟作出的处罚决定，并明确告知该公司有权进行陈述、申辩和要求听证。该公司于 2015 年 1 月 26 日明确表示放弃陈述、申辩和听证要求，接受行政处罚。

责令改正和行政处罚的依据、种类：《民用核安全设备监督管理条例》第四十四条规定，无许可证擅自从事民用核安全设备设计、制造、安装和无损检验活动的，由国务院核安全监管部门责令停止违法行为，处50万元以上100万元以下的罚款；有违法所得的，没收违法所得；对直接负责的主管人员和其他直接责任人员，处2万元以上10万元以下的罚款。根据上述规定，国家核安全局对该公司处50万元罚款。

行政处罚决定的履行方式和期限：根据《中华人民共和国行政处罚法》和《罚款决定与罚款收缴分离实施办法》的规定，该公司应于收到环境保护部的处罚决定书之日起15日内，持国家核安全局出具的"一般缴款书"将罚款缴至中央总金库。该公司缴纳罚款后，应将缴款凭据复印件报送国家核安全局备案。逾期不缴纳罚款的，国家核安全局将依法每日按罚款数额的3%加处罚款。

（二）西安陕鼓动力股份有限公司核安全违法案

基本案情：经调查核实，该公司存在无许可证擅自从事台山核电项目核级风机设计、制造活动的行为。该公司的上述行为违反了《民用核安全设备监督管理条例》第十九条关于禁止无许可证擅自从事民用核安全设备设计、制造活动的规定。国家核安全局于2015年1月19日告知该公司违法事实、处罚依据和拟作出的处罚决定，并明确告知该公司有权进行陈述、申辩和要求听证。该公司于2015年1月26日明确表示放弃陈述、申辩和听证要求，接受行政处罚。

责令改正和行政处罚的依据、种类：《民用核安全设备监督管理条例》第四十四条规定，无许可证擅自从事民用核安全设备设计、制造、安装和无损检验活动的，由国务院核安全监管部门责令停止违法行为，处50万元以上100万元以下的罚款；有违法所得的，没收违法所得；对直接负责的主管人员和其他直接责任人员，处2万元以上10万元以下的罚款。根据上述规定，国家核安全局对该公司处50万元罚款。

行政处罚决定的履行方式和期限：根据《中华人民共和国行政处罚法》和《罚款决定与罚款收缴分离实施办法》的规定，该公司应于收到环境保护部的处罚决定书之日起15日内，持国家核安全局出具的"一般缴款书"将罚款缴至中央总金库。该公司缴纳罚款后，应将缴款凭据复印件报送国家核安全局备案。逾期不缴纳罚款的，国家核安全局将依法每日按罚款数额的3%加处罚款。

（三）南方风机股份有限公司核安全违法案

基本案情：经调查核实，该公司在履行台山核电项目核岛通风空调系统供货合同过程中，存在委托未取得相应许可证的单位开展核安全设备设计、制造活动及在制造活动开始 30 日前未将相关文件报国家核安全局备案的行为，违反了《民用核安全设备监督管理条例》第十九条关于禁止委托未取得相应许可证的单位进行民用核安全设备设计、制造活动以及第二十三条民用核安全设备制造、安装单位应当在制造、安装活动开始 30 日前，将相关文件报国务院核安全监管部门备案的规定。国家核安全局于 2015 年 1 月 19 日告知该公司违法事实、处罚依据和拟作出的处罚决定，并明确告知该公司有权进行陈述、申辩和要求听证。该公司于 2015 年 1 月 20 日明确表示放弃陈述、申辩和听证要求，接受行政处罚。

责令改正和行政处罚的依据、种类：《民用核安全设备监督管理条例》第四十九条规定，民用核安全设备设计、制造、安装和无损检验单位委托未取得相应许可证的单位进行民用核安全设备设计、制造、安装和无损检验活动的，由国务院核安全监管部门责令停止违法行为，限期改正，处 10 万元以上 50 万元以下的罚款。该条例第五十一条规定，民用核安全设备设计、制造、安装和无损检验单位在民用核安全设备设计、制造、安装和无损检验活动开始前，未按照规定将有关文件报国务院核安全监管部门备案的，由国务院民用核安全监管部门责令停止民用核安全设备设计、制造、安装和无损检验活动，限期改正。根据上述规定国家核安全局责令该公司停止民用核安全设备设计、制造活动，限期 6 个月改正，整改期间不得开展民用核安全设备相关活动，并处 50 万元罚款。

责令改正和行政处罚决定的履行方式和期限：1. 该公司接到环境保护部的处罚决定书后应立即停止所有民用核安全设备设计和制造活动，并于限期改正期满后 10 日内将改正情况书面报告国家核安全局。整改期自收到环境保护部的决定书之日起计算。2. 根据《中华人民共和国行政处罚法》和《罚款决定与罚款收缴分离实施办法》的规定，该公司应于收到环境保护部的处罚决定书之日起十五日内，持国家核安全局出具的"一般缴款书"将罚款缴至中央总金库。该公司缴纳罚款后，应将缴款凭据复印件报送国家核安全局备案。逾期不缴纳罚款的，国家核安全局将依法每日按罚款数额的 3% 加处罚款。

（四）原子高科股份有限公司辐射安全违法案

基本案情：经调查核实，该公司存在未经批准擅自转让放射源的行为，违反了《放射性同位素与射线装置安全和防护条例》第二十条、第二十一条有关放射性同位素转让及备案的规定。环境保护部于 2015 年 8 月 5 日告知该公司违法事实、处罚依据和拟作出的处罚决定，并明确告知该公司有权进行陈述、申辩和要求听证。该公司未进行陈述、申辩，在法定期限内也未提出听证申请。

行政处罚的依据、种类：《放射性同位素与射线装置安全和防护条例》第五十二条规定，未经批准擅自转让放射性同位素的，由县级以上人民政府环境保护主管部门责令其停止违法行为，限期改正；没有违法所得或者违法所得不足 10 万元的，并处 1 万元以上 10 万元以下罚款。根据上述规定，环境保护部对该公司罚款 10 万元。

行政处罚决定的履行方式和期限：根据《中华人民共和国行政处罚法》和《罚款决定与罚款收缴分离实施办法》的规定，该公司应于收到环境保护部的处罚决定书之日起 15 日内，持环境保护部出具的"一般缴款书"将罚款缴至中央总金库。该公司缴纳罚款后，应将缴款凭据复印件报送环境保护部备案。逾期不缴纳罚款的，环境保护部将依法每日按罚款数额的 3% 加处罚款。

（五）中国科学院高能物理研究所辐射安全违法案

基本案情：经调查核实，该单位存在未经批准擅自转让放射源及将废旧放射源送交无相应许可证的单位贮存的行为，违反了《放射性同位素与射线装置安全和防护条例》第二十条、第二十一条有关放射性同位素转让及备案的规定，以及《放射性废物安全管理条例》第十一条有关废旧放射源贮存和处置的规定。环境保护部于 2015 年 8 月 6 日告知该单位违法事实、处罚依据和拟作出的处罚决定，并明确告知该单位有权进行陈述、申辩和要求听证。根据该单位 2015 年 8 月 11 日提出的书面听证申请，环境保护部于 2015 年 9 月 21 日举行了听证会。经研究，环境保护部对该单位提出的免于处罚的意见不予采纳。

行政处罚的依据、种类：《放射性同位素与射线装置安全和防护条例》

第五十二条规定，未经批准擅自转让放射性同位素的，由县级以上人民政府环境保护主管部门责令其停止违法行为，限期改正；没有违法所得或者违法所得不足 10 万元的，并处 1 万元以上 10 万元以下罚款。《放射性废物安全管理条例》第三十七条规定，核技术利用单位将废旧放射源或者其他放射性固体废物送交无相应许可证的单位贮存、处置，或者擅自处置的，由县级以上人民政府环境保护主管部门责令其停止违法行为，限期改正，处 10 万元以上 20 万元以下罚款。根据上述规定，环境保护部对该单位未经批准擅自转让放射源的行为处 10 万元罚款，对该单位将废旧放射源送交无相应许可证的单位贮存的行为处 10 万元罚款，共计 20 万元罚款。

行政处罚决定的履行方式和期限：根据《中华人民共和国行政处罚法》和《罚款决定与罚款收缴分离实施办法》的规定，该单位应于收到环境保护部的处罚决定书之日起 15 日内，持环境保护部出具的"一般缴款书"将罚款缴至中央总金库。该单位缴纳罚款后，应将缴款凭据复印件报送环境保护部备案。逾期不缴纳罚款的，环境保护部将依法每日按罚款数额的 3% 加处罚款。

二、主要涉及环境影响评价的环境违法案件

本年度，环境保护部对以下 5 起涉及环境影响评价的环境违法案件进行了行政处罚：安徽马钢罗河矿业有限责任公司环境违法案，三门峡义翔铝业有限公司环境违法案，铁法煤业集团大强煤矿有限责任公司环境违法案，中石油云南石化有限公司环评违法案，内蒙古珠江投资有限公司环评违法案。

（ ）安徽马钢罗河矿业有限责任公司环境违法案

基本案情：经调查核实，该公司罗河铁矿建设工程环境影响评价文件于 2005 年 11 月经原国家环保总局批复，该工程实际建设的地点、采用的工艺发生重大变动，未重新报批环境影响评价文件；配套建设的环境保护设施未经验收，主体工程擅自投入生产，违反了《环境影响评价法》第二十四条关于"环境影响评价"制度的规定和《建设项目环境保护管理条例》第二十三条关于"三同时"制度的规定。环境保护部于 2014 年 12 月 16 日告知该公司违法事实、处罚依据和拟作出的处罚决定，并告知该公司有权进行陈述、申辩和要求听证。该公司未进行陈述、申辩，放弃听证权利。

责令改正和行政处罚的依据、种类：《中华人民共和国环境影响评价法》第三十一条第二款规定："建设项目环境影响评价文件未经批准或者未经原审批部门重新审核同意，建设单位擅自开工建设的，由有权审批该项目环境影响评价文件的环境保护行政主管部门责令停止建设，可以处五万元以上二十万元以下的罚款，对建设单位直接负责的主管人员和其他直接责任人员，依法给予行政处分"。根据上述规定，环境保护部责令该公司罗河铁矿建设工程停止建设。《建设项目环境保护管理条例》第二十八条规定："违反本条例规定，建设项目需要配套建设的环境保护设施未建成、未经验收或者经验收不合格，主体工程正式投入生产或者使用的，由审批该建设项目环境影响报告书、环境影响报告表或者环境影响登记表的环境保护行政主管部门责令停止生产或者使用，可以处 10 万元以下的罚款"。根据上述规定，环境保护部责令该公司罗河铁矿建设工程停止生产，罚款 10 万元。

责令改正和行政处罚决定的履行方式和期限：1. 该公司应于接到环境保护部的处罚决定书之日起对罗河铁矿建设工程停止建设。在该项目环境影响评价文件经环境保护部批准后，方可恢复建设。2. 该公司应于接到环境保护部的处罚决定书之日起对罗河铁矿建设工程停止生产。在该项目配套建设的环境保护设施验收合格后，方可恢复生产。

关于罚款的履行方式和期限：根据《中华人民共和国行政处罚法》《罚款决定与罚款收缴分离实施办法》的规定，该公司应于接到环境保护部的处罚决定书之日起 15 日内，持环境保护部出具的"一般缴款书"将罚款缴至中央总金库。该公司缴纳罚款后，应将缴款凭据复印件报送环境保护部备案。逾期不缴纳罚款，环境保护部将每日按罚款数额的 3% 加处罚款。

（二）三门峡义翔铝业有限公司环境违法案

基本案情：经调查核实，该公司年产 30 万吨氧化铝项目环境影响评价文件于 2005 年 8 月经原国家环保总局批复，该项目需要配套建设的环境保护设施未经验收，主体工程正式投入生产，违反了《建设项目环境保护管理条例》第二十三条关于"三同时"制度的规定。环境保护部于 2014 年 1 月 10 日告知该公司违法事实、处罚依据和拟作出的处罚决定，并告知该公司有权进行陈述、申辩和要求听证。该公司进行了陈述申辩并递交了相关材料，环境保护部已对材料进行了核审。该公司未在法定期限内提出听证申请，视为放弃听证权利。

行政处罚的依据、种类：《建设项目环境保护管理条例》第二十八条规定："违反本条例规定，建设项目需要配套建设的环境保护设施未建成、未经验收或者经验收不合格，主体工程正式投入生产或者使用的，由审批该建设项目环境影响报告书、环境影响报告表或者环境影响登记表的环境保护行政主管部门责令停止生产或者使用，可以处10万元以下的罚款"。根据上述规定，环境保护部责令该公司年产30万吨氧化铝项目停止生产，罚款10万元。

行政处罚决定的履行方式和期限：1.该公司应于接到环境保护部的处罚决定书之日起对年产30万吨氧化铝项目停止生产。在该项目需要配套建设的环境保护设施验收合格后，方可依法恢复生产。2.根据《行政处罚法》《罚款决定与罚款收缴分离实施办法》的规定，该公司应于接到环境保护部的处罚决定书之日起15日内，持环境保护部出具的"一般缴款书"将罚款缴至中央总金库。该公司缴纳罚款后，应将缴款凭据复印件报送环境保护部备案。逾期不缴纳罚款，环境保护部将每日按罚款数额的3%加处罚款。

（三）铁法煤业集团大强煤矿有限责任公司环境违法案

基本案情：经调查核实，该公司长城窝堡矿井项目环境影响评价文件于2005年12月经原国家环保总局批复，2007年建设内容发生重大变动，变更后的环境影响评价文件于2008年8月经环境保护部批复。该项目于2009年9月开工建设后，建设内容再次发生重大变动，未重新报批环境影响评价文件；该项目需要配套建设的环境保护设施未经验收，主体工程正式投入生产，违反了《环境影响评价法》第二十四条关于"环境影响评价"制度的规定和《建设项目环境保护管理条例》第二十三条关于"三同时"制度的规定。环境保护部于2014年11月28日告知该公司违法事实、处罚依据和拟作出的处罚决定，并告知该公司有权进行陈述、申辩和要求听证。该公司进行了陈述申辩并递交了相关材料，环境保护部已对材料进行了核审。该公司未在法定期限内提出听证申请，视为放弃听证权利。

责令改正和行政处罚的依据、种类：《环境影响评价法》第三十一条第二款规定："建设项目环境影响评价文件未经批准或者未经原审批部门重新审核同意，建设单位擅自开工建设的，由有权审批该项目环境影响评价文件的环境保护行政主管部门责令停止建设，可以处五万元以上二十万元以下的罚款，对建设单位直接负责的主管人员和其他直接责任人员，依法给予行政处分"。根据上述规定，环境保护部责令该公司长城窝堡矿井项目变动工程停止建设。《建设项目环境保护管理条例》第二十八条规定："违反本条例规定，建设项目需要配套建设的环境保护设施未建成、未经验收或者经验收不合格，主体工程正式投入生产或者使用的，由审批该建设项目环境影响报告书、环境影响报告表或者环境影响登记表的环境保护行政主管部门责令停止生产或者使用，可以处 10 万元以下的罚款"。根据上述规定，环境保护部责令该公司长城窝堡矿井项目停止生产，罚款 10 万元。

责令改正和行政处罚决定的履行方式和期限：1. 该公司应于接到环境保护部的处罚决定书之日起对长城窝堡矿井项目变动工程停止建设。在该项目变动工程环境影响评价文件经环境保护部批准后，方可依法恢复建设。2. 该公司应于接到环境保护部的处罚决定书之日起对长城窝堡矿井项目停止生产。在该项目需要配套建设的环境保护设施验收合格后，方可依法恢复生产。

罚款的履行方式和期限：根据《行政处罚法》《罚款决定与罚款收缴分离实施办法》的规定，该公司应于接到本处罚决定书之日起 15 日内，持环境保护部出具的"一般缴款书"将罚款缴至中央总金库。该公司缴纳罚款后，应将缴款凭据复印件报送环境保护部备案。逾期不缴纳罚款，环境保护部将每日按罚款数额的 3% 加处罚款。

（四）中石油云南石化有限公司环评违法案

基本案情：中石油云南石化有限公司中国石油云南 1000 万吨 / 年炼油项目环境影响评价文件于 2012 年 7 月经环保部批复，2013 年 2 月开工建设。2015 年 4 月，环保部调查发现该项目建设内容发生重大变动，未重新报批环境影响评价文件，擅自开工建设。中石油云南石化有限公司上述行为违反了《环境保护法》第十九条和《环境影响评价法》第二十四条关于环境影响评价制度的规定。环保部于 2015 年 6 月 18 日告知中石油云南石化有限公司违法事实、处罚依据和拟作出的处罚决定，并告知中石油云南石化有限公司有权进行陈述、申辩和要求听证。中石油云南石化有限公司于 2015 年 6 月28 日书面表示不申请听证，不进行陈述、申辩。

责令改正和行政处罚的依据、种类：《环境保护法》第六十一条规定："建设单位未依法提交建设项目环境影响评价文件或者环境影响评价文件未经批准，擅自开工建设的，由负有环境保护监督管理职责的部门责令停止建设，处以罚款，并可以责令恢复原状"。《环境影响评价法》第三十一条第一款规定："建设单位未依法报批建设项目环境影响评价文件，或者未依照本法第二十四条的规定重新报批或者报请重新审核环境影响评价文件，擅自开工建设的，由有权审批该项目环境影响评价文件的环境保护行政主管部门责令停止建设，限期补办手续；逾期不补办手续的，可以处五万元以上二十万元以下的罚款，对建设单位直接负责的主管人员和其他直接责任人员，依法给予行政处分"。根据上述规定，环保部责令中石油云南石化有限公司中国石油云南 1000 万吨／年炼油项目变动工程停止建设，罚款 20 万元。

责令改正和行政处罚决定的履行方式和期限：1. 中石油云南石化有限公司应于接到本处罚决定书之日起对中国石油云南 1000 万吨／年炼油项目变动工程停止建设。在该项目变动工程环境影响评价文件经环保部批准后，方可依法恢复建设。2. 根据《行政处罚法》和《罚款决定与罚款收缴分离实施办法》的规定，中石油云南石化有限公司应于接到《行政处罚决定书（中石油云南石化有限公司）》之日起 15 日内，缴纳罚款。

（五）内蒙古珠江投资有限公司环评违法案

基本案情：内蒙古珠江投资有限公司青春塔煤矿及选煤厂配套铁路专用线项目环境影响评价文件于 2005 年 8 月经原国家环境保护总局批复，2010 年 5 月开工建设。2015 年 6 月，环保部调查发现该项目建设内容发生重大变动，未重新报批环境影响评价文件，擅自开工建设。以上事实，有原国家环境保护总局 2005 年 8 月 26 日《关于内蒙古珠江投资有限公司青春塔煤矿及选煤厂新建工程环境影响报告书的批复》（环审〔2005〕730 号），环保部华北环境保护督查中心 2015 年 6 月 23 日《关于内蒙古珠江投资有限公司青春塔煤矿及选煤厂配套铁路专用线项目环境违法问题的调查报告》（华北环督发〔2015〕88 号）及 2015 年 6 月 11 日《调查询问笔录》和《现场检查（勘验）笔录》及相关资料为证。内蒙古珠江投资有限公司的上述行为违反了《环境保护法》第十九条和《环境影响评价法》第二十四条关于环境影响评价制度的规定。环保部于 2015 年 7 月 27 日告知内蒙古珠江投资有限公司违法事实、处罚依据和拟作出的处罚决定，并告知内蒙古珠江投资有限公司有权进行陈述、申辩和要求听证。内蒙古珠江投资有限公司于 2015 年 7 月 31 日书面表示不申请听证，不进行陈述、申辩。

责令改正和行政处罚的依据、种类：《环境保护法》第六十一条规定："建设单位未依法提交建设项目环境影响评价文件或者环境影响评价文件未经批准，擅自开工建设的，由负有环境保护监督管理职责的部门责令停止建设，处以罚款，并可以责令恢复原状"。《环境影响评价法》第三十一条第一款规定："建设单位未依法报批建设项目环境影响评价文件，或者未依照本法第二十四条的规定重新报批或者报请重新审核环境影响评价文件，擅自开工建设的，由有权审批该项目环境影响评价文件的环境保护行政主管部门责令停止建设，限期补办手续；逾期不补办手续的，可以处五万元以上二十万元以下的罚款，对建设单位直接负责的主管人员和其他直接责任人员，依法给予行政处分"。根据上述规定，环保部责令内蒙古珠江投资有限公司青春塔煤矿及选煤厂配套铁路专用线项目变动工程停止建设，罚款 20 万元。

责令改正和行政处罚决定的履行方式和期限：1. 内蒙古珠江投资有限公司应于接到本决定书之日起对青春塔煤矿及选煤厂配套铁路专用线项目变动工程停止建设。在该项目变动工程环境影响评价文件经环保部批准后，方可依法恢复建设。2. 根据《行政处罚法》和《罚款决定与罚款收缴分离实施办法》的规定，内蒙古珠江投资有限公司应于接到《行政处罚决定书（内蒙古珠江投资有限公司）》之日起 15 日内缴纳罚款。

环境司法与环境诉讼篇

2015 年，中国环境司法与环境诉讼取得了显著的成绩。环境相关法司法解释方面，最高人民法院出台了 4 个司法解释，分别为《最高人民法院关于审理环境民事公益诉讼案件适用法律若干问题的解释》《最高人民法院关于适用〈中华人民共和国民事诉讼法〉的解释》《最高人民法院关于审理环境侵权责任纠纷案件适用法律若干问题的解释》《关于审理掩饰、隐瞒犯罪所得、犯罪所得收益刑事案件适用法律若干问题的解释》。此外，全国人大常委会通过了《全国人大常委会关于授权最高人民检察院在部分地区开展公益诉讼试点工作的决定》。此后，最高人民检察院发布了 2 个配套文件：《检察机关提起公益诉讼改革试点方案》和《人民检察院提起公益诉讼试点工作实施办法》。

环境审判与环境诉讼方面，最高人民法院在环境资源司法审判机构设置方面完成了顶层设计及全国布局，截至 2015 年 11 月，全国共有 24 个省区市人民法院设立了 456 个环境资源审判庭、合议庭、巡回法庭；福建、贵州、江苏、海南 4 省已经建立起三级环境资源审判组织体系。为规范审判工作，最高人民法院发布了环境资源十大侵权案例，并邀请了 10 位环境保护法领域的专家对十大侵权案例进行了点评；为强化全国环境保护法官培训工作，2015 年 5 月对全国的环境保护法官进行了培训；设立环境资源司法研究智库，于 2015 年 5 月 19 日揭牌成立最高人民法院环境资源司法研究中心，25 位环境资源领域的优秀法官和知名学者受聘担任研究员，40 位来自法学界、科学技术界的专家组成环境资源审判咨询专家库；召开全国环境资源司法审判工作会议，对全国环境资源司法审判工作进行了总结和部署，最高人民法院于 2015 年 11 月在福建古田召开了第一届全国环境资源司法审判工作会议。①

环境社会公共利益诉讼方面，"全国检察机关充分发挥检察职能作用，整合资源力量，积极主动作为，强化法律监督，建立完善机制，不断加大对生态环境的司法保护，为推动实现天蓝、水清、地绿的目标作出了积极贡献"②，部分省市检察院办理的一些典型案例被树为典型，体现了检察机关依法严惩破坏生态环境犯罪，保护生态环境的强烈使命感和责任感。与此同时，自然之友、中华环保联合会等环境社会公共利益组织也提起了一些环境公益诉讼案件，有力地保护了环境公共利益。

---

①　陈虹伟：《2015 年环境资源审判工作凸显六大亮点，最高法获代表点赞》，《法制日报》2016 年 3 月 7 日。

②　刘子阳：《最高检发布生态环境司法保护典型案例树立标尺》，《法制日报》2015 年 6 月 17 日。

第 八 章

2015年环境相关法领域全国人民代表大会决定及司法解释

2015年，最高人民法院出台了4个司法解释，其中3个都与环境公益诉讼有关。这三个司法解释分别是：1月7日发布的《最高人民法院关于审理环境民事公益诉讼案件适用法律若干问题的解释》，2月4日发布的《最高人民法院关于适用〈中华人民共和国民事诉讼法〉的解释》，6月1日发布的《最高人民法院关于审理环境侵权责任纠纷案件适用法律若干问题的解释》。另外一个是最高人民法院于2015年5月发布的《关于审理掩饰、隐瞒犯罪所得、犯罪所得收益刑事案件适用法律若干问题的解释》，此解释明确了《刑法》第三百一十二条所规定的掩饰、隐瞒犯罪所得罪的入罪标准，即明知是非法狩猎的野生动物而收购的，数量达到五十只以上的，以掩饰、隐瞒犯罪所得罪定罪处罚。此外，7月1日，全国人大常委会通过了《全国人大常委会关于授权最高人民检察院在部分地区开展公益诉讼试点工作的决定》，授权最高人民检察院在生态环境和资源保护、国有资产保护、国有土地使用权出让、食品药品安全等领域开展提起公益诉讼试点。随后，最高人民检察院发布了2个配套文件：《检察机关提起公益诉讼改革试点方案》和《人民检察院提起公益诉讼试点工作实施办法》，分别于当年7月2日、12月24日起施行。

第一节 最高人民法院关于审理环境民事公益 诉讼案件适用法律若干问题的解释①

为正确审理环境民事公益诉讼案件，根据《中华人民共和国民事诉讼法》《中华人民共和国侵权责任法》《中华人民共和国环境保护法》等法律的规定，结合审判实践，最高人民法院于2015年1月7日发布《关于审理环境民事公益诉讼案件适用法律若干问题的解释》（本节以下简称《环境民事公益诉讼解释》），自发布之日起施行。

一、《环境民事公益诉讼解释》制定的背景

大气、水、土壤等污染事件的频发、部分区域生态系统功能严重退化的现实对普通民事诉讼的救济范围发起了挑战。2012年修订的民事诉讼法规定了民事公益诉讼制度，② 2014年修订的环境保护法规定具备条件的社会组织可以向人民法院提起公益诉讼③，这两部法律奠定了环境民事公益诉讼的基础，但都仅为原则性规定，尚未明确这些原则性规定得以具体落实的规则。为此，最高人民法院于2014年7月先后下发了《关于全面加强环境资源审判工作为推进生态文明建设提供有力司法保障的意见》和《关于在部分地方人民法院推进环境民事公益诉讼审判工作的指导意见》，在江苏、福建、云南、海南、贵州五省开展环境民事公益诉讼试点工作，并对试点法院推进环境民事公益诉讼的主要内容和工作程序作出规定。

为切实做好司法解释起草工作，最高人民法院先后到云南、贵州、江苏等13个省、直辖市、自治区进行深入全面的调查研究，充分听取了各级

① 本部分内容根据下面文章整理：郑学林、林文学、王展飞：《〈关于审理环境民事公益诉讼案件适用法律若干问题的解释〉的理解和适用》，《人民司法（应用）》2015年第5期。

② 即《民事诉讼法》第五十五条"对污染环境、侵害众多消费者合法权益等损害社会公共利益的行为，法律规定的机关和有关组织可以向人民法院提起诉讼。"之规定。

③ 即《环境保护法》第五十八条之规定："对污染环境、破坏生态、损害社会公共利益的行为，符合下列条件的社会组织可以向人民法院提起诉讼：（一）依法在设区的市级以上人民政府民政部门登记；（二）专门从事环境保护公益活动连续五年以上且无违法记录。符合前款规定的社会组织向人民法院提起诉讼，人民法院应当依法受理。提起诉讼的社会组织不得通过诉讼牟取经济利益。"

法院尤其是试点法院的意见；多次就社会组织的主体资格、司法权和行政权的衔接与协调、环境损害的评估和赔偿金的支付对象等问题与相关单位进行沟通。就征求意见稿，最高人民法院除了征求全国法院系统以及全国人大法工委、民政部和环境保护部的意见外，还三次召开座谈会听取北京大学、清华大学等高校和研究机构环境法、民事诉讼法和侵权法方面专家的意见，并通过《人民法院报》和中国法院网面向全社会征求意见，收到来自国内外 100 多个机构和个人提交的书面意见 600 余条。其中，还包括来自美国佛蒙特法学院、圣塔克拉拉大学法学院等机构，以及前美国国家环保局局长、欧盟法院法律总顾问等在内的多名专家提交的书面意见。

二、《环境民事公益诉讼解释》的指导思想

《环境民事公益诉讼解释》的起草首先坚持依法解释的原则，紧紧围绕环境民事公益诉讼具有的公益性、复合性、专业性、恢复性和职权性特点进行制度设计。

1. 围绕环境民事公益诉讼具有的公益性进行解释。环境民事公益诉讼是为了维护环境公共利益而特别设立的诉讼制度，公益性是其应有之义。为此，规定了一系列鼓励社会组织提起环境民事公益诉讼的制度，包括对于社会组织的类型保持一定的开放性，对于环境保护法第五十八条规定的条件作出合理解释，以及减轻社会组织的诉讼成本负担；另一方面，对于社会组织存在违法记录以及利用诉讼牟取经济利益的情形进行了规制，目的是使那些依法运行并且具备维护环境公共利益能力的社会组织能够参与到环境民事公益诉讼中来，从而真正实现维护环境公共利益的立法目的。

2. 围绕环境民事公益诉讼具有的复合性进行解释。环境民事公益诉讼案件的复合性首先表现为公益诉讼和私益诉讼的交织。为明确两者的关系，规定私益诉讼的提起不受环境民事公益诉讼的影响，设立了允许私益诉讼原告"搭便车"的制度，还对两者的受偿顺位进行了明确。复合性还表现在环境治理手段的多元，对环境民事公益诉讼与行政执法的衔接作了规定。

3. 围绕环境民事公益诉讼具有的专业性进行解释。规定保障当事人要求专家出庭就鉴定意见和专门性问题发表意见的权利，还规定对于生态环境修复费用难以确定或者确定具体数额所需鉴定费用明显过高的，人民法院可

以结合污染物种类、过错程度等主客观因素，并参考专家意见等，予以合理确定。

4. 围绕环境民事公益诉讼具有的恢复性进行解释。恢复性是审理环境民事公益诉讼案件的重要司法理念。规定凡有可能采取措施恢复原状的，应当责令被告将生态环境恢复到损害发生之前的状态和功能，只有生态环境的状态和功能不能完全修复的，被告才可以采用异地修复等替代性修复方式。

5. 围绕环境民事公益诉讼具有的职权性进行解释。环境民事公益诉讼的公益属性决定了人民法院在坚持司法中立原则的同时，也要在合理限度内发挥职权作用。为此，规定人民法院可以对原告的诉讼请求进行释明，可以依职权调查收集证据和委托具备资格的鉴定人对专门性问题进行鉴定，还可以主动将案件移送执行，并对当事人的处分权进行了适度限制。

三、《环境民事公益诉讼解释》的主要内容

《环境民事公益诉讼解释》共35条，主要包括八个方面的内容：

（一）关于社会组织的原告资格

1. 关于社会组织的类型，保持了一定的开放性。今后如有新的行政法规或地方性法规拓展了社会组织的范围，这些社会组织也可以依法提起环境民事公益诉讼。

2. 关于"设区的市级以上人民政府民政部门"的范围，只要在行政区划的等级上与设区的市相当，即符合法定要求。具体而言，"设区的市级以上人民政府民政部门"包括民政部，省、自治区、直辖市的民政部门，四个直辖市的区民政部门，设区的市的民政部门，自治州、盟、地区的民政部门，以及不设区的地级市的民政部门。

3. 关于"专门从事环境保护公益活动连续五年以上"的界定。只要社会组织的宗旨和主要业务范围是维护社会公共利益，且起诉前五年内实际从事过环境保护公益活动的，就可以认定为"专门从事环境保护公益活动连续五年以上"。同时，还规定社会组织提起的环境民事公益诉讼所涉及的环境公共利益，应与其宗旨与业务范围具有一定的关联性，但对社会组织提起诉讼的地域范围未予限制。

4. 关于"无违法记录"。将"无违法记录"限定为社会组织未因从事业

务活动违反法律、法规的规定受过行政、刑事处罚，不包括情节轻微的违规行为，也不包括社会组织成员以及法定代表人个人的违法行为，同时，还将违法行为发生的时间限定在提起诉讼前的五年内。对于诉讼过程中发现社会组织有通过该案牟取经济利益行为的，人民法院可以根据情节轻重采取收缴违法所得、罚款、移送有关机关处理等措施，但案件原则上仍应继续审理并依法作出判决，不能一概裁定驳回起诉。

（二）关于管辖法院

1.关于级别管辖问题。原则上应由中级以上人民法院管辖，但考虑到一些基层人民法院较早建立了专门的环境保护法庭，故中级人民法院可以依据民事诉讼法第三十八条的规定，在报请高级人民法院批准后，将本院管辖的第一审环境民事公益诉讼案件通过"一案一指"的方式裁定交给基层人民法院审理。

2.关于地域管辖问题。按照民事诉讼法关于侵权案件管辖的规定，应由侵权行为地或者被告住所地人民法院管辖，侵权行为地包括污染环境、破坏生态行为发生地和损害结果地。

3.关于管辖权冲突问题。由最先立案的人民法院管辖，必要时由共同上级人民法院指定管辖。为减少或避免出现管辖权冲突现象，提高诉讼效率，还规定人民法院在受理环境民事公益诉讼后，应公告案件受理情况。

4.关于跨行政区划集中管辖问题。专门规定了环境民事公益诉讼案件实行跨行政区划集中管辖。

（三）关于原、被告举证能力的适当平衡

人民法院除依法适用侵权责任法关于举证责任的相关规定以及依职权调查收集证据、委托鉴定外，还规定了以下两方面措施：一是对环境民事公益诉讼的被告拒不提供重要环境信息的法律责任予以明确。如果原告主张相关事实不利于被告的，人民法院可以推定该主张成立。二是引入民事诉讼法第十五条规定的支持起诉制度。检察机关、负有环境保护监督管理职责的部门及其他机关、社会组织、企业事业单位可以在环境民事公益诉讼中以提供法律咨询、提交书面意见、协助调查取证等方式为原告提供支持和帮助，从而补强社会组织的诉讼能力，更好地维护社会公共利益。

（四）关于被告承担责任的形式

将环境民事公益诉讼原告可以请求被告承担的侵权责任方式规定为停止侵害、排除妨碍、消除危险、恢复原状、赔偿损失、赔礼道歉等六种形式。1. 停止侵害、排除妨碍、消除危险等预防性责任方式被列为首选的责任方式。2. 在生态环境已经遭受实质性损害的情况下，重视恢复原状这一责任方式的运用。为确保恢复原状责任方式的执行效果，采取了修复主体多元化、建立对生态环境修复结果的监督机制两方面措施。此外，对于环境修复资金和服务功能损失等款项的使用问题，明确规定应当专门用于修复被损害的生态环境，而不能由原告直接领取。3. 规定被告应当对生态环境在修复期间服务功能的损失承担赔偿责任。4. 环境民事公益诉讼中虽然不存在针对特定受害人赔礼道歉的问题，但是污染环境、破坏生态的行为可能导致社会公众享有美好生态环境的精神利益遭受损失，因此，将赔礼道歉纳入环境民事公益诉讼的责任方式并不存在法理障碍。赔礼道歉这一责任方式适用对象原则上限于违法排放的生产经营者。

（五）关于职权主义的适度强化

从以下四个方面作了规定：一是行使释明权。二是依职权调查收集证据、委托鉴定以及酌定生态环境修复费用。三是对当事人的处分权进行适度限制。四是主动移送执行。

（六）关于公益诉讼和环境行政执法的衔接

规定人民法院受理环境民事公益诉讼后，应当在十日内告知对被告行为负有环境保护监督管理职责的部门；对于因相关部门依法履行监管职责而使原告诉讼请求全部实现的，原告可以申请撤诉。"原告诉讼请求全部实现"的判断标准包括：一是被告配合负有环境保护监督管理职责的部门履行监管职责，对受到损害的生态环境已经进行了有效的治理和修复；二是原告为停止侵害、排除妨碍、消除危险采取合理预防、处置措施而发生的费用，以及为诉讼支出的检验鉴定费用、合理的律师费以及为诉讼支出的其他合理费用等获得赔偿。为进一步落实协调机制，最高人民法院还与民政部、环境保护部联合下发《关于贯彻实施环境民事公益诉讼制度的通知》，对查询社会组织基本信息、调取证据资料以及组织修复生态环境等需要部门间协调配合的内容提出了明确的要求。上述三部门联合通知规定的环境资源执法协调机制主要包括人民法院和民政部门之间的协调、配合以及人民法院和环境保护主管部门之间的协调、配合。

（七）关于公益诉讼和私益诉讼的协调

1. 明确环境民事公益诉讼和私益诉讼属于相互独立的诉。2. 从以下两个方面对环境民事公益诉讼生效裁判的效力作了规定：一是环境民事公益诉讼生效裁判认定的事实对于私益诉讼的原、被告均具有免予举证的效力，但私益诉讼的原告对该事实有异议并有相反证据足以推翻的除外。二是私益诉讼原告有"搭便车"的权利，即如果环境民事公益诉讼生效裁判就被告是否存在法律规定的不承担责任或者减轻责任的情形、行为与损害之间是否存在因果关系以及被告承担责任的大小等作出对私益诉讼原告有利的认定，其可以在私益诉讼中主张适用，但被告有相反的证据予以推翻的除外。如果被告主张直接适用对其有利的认定，人民法院不应予以支持，被告仍应举证证明。3. 规定私益诉讼原告的受偿顺位优先。对于船舶油污损害赔偿纠纷案件，《国际油污损害民事责任公约》以及最高人民法院《关于审理船舶油污损害赔偿纠纷案件若干问题的规定》采取按比例受偿原则的除外，这属于例外情形。

（八）关于原告的诉讼成本负担

采取了以下措施：一是在《诉讼费用交纳办法》的框架内尽量减轻原告的诉讼费用负担。二是给予适当的司法救助。

四、《环境民事公益诉讼解释》对环境公益诉讼的影响

《环境民事公益诉讼解释》赋予了社会组织提起环境民事公益诉讼的资格，明确了环境民事公益诉讼案件可跨行政区划管辖，允许同一污染环境行为的私益诉讼搭公益诉讼"便车"，使原告诉讼费用负担得以减轻，正如环境保护部政策法规司相关负责人所指出的，《环境民事公益诉讼解释》"有利于发挥环保部门专业技术优势，支持法院审理好相关环境公益诉讼，确保环境司法与环境行政执法衔接配合。"[1]

---

[1]　周利航：《最高法发布审理环境民事公益诉讼案司法解释　私益诉讼可搭公益诉讼"便车"》，《中国环境报》2015年1月6日。

第二节　最高人民法院关于适用《中华人民共和国民事诉讼法》的解释

2015 年 2 月 4 日，最高人民法院举行新闻发布会，公布最高人民法院《关于适用〈中华人民共和国民事诉讼法〉的解释》（本节以下简称《民诉法司法解释》）。《民诉法司法解释》共二十三个部分，五百五十二条，其中第十三部分为"公益诉讼"，该部分对包括环境公益诉讼在内的公益诉讼制度作出了具体规定。

一、《民诉法司法解释》的制定背景

2012 年 8 月 31 日，第十一届全国人大常委会第二十八次会议审议通过了《关于修改〈中华人民共和国民事诉讼法〉的决定》，自 2013 年 1 月 1 日起施行。此次民诉法修改增加了公益诉讼的规定，也是唯一对公益诉讼作出规定的条款，反映在该法第五十五条：对污染环境、侵害众多消费者合法权益等损害社会公共利益的行为，法律规定的机关和有关组织可以向人民法院提起诉讼。此后，2015 年 1 月 7 日，最高人民法院发布并施行了《关于审理环境民事公益诉讼案件适用法律若干问题的解释》，其主要内容之一是对2014 年修订的环境保护法规定的可以向人民法院提起公益诉讼的"社会组织"的原告资格作出具体规定，但未就《民事诉讼法》第五十五条规定的可以向人民法院提起民事公益诉讼的"法律规定的机关"的主体资格和程序作出直接规定。为使公益诉讼制度有序运行，2015 年 2 月 4 日发布的《民诉法司法解释》在第十三部分"公益诉讼"中对包括环境公益诉讼在内的公益诉讼制度作出了具体规定

二、《民诉法司法解释》有关环境公益诉讼的内容

《民诉法司法解释》第十三部分"公益诉讼"，对包括环境公益诉讼在内的公益诉讼制度予以细化、完善，其中涉及环境公益诉讼的内容如下表所示：

表 8-1　《民诉法司法解释》有关环境公益诉讼的内容概览

序号	内容
1	第二百八十四条　环境保护法、消费者权益保护法等法律规定的机关和有关组织对污染环境、侵害众多消费者合法权益等损害社会公共利益的行为，根据民事诉讼法第五十五条规定提起公益诉讼，符合下列条件的，人民法院应当受理： （一）有明确的被告； （二）有具体的诉讼请求； （三）有社会公共利益受到损害的初步证据； （四）属于人民法院受理民事诉讼的范围和受诉人民法院管辖。
2	第二百八十五条　公益诉讼案件由侵权行为地或者被告住所地中级人民法院管辖，但法律、司法解释另有规定的除外。 因污染海洋环境提起的公益诉讼，由污染发生地、损害结果地或者采取预防污染措施地海事法院管辖。 对同一侵权行为分别向两个以上人民法院提起公益诉讼的，由最先立案的人民法院管辖，必要时由它们的共同上级人民法院指定管辖。
3	第二百八十六条　人民法院受理公益诉讼案件后，应当在十日内书面告知相关行政主管部门。
4	第二百八十七条　人民法院受理公益诉讼案件后，依法可以提起诉讼的其他机关和有关组织，可以在开庭前向人民法院申请参加诉讼。人民法院准许参加诉讼的，列为共同原告。
5	第二百八十八条　人民法院受理公益诉讼案件，不影响同一侵权行为的受害人根据民事诉讼法第一百一十九条规定提起诉讼。
6	第二百八十九条　对公益诉讼案件，当事人可以和解，人民法院可以调解。 当事人达成和解或者调解协议后，人民法院应当将和解或者调解协议进行公告。公告期间不得少于三十日。 公告期满后，人民法院经审查，和解或者调解协议不违反社会公共利益的，应当出具调解书；和解或者调解协议违反社会公共利益的，不予出具调解书，继续对案件进行审理并依法作出裁判。
7	第二百九十条　公益诉讼案件的原告在法庭辩论终结后申请撤诉的，人民法院不予准许。
8	第二百九十一条　公益诉讼案件的裁判发生法律效力后，其他依法具有原告资格的机关和有关组织就同一侵权行为另行提起公益诉讼的，人民法院裁定不予受理，但法律、司法解释另有规定的除外。

三、《民诉法司法解释》对环境公益诉讼的影响

《民诉法司法解释》使包括环境公益诉讼在内的公益诉讼的受理条件更

加细化、更加完善，管辖法院更加明确；对告知程序、公益诉讼案件裁判效力、其他有权提起公益诉讼的机关和有关组织参加诉讼作出了规定；对公益诉讼案件的和解、调解作出了详细规定；对公益诉讼原告申请撤诉作出了限制性规定；对公益诉讼与私益诉讼的关系进行了协调。① 此外，《民诉法司法解释》在第五百五十二条中规定：本解释公布施行后，最高人民法院于1992年7月14日发布的《关于适用〈中华人民共和国民事诉讼法〉若干问题的意见》同时废止；最高人民法院以前发布的司法解释与本解释不一致的，不再适用。

第三节　最高人民法院关于审理环境侵权责任 纠纷案件适用法律若干问题的解释②

2015年6月1日，最高人民法院发布了《最高人民法院关于审理环境侵权责任纠纷案件适用法律若干问题的解释》（本节以下简称《环境侵权责任解释》），自2015年6月3日起施行。

一、《环境侵权责任解释》的发布背景

环境是人类赖以生存的各种自然因素的总体，切实保护和改善环境关系到人民群众生命健康、社会和谐安定和中华民族的永续发展。当前，我国面临环境污染严重、生态系统退化的严峻形势。对此，人民群众反映强烈，党中央高度关注。党的十八大把生态文明建设纳入中国特色社会主义事业五位一体的总体布局，并提出了"建设美丽中国"的美好愿景。党的十八届三中、四中全会分别通过的《中共中央关于全面深化改革若干重大问题的决定》《中共中央关于全面推进依法治国若干重大问题的决定》均强调"用严格的法律制度保护生态环境"。

《侵权责任法》虽然设专章规定了"环境污染责任"，但是有关环境污

---

① 根据最高人民法院于2015年2月4日举行的《关于适用〈中华人民共和国民事诉讼法〉的解释》新闻发布会上的内容整理。

② 本节相关内容整理自《最高人民法院研究室负责人就〈最高人民法院关于审理环境侵权责任纠纷案件适用法律若干问题的解释〉》答记者问。

染责任的规定与民法通则、环境保护法以及各环境保护单行法衔接适用问题不明确，审判实践中常常出现对环境污染责任归责原则、责任构成以及数人侵权责任划分等法律适用不统一的问题，亟须出台司法解释进行指导。同时，新修改的民事诉讼法以及环境保护法增加了环境公益诉讼，有必要在司法解释中对公益诉讼的举证责任、责任划分等问题予以明确。为此，最高人民法院着手起草《环境侵权责任解释》。起草过程中，起草小组先后到山东、福建、贵州、北京、江苏等地深入调查研究，充分听取各级法院的意见，尤其是环境保护法官的意见；四次召开专家研讨会，认真听取侵权法、环境保护法、民事诉讼法等专家意见。2014 年 8 月，征求了最高人民法院立案庭等十个部门的意见，反馈意见共计 43 条；10 月，征求了全国各高院意见，反馈意见共计 112 条；同时，征求了全国人大常委会法制工作委员会、国务院法制办公室、环境保护部、司法部、中华环保联合会等外单位意见，反馈意见共计 26 条。根据各方面反馈意见，反复研究，数易其稿，完成了起草工作。2015 年 2 月 9 日，最高人民法院审判委员会第 1644 次会议审议并通过了《环境侵权责任解释》。

二、《环境侵权责任解释》的主要内容

《环境侵权责任解释》共十九条，主要从八个方面对环境侵权责任纠纷案件的法律适用问题进行了说明。

第一，适用范围。《环境侵权责任解释》既包括环境私益诉讼案件，也适用于环境公益诉讼案件；既适用于污染环境案件，又适用于破坏生态案件。

第二，环境侵权责任纠纷案件的归责原则和减免事由。第一条规定了"因污染环境造成损害，不论污染者有无过错，污染者应当承担侵权责任。"① 此外，还规定"污染者以排污符合国家或者地方污染物排放标准为由主张不承担责任的，人民法院不予支持。"② 关于减免事由，规定"污染者不承担责任或者减轻责任的情形，适用海洋环境保护法、水污染防治法、大气

---

① 《最高人民法院关于审理环境侵权责任纠纷案件适用法律若干问题的解释》第一条第一款。

② 《最高人民法院关于审理环境侵权责任纠纷案件适用法律若干问题的解释》第一条第一款。

污染防治法等环境保护单行法的规定；相关环境保护单行法没有规定的，适用侵权责任法的规定。"①

第三，数人分别或者共同排污时，污染者对内对外的责任承担方式。数个污染者实施污染环境行为，包括两种情形：一是数个污染者共同实施污染环境行为；二是数个污染者分别实施污染环境行为。第二、三条分别规定了这两种情形。因数个污染者共同实施污染环境行为造成被侵权人损害的，应当依照侵权责任法第八条规定承担连带责任。因数个污染者分别实施污染环境行为造成同一损害的，要区分三种情况：一是两个以上污染者分别实施污染环境行为造成同一损害，每一个污染者的污染行为都足以造成全部损害的，被侵权人依据侵权责任法第十一条规定请求污染者承担连带责任的，人民法院应予支持。二是两个以上污染者分别实施污染环境行为造成同一损害，每一个污染者的污染行为都不足以造成全部损害的，被侵权人依据侵权责任法第十二条规定请求污染者承担责任的，人民法院应予支持。三是两个以上污染者分别实施污染环境行为造成同一损害，部分污染者的污染行为足以造成全部损害，部分污染者的污染行为只造成部分损害的，被侵权人依据侵权责任法第十一条规定请求造成全部损害的污染者与其他污染者就共同造成的损害部分承担连带责任，其余损害由造成全部损害的污染者承担责任的，人民法院应予支持。第二、三条规定的是数个污染者实施污染环境行为造成损害，对外应当如何承担责任的问题。如果要确定数个污染者之间内部应当如何分担责任，应当适用第四条规定：两个以上污染者共同或者分别实施污染环境行为造成损害，需要确定污染者之间责任大小的，人民法院应当根据污染物的种类、排放量、危害性以及有无排污许可证、是否超过污染物排放标准、是否超过重点污染物排放总量控制指标等因素确定。

第四，因第三人的过错污染环境造成损害时，第三人和污染者的诉讼地位和责任承担。实践中，有些污染环境行为是由于污染者与被侵权人之外的第三人的过错导致的。这种情况下，为了充分保护被侵权人的合法权益，侵权责任法第六十八条规定，被侵权人可以选择请求污染者或者第三人赔偿。但是，侵权责任法并未明确污染者与第三人的诉讼地位、污染者对污

① 《最高人民法院关于审理环境侵权责任纠纷案件适用法律若干问题的解释》第一条第二款。

染环境行为也有过错的，第三人应当如何承担责任以及污染者能否以第三人过错为由主张减免责任的问题。为此，第五条规定了三个方面的内容：一是被侵权人依据侵权责任法第六十八条规定分别或者同时起诉污染者、第三人的，人民法院应予受理。二是被侵权人请求第三人承担赔偿责任的，人民法院应当按照第三人的过错程度确定其相应赔偿责任。三是污染者以第三人过错造成损害为由主张不承担责任或者减轻责任的，人民法院不予支持。

第五，被侵权人和污染者之间的举证证明责任分配原则。环境污染侵权行为具有复杂性、技术性强、信息不对称等特点，为充分保护被侵权人的合法权益，《侵权责任法》第六十六条规定了因果关系的举证责任倒置原则，即由污染者就法律规定的不承担责任或者减轻责任的情形及其行为与损害之间不存在因果关系承担举证责任。但是，因果关系的举证责任倒置并不意味着被侵权人不承担任何举证责任。对此，第六条作出明确规定：被侵权人请求环境损害赔偿时，应当提供证明以下事实的证据材料：第一，污染者排放了污染物，即污染者实施了排污行为；第二，被侵权人的损害结果，即被侵权人有损害事实；第三，污染者排放的污染物或者其次生污染物与损害结果之间具有关联性。需要注意的是，人民法院对被侵权人就污染行为与损害结果之间存在因果关系的举证责任要求非常低，只需要证明两者之间存在关联性即可。

第六，环境污染案件中有关鉴定意见、检验检测或者监测报告以及专家辅助人的意见等有关证据的适用。审理环境污染民事案件，常常涉及污染物认定、损失评估、因果关系认定等专门性问题，需要由司法鉴定机构出具鉴定意见。但是，目前具有环境污染鉴定资质的机构较少、鉴定周期长、费用昂贵，难以满足办案实践需求。鉴于此，参照《最高人民法院、最高人民检察院关于办理环境污染刑事案件适用法律若干问题的解释》，明确规定：对案件所涉的环境污染专门性问题难以确定的，可以委托具备相关资格的司法鉴定机构出具鉴定意见或者由国务院环境保护部门推荐的机构出具检验、检测或者监测报告。此外，因环境侵权责任纠纷案件涉及很多技术性、专业性问题，当事人依据自身的知识往往不能适应诉讼的需要，法官以及当事人委托的诉讼代理人一般也是在法律上有专长，但对案件事实中存在的技术性问题也不一定能清楚。为充分保障当事人的诉讼权利，维护当事人的正当权益，有助于法官居中裁判和对事实的正确认定，依据民事诉讼法第七十九条规定，明确规定了有专门知识的人出庭的程序、出庭的作用。第一，有专门知识的人出庭的程序。需要有专门知识的人出庭的，应当由当事人向人民法院提出申请，说明理由。当事人没有申请的，人民法院认为必要的，可以向其释明；第二，有专门知识的人出庭的作用。有专门知识的人出庭，主要是对鉴定意见或者污染物认定、损害后果、因果关系等专业问题提出意见。并且，具有专门知识的人在法庭上提出的意见，经当事人质证，可以作为认定案件事实的根据。

第七，环境污染案件中有关行为保全和证据保全措施的适用条件和程序。依据《民事诉讼法》的相关规定，保全包括证据保全、财产保全和行为保全。针对环境侵权责任纠纷案件的特点，规定了证据保全和行为保全。第一，关于证据保全。环境污染损害中，证据经常因自身的原因发生变化而灭失。为了避免因证据灭失或者以后难以取得的情况出现，导致案件事实难以确定，规定当事人或者利害关系人可以依法向人民法院申请证据保全。第二，关于行为保全。一般而言，行为保全包含两层含义：要求被申请人作出某种行为或者禁止被申请人作出某种行为。实践中，多家环境保护法庭探索采取"环保禁令"等方式，允许申请人向人民法院申请颁发禁止令，在诉前或者诉讼中禁止污染者排污，及时制止被申请人的污染行为，取得了很好的社会效果。《环境侵权责任解释》吸收了这些有益经验，明确规定在以下四种情形下，人民法院可以根据当事人或者利害关系人的申请，裁定责令被申请人立即停止侵害行为或者采取污染防治措施：一是建设项目未依法进行环境影响评价，被责令停止建设，拒不执行的；二是违反法律规定，未取得排污许可证排放污染物，被责令停止排污，拒不执行的；三是通过暗管、渗井、渗坑、灌注或者篡改、伪造监测数据，或者不正常运行防治污染设施等逃避监管的方式违法排放污染物的；四是生产、使用国家明令禁止生产、使用的农药，被责令改正，拒不改正的。

第八，环境侵权责任纠纷案件中侵权的承担责任的方式。根据《侵权责任法》第十五条规定，承担侵权责任的方式主要有：停止侵害；排除妨碍；消除危险；返还财产；恢复原状；赔偿损失；赔礼道歉；消除影响、恢复名誉等八种。其中，"返还财产"属于典型的物上请求权，"消除影响、恢复名誉"

属于典型的人格权范畴。根据环境损害行为的特点，返还财产、消除影响、恢复名誉一般不适用于环境侵权责任纠纷案件。为此，规定人民法院应当根据被侵权人的诉讼请求以及具体案情，合理判定污染者承担停止侵害、排除妨碍、消除危险、恢复原状、赔礼道歉、赔偿损失等民事责任。其中，"恢复原状"主要是要求损害者承担治理污染和修复生态的责任，包括原地恢复与异地恢复。如果损害者不治理、修复或者没有能力治理、修复的，人民法院可以委托有关单位代履行，费用由污染者承担。"赔偿损失"包括被侵权人因污染行为而造成的财产损失、人身损失以及为防止污染扩大、消除污染而采取的必要合理措施所发生的费用。

三、《环境侵权责任解释》的意义

《环境侵权责任解释》是 2015 年 1 月 1 日新环境保护法生效以来，最高人民法院在《关于审理环境民事公益诉讼案件适用法律若干问题的解释》之后，相继颁布的第二个审理环境责任纠纷案件的司法解释。不仅适用于环境私益诉讼，而且适用于环境公益诉讼，规定了两类诉讼共同适用的一般法律规则。其出台是最高人民法院积极落实中央"用严格的法律制度保护生态环境"的重要举措，旨在统一审理环境侵权责任纠纷案件的裁判标准，解决司法实践中环境污染责任归责原则、责任构成以及数人侵权责任划分等法律适用不统一等疑难问题，指导全国法院正确审理环境侵权责任纠纷案件，切实保护受害人的民事权益，用严格的司法程序保护好我国生态环境和美丽家园。

第四节　全国人大常委会授权最高人民检察院在部分地区开展公益诉讼试点的决定

2015 年 7 月 1 日，全国人大常委会通过了《全国人大常委会关于授权最高人民检察院在部分地区开展公益诉讼试点工作的决定》（本节以下简称《公益诉讼试点决定》），授权最高人民检察院在生态环境和资源保护、国有资产保护、国有土地使用权出让、食品药品安全等领域开展提起公益诉讼试点。在《公益诉讼试点决定》发布后，最高人民检察院发布了 2 个配套文件：《检察机关提起公益诉讼改革试点方案》和《人民检察院提起公益诉讼试点工作实施办法》。前者于 2015 年 7 月 2 日起施行，后者于 2015 年 12 月 24 日起施行。

一、《公益诉讼试点决定》的发布背景

在 2014 年 10 月 28 日召开的中国共产党第十八届中央委员会第四次全体会议上，全会听取和讨论了习近平受中央政治局委托作的工作报告，审议通过的《中共中央关于全面推进依法治国若干重大问题的决定》提出"保证公正司法，提高司法公信力""探索建立检察机关提起公益诉讼制度"。

在我国的司法诉讼体制下，公益诉讼被分为民事公益诉讼和行政公益诉讼。为正确实施《中华人民共和国民事诉讼法》《中华人民共和国环境保护法》《最高人民法院关于审理环境民事公益诉讼案件适用法律若干问题的解释》，贯彻实施环境民事公益诉讼制度，2014 年 12 月 26 日，最高人民法院、民政部、环境保护部发布了《最高人民法院、民政部、环境保护部关于贯彻实施环境民事公益诉讼制度的通知》。2015 年 1 月 6 日，《最高人民法院关于审理环境民事公益诉讼案件适用法律若干问题的解释》正式发布，主要对环保组织作为起诉主体作出规定，而"法律规定的机关"提起民事公益诉讼的主体和程序都未做规定。① 虽然未在实际意义上对"众益诉讼"和"公民诉讼"作区分，但是以上两个文件在形式上丰富了我国民事公益诉讼的制度建设。在这个背景之下，为了探索"法律规定的机关"提起公益诉讼的可行性，第十二届全国人民代表大会常务委员会第十五次会议通过了《公益诉讼试点决定》。

二、《公益诉讼试点决定》的配套方案

《公益诉讼试点决定》只是全国人大常委会授权了检察机关在试点区域

---

① 《中华人民共和国民事诉讼法》（2012）第五十五条规定"对污染环境、侵害众多消费者合法权益等损害社会公共利益的行为，法律规定的机关和有关组织可以向人民法院提起诉讼。"《中华人民共和国环境保护法》第五十八条规定"对污染环境、破坏生态，损害社会公共利益的行为，符合下列条件的社会组织可以向人民法院提起诉讼：（一）依法在设区的市级以上人民政府民政部门登记；（二）专门从事环境保护公益活动连续五年以上且无违法记录。符合前款规定的社会组织向人民法院提起诉讼，人民法院应当依法受理。提起诉讼的社会组织不得通过诉讼牟取经济利益。"

开展公益诉讼工作，但是对于具体实施的方案并没有做详细的规定，而是授权给最高人民法院和最高人民检察院制定具体的实施办法并报请全国人大常委会备案①。《公益诉讼试点决定》发布后，最高人民检察院发布了一些配套的文件：2015年7月2日最高人民检察院发布了《检察机关提起公益诉讼改革试点方案》；2015年12月24日最高人民检察院发布了《人民检察院提起公益诉讼试点工作实施办法》。

（一）《检察机关提起公益诉讼改革试点方案》

《检察机关提起公益诉讼改革试点方案》分为四个部分，分别是"目的和原则""主要内容""方案实施"和"工作要求"。其中最重要的部分是第二部分"主要内容"，以下主要对第二部分进行分析。

1. 公益诉讼分类。规定了民事公益诉讼和行政公益诉讼由检察机关提起的案件范围、诉讼参加人、诉前程序、提起诉讼和诉讼请求五个部分。

2. 检察机关提起公益诉讼制度设立的目的。为加强对国家和社会公共利益的保护，强化对行政违法行为的监督，十八届四中全会决定明确要求："探索建立检察机关提起公益诉讼制度"。通过建立检察机关提起公益诉讼制度，充分发挥检察机关法律监督职能作用，促进依法行政、严格执法，维护宪法法律权威，维护社会公平正义，维护国家和社会公共利益。②

3. 检察机关提起公益诉讼的优势。公益诉讼是指对损害国家和社会公共利益的违法行为，由法律规定的国家机关或组织向人民法院提起诉讼的制度。与其他诉讼主体相比，检察机关作为国家法律监督机关，不牵涉地方和部门利益，适合代表国家和社会公共利益提起诉讼；检察机关拥有法定的调查权，有利于调查取证和解决举证困难问题；检察机关能够从大局出发，审慎地行使公益诉权，避免影响到正常的行政秩序；检察机关具有专业法律监督队伍，能够高效、准确地配合人民法院进行诉讼，可以大幅度降低司法成本。③

---

① 《全国人大常委会关于授权最高人民检察院在部分地区开展公益诉讼试点工作的决定》："本决定的实施办法由最高人民法院、最高人民检察院制定，报全国人民代表大会常务委员会备案。"

② 参见《检察机关提起公益诉讼试点方案》第一部分"目标和原则"。

③ 参见徐日丹、贾阳《最高检相关负责人解读〈检察机关提起公益诉讼试点方案〉》，《检察日报》2015年7月13日。

4.检察机关提起公益诉讼的诉前程序。在提起民事公益诉讼之前，检察机关应当依法督促或者支持法律规定的机关或有关组织提起民事公益诉讼。法律规定的机关或有关组织应当在收到督促或者支持起诉意见书后一个月内依法办理，并将办理情况及时书面回复检察机关。① 在提起行政公益诉讼之前，检察机关应当先行向相关行政机关提出检察建议，督促其纠正违法行政行为或依法履行职责。行政机关应当在收到检察建议书后一个月内依法办理，并将办理情况及时书面回复检察机关。

经过诉前程序，法律规定的机关和有关组织没有提起民事公益诉讼，或者行政机关拒不纠正违法或不履行法定职责，社会公共利益仍处于受侵害状态的，检察机关可以提起民事公益诉讼或行政公益诉讼。

（二）《人民检察院提起公益诉讼试点工作实施办法》

为了加强对国家和社会公共利益的保护，促进行政机关依法行政、严格执法，根据《全国人民代表大会常务委员会关于授权最高人民检察院在部分地区开展公益诉讼试点工作的决定》和《检察机关提起公益诉讼试点方案》，结合检察工作实际，2015年12月16日，最高人民检察院第十二届检察委员会第45次会议通过了《人民检察院提起公益诉讼试点工作实施办法》。试点地区为北京、内蒙古、吉林、江苏、安徽、福建、山东、湖北、广东、贵州、云南、陕西、甘肃13个省（自治区、直辖市）。试点期限为二年，自2015年7月1日起算。

《人民检察院提起公益诉讼试点工作实施办法》主要围绕检察机关提起民事公益诉讼和行政公益诉讼的相关事项进行规定，共四章五十八条。

第一章"提起民事公益诉讼"部分针对提起民事公益诉讼进行了规定，对检察机关提起公益诉讼的前提条件、职责、管辖、具体负责的部门、调查相关证据的方式、审查终结决定、诉前程序、抗诉等事项进行了规定。第一条规定，发生环境污染且没有适格主体或者适格主体不提起诉讼的，人民检察院可以向人民法院提起民事公益诉讼。第三条规定，人民检察院提起民事公益诉讼案件的办理，由民事行政检察部门负责，包括调查核实污染环境等违法行为、损害后果涉及的相关证据及有关情况等。第六条规定了包括询问

---

① 参见《检察机关提起公益诉讼试点方案》第二部分"主要内容"。

违法行为人、证人等七种人民检察院可以采取的方式，同时规定调查核实不得采取限制人身自由以及查封、扣押、冻结财产等强制性措施。第九条规定，办理民事公益诉讼案件应当经集体讨论，集体讨论形成的处理意见，由民事行政检察部门负责人提出审核意见后报检察长批准。检察长认为必要的，可以提请检察委员会讨论决定。

关于诉前程序，第十三条规定了人民检察院在提起民事公益诉讼之前应当履行的诉前程序：1.依法督促法律规定的机关提起民事公益诉讼；2.建议辖区内符合法律规定条件的有关组织提起民事公益诉讼。有关组织提出需要人民检察院支持起诉的，可以依照相关法律规定支持其提起民事公益诉讼。法律规定的机关和有关组织应当在收到督促起诉意见书或者检察建议书后一个月内依法办理，并将办理情况及时书面回复人民检察院。

关于反诉、和解与撤诉，第十八条规定，被告没有反诉权；第二十三条规定，人民检察院可以在不损害社会公共利益的前提下与被告和解，人民法院可以调解；第二十四条规定，在民事公益诉讼审理过程中，人民检察院诉讼请求全部实现的，可以撤回起诉。

第二章"提起行政公益诉讼"主要围绕提起行政公益诉讼进行了规定，在内容上与提起民事公益诉讼有非常多的相同之处。根据第四十八条、第四十九条的规定，二者的不同之处主要有：行政公益诉讼案件不适用调解；在行政公益诉讼审理过程中，被告纠正违法行为或者依法履行职责而使人民检察院的诉讼请求全部实现的，人民检察院可以变更诉讼请求。

第三章"其他规定"对人民检察院提起公益诉讼的审批程序、诉讼费缴纳作出规定。第五十三条明确地方各级人民检察院拟决定向人民法院提起公益诉讼的，应当层报最高人民检察院审查批准。第五十五条规定人民检察院提起公益诉讼免缴诉讼费。

第 九 章

2015 年环境审判与环境诉讼

2015 年中国环保审判与环保诉讼活动取得了显著的成绩，为推动生态文明建设提供了强有力的司法保障。总体而言，最高人民法院在环境资源司法审判机构设置方面完成了顶层设计及全国布局，在规范审判工作方面作出了指引，在外部支持方面搭建了框架，对进一步推动环境资源司法审判工作做好了全国总动员。

一是建立专门化审判机构。2007 年 11 月，全国首家两级环保审判专门机构在贵州省贵阳市建立。2014 年 6 月，最高人民法院成立环境资源审判庭。据最高人民法院环资庭副庭长王旭光介绍，截至 2015 年 11 月，全国共有 24 个省区市人民法院设立了 456 个环境资源审判庭、合议庭、巡回法庭。福建、贵州、江苏、海南 4 省已经建立起三级环境资源审判组织体系。

二是发布典型案例。截至 2015 年年底，最高人民法院共发布了 4 批环境资源司法审判典型案例。其中，2013 年 6 月 18 日公布了四起环境污染犯罪典型案例；2014 年 7 月 3 日公布了九起环境资源审判典型案例；2015 年 2 月 5 日发布了环境保护行政案件十大案例；2015 年 12 月 29 日发布了环境资源十大侵权案例，尤为特别的是还邀请了 10 位环境保护法领域的专家对十大侵权案例进行了点评。

三是对全国环境保护法官进行培训。最高人民法院分别于 2014 年 11 月及 2015 年 5 月两次对全国的环境保护法官进行了培训。

四是设立环境资源司法研究智库。2015 年 5 月 19 日，最高人民法院环境资源司法研究中心正式揭牌，25位环境资源领域的优秀法官和知名学者受聘担任研究员，40位来自法学界、科学技术界的专家组成环境资源审判咨询专家库。最高人民法院环境资源审判庭还和国内高校合作，在中国人民大学、武汉大学设立了环境资源司法理论研究基地。

五是召开全国环境资源司法审判工作会议。2015年11月，最高人民法院在福建古田召开了第一届全国环境资源司法审判工作会议。对全国环境资源司法审判工作进行了总结和部署。同时，最高人民法院决定在福建龙岩中院、福建漳州中院等15家中级、基层人民法院设立首批最高人民法院环境资源审判实践基地，探索完善环境资源审判机制、审判专门化。①

结合2015年12月29日最高人民法院发布的10起环境侵权典型案例，并收录了具有典型意义的部分地方性环境诉讼案例，本章节共选取了13个环境行政诉讼案例、环境民事诉讼案例、环境刑事诉讼案例（见表9-1），案由涉及"环境保护行政管理（环保）""资源行政管理""环境污染责任纠纷""环境污染侵权纠纷""破坏环境资源保护罪"等，案例均选自"中国裁判文书网"。

表9-1　2015年环境保护典型案例一览表

案件类别	编号	具体案件	审结时间
环境行政诉讼案	1	浦铁（青岛）钢材加工有限公司诉青岛市环境保护局环保行政处罚案	2015.01.27
	2	江苏神舟铝业有限公司诉张家港市环境保护局行政处罚上诉案	2015.06.29
	3	杨俊与巢湖市环境保护局不履行法定职责上诉案	2015.07.01
	4	陈志强与湖南省环境保护厅环境保护行政许可纠纷上诉案	2015.10.19
环境民事诉讼案	5	镇江市生态环境公益保护协会诉唐长海环境污染责任纠纷案	2015.06.23
	6	山东富海实业股份有限公司与曲某公司环境污染损害赔偿纠纷上诉案	2015.06.26
	7	吴晓莲与岳阳市建新空心砖厂环境污染责任纠纷二审案	2015.06.29
	8	梁永军与徐建庆、徐法辉等环境污染责任纠纷二审案	2015.06.29

---

① 陈虹伟：《2015年环境资源审判工作凸显六大亮点，最高法获代表点赞》，《法制日报》2016年3月7日。

案件类别	编号	具体案件	审结时间
	9	贵州中交安江高速公路有限公司与石阡县甘溪乡德宝竹鼠养殖场噪声污染责任纠纷二审案	2015.07.06
	10	袁科威与广州嘉富房地产发展有限公司噪声污染责任纠纷二审案	2015.09.14
环境刑事诉讼案	11	宁国市立晨金属表面处理有限公司等污染环境案	2015.04.10
	12	彭廷华污染环境案	2015.10.26
	13	陈延国、钱德新污染环境案	2015.11.09

第一节　环境行政诉讼典型案例

2015 年，环境行政诉讼典型案例主要有 4 个：浦铁（青岛）钢材加工有限公司诉青岛市环境保护局环保行政处罚案、江苏神舟铝业有限公司诉张家港市环境保护局行政处罚上诉案、杨俊与巢湖市环境保护局不履行法定职责上诉案、陈志强与湖南省环境保护厅环境保护行政许可纠纷上诉案。

一、浦铁（青岛）钢材加工有限公司诉青岛市环境保护局环保行政处罚案①

基本案情：2014 年 10 月 15 日 21 时许，青岛市环保局执法人员对位于城阳区丹山工业园的浦铁（青岛）钢材加工有限公司进行现场执法检查。执法人员在出示执法证件并说明来意后，该公司门卫以公司内部有制度必须请示领导才能进入为由，拒绝执法人员进厂检查。经调查取证，于 2014 年 12 月 2 日向该公司下达了《行政处罚决定书》，决定依据《中华人民共和国水污染防治法》第七十条的规定，对该公司处以一万元的行政处罚。该公司对处罚决定不服，向青岛市市南区人民法院提起行政诉讼。

---

① 《浦铁（青岛）钢材加工有限公司诉青岛市环境保护局环保行政处罚案》，来源：中国法院网 -https://www.chinacourt.org/article/detail/2016/03/id/1830951.shtml，2016 年 11 月 25 日访问。

裁判结果：2015 年 1 月 27 日，青岛市市南区人民法院开庭宣判，驳回浦铁（青岛）钢材加工有限公司诉讼请求。

案例评析：对排污单位和其他生产经营者依法监管、实施现场检查是环境保护部门应当履行的法定职责，而配合检查、如实反映情况则是企业应尽的法定义务。执法检查行为具有强制性，是环境保护行政部门了解情况、收集证据、制止环境污染违法行为的重要程序和手段。近年来，青岛市环保局不断加大环境执法力度，铁腕执法，重拳出击，严厉打击环境违法行为，形成了强大的声势；积极创新环境监管执法模式，加强跨区域交叉执法、节假日与夜间执法，开展"整治违法排污企业保障群众健康"等专项执法行动，强化与公安部门联动执法，着力加强对重点领域、突出环境问题的执法检查，在社会上引起良好反响。行政诉讼是法律赋予行政管理相对人维护自身合法权益的重要法律救济制度。本案中青岛市环保局局领导亲自出庭应诉，有效促进了环保行政机关依法执法、规范执法行为、公正执法、文明执法，防止和避免行政权力滥用，提高了工作人员树立合法行政、合理行政的基本理念。

二、江苏神舟铝业有限公司诉张家港市环境保护局行政处罚上诉案①

基本案情：2014 年 7 月 28 日，张家港市环保局对原告进行执法检查中，查实神舟铝业公司将部分属于危险废物的含油废硅藻土（HW08）和废油桶（HW08）露天堆放，无污染防治措施，未采取无害化处置措施；同时，查实神舟铝业公司未向张家港市环保局申报属于危险废物的废油（HW08）、含油废硅藻土（HW08）和废油桶（HW08）的产生量、流向、贮存、处置等资料。对此，张家港市环保局于 2014 年 8 月 29 日向神舟铝业公司发出《行政处罚听证告知书》，告知拟作出行政处罚决定的事实、理由及依据，并告知神舟铝业公司依法享有陈述申辩和听证的权利。2014 年 9 月 4 日神舟铝业公司向张家港市环保局提出申辩，认为已经积极整改，废油桶、硅藻土已搭建天棚堆放，硅藻土已向苏州环保局网上申报备案，请求张家港市环

---

① 资料来源：中国裁判文书网 -https://wenshu.court.gov.cn/website/wenshu/181107ANFZ0BXSK4/index.html?docId=092313540d6c481e868a01d9000664b3，2016 年 12 月 30 日访问。

保局免于处罚。张家港市环保局认为神舟铝业公司上述行为，违反了《中华人民共和国固体废物污染环境防治法》第十七条第一款及第五十三条第一款的规定；并认为，神舟铝业公司积极整改，因此部分采纳神舟铝业公司申辩意见，从轻处罚。2014年9月26日，张家港市环保局根据《中华人民共和国固体废物污染环境防治法》第六十八条第一款第（二）项、第二款，第七十五条第一款第（二）项、第二款之规定，对神舟铝业公司作出张环罚字［2014］78号《行政处罚决定书》，分别罚款人民币20000元及30000元。神舟铝业公司不服，向苏州市环境保护局申请复议。2014年12月16日，苏州市环境保护局作出苏环复［2014］1号《行政复议决定书》，维持了张家港市环保局上述行政处罚决定。神舟铝业公司不服，向江苏省常熟市人民法院提起行政诉讼。江苏省常熟市人民法院经过审理认为，张家港市环保局对神舟铝业公司作出张环罚字［2014］78号行政处罚决定，认定事实的主要证据充分，适用法律正确，符合法律程序。神舟铝业公司认为张家港市环保局所作行政处罚决定认定事实有误、行政程序违法的观点，理由不能成立，其要求撤销张家港市环保局作出的张环罚字［2014］78号《行政处罚决定书》的主张，缺乏事实和法律依据，常熟市人民法院不予支持。据此，判决驳回神舟铝业公司的诉讼请求。神舟铝业公司不服江苏省常熟市人民法院作出的（2015）熟环行初字第00002号行政判决，向苏州市中级人民法院提起上诉。

裁判结果：苏州市中级人民法院于2015年4月29日立案受理后，依法组成合议庭审理本案。经审查认定，原审法院对证据的认证正确。二审法院经审理查明的事实与一审判决查明的事实一致。2015年6月29日，苏州市中级人民法院判决驳回上诉，维持原判。

案件评析：根据《中华人民共和国固体废物污染环境防治法》第十条第二款的规定，被告作为县级以上地方人民政府环境保护行政主管部门，具有对本行政区域内固体废物污染环境的防治工作实施统一监督管理的职责。本案原告将部分属于危险废物的含油废硅藻土（HW08）和废油桶（HW08）露天堆放，无污染防治措施，未采取无害化处置措施。同时，本案原告未向被告申报属于危险废物的废油（HW08）、含油废硅藻土（HW08）和废油桶（HW08）的产生量、流向、贮存、处置等资料。原告上述行为违反了《中华人民共和国固体废物污染环境防治法》第十七条第一款及第五十三条第一款的规定。根据《中华人民共和国固体废物污染环境防治法》第六十八条第一款第（二）项、第二款，第七十五条第一款第（二）项、第二款的规定，不按国家规定申报登记危险废物，或者在申报登记时弄虚作假的，处 1 万元以上 10 万元以下的罚款。本案被告根据原告上述违法事实，部分采纳原告已积极整改的申辩意见，依据上述法律规定，对原告作出张环罚字（2014）78 号行政处罚决定，认定事实的主要证据充分，适用法律正确，符合法律程序。

原告认为被告就固体废物和危险废物的处置未对其进行过具体指导不应处罚的观点，根据《中华人民共和国固体废物污染环境防治法》第五条的规定，原告的污染防治责任是法定责任，不以被告事前行政指导为前置条件。原告认为接到被告通知后已经整改完毕并通过验收不应处罚的观点，根据《中华人民共和国固体废物污染环境防治法》第六十八条、第七十五条规定，"停止违法行为，限期改正"是原告在罚款之外应当承担的法律责任。原告认为被告未告知原告申请听证权利及被告送达处罚决定书不公开的观点，与事实不符。故原告认为被告所作行政处罚决定认定事实有误、行政程序违法的观点，理由不能成立。

三、杨俊与巢湖市环境保护局不履行法定职责上诉案[①]

基本案情：2014 年 11 月 6 日，杨俊申请巢湖市环保局公开巢湖市监测站获得国家计量认证 CMA 的时间，2011 年至今对新恒生公司的日常环境监督情况，以及 2014 年对该公司噪声监测数据。17 日，巢湖市环保局作出 1 号告知书。18 日，巢湖市环保局对杨俊申请事项分别作出答复。杨俊不服，提起行政诉讼，请求确认该答复违法。一审法院审理后认为杨俊所诉既无事实根据，又无法律依据，判决驳回杨俊的诉讼请求。随后，杨俊因不服巢湖市人民法院（2015）巢行初字第 00013 号行政判决，向巢湖市中级人民法院提起上诉。

---

① 资料来源：中国裁判文书网 -https://wenshu.court.gov.cn/website/wenshu/181107ANFZ0BXSK4/index.html?docId=4a3aa0778f8148cab4d844。

裁判结果：安徽省合肥市中级人民法院立案受理后，依法组成合议庭审理本案。经审查认定，原审法院对证据的认证正确。二审法院经审理查明的事实与一审判决查明的事实一致。2015 年 7 月 1 日，安徽省合肥市中级人民法院判决驳回上诉，维持原判。

案件评析：根据《中华人民共和国政府信息公开条例》（以下简称《政府信息公开条例》）第二十四条的规定，"行政机关收到政府信息公开申请，能够当场答复的，应当当场予以答复。行政机关不能当场答复的，应当自收到申请之日起 15 个工作日内予以答复；如需延长答复期限的，应当经政府信息公开工作机构负责人同意，并告知申请人，延长答复的期限最长不得超过 15 个工作日。"在本案中，杨俊向被上诉人巢湖市环保局申请公开相关环境信息后，巢湖市环保局在法定期限内作出书面答复，并送达杨俊，其并不违反《政府信息公开条例》第二十四条规定答复期限。此外，巢湖市环保局公开的有关数据是具有检测资质的机构提供的，数据真实，符合《环境信息公开办法》第四条规定的，环境保护部门应当遵循公正、公平、便民、客观的原则，及时、准确地公开政府环境信息的要求。至于杨俊认为巢湖市环保局公开的检测数据不能客观反映新恒生公司正常生产时的噪声、监测机构监测时违反噪声监测条件和程序，不属本案审理范围。

四、陈志强与湖南省环境保护厅环境保护行政许可纠纷上诉案①

基本案情：湖南省电力公司电网建设运行分公司系长沙市 2010 年度输变电工程的建设单位，长沙市 2010 年度输变电工程共包括 8 个新建输变电工程，其中五一 110KV 输变电工程项目位于长沙市雨花区高桥街道五一村。湖南省电力公司实验研究院是国家环境保护总局颁发了《建设项目环境影响评价资质证书》的环评单位，其受建设单位委托，于 2010 年 11 月编制了项目名称为长沙市 2010 年输变电工程的《建设项目环境影响报告表》，认为：长沙市 2010 年输变电工程从环境的角度来说，选址较合理，设计形式充分考虑到周围环境要求，污染物排放基本符合国家相应标准。因此，从环境保

---

① 资料来源：中国裁判文书网 -https://wenshu.court.gov.cn/website/wenshu/181107ANFZ0BXSK4/index.html?docId=9ce63a3c452a4ebf8ea5ce0c5d32e055，2016 年 12 月 30 日访问。

护角度来看，长沙市 2010 年输变电工程的建设是合理可行的。建设单位将长沙市 2010 年输变电工程的《环境影响报告表》送长沙市环境保护局预审后，报请被告湖南省环境保护厅审批。被告受理后，委托三位专家对环境影响报告表进行审核。2010 年 12 月 10 日，专家出具了《〈长沙市 2010 年输变电工程环境影响评价报告表〉专家函审意见》，认为环境影响报告表结论总体可信。2010 年 12 月 23 日，被告作出湘环评表（2010）第 203 号审批意见，同意长沙市 2010 年输变电工程建设。原告陈志强不服被告作出的湘环评表（2010）第 203 号审批意见，向湖南省人民政府申请行政复议。2014 年 12 月 17 日，湖南省人民政府作出湘府复决字（2014）第 74 号《行政复议决定书》，维持被告作出的湘环评表（2010）第 203 号审批意见。2015 年 1 月 29 日，原告陈志强向湖南省长沙市雨花区人民法院提起诉讼。

裁判结果：湖南省长沙市雨花区人民法院经审理认为：根据《中华人民共和国环境影响评价法》第十六条第二款之规定，建设单位应根据国家对建设项目环境影响评价分类管理的相关规定，组织编制环境影响报告书、环境影响报告表或者填报环境影响登记表。环境保护部第 2 号令即《建设项目环境影响评价分类管理名录》规定，输变电工程 500KV 以上或者 330KV 以上且涉及环境敏感区的编制环境影响报告书，其他情形编制环境影响报告表。本案中，长沙市 2010 年输变电工程的 8 个项目均在 330KV 以下，只需编制环境影响报告表，被告湖南省环境保护厅只需对环境影响报告表进行审查即可。原告陈志强提出被告湖南省环境保护厅作出的行政许可缺乏环境影响报告书，审批材料不齐全，理由不成立。2015 年 4 月 15 日，长沙市雨花区人民法院判决驳回原告陈志强的诉讼请求。宣判后，陈志强提出上诉。2015 年 10 月 19 日，湖南省长沙市中级人民法院作出维持原一审判决的行政判决。

案例评析：工程建设项目可能对周边环境造成或大或小的影响，对此我国法律规定，工程建设方在施工前需履行不同的听证程序和环境影响评价手续。根据《中华人民共和国行政许可法》第四十六条、第四十七条，以及《环境保护行政许可听证暂行办法》第六条、第七条之规定，应当听证的情形限于法律、法规、规章规定的情形，或者所涉行政许可事项"重大"的情形。本案中，五一输变电工程属于可能对环境造成轻度影响，仅需编制环境影响报告表的项目，不属于行政许可前必须履行听证程序的项目。

第二节 环境民事诉讼典型案例

2015 年，环境民事诉讼典型案例主要有 5 个：镇江市生态环境公益保护协会诉唐长海环境污染责任纠纷案，山东富海实业股份有限公司与曲某公司环境污染损害赔偿纠纷上诉案，吴晓莲与岳阳市建新空心砖厂环境污染责任纠纷二审案，梁永军与徐建庆、徐法辉等环境污染责任纠纷二审案，贵州中交安江高速公路有限公司与石阡县甘溪乡德宝竹鼠养殖场噪声污染责任纠纷二审案，袁科威与广州嘉富房地产发展有限公司噪声污染责任纠纷二审案。

一、镇江市生态环境公益保护协会诉唐长海环境污染责任纠纷案①

基本案情：2011 年 4 月至 2014 年 6 月 18 日，唐长海租赁扬中市 XX 化工厂厂房，未取得工商营业执照、未经环境保护部门审批，即进行电镀铬、电镀锡加工，电镀过程中产生的部分废水未经任何处理直接经厂区内的明沟向厂区围墙外露天阴沟排放，导致部分庄稼死亡。唐长海还将部分废水储存在厂区内西侧围墙边的蓄水池内作原料进行置换铜反应，该蓄水池是砖混结构，不能防止渗漏和腐蚀，池内废水直接从底部和侧部渗漏到土壤，污染周边土壤和水质。经镇江新区固废处置有限公司测算，对唐长海非法电镀点生产过程中废水污染的土壤进行无害化处置需费用 53400 元。唐长海因污染环境已经被刑事立案。镇江市生态环境公益保护协会向镇江市中级人民法院提起诉讼，请求判令唐长海在一定期限内采取措施消除环境污染，逾期则赔偿清理污染所需费用 53400 元。扬中市人民检察院支持镇江市生态环境公益保护协会向唐长海提起诉讼。

裁判结果：镇江市中级人民法院经审理后，认为镇江市生态环境公益保护协会请求唐长海一定期限内采取措施消除环境污染，逾期则赔偿清理污染所需费用 53400 元，具有法律和事实依据，予以采纳。鉴于被告唐长海当庭表示无能力委托专业机构进行污染治理，故应由其承担相关污染清理费用。

---

① 资料来源：中国裁判文书网 -https://wenshu.court.gov.cn/website/wenshu/181107ANFZ0BXSK4/index.html?docId=f178c27834e84391afd0979b2f6cd096，2016 年 12 月 30 日访问。

依据《中华人民共和国侵权责任法》第六十五条、《中华人民共和国民事诉讼法》第五十五条、第一百四十二条之规定，判决被告唐长海应承担其电镀作业导致的污染清理费用人民币 53400 元（唐长海已交纳 8000 元，余款 45400 元应于该判决生效之日起三十日内向镇江市中级人民法院交纳）。镇江市中级人民法院将在收到唐长海的上述款项后，将上述款项移交扬中市环境保护局，由扬中市环境保护局委托有资质的清理单位对唐长海非法电镀作业污染的土壤进行无害化填埋处置，扬中市环境保护局应监督有关清理工作并将清理结果书面告知镇江市中级人民法院。扬中市环境保护局应于收到本院款项后二个月内完成上述委托、监督、反馈工作。

案例评析：本案有四个方面的争议，分别为本案公益诉讼的原告主体资格、环境污染侵权责任、污染清理方式、环境污染治理的执行。

首先，关于本案公益诉讼的原告主体资格。依据《中华人民共和国民事诉讼法》第五十五条的规定，原告镇江市生态环境公益保护协会作为依法登记成立的环境保护公益组织，为维护社会公共利益，于 2014 年就唐长海污染环境的侵权行为提起民事公益诉讼，符合公益诉讼原告主体资格的规定。

其次，关于环境污染侵权责任。根据《中华人民共和国环境保护法》第六十四条、第六十五条的规定，被告唐长海在未取得工商营业执照、未经环境保护部门审批、未采取环保措施的情况下，进行电镀铬、电镀锡加工，污染周边土壤。被告应对其电镀作业产生的污染承担侵权责任。

再次，关于污染清理方式。鉴于环境污染修复、治理所涉及的鉴定、评估、方案设计所需费用较大，结合本案实际，扬中市环境保护局固体废物管理中心委托镇江新区固废处置有限公司核算本案环境污染修复费用，镇江新区固废处置有限公司作为有资质的危险废物处置企业，核算认为对被告唐长海非法电镀产生废水污染的土壤进行无害化填埋处置需费用 53400 元，被告唐长海对此费用金额亦无异议。该项核算报价函中涉及的清理方案、清理费用可以作为有效证据予以采信。

最后，关于环境污染治理的执行。目前镇江市生态环境公益基金尚未成立，亦无该公益基金的管理机制，在此情形下，作为法定环境保护机关的扬中市环境保护局书面向法院表示，该局愿意配合法院做好唐长海案件中环境污染清理的委托、监督等工作，人民法院予以支持。

二、山东富海实业股份有限公司与曲某公司环境污染损害赔偿纠纷上诉案①

基本案情：1995 年，曲忠全承包一处集体土地种植樱桃。2001 年，山东富海实业股份有限公司（以下简称富海公司）迁至曲忠全樱桃园毗邻处从事铝产品生产加工。2009 年 4 月，曲忠全提起诉讼，请求富海公司停止排放废气，赔偿其损失 501 万余元。为证明其主张，曲忠全提交了烟台市牟平区公证处勘验笔录、烟台市农产品质量检测中心出具的樱桃叶片氟含量检测报告等证据。后经双方共同选定和取样，一审法院委托山东省农业科学院中心实验室对樱桃叶片的氟化物含量予以检测，检测报告表明：距离富海公司厂区越近，樱桃叶片氟化物含量越高。富海公司提供樱桃树叶氟含量检测报告、厂区大气氟化物含量检测报告、烟台市牟平区气象局出具的 2008 年 2 月至 2009 年 5 月的气候情况等证据，拟证明其不存在排污行为，曲忠全樱桃园受到损害系气候原因所致。山东省烟台市中级人民法院一审判令富海公司停止排放氟化物，赔偿曲忠全损失 204 万余元。曲忠全、富海公司均不服提起上诉。山东省高级人民法院二审判令富海公司赔偿曲忠全 224 万余元。富海公司不服，向最高人民法院申请再审。

裁判结果：最高人民法院审查认为，曲忠全提交的公证勘验笔录和检测报告，与相关科普资料、国家标准以及一审法院委托专业机构出具的检测报告等证据相互印证，足以证明曲忠全的樱桃园受到损害，富海公司排污，排污和损害之间具有关联性，已完成举证证明责任。富海公司作为侵权人，其提交的樱桃树叶氟化物含量检测报告中距离厂区越近浓度越低的结论有悖常识；厂区大气氟化物含量检测报告系 2010 年 5 月 7 日作出，与本案待证事实不具有关联性；天气原因亦不能否定排污行为和损害之间的因果关系。考虑到确实存在天气恶劣等影响樱桃生产的原因，二审法院酌情判令富海公司对曲忠全的损失承担 70% 的赔偿责任，认定事实和适用法律均无

---

① 资料来源：中国裁判文书网 -https：//wenshu.court.gov.cn/website/wenshu/181107ANFZ0BXSK4/index.html?docID=d8952be5e5a24b8bb554cccf5824617f，2016 年 12 月 30 日访问。

不当。

案例评析:《最高人民法院关于审理环境侵权责任纠纷案件适用法律若干问题的解释》第六条规定,被侵权人根据《侵权责任法》第六十五条规定请求赔偿的,应当提供污染者排放了污染物、被侵权人的损害、污染者排放的污染物或者其次生污染物与损害之间具有关联性的证明材料。本案判决作出于上述司法解释之前,在适用《侵权责任法》第六十六条因果关系举证责任倒置原则的同时,要求被侵权人就污染行为与损害结果之间具有关联性负举证证明责任,对于细化被侵权人和污染者之间的举证责任分配,平衡双方利益具有典型意义,体现了审判实践在推进法律规则形成、探寻符合法律价值解决途径中的努力和贡献。同时,本案判决运用科普资料、国家标准以及专业机构的鉴定报告等做出事实认定,综合过错程度和原因力的大小合理划分责任范围,在事实查明方法和法律适用的逻辑、论证等方面提供了示范。

三、吴晓莲与岳阳市建新空心砖厂环境污染责任纠纷二审案①

基本案情:2010年1月1日,吴晓莲与湖南建新实业有限责任公司签订了一份《土地使用权出租合同书》,约定承包租赁数量为34亩,租赁年限自2010年1月1日至2019年1月1日止(合同记载期限为10年)。限种作物仅为果树。吴晓莲在合同签订后在承包土地上全部栽种了油桃树。建新砖厂的前身系岳阳监狱的下属单位,岳阳监狱将该砖厂对外租赁经营,2008年5月7日建新砖厂经工商行政管理部门登记成立。吴晓莲承租的土地与建新砖厂相邻。2011年7月19日,吴晓莲(协议时的乙方)、建新砖厂(协议时的甲方)就建新砖厂煤烟造成吴晓莲果树损失达成了《果园经济补偿协议》,协议签订后,吴晓莲自行砍伐处理了部分油桃树。建新砖厂于2011年7月19日和2012年8月30日分别向吴晓莲支付了30000元,共计支付60000元。2013年5月3日,吴晓莲单方自行委托湖南农业大学司法鉴定中心对建新砖厂空气排放物与油桃损失的因果关系及损失数量进行鉴定。2013年5

---

① 资料来源:中国裁判文书网-https://wenshu.court.gov.cn/website/wenshu/181107ANFZ0BXSK4/index.html?docId=1fa6e9bf943b424ab02b615477b9d9f2,2016年12月30日访问。

月 20 日，湖南农业大学司法鉴定中心作出 [2013] 植损鉴字 10 号司法鉴定意见书。2013 年 9 月 29 日，湖南农业大学司法鉴定中心（鉴定人刘昆玉署名）出具了一份《关于原告油桃收成和单株油桃产量的说明》，并附 2013 年 2 月 9 日至 2013 年 5 月 9 日油桃价格行情网络信息单，以及湖南农业大学司法鉴定中心（鉴定人彭丽莎署名）出具一份《关于食品中氟的测定方法的说明》。2013 年 9 月 9 日，吴晓莲再次向鉴定机构交纳司法鉴定费 2000 元。随后，吴晓莲诉请建新砖厂燃烧了石煤而起诉，岳阳市君山区人民法院经审理后判决驳回吴晓莲的诉讼请求。宣判后，吴晓莲不服湖南省岳阳市君山区人民法院（2014）君民初字第 330 号民事判决，向岳阳市中级人民法院提起上诉。

裁判结果：岳阳市中级人民法院于 2015 年 4 月 14 日受理后，依法组成合议庭于 2015 年 5 月 18 日进行了公开审理，经审理查明，原判认定事实清楚，适用法律正确，处理恰当，应予维持。依照《中华人民共和国民事诉讼法》第一百七十条第一款（一）项之规定，判决驳回上诉，维持原判。

案例评析：本案有三个争议焦点，分别为 1. 建新砖厂是否应当对吴晓莲的果园损失承担赔偿责任。2.《果园经济补偿协议》的履行是否构成建新砖厂的免责事由。3. 吴晓莲要求建新砖厂立即停止燃烧高氟煤的主张能否成立。

关于焦点 1，建新砖厂是否应当对吴晓莲的果园损失承担赔偿责任。根据《中华人民共和国侵权责任法》的第六十五条、第六十六条的规定，本案中吴晓莲应当就建新砖厂实施了污染行为以及自己因污染受到损害的事实进行举证。吴晓莲虽向原审法院提交了由湖南农业大学司法鉴定中心出具的《司法鉴定意见书》《关于农药质量及损害等 6 个鉴定业务范围的说明》和一组照片，拟证明吴晓莲油桃受损以及油桃受损与建新砖厂有因果联系。但该份《司法鉴定意见书》对氟的来源、氟化物的名称和成分、因果关系的大小、人为因素等未能予以充分分析说明，因此该鉴定意见可以证明吴晓莲存在损失的事实，但不能证明建新砖厂存在排污行为。根据《最高人民法院关于适用〈中华人民共和国民事诉讼法〉的解释》第九十条的规定，吴晓莲未能举证证明建新砖厂存在污染行为，应承担举证不能的后果。因此，建新砖厂对吴晓莲的损失不承担侵权责任。

关于焦点 2，《果园经济补偿协议》的履行是否构成建新砖厂的免责事由，涉及两个问题。1.《果园经济补偿协议》针对的是当时已经受损的部分还是整个果园。2.《果园经济补偿协议》是否实际履行完毕。根据《中华人民共和国合同法》第一百二十五条第一款的规定，从协议的整体内容来看，协议不仅约定了赔偿数额，还通过协议第二条即要尽量燃烧煤渣对建新砖厂的后期行为进行约束，通过第三条即吴晓莲不能在土地承包期间再向建新砖厂主张任何权利，如果承包期满，吴晓莲继续承包土地也不能在建新砖厂承包期间栽种续年生果树对吴晓莲后续维权行为进行约束。从签订协议的目的来看，建新砖厂作为污染方，为避免多次纠纷，对已经造成的污染及将来可能存在的污染风险与受害人采用签订《补偿协议》的方式进行一次性一揽子处理符合简捷、高效原则。因此，本院认为该份协议是建新砖厂与吴晓莲就吴晓莲承包的整块土地的整个承包期间的污染赔偿问题达成的一致意见。2.关于《果园经济补偿协议》是否实际履行完毕。根据《中华人民共和国合同法》第八条的规定，该《果园经济补偿协议》对建新砖厂和吴晓莲具有约束力，双方均应当按照协议履行自己的义务。根据《最高人民法院关于适用〈中华人民共和国民事诉讼法〉的解释》第九十条规定，吴晓莲认为建新砖厂未按照协议约定烧煤渣，但未能提供证据予以证明，应承担举证不能的后果。建新砖厂已经实际履行协议约定的义务。在建新砖厂已经实际履行《果林经济补偿协议》的前提下对吴晓莲要求建新砖厂承担赔偿损失的诉讼请求不予支持是正确的。

关于焦点 3，吴晓莲要求建新砖厂立即停止燃烧高氟煤的主张能否成立。根据《中华人民共和国侵权责任法》第二十一条的规定，侵权行为危及他人人身、财产安全的，被侵权人可以请求侵权人承担停止侵害、排除妨害、消除危险等侵权责任。停止侵害的功能主要在于及时制止侵权行为，防止损害的扩大。它主要适用于正在进行或者持续过程中的侵权行为，对于尚未实施或者已经实施完毕的侵权行为则不能适用。本案中吴晓莲要求建新砖厂立即停止燃烧高氟煤的行为必须举证证明建新砖厂现在存在燃烧高氟煤的行为，如上文所述，吴晓莲未能举证证明建新砖厂存在污染行为，因此，吴晓莲主张建新砖厂立即停止燃烧高氟煤的主张不能成立。

四、梁永军与徐建庆、徐法辉等环境污染责任纠纷二审案①

基本案情：2002年4月11日，梁永军的父亲与莱阳市高格庄镇大薛村村民委员会签订虎道水库承包合同。后梁永军及其父亲在此水库中从事水产养殖活动。自2011年2月15日起，徐建庆、徐法辉等三人在虎道水库上游（东北方向）开始养鸡，并用三个化粪池储存鸡粪及冲刷鸡棚产生的污水。2012年8月8日，一场大雨过后，梁永军在虎道水库中养殖的鱼类等养殖物陆续出现死亡情况。后经梁永军报警，公安机关对水库中的污水进行取样化验，排除了投毒的可能性。经调取公安机关的询问笔录及相关照片、视频并经实地勘验可以看出，徐建庆、徐法辉等三人储存鸡粪及污水的化粪池往外渗水，渗出的污水顺着挖好的沟往西南方向流，能够直接流到虎道水库东面的入水口。徐法辉在公安机关的询问笔录中亦称，南边的棚往外渗粪水，都顺着挖好的沟往西南方向流。梁永军认为系徐建庆、徐法辉等三人化粪池中的污水流入虎道水库，从而导致鱼类等养殖物死亡，故将徐建庆、徐法辉等三人诉至莱阳市人民法院。莱阳市人民法院经审查认为，通过公安机关的询问笔录及相关照片、视频并经实地勘验可以认定，三被告化粪池中的污水能够直接流到虎道水库东面的入水口，并从入水口进入水库，但污水是否能够污染水面进而将水库内的养殖物致死，公安机关未能作出认定，原告亦未提交证据予以证实。另外，原告并未提交充分证据证明其养殖物死亡的数量，导致无法进行鉴定其具体损失。依据民事诉讼证据的若干规定，没有证据或者证据不足以证明当事人的事实主张的，由负有举证责任的当事人承担不利后果。故对于原告的诉讼请求，法院不予支持。判决驳回原告梁永军的诉讼请求，宣判后，梁永军不服山东省莱阳市人民法院（2012）莱阳团民初字第227号民事判决，向烟台市中级人民法院提起上诉。

裁判结果：烟台市中级人民法院依法组成合议庭并进行了公开审理。经审理查明，原判认定事实清楚，适用法律正确，处理恰当，应予维持。依

---

① 资料来源：中国裁判文书网 -https：//wenshu.court.gov.cn/website/wenshu/181107ANFZ0BXSK4/index.html?docId=7d0dd702582f449d8dd3ced9adc51e54，2016年12月30日访问。

照《中华人民共和国民事诉讼法》第一百六十九条、第一百七十条第一款第（一）项及第一百七十五条之规定，判决驳回上诉，维持原判。

案例评析：上诉人梁永军水库里养殖的鱼类等死亡与被上诉人徐建庆、徐法辉、翟帅化粪池中的污水流入是否具有因果关系是本案双方争执的焦点问题。从本案的事实看，被上诉人的化粪池中的污水能够直接流到涉案水库东面的入水口，并从入水口进入水库，但污水是否能够污染水面进而将水库内的养殖物致死，目前，没有证据证实。按照"谁主张，谁举证"的原则，上诉人梁永军负有举证责任，其未能提交证据予以证实，原审法院对其请求未予支持，并无不当。另外，对于其养殖物死亡的具体损失，上诉人梁永军也负有举证责任。不能简单、机械地将举证责任分配给被上诉人。故此，上诉人梁永军之上诉，理由不成立。

五、贵州中交安江高速公路有限公司与石阡县甘溪乡德宝竹鼠养殖场噪声污染责任纠纷上诉案[①]

基本案情：2007 年起，德宝竹鼠养殖场就在贵州省石阡县甘溪乡从事竹鼠养殖。2014 年，中交第二公路工程局第一工程有限公司（以下简称中交一公司）承建，由中交安江高速公路有限公司（以下简称安江高速公司）负责建设的贵州省江口至瓮安高速公路第 5 合同段工程，并进入德宝竹鼠养殖场所在地进行施工建设，在该地多次进行爆破作业。施工地离养殖场最近处不足 20 米，最远处不足 150 米。施工爆破期间，德宝竹鼠养殖场养殖的竹鼠大量死亡。

德宝竹鼠养殖场受损后，要求赔偿未果，遂委托新疆农林牧司法鉴定中心对竹鼠死亡与施工有无因果关系、死亡竹鼠的价值、该地是否适合继续养殖竹鼠及养殖场厂房价值进行评估，并支付了鉴定费用 42000 元。司法鉴定意见认为："1. 竹鼠大量死亡与修高速公路爆破引发地表激烈震动及施工噪音有因果关系；2. 死亡竹鼠的损失价值 63600 元；3. 根据竹鼠的生活特性，目前正在施工修建的高速公路与竹鼠特种养殖场实际距离 50 米，以后不能

---

① 资料来源：中国裁判文书网 -https://wenshu.court.gov.cn/website/wenshu/181107ANFZ0BXSK4/index.html?docId=ff825951c7674a7594c426a79970bad9，2016 年 12 月 30 日访问。

继续在此养殖竹鼠；4. 竹鼠特种养殖场现有房产价值为 195645 元。"分析说明部分载明："根据竹鼠的生活特点喜安静，目前正在施工修建的高速公路与竹鼠场直线距离 50 米，公路通车以后汽车喇叭及发动机噪音将影响竹鼠的正常生活，所以通车以后该竹鼠场不能继续养殖竹鼠。"鉴定后，德宝竹鼠养殖场即停止了竹鼠养殖。审理中，鉴定机构作出书面说明：不适宜继续养殖系根据竹鼠习性和高速公路常规确定，没有具体技术参数。

裁判结果：　贵州省遵义县人民法院于 2015 年 7 月 6 日作出民事判决：1. 由中交一公司赔偿原告德宝竹鼠养殖场养殖动物损失 63600 元，被告安江高速公司承担连带责任。2. 由被告安江高速公司赔偿原告德宝竹鼠养殖场房产损失 195645 元、临时周转过渡费为 27203.04 元、搬迁补偿费为 3022.56 元，共计 225870.60 元。3. 鉴定费用 42000 元，由被告中交一公司、安江高速公司共同承担。上述费用限被告中交一公司、安江高速公司于判决生效后 15 内付清。4. 驳回原告德宝竹鼠养殖场其余诉讼请求。宣判后，安江高速公司、中交一公司不服，提出上诉。贵州省遵义市中级人民法院于 2015 年 12 月 24 日作出民事判决认为，实施爆破作业与养殖场能否继续养殖竹鼠之间没有必然因果联系，遂判决撤销一审判决中支持赔偿场房损失部分，判令安江高速公司、中交一公司等赔偿德宝竹鼠养殖场动物损失 63600 元、鉴定费用 42000 元、停产营业损失 6 万元，并驳回德宝竹鼠养殖场的其余诉讼请求。

案例评析：在环境侵权诉讼中，对环境污染责任实行因果关系推定，但是，被侵权人应当提出初步的或盖然性的证据，在侵权人的环境污染行为与自己所受损害之间建立初步的关联性。环境污染责任系无过错责任，环境污染行为造成他人损害就应当承担侵权责任。通过环境影响测评只是环境保护主管部门进行环境管理的依据，并不影响污染者对环境污染责任的承担。环境污染给被侵权人造成的财产损失，既包括财产因环境污染所遭受的直接损失，也包括被侵权人在正常情况下可以获得但因环境污染而未能获得的利益，但无高度盖然性证据支持的间接损失不在损害赔偿责任范围之列。

六、袁科威与广州嘉富房地产发展有限公司噪声污染责任纠纷上诉案①

基本案情：广州嘉富房地产发展有限公司是广州市越秀区水荫路嘉富广场三期住宅楼工程的发展商，袁科威是该住宅楼其中一个物业（具体地址为广州市越秀区水荫路 61 号 3201 房屋）的产权人。2014 年 2 月袁科威委托中国科学院广州化学研究所测试分析中心对居住的上述房屋进行环境质量监测，该中心作出分析编号 CZ140221 B–01、报告编号为 YW140221–11 的环境监测报告，监测结果为：监测点名称：主卧室，在室内噪声倍频带声压级值 31.5（Hz）、63（Hz）、125（Hz）、250（Hz）、500（Hz）五个声压级下的昼间实测值为 53.8dB、51.9dB、52.7dB、64.3dB、65.3dB，修正值为 51.8dB、48.9dB、52.7dB、64.3dB、65.3dB；夜间实测值为 51.9dB、48.1dB、48.2dB、59.4dB、60.2dB，修正值为 50.9dB、45.1dB、46.2dB、57.4dB、59.2dB；室内噪声标准限值：昼间 76dB、59dB、48dB、39dB、34dB，夜间为 69dB、51dB、39dB、30dB、24dB，参考标准：GB22337–2008。

对于袁科威提供的环境监测报告，广州嘉富房地产发展有限公司认为其已举证证明电梯质量合格，住宅设计和电梯设计、电梯安装均已符合国家规定，并经政府部门验收合格，无影响居住等质量问题，且袁科威自行改变房屋结构，致使不能按房屋原始状态进行鉴定，故不申请对涉案电梯是否存在噪声问题、是否影响袁科威居住使用进行鉴定。

裁判结果：广东省广州市越秀区人民法院于 2015 年 6 月 19 日作出民事判决：1. 广州嘉富房地产发展有限公司在该判决发生法律效力之日起 60 日内对广州市越秀区水荫路 61 号住宅电梯采取相应的隔声降噪措施，使袁科威居住的 3201 房屋的噪声达到《民用建筑隔声设计规范》（GB50118–2010）规定的噪声最高限值以下；逾期未达标准，按每日 100 元对袁科威进行补偿。2. 广州嘉富房地产发展有限公司在该判决发生法律效力之日起 3 日内支付鉴定费 1500 元给袁科威。3. 广州嘉富房地产发展有限公司在该判决发生法律

① 资料来源：中国裁判文书网 -https://wenshu.court.gov.cn/website/wenshu/181107ANFZ0BXSK4/index.html?docId=856a525f5e0d413eaae917b856231921，2016 年 12 月 30 日访问。

效力之日起 3 日内支付精神抚慰金 10000 元给袁科威。如果未按该判决指定的期间履行给付金钱义务，应按照《民事诉讼法》第二百五十三条之规定，加倍支付迟延履行期间的债务利息。本案一审案件受理费 88 元由广州嘉富房地产发展有限公司负担。宣判后，广州嘉富房地产发展有限公司不服上述判决，向广东省广州市中级人民法院提出上诉。广东省广州市中级人民法院于 2015 年 9 月 14 日作出民事判决：驳回上诉，维持原判。

案例评析：在住宅电梯的设计、建筑、安装、验收均达标的情况下，不能推定电梯所产生的噪音的限制也是达标的。电梯应接受《民用建筑隔声设计规范》（GB50118–2010）的调整和约束，住宅电梯所产生的噪音不符合该规范的应当认定为噪声污染。

第三节　环境刑事诉讼典型案例

2015 年，环境刑事诉讼典型案例主要有 3 个：宁国市立晨金属表面处理有限公司等污染环境案，彭廷华污染环境案，陈延国、钱德新污染环境案。

一、宁国市立晨金属表面处理有限公司等污染环境案①

基本案情：被告单位宁国市立晨金属表面处理有限公司（以下简称立晨公司）由被告人章某投资设立并由其担任公司法定代表人，从事电镀业务。被告人施某任该公司副总经理，主管生产经营及污染物处置等。被告人胡某任该公司污水处理站站长，负责监管污水排放、污泥处置等。该公司生产过程产生的电镀污泥属于《国家危险废物名录》中的危险废物，依法禁止无经营许可证收集、贮存、利用、处置，禁止提供或者委托给无经营许可证的单位收集、贮存、利用、处置。

2007 年 12 月，被告人金某设立浙江临安金蓝环保服务有限公司（以下简称金蓝公司），从事代理客户运行废水处理等业务，无危险废物经营许可证。2012 年 10 月，金蓝公司因未依法参加年检被吊销营业执照。2013 年

---

① 资料来源：中国裁判文书网 -https://wenshu.court.gov.cn/website/wenshu/181107ANFZ0BXSK4/index.html?docId=45147a8dea2b4ada9df5a07466f8be8c，2016 年 12 月 30 日访问。

9月，被告人金某经与被告人章某、施某等人协商，以金蓝公司名义与被告单位立晨公司签订协议，负责被告单位立晨公司污水、污泥的装袋、入库码放、处理。被告人章某、施某明知被告人金某及金蓝公司无危险废物经营许可证，仍将立晨公司的电镀污泥交由金某收集、处置。被告人施某、胡某负责监管。被告人金某雇用了被告人陈某甲负责抄水表、灌装、存放污泥。为节约处理成本，被告人金某通过被告人褚某甲，安排车辆将被告单位立晨公司产生的电镀污泥从安徽省宁国市运至浙江省临安市砖瓦厂用于制砖。2013年11月，被告人金某、褚某甲安排被告人褚某将8吨左右的一车电镀污泥，运至临安市天目山镇呆村东山砖瓦厂。2014年1月初至2014年2月22日期间，又先后4次安排被告人黄某丙将共计40吨左右的电镀污泥运至临安市於潜镇南山村后松坞茶山空地倾倒。装运过程中，被告人胡某、陈某甲现场清点、监督，并去除了污泥包装上的危险标识。被告人胡某还跟随运泥车辆到东山砖瓦厂现场查看。2014年1月期间，被告人金某又通过被告人胡某联系车辆，将约19吨的电镀污泥出售给商贩，获利人民币（以下币种同）1万余元。2014年2月22日，临安市环境保护局在於潜镇南山村后松坞茶山空地查获非法倾倒在该处的污泥共计37.76吨。后经对现场污泥取样检测，所测铜、锌、镍、总铬均超过国家土壤环境质量标准中二级标准。上述监测报告经浙江省环保厅认可，临安市环境保护局经结合调查情况，认定上述污泥属于国家危险废物名录中所列的"hw17表面处理废物"，为危险废物。另经对被告单位立晨公司现场检查，确认该公司仓库内存放的污泥为危险废物。案发后，被告人胡某于2014年3月1日向安徽省宁国市公安局投案；被告人章某于同年7月30日向临安市公安局投案。

裁判结果：临安市人民法院依法对被告单位及8名被告人作出判决。宣判后，被告单位宁国市立晨金属表面处理有限公司及被告人章某、金某、施某、褚某甲均不服，分别提出上诉。杭州市中级人民法院依法组成合议庭，经过阅卷，讯问被告人，听取诉讼代表人、辩护人的意见，认为本案事实清楚，决定不开庭审理。驳回被告单位宁国市立晨金属表面处理有限公司及被告人章某、金某、施某、褚某甲的上诉，维持原判。

案例评析：本案是临安市人民法院判决首例跨省污染环境罪案，被告人金某、褚甲、陈某、黄某、褚乙违反国家规定，非法倾倒、处置有毒物质，严重污染环境，其行为已构成污染环境罪，被告单位立晨公司明知被告人金某及其公司无经营许可证，仍委托收集、贮存、利用、处置危险废物，严重污染环境，系共同犯罪。被告人章某、施某、胡某作为单位负责的主管人员或直接责任人员，应当承担刑事责任。公诉机关指控的罪名成立。

二、彭廷华污染环境案①

基本案情：2014 年 2 月至 2015 年 8 月期间，彭廷华使用碱法制浆工艺造纸，每次蒸煮制浆、浸泡产生数十吨废液，该废液属危险废物。彭廷华未取得排污许可，也未对废液进行处理，长期向外界排放废液，严重污染环境。贞丰县环境保护局、贞丰县公安局等部门组成贞丰县环境污染联合调查组，于 2014 年 8 月 13 日 14 时、2015 年 5 月 13 日 10 时两次现场查获彭廷华向外排放废液，贞丰县环境保护局责令彭廷华停止违法行为，并对其处以罚款。2015 年 6 月 9 日，贞丰县公安局传唤彭廷华进行调查。2015 年 7 月 1 日 9 时 20 分，贞丰县环境污染联合调查组再次现场查获彭廷华排放废液。贞丰县环境保护局于 2015 年 7 月 1 日将案件移送贞丰县公安局，贞丰县公安局于 2015 年 7 月 23 日立案侦查。彭廷华于 2015 年 8 月 11 日到贞丰县公安局投案，归案后如实供述犯罪事实。贵州省贞丰县人民检察院指控被告人彭廷华使用碱法制浆工艺造纸，长期向外界排放危险废物，经环境保护部门多次查处仍未改正，其行为严重污染环境，提请贞丰县人民法院以污染环境罪依法判处。彭廷华对指控事实及罪名均无异议。

裁判结果：贵州省贞丰县人民法院于 2015 年 10 月 26 日作出刑事判决：被告人彭廷华犯污染环境罪，判处有期徒刑八个月，并处罚金人民币 3000 元。彭廷华以量刑过重为由，提出上诉。贵州省黔西南布依族苗族自治州中级人民法院于 2015 年 12 月 17 日作出刑事裁定：驳回上诉，维持原判。

案例评析：本案是污染环境罪中自首情节认定的一个代表性案例。本案被告人彭廷华未取得排污许可，多次排放危险废物，严重污染环境，已构成污染环境罪。贞丰县人民政府为整治当地造纸排污，成立由贞丰县环保局、

---

① 资料来源：中华人民共和国中央人民政府网站 -http://www.gov.cn/xinwen/2016-03/28/content_5059180.htm，2016 年 12 月 30 日访问。

贞丰县公安局等有关部门组成的贞丰县环境污染联合调查组。联合调查组多次现场查获彭廷华违法排污，贞丰县环保局多次责令彭廷华停止违法排污行为，并对其予以行政处罚。贞丰县公安局已在联合调查中掌握其犯罪事实，并在刑事立案前传唤彭廷华，对其排污行为进行初查。贞丰县环保局向贞丰县公安局移送案件，贞丰县公安局立案侦查，彭廷华随后才到公安机关投案。因彭廷华投案前已分别受到环境保护部门和公安机关的调查，相应犯罪事实已被公安机关掌握，其投案行为不能认定为自动投案，故不能认定为自首，只能认定有坦白情节。

三、陈延国、钱德新污染环境案①

基本案情：2012 年 8 月，被告人陈某甲在郎溪县经济开发区复兴村二宝殿租赁了一处厂房，并于次月与钱某甲共同出资，购买了提炼甲醇的相关设备，安装在此厂房处。2013 年 3 月，被告人陈某甲与钱某甲在没有办理环保手续和配套环保设施的情况下，由陈某甲负责联系原料来源和生产，钱某甲负责生产，进行甲醇废料的提纯加工。2013 年 4 月 7 日，郎溪县安全生产监督管理局对该厂检查后决定：立即停产，未经审批不得复产。2013 年 4 月 15 日，郎溪县环境保护局对该厂进行现场检查，责令其立即停止生产，拆除设备，恢复原状。2013 年 6 月 24 日，该厂被强制停产。期间，共提纯加工有毒物质甲醇废料 300 余吨。后经对现场采样检测：该厂厂区仓库内、外提取的液体判定为化工合成危险制品，仓库内提取的固体判定为化工合成危险制品且具有易燃性，厂界外排污口提取的液体超出污水综合排放标准，对环境造成恶劣影响。原审被告人钱某甲因涉嫌犯污染环境罪于 2014 年 7 月 5 日被郎溪县公安局刑事拘留，同年 8 月 11 日经郎溪县人民检察院批准逮捕，同日由郎溪县公安局执行逮捕。

裁判结果：安徽省郎溪县人民法院审理安徽省郎溪县人民检察院指控原审被告人陈某甲、钱某甲犯污染环境罪一案，于 2015 年 4 月 17 日作出（2015）郎刑初字第 00034 号刑事判决。原审被告人陈某甲不服，提出上诉。

---

① 资料来源：中国裁判文书网 -https：//wenshu.court.gov.cn/website/wenshu/181107ANFZ0BXSK4/index.html?docId=cfcf88b4b9f543058a6659f162400788，2016 年 12 月 30 日访问。

安徽省宣城市中级人民法院受理后，依法组成合议庭，经过阅卷，讯问上诉人及原审被告人、听取辩护人意见，认为事实清楚，决定不开庭审理，驳回上诉，维持原判。

案例评析：本案中陈某甲、原审被告人钱某甲违反国家规定，非法处置危险废物，严重污染环境，其行为已构成污染环境罪。另外，《最高人民法院、最高人民检察院关于办理环境污染刑事案件适用法律若干问题的解释》（以下简称《解释》）系自 2013 年 6 月 19 日起施行，陈某甲、钱某甲非法处置危险废物的行为持续至 2013 年 6 月 24 日即在该《解释》施行之后，应当适用该《解释》而不应适用 2006 年 7 月 28 日施行的《最高人民法院关于审理环境污染刑事案件具体应用法律若干问题的解释》。故原审法院依照该《解释》的相关规定认定陈某甲、钱某甲的行为性质正确。原审法院综合考虑二被告人到案后能如实供述自己的罪行，当庭自愿认罪及陈某甲有犯罪前科等量刑情节，决定对二人科处的刑罚，量刑并无不当。

第 十 章

2015 年环境社会公共利益诉讼

"生态环境能否得到有效保护，关系基本民生，关系长治久安，关系子孙后代。党的十八大把生态文明建设纳入中国特色社会主义事业五位一体总布局，提出了建设美丽中国的目标；十八届三中全会明确了生态文明体制改革的主要任务；四中全会又进一步要求加快建立生态文明法律制度。良好的生态环境，离不开法治的保障和护航。检察机关作为全面依法治国的重要力量，在保护生态环境方面承担着义不容辞的重大责任。"[1]

"近年来，全国检察机关充分发挥检察职能作用，整合资源力量，积极主动作为，强化法律监督，建立完善机制，不断加大对生态环境的司法保护，为推动实现天蓝、水清、地绿的目标作出了积极贡献"[2]，部分省市检察院办理的一些案例被确认为典型案例，体现了检察机关依法严惩破坏生态环境犯罪，保护生态环境的强烈使命感和责任感。与此同时，自然之友、中华环保联合会等环境社会公共利益组织也提起了一些环境公益诉讼案件，有力地保护了环境公共利益。

结合 2015 年 6 月 16 日最高人民检察院发布的 10 个典型案例，并收录了环境社会公共利益组织提起的、具有代表性的部分环境公益诉讼案例，本章节共选取了 7 个环境社会公共利益诉讼案例（见表 10-1），案例均选自

---

① 《2014 年以来检察机关加强生态环境司法保护有关情况》，来源：最高人民检察院网 -https：//www.spp.gov.cn/ztk/2015/sthj/xgzs/201506/t20150616_99532.shtml，2015 年 9 月 26 日访问。

② 刘子阳：《最高检发布生态环境司法保护典型案例树立标尺》，《法制日报》2015 年 6 月 17 日。

"中国裁判文书网"。

表 10-1　2015 年环境社会公共利益诉讼一览表

案件类别	编号	具体案件	审结时间
检察机关提起的重要环境社会公共利益诉讼	1	张建强环境监管失职案	2015.01.12
	2	倪可佃等 3 人环境监管失职案	2015.02.16
	3	最高人民检察院挂牌督办 4 起腾格里沙漠污染环境案	
	4	张某甲、周某某等污染环境案	2015.09.29
社会组织提起的重要环境社会公共利益诉讼	5	北京市朝阳区自然之友环境研究所、福建省绿家园环境友好中心诉谢知锦等四人破坏林地民事公益诉讼案	2015.10.29
	6	中华环保联合会诉张建春环境污染民事公益诉讼案	2015.12
	7	常州市环境公益协会诉储卫清、常州博世尔物资再生利用有限公司等土壤污染民事公益诉讼案	2015.12.29

第一节　检察机关提起的重要环境社会公共利益诉讼

2015 年 6 月 16 日，最高人民检察院召开主题为"坚强司法保护，呵护美丽中国"新闻发布会，在新闻发布会上，通报检察机关立足检察职能，加强生态环境司法保护的有关情况，并发布 10 个典型案例①，其中的 3 个典型案例于 2015 年审结。

一、张建强环境监管失职案

基本案情：广东省揭西县环保局原副局长兼环境监察大队原大队长张建强，在 2009 年至 2011 年 6 月期间，工作严重不负责任，在发现辖区内存在非法经营的洗钨矿场后，不认真履行职责，未依法予以取缔，仅以罚款了事，导致该非法洗钨矿场长期持续排污，造成重大环境污染，受污染的土壤

---

① 本节中的"张建强环境监管失职案、倪可佃等 3 人环境监管失职案、最高检挂牌督办 4 起腾格里沙漠污染环境案"等 3 个典型案例的基本案情和典型意义来源：徐盈雁：《最高检发布 10 起检察机关加强生态环境司法保护典型案例》，《检察日报》2015 年 6 月 17 日。

修复费用高达 618.6 万余元，给国家利益造成巨大损失。2014 年 3 月 19 日，揭西县检察院以涉嫌环境监管失职罪对张建强立案侦查。2015 年 1 月 12 日，法院以环境监管失职罪判处张建强有期徒刑一年。

典型意义：本案属于环境保护部门工作人员在环境监管、执法过程中不严格履职，以罚代管，长期放任违法行为，导致土地污染持续扩大，造成严重后果的渎职犯罪案件。此案的查处是落实广东省检察机关开展查办和预防危害生态环境职务犯罪专项工作的重要举措，有力促使当地环境监察、土地管理等部门在履行职责过程中，及时发现并依法查处污染环境行为，对于当地生态环境保护、经济社会健康发展具有重要的推动作用。

二、倪可佃等 3 人环境监管失职案

基本案情：福建省三明市三元区环境保护局原副局长倪可佃、监察大队原大队长林星华、工作人员郑书琦，在 2012 年 7 月至 2014 年 1 月环境监察执法过程中，工作严重不负责任，没有及时发现、制止福建省三明市永丰化工公司非法建设提炼铟的生产设施、车间内存放大量与正常生产范围无关的原辅材料、非法排放最高超标达 994 倍的铟萃余液等违法行为，造成自鱼塘溪流经的水体严重污染，经当地政府应急处置共花费 455 万余元，给国家利益造成重大损失。2014 年 3 月 23 日，福建省三明市三元区检察院以涉嫌环境监管失职罪对倪可佃、林星华、郑书琦立案侦查。2015 年 2 月 16 日，福建省三明市三元区法院以环境监管失职罪分别判处倪可佃、林星华、郑书琦有期徒刑六个月至八个月，缓刑一年。2015 年 9 月 9 日，福建省三明市中级人民法院以环境监管失职罪分别对林星华、郑书琦、倪可佃作出有期徒刑八个月缓刑一年、有期徒刑六个月缓刑一年和免予刑事处罚的终审判决。

典型意义：本案中因为渎职犯罪放任排污行为不仅造成了重大经济损失，并造成水体环境的长期污染，难以一时修复，损害后果持久，严重影响人民群众的生产生活。本案是在福建省推进生态文明先行示范区建设过程中，检察机关主动履职，集中查办危害生态文明建设渎职犯罪的具体体现。本案由福建省三明市三元区检察院自行发现，检察机关主动履职，通过办案严肃查办了国家机关工作人员在环境监管中的懒政、怠政造成的渎职犯罪，为推进生态文明先行示范区建设发挥了积极作用。

三、最高人民检察院挂牌督办4起腾格里沙漠污染环境案

基本案情：腾格里沙漠位于内蒙古、宁夏和甘肃交界处，自2014年9月以来，媒体相继曝出，内蒙古阿拉善盟腾格里工业园部分企业、宁夏中卫明盛染化公司、宁夏中卫工业园区部分企业、甘肃武威市荣华工贸有限公司等企业通过私设暗管，将未经处理的污水排入沙漠腹地，对腾格里沙漠生态环境造成严重危害。案发后，最高人民检察院高度重视，要求当地检察机关迅速了解掌握情况，从严惩治污染环境犯罪行为，严查国家工作人员监管失职渎职犯罪。最高人民检察院侦监厅、公诉厅和渎职侵权检察厅分别将内蒙古阿拉善盟腾格里工业园部分企业污染环境案、宁夏中卫明盛染化公司污染环境案、宁夏中卫工业园区部分企业污染环境案、甘肃武威市荣华工贸有限公司污染环境案等4起案件列为重点挂牌督办案件。最高人民检察院联合公安部、环境保护部相关部门组成督办组，赶赴内蒙古阿拉善盟、宁夏中卫、甘肃武威三地，实地勘察、督导案件办理。经督办，宁夏检察机关追加起诉1人，公安机关对宁夏大漠药业有限公司、利安隆（中卫）新材料有限公司等7家单位以涉嫌污染环境罪立案侦查；内蒙古检察机关对新亚化工有限责任公司、渤亚化工有限责任公司、恒盛化工有限责任公司3家单位以涉嫌污染环境罪移送审查起诉。内蒙古、宁夏、甘肃三地检察机关立即介入案件调查，依法履行批捕、起诉职能，对涉嫌破坏环境资源犯罪开展立案监督，引导公安机关侦查取证，固定完善证据，对涉嫌犯罪的依法批捕，并提起公诉；同时，对案件涉及的相关监管部门工作人员涉嫌渎职犯罪案件依法开展调查。经查，部分化工企业存在违法排污行为，个别企业未按规范要求处置污泥等危险废物；部分环境监管人员对工业园区有关企业排污行为监管不力，放任企业私设暗管、偷排污水，致使非法排污问题未能得到及时有效解决，存在滥用职权、玩忽职守和监管失职等问题。截至2015年6月，在宁夏中卫明盛染化有限公司污染环境案和宁夏中卫工业园区污染环境案中，经检察机关提起公诉，法院对宁夏中卫明盛染化有限公司判处罚金500万元，对廉兴中判处有期徒刑一年零六个月，缓刑二年，并处罚金5万元。在职务犯罪查处方面，宁夏检察机关依法对中卫市环保局环境监察支队原副支队长利俊成、中卫市环保局环评科负责人刘国芳分别以涉嫌玩忽职守罪、滥用

职权罪立案侦查；甘肃检察机关依法对武威市凉州区环保局原局长林兴述、凉州区环保局原副局长兼环境监察大队大队长文武以涉嫌玩忽职守罪立案侦查。

典型意义：2014 年 9 月，腾格里沙漠污染环境系列案曝光后，最高人民检察院高度重视，综合发挥"捕、诉、侦、防"职能，侦查监督厅、公诉厅、渎职侵权检察厅均列为重点挂牌督办案件，联合公安部、环境保护部等组成督导组，从严惩治犯罪行为，形成保护生态环境整体合力。

四、张某甲、周某某等污染环境案①

基本案情：原句容市葛村镇荣盛防水材料厂系被告人张某甲、被告人李某某与张运龙（另案处理）共同成立，实为小炼油厂，2008 年 4 月 30 日以张运龙的名义领取个体工商户营业执照，2012 年 4 月 30 日工商营业执照到期，经营范围是：建筑防水材料、玻璃厂专用、调和油生产销售、水泥砂石、建筑材料零售。该厂未经环保审批，无危险废物经营许可证。张某甲、李某某等人利用该厂的场地、设备长期非法提炼废机油、废重油，主要工艺是利用加热锅炉蒸馏脱水提取油料。2010 年 1 月 21 日，句容市人民政府以该厂未办理环保审批手续，无污染治理设施即投入生产，对周围环境造成严重影响为由，作出句政发〔2010〕13 号文件决定关闭该厂；2013 年 4 月 25 日，句容市环境保护局发现该厂仍正常生产，向该厂送达停产通知书。2014 年 4 月 16 日，句容市环境保护局再次向该厂送达停产通知书。但是该厂并未实际关闭，张某甲等人多次违法炼油，并堆放大量危险废物，案发时高达 270 余吨，积累严重的安全隐患，并严重污染环境。2014 年 3 月 11 日、4 月 4 日，句容市环境保护局现场调查发现该厂正在整理场地、维修设备，但有生产迹象，新进重油，堆放危险废物。2014 年 4 月 4 日，句容市环境保护局现场检查发现该厂有生产迹象，无危险废物经营许可证，李某某表示现在不生产，但想把场地内的现有产品生产完毕。自 2011 年 11 月至 2014 年 4 月，在该厂内，被告人张某甲、李某某以营利为目的，违反国家规定，在

---

① 资料来源：中国裁判文书网 -https：//wenshu.court.gov.cn/website/wenshu/181107ANFZ0BXSK4/index.html?docId=7231e243642e41a89a63b38be3acfad5，2016 年 12 月 30 日访问。

未取得危险废物经营许可证的情况下，为他人非法处置危险废物，其中已处置成功43余吨，尚有66余吨未处置成功即被查获。具体详述如下：(1) 2011年11月，张某甲非法加工处置从上海铁路机务综合开发有限公司南京机务分公司（另案处理）运来的7吨多废机油；(2) 2012年下半年，张某甲非法处置由益云晖（另案处理）委托加工处置的废重油36余吨，后因执法机关查获，尚有13.647吨未能处置；(3) 2014年3、4月份，周某某在明知张某甲、李某某未取得危险废物经营许可证的情况下，违反国家规定，委托处置废重油52.427吨，后由于炼油设备无法加工及执法机关的查获，该批废重油未能处置成功。案发后，李某某主动至公安机关投案并如实供述自己的罪行。公诉机关江苏省丹阳市人民检察院以被告人张某甲、李某某、周某某犯污染环境罪，向江苏省丹阳市人民法院提起公诉。

江苏省丹阳市人民法院于2015年9月29日作出刑事判决：1.被告人张某甲犯污染环境罪，判处有期徒刑一年八个月，并处罚金人民币5万元。2.被告人李某某犯污染环境罪，判处有期徒刑一年六个月，并处罚金人民币4万元。3.被告人周某某犯污染环境罪，判处有期徒刑一年五个月，并处罚金人民币3万元。宣判后，周某某不服，提起上诉。因出现新证据，二审对张某甲、李某某的一项犯罪事实不予认定，江苏省镇江市中级人民法院于2015年11月16日作出刑事判决：1.周某某犯污染环境罪，判处罚金人民币1万元；2.张某甲犯污染环境罪，判处有期徒刑一年七个月，并处罚金人民币5万元；3.李某某犯污染环境罪，判处有期徒刑一年五个月，并处罚金人民币3万元。

典型意义：本案是污染环境共同犯罪未遂的一个代表性案例。依据《刑法》和有关司法解释，污染环境罪属故意犯罪；行为人明知他人无危险废物处置资质，仍向其提供危险废物并委托处置，严重污染环境的，以污染环境罪的共同犯罪论处；被委托人已经着手处置危险废物，但因意志以外的原因尚未造成严重污染环境后果的，对其未能得逞的部分，应认定构成共同犯罪的未遂。

第二节　社会组织提起的重要环境社会公共利益诉讼

自然之友、中华环保联合会等环境社会公共利益组织在环境保护中发挥着重要作用。2015 年，人民法院审结的、由社会组织提起的重要环境社会公共利益诉讼主要有 3 个：北京市朝阳区自然之友环境研究所、福建省绿家园环境友好中心诉谢知锦等四人破坏林地民事公益诉讼案，中华环保联合会诉张建春环境污染民事公益诉讼案，常州市环境公益协会诉储卫清、常州博世尔物资再生利用有限公司等土壤污染民事公益诉讼案。

（一）北京市朝阳区自然之友环境研究所、福建省绿家园环境友好中心诉谢知锦等四人破坏林地民事公益诉讼案[①]

基本案情：2008 年 7 月 29 日，谢知锦等四人未经行政主管部门审批，擅自扩大采矿范围，采取从山顶往下剥山皮、将采矿产生的弃石往山下倾倒、在矿山塘口下方兴建工棚的方式，严重毁坏了 28.33 亩林地植被。2014 年 7 月 28 日，谢知锦等人因犯非法占用农用地罪分别被判处刑罚。2015 年 1 月 1 日，北京市朝阳区自然之友环境研究所（本节以下简称自然之友）、福建省绿家园环境友好中心（本节以下简称绿家园）提起诉讼，请求判令四被告承担在一定期限内恢复林地植被的责任，赔偿生态环境服务功能损失 134 万元；如不能在一定期限内恢复林地植被，则应赔偿生态环境修复费用 110 万余元；共同偿付原告为诉讼支出的评估费、律师费及其他合理费用。

福建省南平市中级人民法院一审认为，谢知锦等四人为采矿占用林地，不仅严重破坏了 28.33 亩林地的原有植被，还造成了林地植被受损至恢复原状期间生态服务功能的损失，依法应共同承担恢复林地植被、赔偿生态功能损失的侵权责任。判令谢知锦等四人在判决生效之日起五个月内恢复被破坏的 28.33 亩林地功能，在该林地上补种林木并抚育管护三年，如不能在指定期限内恢复林地植被，则共同赔偿生态环境修复费用 110 万余元；共同赔偿

---

① 资料来源：中国裁判文书网 -https：//wenshu.court.gov.cn/website/wenshu/181107ANFZ0BXSK4/index.html?docId=263d0415cf8f4839ae8a2493f4b7d4ec，2016 年 12 月 30 日访问。

生态环境服务功能损失 127 万元，用于原地或异地生态修复；共同支付原告支出的评估费、律师费、为诉讼支出的其他合理费用 16.5 万余元。福建省高级人民法院二审维持了一审判决。

典型意义：本案系新环境保护法实施后全国首例环境民事公益诉讼，涉及原告主体资格的审查、环境修复责任的承担以及生态环境服务功能损失的赔偿等问题。本案判决依照环境保护法第五十八条和《最高人民法院关于审理环境民事公益诉讼案件适用法律若干问题的解释》的规定，确认了自然之友、绿家园作为公益诉讼原告的主体资格；以生态环境修复为着眼点，判令被告限期恢复被破坏林地功能，在该林地上补种林木并抚育管护三年，进而实现尽快恢复林地植被、修复生态环境的目的；首次通过判决明确支持了生态环境受到损害至恢复原状期间服务功能损失的赔偿请求，提高了破坏生态行为的违法成本，体现了保护生态环境的价值理念，判决具有很好的评价、指引和示范作用。

（二）中华环保联合会诉张建春环境污染民事公益诉讼案[①]

基本案情：2014 年 2 月 7 日至 2014 年 3 月 13 日之间，张建春在昆山市玉山镇成明路 68-2 厂房内非法电镀，并将含有重金属六价铬、总铬、铅等有毒物质的废水未经处理非法排放至外环境。2014 年 8 月 13 日，昆山市人民检察院向昆山市人民法院提起公诉，指控被告张建春犯污染环境罪。2014 年 11 月 28 日，昆山市人民法院依法作出判决，以被告人张建春犯污染环境罪，判处其有期徒刑一年，并处罚金人民币两万元。该刑事判决已发生法律效力。

在本案审理过程中，中华环保联合会委托江苏圣泰环境科技股份有限公司对涉案场地进行环境调查，认为电镀车间外空地上的排水沟及排水沟附近约 40 立方米土壤及约 1 立方米地表积水存在铅、铬和六价铬污染，并提供了环境修复方案及报价，载明场地污染修复费用为 106662.5 元，场地调查费为 39628.6 元，此外原告支付了 10000 元律师费。后被告张建春提供了江苏大地益源环境修复有限公司出具的修复方案，对涉案污染场地的修复费

---

① 资料来源：最高人民检察院网站 -https://www.spp.gov.cn/zdgz/201601/t20160119_111275.shtml，2016 年 12 月 30 日访问。

用报价为 75600 元。苏州市中级人民法院于 2015 年 12 月 9 日发出传票，通知原、被告于 2015 年 12 月 14 日至法院对两份方案进行质证，就污染场地修复费用进行竞价。江苏圣泰环境科技股份有限公司到庭，并就被告方的修复方案发表意见，江苏大地益源环境修复有限公司未到庭。

本案中张建春非法从事电镀作业，造成电镀车间外空地上的排水沟及排水沟附近的表层土壤的铅、铬和六价铬污染，其行为已构成刑事犯罪，同时构成环境污染侵权，应当依法承担环境修复责任。因修复方案及成本核算直接关系到环境修复的效果及侵权人的责任承担，法院应进行全面审查，允许双方当事人分别提供方案并组织质证。环境修复方案及费用并不排斥以最小的投入获得最大收益，但必须保证受到污染的场地能够彻底、完整修复。本案中，原、被告均提供专业环境修复方法及费用，法院对此应进行全面审查。法院对原告提供的环境修复方案予以认可，认定污染场地修复费用为 106662.5 元。涉案场地调查费用（含检测费）、律师费系为提起环境公益诉讼，确定张建春污染行为导致环境污染范围和修复费用等而产生的合理费用，对此法院依法予以支持。

典型意义：本案是法院允许诉讼双方通过当庭质证方式确定合理经济的环境修复方案的一个代表性案例。因环境污染造成损害的，污染者应当依法承担环境修复责任。环境修复方案的选择直接关系环境修复的实际效果以及侵权人的责任承担，人民法院应当进行全面审查，并允许双方当事人分别提供修复方案。在组织双方当事人对修复方案充分质证的基础上，从修复环境实际需要出发，兼顾成本经济原则，由法院审查确定合理经济的修复方案。

（三）常州市环境公益协会诉储卫清、常州博世尔物资再生利用有限公司等土壤污染民事公益诉讼案①

基本案情：2012 年 9 月 1 日至 2013 年 12 月 11 日，储卫清经过常州市博世尔物资再生利用有限公司（本节以下简称博世尔公司）的同意，使用该公司的场地及设备，从事"含油滤渣"的处置经营活动。其间，无锡金科化工有限公司（本节以下简称金科公司）明知储卫清不具备处置危险废物的资

---

① 资料来源：北大法宝 -http://jslx.pkulaw.cn/case/pfnl_a25051f3312b07f330aa16901b8148cc6e61486e a26b22edbdfb.html?match=Exact，2016 年 12 月 30 日访问。

质，允许其使用危险废物经营许可证并以该公司名义从无锡翔悦石油制品有限公司（以下简称翔悦公司）、常州精炼石化有限公司（以下简称精炼公司）等处违规购置油泥、滤渣，提炼废润滑油进行销售牟利，造成博世尔公司场地及周边地区土壤受到严重污染。2014 年 7 月 18 日，常州市环境公益协会提起诉讼，请求判令储卫清、博世尔公司、金科公司、翔悦公司、精炼公司共同承担土壤污染损失的赔偿责任。

江苏省常州市中级人民法院受理后，组成由环境保护专家担任人民陪审员的合议庭审理本案，依照法定程序就环境污染损害情况委托鉴定，并出具三套生态环境修复方案，在受污染场地周边公示，以现场问卷形式收集公众意见，最终参考公众意见、结合案情确定了生态环境修复方案。人民法院认为，储卫清违反国家规定，借用金科公司的危险废物经营资质并以该公司名义，将从翔悦公司、精炼公司购买的油泥、滤渣进行非法处置，污染周边环境；博世尔公司明知储卫清无危险废物经营许可证，为储卫清持续实施环境污染行为提供了场所和便利，造成其场地内环境污染损害结果的发生；翔悦公司、精炼公司明知储卫清行为违法，仍然违规将其生产经营过程中产生的危险废物交由储卫清处置，未支付处置费用，还向储卫清收取危险废物价款。五被告之行为相互结合导致损害结果的发生，构成共同侵权，应当共同承担侵权责任。判令五被告向江苏省常州市生态环境法律保护公益金专用账户支付环境修复赔偿金 283 万余元。一审判决送达后，各方当事人均未上诉。判决生效后，一审人民法院组织检察机关、环境保护行政主管部门、鉴定机构以及案件当事人共同商定第三方托管方案，由第三方具体实施污染造成的生态环境治理和修复。

典型意义：环境侵权案件具有很强的专业性、技术性，对于污染物认定、损失评估、因果关系认定、环境生态修复方案等问题，通常需要从专业技术的角度作出评判。受案法院在审理过程中，邀请环境保护专家担任人民陪审员，委托专业机构进行鉴定评估，制作生态环境修复方案，很好地发挥了技术专家和专业机构的辅助与支持作用。此外，受案法院将土壤修复方案向社会公布、听取公众意见，保障了公众对环境修复工作的有效参与；引入第三方治理模式，通过市场化运作，将环境修复交由专业公司实施，既有利于解决判决执行的监管，也有利于提高污染治理效率。

参 考 文 献

一、报告、公报等

1.《2015 中国环境状况公报》。

2.《中国共产党第十八届中央委员会第五次全体会议公报》。

3.《政府工作报告》（2015 年）。

4.《关于 2015 年度环境保护综合督查工作情况的通报》，环办环监函〔2016〕214 号。

5.《最高人民法院关于适用〈中华人民共和国民事诉讼法〉的解释》新闻发布稿（2015 年 2 月 2 日）。

6.《中国共产党第十八届四中全会公报》。

7.《中共中央、国务院关于加快推进生态文明建设的意见》（中发〔2015〕12 号）。

8.《国务院批转发展改革委关于 2015 年深化经济体制改革重点工作意见的通知》（国发〔2015〕26 号）。

9.《国务院办公厅关于印发生态环境监测网络建设方案的通知》（国办发〔2015〕56 号）。

10.《开展领导干部自然资源资产离任审计试点方案》。

11.《党政领导干部生态环境损害责任追究办法（试行）》（中办发〔2015〕45 号）。

12.《中共中央办公厅国务院办公厅环境保护督察方案（试行）》（厅字〔2015〕21号）。

13.《编制自然资源资产负债表试点方案的通知》（国办发〔2015〕82号）。

14.《生态环境损害赔偿制度改革方案》（中办发〔2015〕57号）。

15.《中共中央、国务院关于加大改革创新力度加快农业现代化建设的若干意见》。

16.《中国制造2025》。

17.《关于发布〈建设项目环境影响评价资质管理办法〉配套文件的公告》（环境保护部公告2015年第67号）。

18.《现有建设项目环境影响评价机构资质过渡的有关规定》（环境保护部公告2015年第67号）。

19.《建设项目环境影响评价资质申请材料规定》（环境保护部公告2015年第67号）。

20.《环境影响评价工程师从业情况管理规定》（环境保护部公告2015年第67号）。

21.《关于适用〈中华人民共和国民事诉讼法〉的解释》新闻发布会（最高人民法院于2015年2月4日举行）。

22.《最高人民法院研究室负责人就〈最高人民法院关于审理环境侵权责任纠纷案件适用法律若干问题的解释〉》答记者问（2016年6月1日）。

23.《全国人大常委会关于授权最高人民检察院在部分地区开展公益诉讼试点工作的决定》（第十二届全国人民代表大会常务委员会第十五次会议通过）。

24.《检察机关提起公益诉讼试点方案》（最高人民检察院2015年7月2日发布）。

25.《中共中央关于全面推进依法治国若干重大问题的决定》。

26.《关于2015年度环境保护综合督查工作情况的通报》（环办环监函〔2016〕214号）。

27.《关于打好农业面源污染防治攻坚战的实施意见》（农科教发〔2015〕1号）。

28.《国务院批转发展改革委关于2015年深化经济体制改革重点工作意见的通知》（国发〔2015〕26号）。

二、著作、论文等

1. 李建国：《关于〈中华人民共和国立法法修正案（草案）〉的说明——2015 年 3 月 8 日在第十二届全国人民代表大会第三次会议上》。

2. 徐祥民、宛佳欣、孔晓雨：《〈立法法〉（2015）实施后地方环境立法现状分析与研究》，《中国应用法学》2019 年第 1 期。

3. 周珂、于鲁平：《解析新〈大气污染防治法〉》，《环境保护》2015 年第 18 期。

4. 秦天宝：《新〈大气污染防治法〉：曲折中前行》，《环境保护》2015 年第 18 期。

5. 黄亮斌：《新修订〈大气污染防治法〉七大亮点》，《湖南日报》2015 年 9 月 17 日。

6. 林光洙：《环境法与环境执法》，中国环境科学出版社 2002 年版。

7. 徐祥民、巩固：《关于环境法体系问题的几点思考》，《法学论坛》2009 年第 24 期。

8. 雷磊：《指导性案源法律地位再反思》，《中国法学》2015 年第 1 期。

9. 《国家发展和改革委员会主任徐绍史解读〈关于加快推进生态文明建设的意见〉》，《中国产经》2015 年第 6 期。

10. 刘哲：《解读〈生态文明体制改革总体方案〉》，《中国科学报》2015 年 11 月 6 日。

11. 《统筹布局·科学开发·持续发展——国家发改委、国家海洋局有关负责人就〈全国海洋主体功能区规划〉答记者问》，《中国海洋报》2015 年 9 月 8 日。

12. 《用发展新理念破解"三农"新难题　农业供给侧改革在路上》，《人民日报》2016 年 1 月 28 日。

13. 徐祥民：《环境质量目标主义：关于环境法直接规制目标的思考》，《中国法学》2015 年第 6 期。

14. 文雯：《新大气法还有哪些新变化?》，《中国环境报》2015 年 9 月 23 日。

15. 张明禄：《开放市场规范有序——中国气象局副局长于新文解读〈气象信息服务管理办法〉》，《中国气象报》2015 年 4 月 28 日。

16. 岳跃国：《法立有犯必施　令出唯行不返——2015 年上半年环境监管执法工作综述》，《中国环境报》2015 年 8 月 5 日。

17. 《环境保护部通报 1～2 月份大气污染防治督查情况》，《中国环境报》2015

年3月20日。

18. 王昆婷：《环境保护部通报3月大气污染防治专项执法检查及督查情况》，《中国环境报》2015年5月12日。

19. 邢飞龙：《〈核安全文化政策声明〉发布　宣贯推进专项行动为期一年，要求做到两个"全覆盖"，落实两个"零容忍"》，《中国环境报》2015年1月22日。

20. 陈虹伟：《2015年环境资源审判工作凸显六大亮点，最高法获代表点赞》，《法制日报》2016年3月7日。

21. 刘子阳：《最高检发布生态环境司法保护典型案例树立标尺》，《法制日报》2015年6月17日。

22. 郑学林、林文学、王展飞：《〈关于审理环境民事公益诉讼案件适用法律若干问题的解释〉的理解和适用》，《人民司法》2015年第5期。

23. 周利航：《最高法发布审理环境民事公益诉讼案司法解释　私益诉讼可搭公益诉讼"便车"》，《中国环境报》2015年1月6日。

24. 徐日丹、贾阳：《最高检相关负责人解读〈检察机关提起公益诉讼试点方案〉》，《检察日报》2015年7月13日。

25. 徐盈雁：《最高检发布10起检察机关加强生态环境司法保护典型案例》，《检察日报》2015年6月17日。

三、网络文献

1. 五部委解读《关于加快推进生态文明建设的意见》，来源：人民网 -http：//politics.people.com.cn/n/2015/0508/c70731-26966499.html？from=timeline&isappinstalled=0，2015年7月20日访问。

2.《中共中央　国务院印发〈生态文明体制改革总体方案〉》，来源：中国政府网 -http：//www.gov.cn/guowuyuan/2015-09/21/content_2936327.htm，2017年11月15日访问。

3.《全国海洋主体功能区规划》，来源：中国政府网·政务 -http：//www.gov.cn/zhengce/content/2015-08/20/content_10107.htm，2017年12月5日访问。

4.《全国主体功能区规划》序言，来源：中国政府网 -http：//www.gov.cn/zwgk/2011-06/08/content_1879180.htm，2017年12月5日访问。

5.《一号文件关注"吃得放心"》，来源：人民网 -http：//politics.people.com.cn/

n/2015/0202/c70731-26487830.html，2016 年 12 月 18 日访问。

6.《推动公众参与依法有序发展 提高环保公共事务参与水平——解读〈环境保护公众参与办法〉》，来源：环境保护部网 -http：//www.zhb.gov.cn/gkml/hbb/qt/201507/t20150721_306985.htm，2017 年 11 月 12 日访问。

7.《〈中华人民共和国防治船舶污染内河水域环境管理规定〉相关要求解读》，来源：南通海事局 -http：//www.ntmsa.gov.cn/art/2016/6/15/art_3509_1122657.html，2016 年 6 月 5 日访问。

8.《统一发布 鼓励传播 中国气象局副局长于新文解读〈气象预报发布与传播管理办法〉》，来源：中国气象局网 -http：//www.cma.gov.cn/2011xwzx/2011xqxxw/2011xqxyw/201503/t20150313_276489.html，2016 年 12 月 27 日访问。

9.《环保体制改革蓄势待发 职能分散致监管不力》，来源：中国青年网 -http：//news.youth.cn/wztt/201403/t20140330_4944450_1.htm，2016 年 12 月 23 日访问。

10.《2015 年全国环境监察工作要点——全面解读〈全国环境监察工作要点〉》，来源：环境保护部网 -http：//www.zhb.gov.cn/gkml/hbb/qt/201503/t20150323_297880.shtml，2016 年 11 月 14 日访问。

11.《环境保护部通报 2015 年 3 月份大气污染防治督查情况》，来源：环境保护部网 -http：//www.zhb.gov.cn/gkml/hbb/qt/201505/t20150518_301741.htm，2016 年 12 月 28 日访问。

12.《环境保护部通报 2015 年 10 月大气污染防治督查情况》，来源：环境保护部网 -http：//www.zhb.gov.cn/gkml/hbb/qt/201511/t20151120_317413.htm，2016 年 12 月 27 日访问。

13.《环境保护部通报 2015 年 11 月大气污染防治督查情况》，来源：环境保护部网 -http：//www.zhb.gov.cn/gkml/hbb/qt/201512/t20151225_320537.htm，2016 年 12 月 27 日访问。

14.《环境保护部通报 2015 年 12 月份冬季大气污染防治督查情况》，来源：环境保护部网 -http：//www.zhb.gov.cn/gkml/hbb/qt/201512/t20151225_320537.htm，2016 年 12 月 27 日访问。

15.《环保部：打击销售劣质煤行为，力促散煤洁净化工作》，来源：民生网 -http：//www.msweekly.com/show.html? id=49209，2016 年 11 月 22 日访问。

16.《环保部：华北地区大气污染防治问题仍然突出》，来源：中国新闻网 -http：//www.xinhuanet.com//politics/2015-12/15/c_128529994.htm，2016 年 3 月 6 日访问。

17.《环境保护部部署 3 月大气污染防治专项执法检查》，来源：环境保护部网 -http：//www.zhb.gov.cn/gkml/hbb/qt/201503/t20150317_297326.htm，2016 年 10 月 31 日访问。

18.《关于全国环评机构专项整治行动发现部分环评机构及从业人员问题处理意见的通报》，来源：环境保护部网 -http：//www.zhb.gov.cn/gkml/hbb/qt/201512/t20151230_320733.htm，2016 年 8 月 20 日访问。

19.《浦铁（青岛）钢材加工有限公司诉青岛市环境保护局环保行政处罚案》，来源：中国法院网 -https：//www.chinacourt.org/article/detail/2016/03/id/1830951.shtml，2016 年 11 月 25 日访问。

20.《2014 年以来检察机关加强生态环境司法保护有关情况》，来源：最高人民检察院网 -https：//www.spp.gov.cn/ztk/2015/sthj/xgzs/201506/t20150616_99532.shtml，2015 年 9 月 26 日访问。

附 录 一

2015 年中央环境立法一览表

编号	文件名称	立法位阶	制定类型	发布文号	颁布时间
1	立法法	法律	修正	主席令第 20 号	2015.03.15
2	固体废物污染环境防治法	法律	修正	主席令第 23 号	2015.04.24
3	防洪法	法律	修正	主席令第 23 号	2015.04.24
4	动物防疫法	法律	修正	主席令第 24 号	2015.04.24
5	畜牧法	法律	修正	主席令第 26 号	2015.04.24
6	大气污染防治法	法律	修订	主席令第 31 号	2015.08.29
7	种子法	法律	修订	主席令第 35 号	2015.11.04
8	中华人民共和国人口与计划生育法	法律	修正	主席令第 41 号	2015.12.27
9	城镇污水排入排水管网许可管理办法	部门规章	制定	住房和城乡建设部令第 21 号	2015.01.22
10	建设项目使用林地审核审批管理办法	部门规章	制定	林业局令第 35 号	2015.02.15
11	气象信息服务管理办法	部门规章	制定	中国气象局令第 26 号	2015.03.12
12	气象预报发布与传播管理办法	部门规章	修订	中国气象局令第 26 号	2015.03.12
13	建设项目环境影响评价分类管理名录	部门规章	修订	环境保护部令第 33 号	2015.04.09

编号	文件名称	立法位阶	制定类型	发布文号	颁布时间
14	突发环境事件应急管理办法	部门规章	制定	环境保护部令第 34 号	2015.04.16
15	国家重点保护野生动物驯养繁殖许可证管理办法	部门规章	修正	国家林业局令第 37 号	2015.04.27
16	林木种子生产、经营许可证管理办法	部门规章	修正	国家林业局令第 37 号	2015.04.27
17	引进陆生野生动物外来物种种类及数量审批管理办法	部门规章	修正	国家林业局令第 37 号	2015.04.27
18	国家林业局产品质量检验检测机构管理办法	部门规章	修正	国家林业局令第 37 号	2015.04.27
19	农作物种子生产经营许可管理办法	部门规章	修正	农业部令 2015 年第 1 号	2015.04.29
20	转基因棉花种子生产经营许可规定	部门规章	修正	农业部令 2015 年第 1 号	2015.04.29
21	草种管理办法	部门规章	修正	农业部令 2015 年第 1 号	2015.04.29
22	城市生活垃圾管理办法	部门规章	修正	住房和城乡建设部令第 24 号	2015.05.04
23	中华人民共和国船舶污染海洋环境应急防备和应急处置管理规定	部门规章	修正	交通运输部令第 6 号	2015.05.12
24	环境保护公众参与办法	部门规章	制定	环境保护部令第 35 号	2015.07.02
25	节能低碳产品认证管理办法	部门规章	制定	质检总局　国家发改委令第 168 号	2015.09.17
26	建设项目环境影响评价资质管理办法	部门规章	修订	环境保护部令第 36 号	2015.09.28
27	林业工作站管理办法	部门规章	制定	林业局令第 39 号	2015.11.24
28	突发林业有害生物事件处置办法	部门规章	修订	林业局令第 39 号	2015.11.24
29	大熊猫国内借展管理规定	部门规章	修正	林业局令第 39 号	2015.11.24

续表

编号	文件名称	立法位阶	制定类型	发布文号	颁布时间
30	进境动植物检疫审批管理办法	部门规章	修订	国家质量监督检验检疫总局令第 170 号	2015.11.25
31	建设项目环境影响后评价管理办法（试行）	部门规章	制定	环境保护部令第 37 号	2015.12.10
32	防治船舶污染内河水域环境管理规定	部门规章	制定	交通运输部令 2015 年第 25 号	2015.12.15
33	入河排污口监督管理办法	部门规章	修正	水利部令第 47 号	2015.12.16
34	开发建设项目水土保持设施验收管理办法	部门规章	修正	水利部令第 47 号	2015.12.16
35	公共机构能源审计管理暂行办法	部门规章	制定	中华人民共和国国家发展和改革委员会 中华人民共和国国家机关事务管理局令第 32 号	2015.12.31

附　录　二

2015年中央政府部门环境执法政策发布情况一览表

编号	发布时间	名称	发文主体	发文主体数量	文件类型	文件主类	文件亚类	文号	备注
1	2015.01	国家海洋局关于建立县级以上常态化海岛监视监测体系的指导意见	国家海洋局	1	意见	环境保护手段类	海洋资源		
2	2015.01.05	环境保护部办公厅关于发布《矿产资源开发利用编制环境影响评价专篇格式与内容（试行）》的通知	环境保护部	1	通知	自然资源保护类	环保综合规定	环办〔2015〕1号	
3	2015.01.05	环境保护部关于京秦高速公路京冀、冀津接线段工程环境影响报告书的批复	环境保护部	1	批复	环境保护手段类	环保综合规定	环审〔2015〕3号	

续表

编号	发布时间	名称	发文主体	发文主体数量	文件类型	文件主类	文件亚类	文号	备注
4	2015.01.06	环境保护部公告 2015 年第 1 号——关于新化学物质简易申报登记注销的公告	环境保护部	1	公告	环境保护手段类	环保综合规定	环境保护部公告 2015 年第 1 号	
5	2015.01.08	环境保护部关于印发《企业事业单位突发环境事件应急预案备案管理办法（试行）》的通知	环境保护部	1	通知	环境保护手段类	环保综合规定突发事件	环发〔2015〕4 号	
6	2015.01.08	环境保护部公告 2015 年第 2 号——关于放射性药品辐射安全管理有关事项的公告	环境保护部	1	公告	环境保护手段类	特种行业和危险品管理	环境保护部公告 2015 年第 2 号	
7	2015.01.09	国土资源部、财政部、国家发展和改革委员会关于切实加强矿产资源补偿费征收和工作保障有关问题的通知	国土资源部、财政部、国家发展和改革委员会	3	通知	自然资源保护类	矿产资源监督管理	国土资发〔2015〕10 号	
8	2015.01.09	国家林业局关于切实加强野生植物培育利用产业发展的指导意见	国家林业局	1	意见	自然资源保护类	野生动植物资源	林护发〔2015〕7 号	
9	2015.01.12	环境保护部关于国家环境保护危险废物处置工程技术（天津）中心通过验收的通知	环境保护部	1	通知	环境保护手段类	环保综合规定	环函〔2015〕4 号	

续表

编号	发布时间	名称	发文主体	发文主体数量	文件类型	文件主类	文件亚类	文号	备注
10	2015.01.12	环境保护部关于国家环境保护工业污染源工程监控中心通过验收的通知	环境保护部	1	通知	环境保护手段类	环保综合规定	环函〔2015〕4号	
11	2015.01.16	工业和信息化部公告2015年第5号——水泥行业规范条件（2015年本）	工业和信息化部	1	公告	综合类	建材工业管理	工业和信息化部公告2015年第5号	
12	2015.01.21	国家发展改革委、财政部、住房城乡建设部关于制定和调整污水处理收费标准等有关问题的通知	国家发展改革委、财政部、住房城乡建设部	3	通知	污染防治类	污染防治	发改价格〔2015〕119号	
13	2015.01.22	环境保护部办公厅关于执行调整排污费征收标准政策有关具体问题的通知	环境保护部	1	通知	环境保护手段类	环保综合规定	环办〔2015〕10号	
14	2015.02.03	环境保护部公告2015年第4号——关于公布化学品测试合格实验室名单的公告	环境保护部	1	公告	环境保护手段类	环保综合规定	环境保护部公告2015年第4号	
15	2015.02.03	环境保护部公告2015年第5号——关于第13批新化学物质科学研究备案情况的公告	环境保护部	1	公告	环境保护手段类	环保综合规定	环境保护部公告2015年第5号	
16	2015.02.03	环境保护部公告2015年第6号——关于2014年下半年新化学物质申报情况的公告	环境保护部	1	公告	环境保护手段类	环保综合规定	环境保护部公告2015年第6号	

续表

编号	发布时间	名称	发文主体	发文主体数量	文件类型	文件主类	文件亚类	文号	备注
17	2015.02.04	国家能源局关于促进煤炭工业科学发展的指导意见	国家能源局	1	意见	自然资源保护类	煤炭工业管理	国能煤炭〔2015〕37 号	
18	2015.02.05	环境保护部关于推进环境监测服务社会化的指导意见	环境保护部	1	意见	环境保护手段类	环保综合规定	环发〔2015〕20 号	
19	2015.02.09	国家发展改革委办公厅关于征集国家重点推广（第二批）的低碳技术目录的通知	国家发展改革委员会	1	通知	环境保护手段类	环保综合规定	发改办气候〔2015〕339 号	
20	2015.02.09	国家发展改革委关于2013 年度各地区单位地区生产总值二氧化碳排放降低目标责任考核评估结果的通知	国家发展改革委员会	1	通知	污染防治类	污染防治		
21	2015.02.10	环境保护部办公厅关于环保核查工作制度有关问题解释的复函	环境保护部	1	函	环境保护手段类	环保综合规定	环办函〔2015〕207 号	
22	2015.02.12	国家发展改革委办公厅关于印发低碳社区试点建设指南的通知	国家发展改革委	1	通知	环境保护手段类	环保综合规定	发改办气候〔2015〕362 号	
23	2015.02.14	环境保护部关于表扬全国土壤污染状况调查工作先进集体和先进个人的通报	环境保护部	1	通报	综合类	环保综合规定	环发〔2015〕26 号	

续表

编号	发布时间	名称	发文主体	发文主体数量	文件类型	文件主类	文件亚类	文号	备注
24	2015.02.15	国家海洋局关于规范海洋生态环境监测数据管理工作的意见	国家海洋局	1	意见	环境保护手段类	环保综合规定	国海环字〔2015〕61号	
25	2015.02.15	国土资源部办公厅关于做好国有未利用地开发审批权下放和后续监管有关事项的通知	国土资源部办公厅	1	通知	环境保护手段类	国有资产综合规定	国土资厅发〔2015〕3号	
26	2015.02.15	环境保护部办公厅关于核发2015年度甲基溴生产配额的通知	环境保护部	1	通知	环境保护手段类	环保综合规定	环办函〔2015〕243号	
27	2015.02.16	环境保护部公告2015年第11号——关于发布《再生铅冶炼污染防治技术指南》的公告	环境保护部	1	公告	污染防治类	环保综合规定	环境保护部公告2015年第11号	
28	2015.02.16	环境保护部关于国家环境保护污泥处置处理与资源化工程技术中心通过验收的通知	环境保护部	1	通知	综合类	环保综合规定	环函〔2015〕25号	
29	2015.02.26	环境保护部公告2015年第12号——关于第5批及第1—3批国家有机食品生产基地考核及2014年复核结果的公告	环境保护部	1	公告	综合类	环保综合规定	环境保护部公告2015年第12号	

续表

编号	发布时间	名称	发文主体	发文主体数量	文件类型	文件主类	文件亚类	文号	备注
30	2015.02.26	国家核安全局关于规范核技术利用领域辐射安全关键岗位从业人员管理的通知	国家核安全局	1	通知	综合类	核安全管理	国核安发〔2015〕40 号	
31	2015.02.26	工商总局关于进一步加强海洋野生动物保护工作的通知	工商总局	1	通知	自然资源保护类	野生动植物资源	工商市字〔2015〕29 号	
32	2015.02.27	环境保护部办公厅关于对河北省承德市大气污染问题挂牌督办的通知	环境保护部	1	通知	污染防治类	环保综合规定	环办〔2015〕19 号	
33	2015.02.28	环境保护部办公厅关于核发 2015 年度含氢氯氟烃生产配额的通知	环境保护部	1	通知	环境保护手段类	环保综合规定	环办函〔2015〕280 号	
34	2015.03.02	环境保护部办公厅关于对山东省临沂市大气污染问题挂牌督办的通知	环境保护部	1	通知	污染防治类	环保综合规定	环办〔2015〕24 号	
35	2015.03.03	环境保护业务培训课件的通知	环境保护部	1	通知	综合类	环保综合规定	环办函〔2015〕294 号	
36	2015.03.03	环境保护部办公厅关于加强注册核安全工程师注册管理的通知	环境保护部	1	通知	综合类	核安全管理	环办函〔2015〕292 号	

续表

编号	发布时间	名称	发文主体	发文主体数量	文件类型	文件主类	文件亚类	文号	备注
37	2015.03.09	环境保护部关于同意建设国家环境保护地下水污染模拟与控制重点实验室的复函	环境保护部	1	函	综合类	环保综合规定	环函〔2015〕36 号	
38	2015.03.09	环境保护部公告 2015 年第 15 号——关于发布达到国家机动车排放标准的新生产机动车型和发动机型的公告	环境保护部	1	公告	环境保护手段类	环保综合规定	环境保护部公告 2015 年第 15 号	
39	2015.03.10	环境保护部办公厅关于开展重点污染源自动监控能力建设及运行项目绩效评价的通知	环境保护部	1	通知	污染防治类	环保综合规定	环办函〔2015〕334 号	
40	2015.03.10	环境保护部办公厅关于申领省级辐射安全监督员证件的通知	环境保护部	1	通知	综合类	环保综合规定	环办函〔2015〕351 号	
41	2015.03.13	环境保护部公告 2015 年第 16 号——关于发布国家环境保护标准《生态环境状况评价技术规范》的公告	环境保护部	1	公告	环境保护手段类	环保综合规定	环境保护部公告 2015 年第 16 号	
42	2015.03.13	关于发布《环境保护部审批环境影响评价文件的建设项目目录 (2015 年本)》的公告	环境保护部	1	公告	环境保护手段类	环保综合规定	环境保护部公告 2015 年第 17 号	

续表

编号	发布时间	名称	发文主体	发文主体数量	文件类型	文件主类	文件亚类	文号	备注
43	2015.03.16	环境保护部办公厅关于印发《环境影响评价机构资质管理廉政规定》的通知	环境保护部	1	通知	环境保护手段类	环保综合规定	环办函〔2015〕370号	
44	2015.03.16	环境保护部公告 2015年第18号——环境保护部政府信息公开工作2014年度报告	环境保护部	1	报告	环境保护手段类	环保综合规定	环境保护部公告 2015年 第18号	
45	2015.03.17	环境保护部办公厅关于开展大气污染防治专项执法检查的通知	环境保护部	1	通知	污染防治类	污染防治	环办〔2015〕30号	
46	2015.03.18	农业部渔业渔政管理局、国家濒危物种进出口管理办公室关于进一步做好鲨鱼和蝠鲼物种履约管理工作的通知	农业部渔业渔政管理局、国家濒危物种出口管理办公室	1	通知	自然资源保护类	渔业管理		
47	2015.03.18	环境保护部办公厅关于进一步加强环境影响评价法项目责任追究的通知	环境保护部	1	通知	环境保护手段类	环保综合规定	环办函〔2015〕389号	
48	2015.03.18	环境保护部、住房和城乡建设部关于发布《水污染防治先进技术汇编（水专项第一批）》的函	环境保护部、住房和城乡建设部	1	函	污染防治类	污染防治	环函〔2015〕52号	

续表

编号	发布时间	名称	发文主体	发文主体数量	文件类型	文件主类	文件亚类	文号	备注
49	2015.03.18	国家发展改革委办公厅关于组织申报资源节约和环境保护2015年中央预算内投资资金备选项目的通知	国家发展改革委员会	1	通知	环境保护手段类	环保综合规定	发改办环资〔2015〕631号	
50	2015.03.19	住房和城乡建设部关于公布国家城市湿地公园的通知（2015）	住房和城乡建设部	1	通知	生态保护类	环保综合规定	建城〔2015〕42号	
51	2015.03.20	环境保护部关于印发《全国环保系统环评机构脱钩工作方案》的通知	环境保护部	1	通知	环境保护手段类	环保综合规定	环发〔2015〕37号	
52	2015.03.20	国家发展改革委、国家能源局关于改善电力运行调节促进清洁能源多发满发的指导意见	国家发展改革委、国家能源局	2	意见	环境保护手段类	能源综合规定	发改运行〔2015〕518号	
53	2015.03.24	环境保护部办公厅关于牧原食品股份有限公司部分养殖场清粪工艺问题的复函	环境保护部	1	函	综合类	环保综合规定	环办函〔2015〕425号	
54	2015.03.24	环境保护部关于印发《关于严格廉洁自律，禁止违规插手环评审批的规定》的通知	环境保护部	1	通知	综合类	环保综合规定	环发〔2015〕43号	

续表

编号	发布时间	名称	发文主体	发文主体数量	文件类型	文件主类	文件亚类	文号	备注
55	2015.03.24	环境保护部办公厅关于召开 2015 年全国环境监测现场会暨廉政工作会议的通知	环境保护部	1	通知	综合类	环保综合规定	环办会〔2015〕8号	
56	2015.03.27	工业和信息化部办公厅关于继续做好污染企业准入公告管理工作的通知	工业和信息化部	1	通知	污染防治类	企业综合规定		
57	2015.03.27	环境保护部办公厅关于大气污染物源排放清单编制试点工作有关事项的通知	环境保护部	1	通知	环境保护手段类	环保综合规定	环办函〔2015〕441号	
58	2015.03.30	环境保护部关于广州市建筑施工汤加扬发性有机物三苯排放量核算办法有关问题的复函	环境保护部	1	函	环境保护手段类	环保综合规定	环 函〔2015〕63号	
59	2015.03.30	环境保护部关于进一步做好固体废物领域审批审核管理工作的通知	环境保护部	1	通知	综合类	环保综合规定	环 发〔2015〕47号	
60	2015.03.31	环境保护部办公厅、住房城乡建设部办公厅关于印发《水体污染控制与治理科技重大专项廉政规定》和《水体污染控制与治理科技重大专项专家组工作规则》的通知	环境保护部办公厅、住房城乡建设部	2	通知	综合类	污染防治	环办函〔2015〕462号	

续表

编号	发布时间	名称	发文主体	发文主体数量	文件类型	文件主类	文件亚类	文号	备注
61	2015.04.01	环境保护部办公厅关于开展《生态环境保护人才发展中长期规划（2010—2020 年）》中期评估的通知	环境保护部	1	通知	环境保护手段类	环保综合规定	环办函〔2015〕472 号	
62	2015.04.02	国家林业局关于印发《退耕还林工程档案管理办法》的通知	国家林业局	1	通知	环境退化防治类	林业管理	林退发〔2015〕38 号	
63	2015.04.02	财政部关于印发《可再生能源发展专项资金管理暂行办法》的通知	财政部	1	通知	自然资源保护类	资源综合利用、专项资金管理	财建〔2015〕87 号	
64	2015.04.03	环境保护部关于发布国家环境保护标准《水质铟的测定 5—氯—2—（吡啶偶氮）—1，3—二氨基苯分光光度法》的公告	环境保护部	1	公告	环境保护手段类	环境标准	环境保护部公告（2015 年第 20 号）	
65	2015.04.03	国土资源部办公厅关于征集 2015 年度国土资源标准制修订工作计划建议的函	国土资源部办公厅	1	函	自然资源保护类	环境标准		
66	2015.04.07	住房和城乡建设部办公厅关于做好 2015 年全国城市节约用水宣传周工作的通知	住房和城乡建设部办公厅	1	通知	自然资源保护类	水资源	建办城函〔2015〕274 号	

续表

编号	发布时间	名称	发文主体	发文主体数量	文件类型	文件主类	文件亚类	文号	备注
67	2015.04.09	财政部、环境保护部关于推进水污染防治领域政府和社会资本合作的实施意见	财政部、环境保护部	2	意见	污染防治类	污染防治	财建〔2015〕90号	
68	2015.04.14	国家发改委关于印发《2015年循环经济推进计划》的通知	国家发展改革委	1	通知	环境保护手段类	资源综合利用	发改环资〔2015〕769号	
69	2015.04.16	国家发展改革委办公厅、财政部办公厅、住房和城乡建设部办公厅关于请组织推荐第五批餐厨废弃物资源化利用和无害化处理试点备选城市的通知	国家发展改革委办公厅、财政部办公厅、住房和城乡建设部办公厅	3	通知	环境保护手段类	资源综合利用	发改办环资〔2015〕915号	
70	2015.04.21	环境保护部关于同意开展国家环境保护铅酸蓄电池生产和回收再生污染防治、乡镇生活垃圾处理处置工程技术中心建设的函	环境保护部	1	函	环境保护手段类	环保综合规定	环函〔2015〕87号	
71	2015.04.21	环境保护部关于发布《铜冶炼污染防治可行技术指南（试行）》等3项指导性技术文件的公告	环境保护部	1	公告	综合类	环保综合规定	环境保护部公告（2015年第24号）	
72	2015.04.22	农业部办公厅关于做好2015年增殖放流工作的通知	农业部	1	通知	自然资源保护类	渔业管理	农办渔〔2015〕22号	

续表

编号	发布时间	名称	发文主体	发文主体数量	文件类型	文件主类	文件亚类	文号	备注
73	2015.04.22	农业部渔业渔政管理局关于请做好珍稀濒危水生动物增殖放流苗种供应单位申报工作的通知	农业部	1	通知	自然资源保护类	渔业管理	农渔资环便〔2015〕86 号	
74	2015.04.23	环境保护部关于印发《环境执法人员行为规范》的通知	环境保护部	1	通知	综合类	环保综合规定	环发〔2015〕52 号	
75	2015.04.23	国家发展改革委、科技部、国土资源部、环境保护部、住房城乡建设部、水利部、农业部、气象局、林业局、海洋局关于印发生态保护与建设示范区名单的通知	国家发展改革委、科技部、国土资源部、环境保护部、住房城乡建设部、水利部、统计部、农业部、统计局、林业局、气象局、海洋局	11	通知	综合类	环保综合规定	发改农经〔2015〕822 号	
76	2015.04.27	环境保护部办公厅关于转发《廊坊市环保综合督查情况报告》的函	环境保护部	1	函	综合类	环保综合规定	环办函〔2015〕658 号	
77	2015.04.27	环境保护部办公厅关于严格控制新建、改建、扩建含氢氯氟烃生产项目的补充通知	环境保护部	1	通知	污染防治类	污染物与污染源管理	环办函〔2015〕644 号	

续表

编号	发布时间	名称	发文主体	发文主体数量	文件类型	文件主类	文件亚类	文号	备注
78	2015.04.29	国家发展改革委关于印发《中国清洁发展机制基金赠款项目结题验收暂行办法》的通知	国家发展改革委	1	通知	环境保护手段类	清洁生产与循环经济	发改气候〔2015〕860号	
79	2015.04.30	财政部、国家发展改革委关于清理涉及稀土、钨、钼收费基金有关问题的通知	财政部、国家发展改革委	2	通知	自然资源保护类	能源资源	财税〔2015〕53号	
80	2015.04.30	引进陆生野生动物外来物种种类及数量审批管理办法	国家林业局	1	办法	自然资源保护类	野生动植物资源	国家林业局令第37号	
81	2015.04.30	国家重点保护野生动物驯养繁殖审评许可管理办法	国家林业局	1	办法	自然资源保护类	野生动植物资源	国家林业局令第37号	
82	2015.04.30	环境保护部关于印发《生态保护红线划定技术指南》的通知	环境保护部	1	通知	环境保护手段类	自然保护红线	环发〔2015〕56号	
83	2015.05.04	国家林业局关于印发《国家级自然保护区总体规划审批管理办法》的通知	国家林业局	1	通知	生态保护类	生态保护类	林规发〔2015〕55号	
84	2015.05.04	国家林业局关于印发《国家级森林公园总体规划审批管理办法》的通知	国家林业局	1	通知	自然资源保护类	自然保护区	林规发〔2015〕57号	

续表

编号	发布时间	名称	发文主体	发文主体数量	文件类型	文件主类	文件亚类	文号	备注
85	2015.05.06	工业和信息化部办公厅关于开展国家资源再生利用重大示范工程建设的通知	工业和信息化部办公厅	1	通知	自然资源保护类	能源资源	工信厅节函〔2015〕322号	
86	2015.05.06	环境保护部、发展改革委、财政部、国土资源部、住房城乡建设部、水利部、农业部、林业局、中科院、海洋局关于进一步加强涉及自然保护区开发建设活动监督管理的通知	环境保护部、发展改革委、国土资源部、财政部、住房城乡建设部、水利部、农业部、林业局、中科院、海洋局	10	通知	生态保护类	自然保护区	环发〔2015〕57号	
87	2015.05.07	国家发展改革委、教育部、科技部、工业和信息化部、住房城乡建设部、农业部、商务部、国资委、新闻出版广电总局、国管局、总工会、共青团中央关于2015年全国节能宣传周和全国低碳日活动的通知	国家发展改革委、教育部、科技部、工业和信息化部、环保部、住房城乡建设部、交通运输部、农业部、商务部、国资委、新闻出版广电总局、国管局、总工会、共青团中央	14	通知	自然资源保护类	能源资源	发改环资〔2015〕973号	

续表

编号	发布时间	名称	发文主体	发文主体数量	文件类型	文件主类	文件亚类	文号	备注
88	2015.05.08	国土资源部办公厅关于开展砂石土矿开发管理情况调研的函	国土资源部办公厅	1	函	自然资源保护类	矿产资源	国土资厅函〔2015〕571号	
89	2015.05.08	农业部关于创建国家级海洋牧场示范区的通知	农业部	1	通知	自然资源保护类	渔业资源	农渔发〔2015〕18号	
90	2015.05.11	环境保护部关于发布达到国家机动车排放标准的新生产车型和发动机型的公告	环境保护部	1	公告	环境保护手段类	环境标准	环境保护部公告（2015年第30号）	
91	2015.05.12	交通运输部《关于修改〈中华人民共和国船舶污染海洋环境应急防备和应急处置管理规定〉的决定》	交通运输部	1	决定	环境保护手段类	环境应急机制	交通运输部令2015年第6号	
92	2015.05.13	国家发展改革委办公厅关于组织开展氢氟碳化物处置相关工作的通知	国家发展改革委	1	通知	污染防治类	污染物与污染源管理	发改办气候〔2015〕1189号	
93	2015.05.18	国家林业局关于严格禁止围垦占用湖泊湿地的通知	国家林业局	1	通知	自然资源保护类	湿地资源	林湿发〔2015〕62号	
94	2015.05.19	环境保护部办公厅关于印发《尾矿库环境应急预案编制指南》的通知	环境保护部	1	通知	环境保护手段类	环境应急机制	环办〔2015〕48号	

续表

编号	发布时间	名称	发文主体	发文主体数量	文件类型	文件主类	文件亚类	文号	备注
95	2015.05.20	环境保护部、中科院公告2015年第32号《中国生物多样性红色名录——脊椎动物卷》的公告	环境保护部、中科院	2	公告	自然资源保护类	野生动植物资源	2015年第32号	
96	2015.05.20	环境保护部、中科院关于发布《中国生物多样性红色名录·脊椎动物卷》的公告	环境保护部、中科院	2	公告	自然资源保护类	环境影响评价	环境保护部、中科院公告（2015年第32号）	
97	2015.05.21	环境保护部关于迁建广西梧州民用机场工程环境影响报告书的批复	环境保护部	1	批复	环境保护手段类	环境影响评价	环审[2015]123号	
98	2015.05.21	环境保护部关于矿山事故与职业病危害分析鉴定实验室建设项目环境影响登记表的批复	环境保护部	1	批复	环境保护手段类	环境影响评价	环审[2015]125号	
99	2015.05.21	环境保护部关于新疆车尔臣河大石门水利枢纽工程环境影响报告书的批复	环境保护部	1	批复	环境保护手段类	环境影响评价	环审[2015]124号	
100	2015.05.21	环境保护部关于金山金铜矿联合开发项目竣工环境保护验收合格的函	环境保护部	1	函	综合类	环保综合规定	环验[2015]115号	

续表

编号	发布时间	名称	发文主体	发文主体数量	文件类型	文件主类	文件亚类	文号	备注
101	2015.05.21	财政部办公厅、国家海洋局办公室关于申报 2015 年中央海岛和海域保护资金的通知	财政部办公厅、国家海洋局办公室	2	通知	自然资源保护类	海洋资源	财办建〔2015〕44 号	
102	2015.05.27	环境保护部 2014 年长江三峡工程生态与环境监测公报	环境保护部	1	公报	环境保护手段类	环境监测		
103	2015.05.27	工业和信息化部办公厅、财政部办公厅关于加强高风险污染物削减行动计划组织实施工作的通知	工业和信息化部办公厅、财政部办公厅	2	通知	污染防治类	能源资源	工信厅联节〔2015〕49 号	
104	2015.05.28	国家林业局关于印发《国家沙化土地封禁保护区管理办法》的通知	国家林业局	1	通知	生态保护类	自然保护区	林沙发〔2015〕66 号	
105	2015.05.29	环境保护部关于 2014 中国环境状况公报	环境保护部	1	公报	综合类	环保综合规定		
106	2015.06.01	财政部、环境保护部关于印发《水污染防治专项资金管理办法》的通知	财政部、环境保护部	2	通知	污染防治类	污染物与污染源管理	财建〔2015〕226 号	
107	2015.06.02	关于批准《河湖生态修复与保护规划编制导则》为水利行业标准的公告	水利部	1	通知	环境保护手段类	环境标准	水利部公告 2015 年第 44 号	

续表

编号	发布时间	名称	发文主体	发文主体数量	文件类型	文件主类	文件亚类	文号	备注
108	2015.06.04	关于发布《土壤氧化物和总氮化物的测定分光光度法》等两项国家环境保护标准的公告	环境保护部	1	公告	环境保护手段类	环境标准	环境保护部公告 2015 年第 39 号	
109	2015.06.04	关于发布国家环境保护标准《集中式饮用水水源编码规范》的公告	环境保护部	1	公告	环境保护手段类	环境标准	环境保护部公告（2015 年第 38 号）	
110	2015.06.04	环境保护部办公厅关于印发环评管理中部分行业建设项目重大变动清单的通知	环境保护部	1	通知	综合类	环保综合规定	环 办 [2015] 52 号	
111	2015.06.04	环境保护部办公厅、水利部办公厅关于加强农村饮用水水源保护工作的指导意见	环境保护部办公厅、水利部办公厅	2	意见	自然资源保护类	水资源	环 办 [2015] 53 号	
112	2015.06.05	国家林业局关于公布第六批获得中国国家森林公园专用标志使用授权的国家级森林公园名单的通知	国家林业局	1	通知	生态保护类	国际森林公园	林场发 [2015] 70 号	
113	2015.06.11	水利部办公厅关于印发《水利建设项目水土保持监督管理机构生产建设项目水土保持监督检查办法（试行）》的通知	水利部	1	通知	环境退化类	水土保持	办水保 [2015] 132 号	

续表

编号	发布时间	名称	发文主体	发文主体数量	文件类型	文件主类	文件亚类	文号	备注
114	2015.06.11	建设项目环境影响评价分类管理名录	环境保护部	1	名录	环境保护手段类	环境影响评价	中华人民共和国环境保护部令（第 33 号）	
115	2015.06.11	汽车有害物质和可回收利用率管理要求	工业和信息化部	1	公告	环境保护手段类	清洁生产与循环经济	中华人民共和国工业和信息化部公告（2015 年第 38 号）	
116	2015.06.12	环境保护部办公厅关于印发《环境保护部干部培训管理办法》的通知	环境保护部	1	通知	综合类	环保综合规定	环 办〔2015〕58 号	
117	2015.06.12	环境保护部办公厅关于印发《中国生态文明奖评选表彰办法（暂行）》的通知	环境保护部	1	通知	综合类	环保综合规定	环 发〔2015〕69 号	
118	2015.06.15	环境保护部办公厅、科学技术部办公厅关于开展第五批国家环保科普基地申报与评审工作的通知	环境保护部办公厅，科学技术部办公厅	2	通知	综合类	环保综合规定	环 办〔2015〕54 号	
119	2015.06.15	环境保护部办公厅关于减排存在问题的地区和企业予以处罚的通知	环境保护部	1	通知	综合类	环保综合规定	环 办〔2015〕59 号	
120	2015.06.17	环境保护部办公厅关于解除百色德达铜业有限责任公司等 6 起环境违法案件挂牌督办的通知	环境保护部	1	通知	综合类	环保综合规定	环办函〔2015〕975 号	

续表

编号	发布时间	名称	发文主体	发文主体数量	文件类型	文件主类	文件亚类	文号	备注
121	2015.06.17	关于调整《纺织染整工业水污染物排放标准》(GB4287-2012) 部分指标执行要求的公告	环境保护部	1	公告	环境保护手段类	环境标准	环境保护部公告	
122	2015.06.18	财政部、国家发展改革委、环境保护部关于印发《挥发性有机物排污收费试点办法》的通知	财政部、国家发展改革委、环境保护部	3	通知	污染防治类	排污收费	财税〔2015〕71号	
123	2015.06.19	环境保护部关于火电厂SCR 脱硝系统在锅炉低负荷运行情况下 NOX 排放超标问题有关问题的复函	环境保护部	1	函	污染防治类	污染物与污染源管理	环函〔2015〕143号	
124	2015.06.19	水利部、发展改革委、财政部、卫生计生委、环保部关于进一步加强农村饮水安全工作的通知	水利部、发展改革委、财政部、卫生计生委、环保部	5	通知	自然资源保护类	水资源	水农〔2015〕252号	
125	2015.06.19	农业部渔业渔政管理局关于规范伏季休渔期间租用渔船开展渔业资源调查工作的通知	农业部	1	通知	自然资源保护类	渔业资源		
126	2015.06.25	财政部、农业部关于调整国内渔业捕捞和养殖业油价补贴政策促进渔业持续健康发展的通知	财政部、农业部	2	通知	自然资源保护类	渔业资源	财建〔2015〕499号	

续表

编号	发布时间	名称	发文主体	发文主体数量	文件类型	文件主类	文件亚类	文号	备注
127	2015.06.25	财政部、国家发展改革委、工业和信息化部、环境保护部关于印发《环保"领跑者"制度实施方案》的通知	财政部、国家发展改革委、工业和信息化部、环境保护部	4	通知	综合类	环保综合规定	财 建 [2015] 501 号	
128	2015.06.29	国家林业局关于进一步规范大熊猫国内借展管理的通知	国家林业局	1	通知	自然资源保护类	野生动植物资源	林护发 [2015] 85 号	
129	2015.07.01	国家税务总局公告 2015 年第 51 号——关于发布《煤炭资源税征收管理办法 (试行)》的公告	国家税务总局	1	公告	自然资源保护类	资源税	国家税务总局公告 2015 年第 51 号	
130	2015.07.06	国家安全监管总局办公厅关于召开全国危险化学品和烟花爆竹安全监管工作视频会议的通知	国家安全监管总局	1	通知	污染防治类	国家安全工作	厅 函 [2015] 164 号	
131	2015.07.08	环境保护部办公厅关于了解除污染减排存在问题企业挂牌督办的通知	环境保护部	1	通知	污染防治类	环保综合规定	环办函 [2015] 1118 号	
132	2015.07.08	环境保护部办公厅关于循环流化床锅炉燃煤机组脱硝设施有关问题的复函	环境保护部	1	函	环境保护手段类	环保综合规定	环办函 [2015] 1123 号	

续表

编号	发布时间	名称	发文主体	发文主体数量	文件类型	文件主类	文件亚类	文号	备注
133	2015.07.09	环境保护部关于云南省澜沧江功果桥水电站竣工环境保护验收合格的函	环境保护部	1	函	环境保护手段类	环保综合规定	环验〔2015〕181号	
134	2015.07.09	环境保护部关于陕西郭家河煤业有限责任公司郭家河煤矿竣工环境保护验收合格的函	环境保护部	1	函	环境保护手段类	环保综合规定	环验〔2015〕182号	
135	2015.07.09	环境保护部关于加强核电厂址保护和规范施工准备工作的通知	环境保护部	1	通知	环境保护手段类	环保综合规定	环函〔2015〕164号	
136	2015.07.10	住房和城乡建设部办公厅关于印发海绵城市建设绩效评价与考核办法（试行）的通知	住房和城乡建设部	3	通知	环境保护手段类	建设综合规定	建办城函〔2015〕635号	
137	2015.07.21	水利部关于全面加强依法治水管水的实施意见	水利部	1	意见	自然资源保护类	水利综合规定	水政法〔2015〕299号	
138	2015.07.21	农业部办公厅关于调整鄱江黄额鱼等2处国家级水产种质资源保护区范围和功能分区的通知	农业部	1	通知	自然资源保护类	渔业管理	农办长渔〔2015〕2号	
139	2015.07.23	财政部、国家发展改革委、环境保护部关于印发《排污权出让收入管理暂行办法》的通知	财政部、国家发展改革委、环境保护部	3	通知	污染防治类	环保综合规定	财税〔2015〕61号	

续表

编号	发布时间	名称	发文主体	发文主体数量	文件类型	文件主类	文件亚类	文号	备注
140	2015.07.23	环境保护部办公厅、林业局办公室关于开展新疆卡拉麦里山自然保护区调整后评估工作的函	环境保护部、林业局	2	函	自然资源保护类	环保综合规定	环办函〔2015〕1207号	
141	2015.07.31	环境保护部关于漳州港古雷港作业区南2号液体化工码头工程竣工环境保护验收合格的函	环境保护部	1	函	环境保护手段类	环保综合规定	环验〔2015〕190号	
142	2015.08.01	国家发展改革委办公厅、财政部办公室、教育部办公厅、国家旅游局办公室关于印发国家循环经济教育示范基地管理办法的通知	国家发展改革委、财政部、教育部、国家旅游局	4	通知	环境保护手段类	教育综合规定	环办函〔2015〕1711号	
143	2015.08.12	国家海洋局关于印发《海洋可再生能源资金项目验收细则（试行）》的通知	国家海洋局	1	通知	自然资源保护类	海洋资源	国海科学〔2015〕374号	
144	2015.08.17	环境保护部关于储油库环境检测适用标准问题的复函	环境保护部	1	函	环境保护手段类	环保综合规定	环函〔2015〕200号	
145	2015.08.19	国家安全监管总局办公厅关于印发危险化学品目录（2015版）实施指南（试行）的通知	国家安全监管总局	1	通知	环境保护手段类	化学危险品管理	安监总厅管三〔2015〕80号	

续表

编号	发布时间	名称	发文主体	发文主体数量	文件类型	文件主类	文件亚类	文号	备注
146	2015.08.24	科技部办公厅关于实施人类遗传资源采集、收集、买卖、出口、出境行政许可的通知	科技部	1	通知	自然资源保护类	机关工作综合规定	国科办社〔2015〕46号	
147	2015.08.26	水利部关于加强水文计量管理工作的通知	水利部	1	通知	自然资源保护类	水利综合规定	水农〔2015〕342号	
148	2015.09.01	国家发展改革委关于从严控制新建煤矿项目有关问题的通知	国家发展改革委	1	通知	自然资源保护类	煤矿与矿区	发改能源〔2015〕2003号	
149	2015.09.01	国家海洋局办公室关于受理海域使用论证资质申请的公告（2015）	国家海洋局	1	公告	自然资源保护类	海洋资源	海办管字〔2015〕508号	
150	2015.09.06	国家能源局公告2015年第5号——关于全国煤矿生产能力变化情况的公告	国家能源局	1	公告	自然资源保护类	能源综合规定	国家能源局公告2015年第5号	
162	2015.09.07	环境保护部办公厅关于开展全国核与辐射安全大检查及综合督查的通知	环境保护部	1	通知	综合类	核安全管理	环办函〔2015〕1437号	
151	2015.09.10	全国爱卫办关于印发全国城乡环境卫生整洁行动督导检查工作方案（2015—2020年）的通知	国家卫生和计划生育委员会	1	通知	环境保护手段类	卫生综合规定	全爱卫办发〔2015〕3号	

续表

编号	发布时间	名称	发文主体	发文主体数量	文件类型	文件主类	文件亚类	文号	备注
152	2015.09.14	环境保护部关于云南澜沧江小湾水电站竣工环境保护验收合格的函	环境保护部	1	函	环境保护手段类	环保综合规定	环 验 [2015] 196 号	
153	2015.09.14	环境保护部关于准北矿区邹庄矿井及选煤厂项目竣工环境保护验收合格的函	环境保护部	1	函	环境保护手段类	环保综合规定	环 验 [2015] 197 号	
154	2015.09.14	交通运输部、环境保护部、商务部等关于印发《汽车维修技术信息公开实施管理办法》的通知	交通运输部、环境保护部、商务部	3	通知	污染防治类	交通运输综合规定、信息公开	交运发 [2015] 146 号	
155	2015.09.16	环境保护部办公厅关于了解除山东省临沂市大气污染问题挂牌督办的通知	环境保护部	1	通知	污染防治类	环保综合规定	环办函 [2015] 1486 号	
156	2015.09.17	环境保护部办公厅关于印发《环境保护部所属企业负责人薪酬管理办法》《环境保护部所属企业负责人年度绩效考核评价管理办法》《环境保护部所属企业负责人任期考核评价管理办法》的通知	环境保护部	1	通知	综合类	职工教育与考核	环 办 [2015] 83 号	
157	2015.09.21	环境保护部关于发布达到国家机动车排放标准的新生产机动车型和发动机型的公告	环境保护部	1	公告	污染防治类	环保综合规定	环境保护部公告 2015 年 第 58 号	

续表

编号	发布时间	名称	发文主体	发文主体数量	文件类型	文件主类	文件亚类	文号	备注
158	2015.09.21	环境保护部关于追缴危险废物排污费有关问题的复函	环境保护部	1	函	污染防治类	环保综合规定	环函〔2015〕235号	
159	2015.09.22	环境保护部办公厅关于约谈甘肃祁连山国家级自然保护区有关问题的通知	环境保护部	1	通知	生态损害防治类	环保综合规定	环办函〔2015〕1513号	
160	2015.09.22	环境保护部办公厅关于约谈甘肃祁连山国家级自然保护区有关问题的通知	环境保护部	1	通知	生态保护类	环保综合规定	环办函〔2015〕1513号	
161	2015.09.24	农业部办公厅关于做好2015—2016年度北部湾共同渔区渔船作业安排的通知	农业部	1	通知	自然资源保护类	渔业管理	农办渔〔2015〕66号	
162	2015.09.24	关于开展全国环评机构专项整治行动的通知	环境保护部	1	通知	环境保护手段类	环保综合规定	环办函〔2015〕1532号	
163	2015.09.24	环境保护部办公厅关于开展全国环评机构专项整治行动的通知	环境保护部	1	通知	综合类	环保综合规定	环办函〔2015〕1532号	含原国家发展计划委员会、原国家计划委员会

续表

编号	发布时间	名称	发文主体	发文主体数量	文件类型	文件主类	文件亚类	文号	备注
164	2015.09.25	国家发展和改革委员会、财政部、环境保护部关于制定石油化工及包装性有机物等试点行业挥发性有机物排污费征收标准等有关问题的通知	环境保护部	1	通知	污染防治类	环保综合规定	发改价格〔2015〕2185号	
165	2015.09.25	国家发展改革委办公厅、国家林业局办公室等关于加快落实新一轮耕还林还草任务的通知	国家发展改革委、财政部、国家林业局	3	通知	生态损害防治类	环保综合规定	环办函〔2015〕1760号	
166	2015.09.25	国家发展和改革委员会、财政部、环境保护部关于制定石油化工及包装性有机物等试点行业挥发性有机物排污费征收标准等有关问题的通知	国家发展和改革委员会、财政部、环境保护部	3	通知	环境保护手段类	环保综合规定	发改价格〔2015〕2185号	
167	2015.09.28	国家能源局关于实行可再生能源发电项目信息管理的通知	国家能源局	1	通知	环境保护手段类	能源综合规定	环办函〔2015〕1781号	
168	2015.09.28	环境保护部办公厅关于举办流域生态健康评估暨生态保护红线监管绩效考核办法技术培训班的通知	环境保护部	1	通知	生态损害防治类	环保综合规定	环办函〔2015〕1546号	

续表

编号	发布时间	名称	发文主体	发文主体数量	文件类型	文件主类	文件亚类	文号	备注
169	2015.09.30	住房和城乡建设部公告第932号——关于发布国家标准《医药工业环境保护设计规范》的公告	住房和城乡建设部	1	公告	环境保护手段类	国家标准管理	住房和城乡建设部公告第932号。	
170	2015.10.08	环境保护部办公厅关于印发《关于在污染源日常环境监管领域推广随机抽查制度的实施方案》的通知	环境保护部	1	通知	环境保护手段类	环保综合规定	环办〔2015〕88号	
171	2015.10.10	环境保护部、公安部、财政部等关于全面推进黄标车淘汰工作的通知	环境保护部、公安部、财政部	3	通知	环境保护手段类	环保综合规定	环发〔2015〕128号	
172	2015.10.20	财政部、环境保护部关于印发《中央农村节能减排资金使用管理办法》的通知	财政部；环境保护部	1	通知	环境保护手段类	农业资金	财税〔2015〕919号	
173	2015.10.21	环境保护部关于加快推动生活方式绿色化的实施意见	环境保护部	1	意见	环境保护手段类	环保综合规定	环发〔2015〕135号	
174	2015.10.22	环境保护部办公厅关于印发《水体达标方案编制技术指南（试行）》的函	环境保护部	1	函	环境保护手段类	环保综合规定	环办函〔2015〕1711号	

续表

编号	发布时间	名称	发文主体	发文主体数量	文件类型	文件主类	文件亚类	文号	备注
175	2015.10.22	国家海洋局生态环境保护司关于印发《海水浴场环境监测与评价技术规程（试行）》的通知	国家海洋局	1	通知	环境保护手段类	海洋资源	海环字〔2015〕34号	
176	2015.10.22	国家海洋局生态环境保护司关于印发《海水增养殖区环境监测与评价技术规程（试行）》的通知	国家海洋局	1	通知	环境保护手段类	水产养殖	海环字〔2015〕32号	
177	2015.10.22	国家海洋局生态环境保护司关于印发《海洋垃圾监测与评价技术规程（试行）》的通知	国家海洋局	1	通知	环境保护手段类	环保综合规定	海环字〔2015〕31号	
178	2015.10.22	国家海洋局生态环境保护司关于印发《大气污染物沉降入海通量评估技术规程（试行）》的通知	国家海洋局	1	通知	环境保护手段类	环保综合规定	海环字〔2015〕30号	
179	2015.10.22	国家海洋局生态环境保护司关于印发《陆源入海排污口及邻近海域环境监测与评价技术规程（试行）》的通知	国家海洋局	1	通知	环境保护手段类	污染防治	海环字〔2015〕28号	
180	2015.10.22	国家海洋局生态环境保护司关于印发《江河入海污染物总量监测与评估技术规程（试行）》的通知	国家海洋局	1	通知	污染防治类	污染防治	海环字〔2015〕27号	

续表

编号	发布时间	名称	发文主体	发文主体数量	文件类型	文件主类	文件亚类	文号	备注
181	2015.10.22	国家海洋局生态环境保护司关于印发《海洋沉积物质量综合评价技术规程（试行）》的通知	国家海洋局	1	通知	环境保护手段类	海洋资源	海环字〔2015〕26 号	
182	2015.10.22	国家海洋局生态环境保护司关于印发《海水质量状况评价技术规程（试行）》的通知	国家海洋局	1	通知	环境保护手段类	海洋资源	海环字〔2015〕25 号	
183	2015.10.22	环境保护部公告 2015 年第 63 号——关于发布《铅水质自动在线监测仪技术要求及检测方法》等三项国家环境标准的公告	环境保护部	1	公告	环境保护手段类	国家标准管理	环境保护部公告 2015 年第 63 号	
184	2015.10.22	国家海洋局生态环境保护司关于印发《基于走航交测的海—气二氧化碳交换通量评估技术规程（试行）》的通知	国家海洋局	1	通知	环境保护手段类	环保综合规定	海环字〔2015〕33 号	
185	2015.10.22	国家海洋局生态环境保护司关于印发《污水生物毒性监测技术规程发光细菌急性毒性测试—费歇尔弧菌法（试行）》的通知	国家海洋局	1	通知	环境保护手段类	污染防治	海环字〔2015〕29 号	

续表

编号	发布时间	名称	发文主体	发文主体数量	文件类型	文件主类	文件亚类	文号	备注
186	2015.10.27	环境保护部公告 2015 年第 66 号——关于建设项目环境影响评价资质审查结果（2015 年第一一批）的公告	环境保护部	1	公告	环境保护手段类	环保综合规定	环境保护部公告 2015 年第 66 号	
187	2015.10.29	环境保护部公告 2015 年第 67 号——关于发布《建设项目环境影响评价资质管理办法》配套文件的公告	环境保护部	1	公告	环境保护手段类	建设综合规定	环境保护部公告 2015 年第 67 号	
188	2015.11.02	财政部、环境保护部关于支持环境监测体制改革的实施意见	财政部、环境保护部	2	意见	环境保护手段类	环保综合规定	财建〔2015〕985 号	甘肃省环境保护厅
189	2015.11.02	环境保护部办公厅关于解除腾格里沙漠地区环境污染问题挂牌督办的通知	环境保护部	1	通知	污染防治类	环保综合规定	环办函〔2015〕1760 号	宁夏回族自治区环境保护厅
190	2015.11.02	环境保护部办公厅关于解除腾格里沙漠地区环境污染问题挂牌督办的通知	环境保护部	1	通知	综合类	环保综合规定	环办函〔2015〕1760 号	内蒙古自治区环境保护厅

续表

编号	发布时间	名称	发文主体	发文主体数量	文件类型	文件主类	文件亚类	文号	备注
191	2015.11.02	环境保护部办公厅关于解除腾格里沙漠地区环境污染问题挂牌督办的通知	环境保护部	1	通知	综合类	环保综合规定	环办函〔2015〕1760号	
192	2015.11.02	深化农村改革综合性实施方案	中共中央办公厅、国务院办公厅	2	方案	综合类	农村经济体制改革、党的领导法规制度		
193	2015.11.03	环境保护部办公厅关于印发《重点流域水污染防治"十三五"规划编制工作方案》的函	环境保护部	1	函	污染防治类	污染防治	环办函〔2015〕1781号	
194	2015.11.03	科技部办公厅、环境保护部办公厅、住房城乡建设部办公厅、水利部办公厅关于发布《节水治污水生态修复适用技术指导目录》的通知	科学技术部、环境保护部、住房和城乡建设部、水利部	4	通知	环境保护手段类	环保综合规定	国科办〔2015〕57号	
195	2015.11.03	交通运输部关于贯彻执行国务院办公厅有关专项督查黄标车淘汰工作以及做好环境保护部、公安部等五部委有关全面推进黄标车淘汰工作的通知	交通运输部	1	通知	环境保护手段类	交通运输综合规定	交运函〔2015〕755号	

续表

编号	发布时间	名称	发文主体	发文主体数量	文件类型	文件主类	文件亚类	文号	备注
196	2015.11.08	国务院办公厅关于印发编制自然资源资产负债表试点方案的通知	国务院办公厅	1	通知	自然资源保护类	自然保护	国办发〔2015〕82 号	
197	2015.12.03	生态环境损害赔偿制度改革试点方案	中共中央办公厅、国务院办公厅	2	方案	生态保护类	环保综合规定、党的领导法规制度	中办发〔2015〕57 号	
198	2015.12.29	国务院办公厅关于同意建立公共资源交易平台整合工作部际联席会议制度的函	国务院办公厅	1	函	综合类	资源综合利用	国办函〔2015〕156 号	

附 录 三

2015 年地方政府和政府部门环境执法政策发布情况一览表

编号	发布时间	名称	发文主体	发文主体数量	文件类型	文件主类	文件亚类	文号	发文地区	发文城市	备注
1	2015	中共贵州省委关于加强人口与计划生育工作严格控制人口过快增长的决定	中共贵州省委	1	决定	综合类	计划生育管理		贵州省		
2	2015	中共贵州省委、省人民政府关于全面加强人口和计划生育工作确保实现"双降"目标的意见	中共贵州省委、贵州省人民政府	2	意见	综合类	计划生育管理		贵州省		
3	2015.01.01	湖北省林业局、湖北省财政厅关于印发《湖北省省级公益林区划界定办法》的通知	湖北省林业局、湖北省财政厅	2	通知	自然资源保护类	林业管理	鄂林资〔2005〕194号	湖北省		

续表

编号	发布时间	名称	发文主体	发文主体数量	文件类型	文件主类	文件亚类	文号	发文地区	发文城市	备注
4	2015.01.03	合肥市人民政府关于进一步加强再生资源回收利用体系建设的实施意见	合肥市人民政府	1	意见	自然资源保护类	资源综合利用	合政秘〔2015〕1号	安徽省	合肥市	
5	2015.01.04	内江市人民政府办公室关于进一步做好最严格水资源管理制度有关工作的通知	内江市人民政府	1	通知	自然资源保护类	水资源	内府办函〔2015〕1号	四川省	内江市	
6	2015.01.04	上海市静安区人民政府关于批转区发改委《静安区关于进一步引导节能好节能低碳工作的若干意见》的通知	上海市静安区人民政府	1	通知	自然资源保护类	节能管理	静府发〔2015〕1号	上海市	上海市	
7	2015.01.04	普洱市人民政府关于加快天然气利用发展的实施意见	普洱市人民政府	1	意见	综合类	能源综合规定	普政发〔2015〕1号	普洱市	普洱市	
8	2015.01.05	苏州市人民政府办公室关于转发苏州市突发固体废物污染环境事件应急预案（修订）的通知（2015）	苏州市人民政府	1	通知	污染防治类	污染防治；突发事件	苏府办〔2015〕3号	江苏省	苏州市	
9	2015.01.05	湖南省环境保护厅办公室关于报送2014年环境行政处罚工作情况和填报环境行政处罚案件信息的函	湖南省环境保护厅	1	函	综合类	环保综合规定	湘环办函〔2015〕1号	湖南省		

续表

编号	发布时间	名称	发文主体	发文主体数量	文件类型	文件主类	文件亚类	文号	发文地区	发文城市	备注
10	2015.01.05	福州市人民政府办公厅关于印发《福州市大气污染防治行动计划实施情况考核办法（试行）》和《福州市大气污染防治行动计划（试行）实施细则》的通知	福州市人民政府	1	通知	污染防治类	污染防治	榕政办〔2015〕1号	福建省	福州市	
11	2015.01.05	揭阳市人民政府办公室关于印发揭阳市大气污染防治工作责任考核办法的通知	揭阳市人民政府	1	通知	污染防治类	污染防治	揭府办〔2015〕1号	揭阳市	揭阳市	
12	2015.01.05	南京市人民政府关于印发《南京市主要污染物排污权有偿使用和交易管理办法（试行）》的通知	南京市人民政府	1	通知	污染防治类	污染防治	宁政规字〔2015〕1号	江苏省	南京市	
13	2015.01.05	安徽省环保厅关于2014年12月作出的建设项目环境影响评价文件审批决定的公告	安徽省环保厅	1	公告	环境保护手段类	环保综合规定		安徽省		
14	2015.01.05	福建省海洋与渔业厅关于进一步加大非法采捕交易红珊瑚活动打击力度的通知	福建省海洋与渔业厅	1	通知	自然资源保护类	海洋资源	闽海渔〔2015〕109号	福建省		
15	2015.01.06	甘南藏族自治州人民政府办公室关于印发《甘南藏族自治州水电站运行管理办法（试行）》的通知	甘南藏族自治州人民政府	1	通知	环境退化防治类	水利工程	州政办发〔2015〕8号	甘肃省		

续表

编号	发布时间	名称	发文主体	发文主体数量	文件类型	文件主类	文件亚类	文号	发文地区	发文城市	备注
16	2015.01.07	重庆市人民政府办公厅关于进一步加强林业有害生物防治工作的实施意见	重庆市人民政府	1	意见	自然资源保护类	林业资源保护	渝府办发〔2015〕3号	重庆市	重庆市	
17	2015.01.07	山东省人民政府办公厅关于贯彻国办发〔2014〕26号文件进一步加强林业有害生物防治工作的意见	山东省人民政府	1	意见	自然资源保护类	林业资源保护	鲁政办发〔2015〕2号	山东省		
18	2015.01.07	浙江省环境保护厅转发环保部办公厅关于全面推进生态文明建设示范区创建工作有关事项的通知	浙江省环境保护厅	1	通知	生态保护类	环保综合规定	环办〔2014〕110号	浙江省		
19	2015.01.07	天津市环保局关于印发《天津市环境违法行为有奖举报暂行办法》的通知	天津市环保局	1	通知	环境保护手段类	环境标准	津环保监〔2015〕2号	天津市	天津市	
20	2015.01.07	巢湖市人民政府关于进一步规范我市城区土方资源管理的通知	巢湖市人民政府	1	通知	自然资源保护类	土地资源	巢政办〔2015〕2号	安徽省	巢湖市	
21	2015.01.07	珠海市人民政府关于印发珠海市公共机构节能管理办法的通知	珠海市人民政府	1	通知	自然资源保护类	节能管理	珠府〔2015〕7号	广东省	珠海市	
22	2015.01.07	《湖北省公共机构节约能源资源考核工作规程》的通知 湖北省省直机关事务局关于印发	湖北省机关事务局	1	通知	自然资源保护类	节能管理		湖北省		

续表

编号	发布时间	名称	发文主体	发文主体数量	文件类型	文件主类	文件亚类	文号	发文地区	发文城市	备注
23	2015.01.07	泰州市人民政府办公室关于印发泰州市农村河道长效管理工作考核办法的通知	泰州市人民政府	1	通知	环境退化防治类	水利综合规定	泰政办发〔2015〕1号	江苏省	泰州市	
24	2015.01.08	晋城市经济和信息化委员会、晋城市财政局关于印发2015年晋城市节能与资源综合利用项目申报指南的通知	晋城市经济和信息化委员会、晋城市财政局	2	通知	自然资源保护类	节能管理 资源综合利用		山西省	晋城市	
25	2015.01.08	淮北市人民政府办公室关于印发淮北市大气污染防治行动计划实施情况考核办法（试行）的通知	淮北市人民政府	1	通知	污染防治类	污染防治	淮政办秘〔2015〕2号		淮北市	
26	2015.01.08	南平市人民政府关于进一步加强生猪养殖面源污染防治工作的实施意见	南平市人民政府	1	意见	污染防治类	污染防治	南政综〔2015〕10号		南平市	
27	2015.01.08	河北省环境保护厅办公室关于做好国务院2014年第三批取消和调整行政审批事项衔接落实工作的通知	河北省环境保护厅	1	通知	综合类	环保综合规定	冀环办字函〔2015〕6号	河北省		
28	2015.01.08	甘肃省人民政府关于禁止猎捕贩运销售旱獭的通告	甘肃省人民政府	1	通知	自然资源保护类	野生动植物资源	甘政发〔2015〕5号	甘肃省		
29	2015.01.08	贵州省发展改革委、贵州省财政厅、贵州省水利厅关于调整水资源费征收标准的通知	贵州省发展改革委、贵州省财政厅；贵州省水利厅	3	通知	环境退化防治类	水利综合规定	黔发改收费〔2015〕50号	贵州省		

续表

编号	发布时间	名称	发文主体	发文主体数量	文件类型	文件主类	文件亚类	文号	发文地区	发文城市	备注
30	2015.01.09	湖北省林业厅关于创新林业投融资机制鼓励社会投资的意见	湖北省林业厅	1	意见	自然资源保护类	林业管理	鄂林规〔2015〕5号	湖北省		
31	2015.01.09	钦州市人民政府关于明确我市江海分界及管理工作的通知	钦州市人民政府	1	通知	综合类	环保综合规定	钦政发〔2015〕1号		钦州市	
32	2015.01.09	甘肃省食品药品监督管理局关于印发《甘肃省食品生产经营者违法违规行为记分管理办法（试行）》的通知	甘肃省食品药品监督管理局	1	通知	综合类	违法处理	甘食药监发〔2015〕3号	甘肃省		
33	2015.01.09	廊坊市人民政府办公室关于印发廊坊市大气污染防治行动计划实施方案落实情况考核办法（试行）的通知	廊坊市人民政府	1	办法	污染防治类	污染防治	廊政办〔2015〕5号	河北省	廊坊市	
34	2015.01.09	阳泉市环境保护局关于2014年7～9月地表水跨界断面水质考核扣缴及奖励生态补偿金的通知	阳泉市环境保护	1	通知	环境保护手段类	环保综合规定			阳泉市	
35	2015.01.09	阳泉市环境保护局关于上报2015年污染减排预计划项目的通知	阳泉市环境保护局	1	通知	污染防治类	污染防治			阳泉市	
36	2015.01.11	安徽省人民政府办公厅关于建立病死畜禽无害化处理机制的通知	安徽省人民政府	1	通知	污染防治类	畜产品	皖政办秘〔2015〕3号	安徽省		

续表

编号	发布时间	名称	发文主体	发文主体数量	文件类型	文件主类	文件亚类	文号	发文地区	发文城市	备注
37	2015.01.12	浙江生态省建设工作领导小组办公室关于做好生态文明建设示范区创建工作有关事项的通知	浙江生态省建设工作领导小组办公室	1	通知	生态保护类	自然保护	浙生态办函〔2015〕3号	浙江省		
38	2015.01.12	新疆维吾尔自治区环境保护厅关于我区污染源在线监控设备生产和供应企业推荐名单及有关问题的通知	新疆维吾尔自治区环境保护厅	1	通知	污染防治类	污染防治	新环发〔2015〕10号	新疆维吾尔自治区		
39	2015.01.12	阳泉市环境保护局关于国控企业编制自行监测方案进行信息公开的通知	阳泉市环境保护局	1	通知	环境保护手段类	环境监测			阳泉市	
40	2015.01.12	内蒙古自治区人民政府关于公布地下水超采区及禁采区和限采区范围的通知	内蒙古自治区人民政府	1	通知	自然资源保护类	水资源	内政发〔2015〕3号	内蒙古自治区		
41	2015.01.12	江华瑶族自治县人民政府关于印发《江华瑶族自治县最严格水资源管理制度实施办法》的通知	江华瑶族自治县人民政府	1	通知	自然资源保护类	水资源	江政发〔2015〕1号	湖南省	永州市	
42	2015.01.12	河南省人民政府关于公布全省地下水禁采区和限采区范围的通知	河南省人民政府	1	通知	自然资源保护类	水资源	豫政〔2015〕1号	河南省		
43	2015.01.12	陕西省发展和改革委员会关于袁家坡农村饮水安全工程初步设计的批复	陕西省发展和改革委员会	1	批复	自然资源保护类	水资源	陕发改农经〔2015〕21号	陕西省		

续表

编号	发布时间	名称	发文主体	发文主体数量	文件类型	文件主类	文件亚类	文号	发文地区	发文城市	备注
44	2015.01.12	重庆市财政局、重庆市科学技术委员会关于印发《重庆市新能源汽车推广应用市级财政补贴实施细则（暂行）》的通知	重庆市财政局 重庆市科学技术委员会	2	通知	综合类	能源基金		重庆市	重庆市	
45	2015.01.12	黔东南州人民政府办公室关于印发黔东南州"6 个 100 万"绿色生态现代农业工程实施意见的通知	黔东南州人民政府	1	通知	环境保护手段类	农业管理		贵州省	黔东南州	
46	2015.01.13	无锡市水利局关于转发《江苏省水利厅关于印发〈江苏省水利厅重大水事违法案件挂牌督办办法〉的通知》的通知	无锡市水利局	1	通知	综合类	水利综合规定	锡水政监〔2015〕1 号	江苏省	无锡市	
47	2015.01.13	甘肃省林业厅关于甘肃张掖国家湿地公园（试点）验收评估整改的意见	甘肃省林业厅	1	意见	生态保护类	林场与林业企业	甘林护函〔2015〕14 号	甘肃省		
48	2015.01.13	山东省环境保护厅办公室关于进一步规范设置全省城市环境空气质量监测点位的通知	山东省环境保护厅	1	通知	环境保护手段类	环境监测	鲁环办函〔2015〕9 号	山东省		
49	2015.01.14	成都市经济和信息化委员会关于对我市新增"万家千户"重点用能企业能源管理负责人集中培训的通知	成都市经济和信息化委员会	1	通知	综合类	能源综合规定	成经信办〔2015〕4 号	四川省	成都市	

续表

编号	发布时间	名称	发文主体	发文主体数量	文件类型	文件主类	文件亚类	文号	发文地区	发文城市	备注
50	2015.01.14	湖南省住房和城乡建设厅关于加强"两供两治"污水垃圾建设项目工艺技术专家论证工作的通知	湖南省住房和城乡建设厅	1	通知	污染防治类	建设综合规定污染防治	湘建城函〔2015〕8 号	湖南省		
51	2015.01.14	福州市环境保护局转发福建省物价局、福建省财政厅、福建省环保厅关于调整排污费征收标准等有关问题的通知	福州市环境保护局	1	通知	环境保护手段类	环保综合规定	榕环保综〔2015〕8 号	福建省	福州市	
52		成都市环境保护局、成都市经济和信息化委员会、成都市城市管理局等关于划定高污染燃料禁燃区的通告	成都市环境保护局，成都市经济和信息化委员会，成都市城市管理局，成都市质量技术监督局，成都市商务局，成都市工商行政管理局，成都市旅游局	7	通告	环境保护手段类	环保综合规定	成环规文备字〔2015〕1 号	四川省	成都市	
53	2015.01.14	河北省人民政府关于促进资源型城市可持续发展的实施意见	河北省人民政府	1	意见	自然资源保护类	资源综合利用	冀政发〔2015〕2 号	河北省		

续表

编号	发布时间	名称	发文主体	发文主体数量	文件类型	文件主类	文件亚类	文号	发文地区	发文城市	备注
54	2015.01.15	宁波市人民政府办公厅关于印发宁波市进一步加强危险废物和污泥处置监管工作实施意见的通知	宁波市人民政府	1	通知	污染防治类	污染防治	甬政办发[2015]6号	江苏省	宁波市	
55	2015.01.15	福州市海洋与渔业局关于进一步加大打击非法采捕红珊瑚活动的通知	福州市海洋与渔业局	1	通知	环境退化防治类	海洋资源	榕海渔[2015]15号	福建省	福州市	
56	2015.01.15	云南省地质灾害治理工程项目管理办法	云南省国土资源厅	1	办法	环境保护手段类	地质勘查工作	云南省国土资源厅公告第24号	云南省		
57	2015.01.15	达州市人民政府关于进一步完善休闲机制加强公共资源交易管理的实施意见	达州市人民政府	1	意见	环境保护手段类	资源综合利用	达市府发[2015]6号	四川省	达州市	
58	2015.01.15	苏州市园林和绿化管理局、苏州市财政局关于石湖风景林地等绿地养护管理的实施意见	苏州市园林和绿化管理局，苏州市财政局	1	意见	生态保护类	植树造林与绿化	苏园绿管[2015]2号	江苏省	苏州市	
59	2015.01.16	重庆市人民政府办公厅关于新一轮退耕还草的实施意见	重庆市人民政府	1	意见	自然资源保护类	林业资源保护	渝府办发[2015]10号	重庆市	重庆市	
60	2015.01.16	佛山市财政局、佛山市发展和改革局关于印发《佛山市新能源汽车推广应用市级补助资金管理办法》的通知	佛山市财政局，佛山市发展和改革局	2	通知	综合类	电力工业管理专项资金管理	佛财工[2015]15号	广东省	佛山市	

续表

编号	发布时间	名称	发文主体	发文主体数量	文件类型	文件主类	文件亚类	文号	发文地区	发文城市	备注
61	2015.01.16	北京市财政局、北京市地方税务局关于调整我市煤炭资源税税率的通知	北京市财政局、北京市地方税务局	2	通知	环境保护手段类	煤炭税费	京财税〔2015〕63号	北京市	北京市	
62	2015.01.16	广州市人民政府关于加强生活垃圾运输车辆滴漏管理的通告	广州市人民政府	1	通告	污染防治类	环保综合规定	穗府〔2015〕1号	广东省	广州市	
63	2015.01.16	商洛市人民政府办公室关于开展2014年度大气污染防治自查工作的通知	商洛市人民政府	1	通知	污染防治类	污染防治	商政办函〔2015〕7号	陕西省	商洛市	
64	2015.01.16	南宁市环境保护局关于对我市黄标车开展技术鉴别工作的通告	南宁市环境保护局	1	通告	污染防治类	污染防治		广西壮族自治区	南宁市	
65	2015.01.16	威海市人民政府关于促进现代海洋渔业持续健康发展的实施意见	威海市人民政府	1	意见	自然资源保护类	渔业管理	威政发〔2015〕1号	山东省	威海市	
66	2015.01.16	内蒙古自治区农牧业厅关于印发《内蒙古自治区征占用草原审核审批程序规定》的通知	内蒙古自治区农牧业厅	1	通知	自然资源保护类	草原管理		内蒙古自治区		
67	2015.01.16	无锡市水利局关于转发《江苏省水利厅关于印发〈江苏省水利工程管理考核办法(2014年修订)〉的通知》的通知	无锡市水利局	1	通知	综合类	水利综合规定	锡水管〔2015〕1号	江苏省	无锡市	

续表

编号	发布时间	名称	发文主体	发文主体数量	文件类型	文件主类	文件亚类	文号	发文地区	发文城市	备注
68	2015.01.17	陵水黎族自治县人民政府办公室关于印发关于县推进再生能源建筑应用实施暂行办法的通知	陵水黎族自治县人民政府	1	通知	自然资源保护类	能源综合规定	陵府办〔2015〕17号	海南省	陵水黎族自治县	
69	2015.01.17	福建省海洋与渔业厅关于执行海洋捕捞渔船拆解有关规定的通知	福建省海洋与渔业厅	1	通知	综合类	渔船		福建省		
70	2015.01.19	四川省环境保护厅关于发布2015年总量减排重点项目名单的函	四川省环境保护厅	1	函	环境保护手段类	节能管理	川环函〔2015〕86号	四川省		
71	2015.01.19	成都市经济和信息化委员会、成都市财政局关于组织申报2015年节能技术改造财政补贴项目的通知	成都市经济和信息化委员会，成都市财政局	2	通知	环境保护手段类	节能管理	成经信财〔2015〕2号	四川省	成都市	
72	2015.01.19	邢台市人民政府印发关于加快新能源汽车发展和推广应用实施意见的通知	邢台市人民政府	1	通知	综合类	节能管理	邢政发〔2015〕2号	河北省	邢台市	
73	2015.01.19	湖北省人民政府关于加快推动能源生产和消费革命的指导意见	湖北省人民政府	1	意见	环境保护手段类	能源综合规定	鄂政发〔2015〕9号	湖北省		
74	2015.01.19	吉林省住房和城乡建设厅关于核查各城市生活污水处理设施有关指标的通知	吉林省住房和城乡建设厅	1	通知	污染防治类	污染防治	吉建城〔2015〕9号	吉林省		

续表

编号	发布时间	名称	发文主体	发文主体数量	文件类型	文件主类	文件亚类	文号	发文地区	发文城市	备注
75	2015.01.19	佳木斯市人民政府办公室关于印发佳木斯市环境保护重点工作实施情况考核办法（试行）的通知	佳木斯市人民政府	1	通知	综合类	环保综合规定	佳政办发〔2015〕2 号	黑龙江省	佳木斯市	
76	2015.01.19	巴彦淖尔市人民政府关于实行最严格水资源管理制度的实施意见	巴彦淖尔市人民政府	1	意见	自然资源保护类	水资源	巴政发〔2015〕5 号	内蒙古自治区	巴彦淖尔市	
77	2015.01.19	广西壮族自治区国土资源厅关于下放部分矿产资源开采审批的公告	广西壮族自治区国土资源厅	1	公告	自然资源保护类	矿产资源监督管理		广西壮族自治区		
78	2015.01.19	德州市人民政府办公室关于印发德州市河道管理办法的通知	德州市人民政府	1	通知	环境退化防治类	水利设施	德政办发〔2015〕3 号	山东省	德州市	
79	2015.01.19	青海省水土保持补偿费征收使用管理实施办法	青海省财政厅、青海省发展改革委、青海省水利厅、中国人民银行西宁中心支行	4	办法	环境退化防治类	水土保持		青海省		
80	2015.01.20	福建省环保厅转发环保部关于印发《企业事业单位突发环境事件应急预案备案管理办法（试行）》的通知	福建省环保厅	1	通知	环境保护手段类	环境标准突发事件	闽环保应急〔2015〕2 号	福建省		

续表

编号	发布时间	名称	发文主体	发文主体数量	文件类型	文件主类	文件亚类	文号	发文地区	发文城市	备注
81	2015.01.20	广西壮族自治区林业厅、广西壮族自治区农业厅关于加强我区"村屯绿化"专项活动种苗保障工作的指导意见	广西壮族自治区林业厅、广西壮族自治区农业厅	2	意见	自然资源保护类	植树造林与绿化林业管理	桂林绿发〔2015〕1 号	广西壮族自治区		
82	2015.01.20	连云港市人民政府办公室印发关于加强病死动物无害化处理工作意见的通知	连云港市人民政府	1	通知	污染防治类	环保综合规定	连政办发〔2015〕8 号	江苏省	连云港市	
83	2015.01.20	宜昌市人民政府办公室关于印发《宜昌市城区餐厨垃圾管理办法》的通知	宜昌市人民政府	1	通知	污染防治类	污染防治	宜府办发〔2015〕6 号	湖北省	宜昌市	
84	2015.01.21	新疆维吾尔自治区发展改革委、新疆维吾尔自治区水利厅关于印发《新疆维吾尔自治区水电新农村电气化项目管理办法》、《新疆维吾尔自治区小水电代燃料项目管理办法》的通知	新疆维吾尔自治区发展改革委;新疆维吾尔自治区水利厅	2	通知	环境退化防治类	水利设施	新发改农经〔2015〕60 号	新疆维吾尔自治区		
85	2015.01.21	浙江生态省建设工作领导小组办公室关于印发《浙江省大气污染行动计划实施情况考核办法（试行）实施细则》的通知	浙江生态省建设工作领导小组	1	通知	污染防治类	污染防治	浙生态办函〔2015〕8 号	浙江省		

续表

编号	发布时间	名称	发文主体	发文主体数量	文件类型	文件主类	文件亚类	文号	发文地区	发文城市	备注
86	2015.01.22	嘉兴市人民政府关于印发嘉兴市高污染燃料禁燃区建设和集中供热实施方案（2014～2017年）的通知	嘉兴市人民政府	1	通知	污染防治类	污染防治	嘉政发〔2015〕8号	浙江省	嘉兴市	
87	2015.01.22	福建省国土资源厅关于转发锰、铬、铝土矿、钨、钼、硫铁矿、石墨和石棉等矿产资源合理开发利用"三率"最低指标要求的通知	福建省国土资源厅	1	通知	自然资源保护类	矿产资源	闽国土资综〔2015〕25号	福建省		
88	2015.01.22	上海市水务局关于做好上海市加快实施最严格水资源管理制度试点验收迎检工作的通知	上海市水务局	1	通知	自然资源保护类	水资源	沪水务〔2015〕63号	上海市	上海市	
89	2015.01.22	宝鸡市人民政府办公室关于加强林业有害生物防治工作的实施意见	宝鸡市人民政府	1	意见	自然资源保护类	林业管理	宝政办发〔2015〕6号	陕西省	宝鸡市	
90	2015.01.22	黔东南州人民政府办公室关于印发黔东南州机动车排气污染防治管理暂行办法的通知	黔东南州人民政府	1	通知	污染防治类	污染防治		贵州省	黔东南州	
91	2015.01.22	新疆维吾尔自治区政府关于进一步加强林业有害生物防控工作的实施意见	新疆维吾尔自治区政府	1	意见	自然资源保护类	林业管理	新政办发〔2015〕8号	新疆维吾尔自治区		

续表

编号	发布时间	名称	发文主体	发文主体数量	文件类型	文件主类	文件亚类	文号	发文地区	发文城市	备注
92	2015.01.23	五指山市人民政府办公室关于印发五指山市林业有害生物普查实施方案的通知	五指山市人民政府	1	通知	自然资源保护类	林业管理	五府办〔2015〕6号	海南省	五指山市	
93	2015.01.23	阜新蒙古族自治县人民政府办公室关于进一步加强采伐迹地还林和严禁采伐林地开荒工作的通知	阜新蒙古族自治县人民政府	1	通知	自然资源保护类	林业资源管理	阜蒙政办发〔2015〕10号	辽宁省	阜新市	
94	2015.01.23	广东省环境保护厅、广东省财政厅关于排污权交易的规则（试行）	广东省环境保护厅、广东省财政厅	2	规则	污染防治类	污染防治	粤环〔2015〕9号	广东省		
95	2015.01.23	湖南省环境保护厅办公室关于推荐辐射类建设项目环保审查专家约函	湖南省环境保护厅	1	函	综合类	环保综合规定	湘环办函〔2015〕13号	湖南省		
96	2015.01.23	合肥市安全生产监督管理局关于印发《合肥市烟花爆竹防伪标签使用暂行规定》的通知	合肥市安全生产监督管理局	1	通知	综合类	环保综合规定	合安监管〔2015〕16号	安徽省	合肥市	
97	2015.01.23	云南省人民政府办公厅贯彻落实国务院办公厅关于建立病死畜禽无害化处理机制的实施意见	云南省人民政府	1	意见	污染防治类	畜产品	云政办发〔2015〕8号	云南省		
98	2015.01.24	安徽省人民政府关于为县市地土地利用总体规划（2006—2020年）的批复	安徽省人民政府	1	规划	自然资源保护类	土地综合规定	皖政秘〔2015〕14号	安徽省		

续表

编号	发布时间	名称	发文主体	发文主体数量	文件类型	文件主类	文件亚类	文号	发文地区	发文城市	备注
99	2015.01.25	中共山西省委、山西省人民政府关于深化煤炭管理体制改革的意见	中共山西省委、山西省人民政府	2	意见	自然资源保护类	煤炭工业管理	晋发〔2015〕3号	山西省		
100	2015.01.26	贵州省林业厅关于办理省级以上重点交通基础设施项目控制性工程占用征收林地和林木采伐审核审批手续有关事项的通知	贵州省林业厅	1	通知	自然资源保护类	林业资源保护	黔林资通〔2015〕11号	贵州省		
101	2015.01.26	山东省环境保护厅关于山东省城市放射性废物库及配套实验室维修改造项目环境影响评价有关问题的复函	山东省环境保护厅	1	函	环境保护手段类	环保综合规定	鲁环评函〔2015〕12号	山东省		
102	2015.01.26	潍坊市环境保护委员会关于印发潍坊市"三八六"环保行动2015年度工作计划的通知	潍坊市环境保护委员会	1	通知	综合类	环保综合规定	潍环委发〔2015〕3号	山东省	潍坊市	
103	2015.01.26	重庆市人民政府办公厅关于进一步加强环境监管执法的通知	重庆市人民政府	1	通知	环境保护手段类	环境监测	渝府办发〔2015〕13号	重庆市	重庆市	
104	2015.01.26	东营市安全生产监督管理局关于印发东营市安全生产非法违法企业信息发布管理办法的通知	东营市安全生产监督管理局	1	通知	综合类	违法处理	东安监发〔2015〕7号	山东省	东营市	

续表

编号	发布时间	名称	发文主体	发文主体数量	文件类型	文件主类	文件亚类	文号	发文地区	发文城市	备注
105	2015.01.26	青海省国土资源厅关于印发《青海省土地整治项目管理办法》的通知	青海省国土资源厅	1	通知	自然资源保护类	土地综合规定	青国土资〔2015〕29号	青海省		
106	2015.01.26	新疆维吾尔自治区财政厅、新疆维吾尔自治区环境保护厅关于转发《财政部、环境保护部关于印发〈江河湖泊生态环境保护项目资金绩效评价暂行办法〉的通知》的通知	新疆维吾尔自治区财政厅、新疆维吾尔自治区环境保护厅	1	通知	环境保护手段类	环保综合规定		新疆维吾尔自治区		
107	2015.01.26	自贡市人民政府关于切实加强农村饮水安全工作的通知	自贡市人民政府	1	通知	自然资源保护类	水资源	自府函〔2015〕12号	四川省	自贡市	
108	2015.01.26	太原市人民政府办公厅关于实行最严格水资源管理制度的实施意见	太原市人民政府办公厅	1	意见	自然资源保护类	水资源	并政办发〔2015〕8号	山西省	太原市	
109	2015.01.27	四川省财政厅、四川省林业厅关于印发《四川省林业补助资金管理办法》的通知	四川省财政厅、四川省林业厅	2	通知	自然资源保护类	财政综合规定林业管理	川财农〔2015〕11号	四川省		
110	2015.01.27	遵义市人民政府办公室关于印发《市创建国家环保模范城市考核验收意见和建设整改任务分解表》的通知	遵义市人民政府办公室	1	通知	环境保护手段类	环境监测	遵府办发〔2015〕7号	贵州省	遵义市	

续表

编号	发布时间	名称	发文主体	发文主体数量	文件类型	文件主类	文件亚类	文号	发文地区	发文城市	备注
111	2015.01.27	晋中市人民政府办公厅关于进一步落实环境保护工作责任的通知	晋中市人民政府	1	通知	综合类	环境保护	市政办发〔2015〕3号	山西省	晋中市	
112	2015.01.27	黑龙江省国土资源厅关于印发《黑矿产资源破坏价值鉴定实施办法》的通知	黑龙江省国土资源厅	1	通知	自然资源保护类	矿产资源	黑国土资发〔2015〕9号	黑龙江省	
113	2015.01.27	河北省发展和改革委员会、河北省环境保护厅关于印发《河北省燃煤电厂综合升级改造机组性能测试管理细则》的通知	河北省发展和改革委员会、河北省环境保护厅	2	通知	自然资源保护类	资源综合利用	冀发改能源〔2015〕66号	河北省	
114	2015.01.27	湖南省人民政府办公厅关于支持娄底市资源型城市转型发展的实施意见	湖南省人民政府	1	意见	综合类	资源综合利用	湘政办发〔2015〕9号	湖南省	
115	2015.01.27	上饶市人民政府办公厅关于印发上饶市国土资源节约集约模范县（市）创建活动实施方案的通知	上饶市人民政府	1	通知	综合类	资源综合利用	饶府厅字〔2015〕20号	江西省	上饶市
116	2015.01.27	驻马店市人民政府办公室关于建立病死畜禽无害化处理机制的意见	驻马店市人民政府	1	意见	污染防治类	畜产品	驻政办〔2015〕4号	河南省	驻马店市

续表

编号	发布时间	名称	发文主体	发文主体数量	文件类型	文件主类	文件亚类	文号	发文地区	发文城市	备注
117	2015.01.28	北京市水务局关于印发《北京市建设项目水影响评价文件编报审批管理规定(试行)》的通知	北京市水务局	1	通知	环境保护手段类	水利综合规定	京水务法[2015]6号	北京市	北京市	
118	2015.01.28	福建省人民政府关于印发《福建省重点流域生态补偿办法》的通知	福建省人民政府	1	通知	环境保护手段类	环境标准	闽政[2015]4号	福建省		
119	2015.01.28	抚州市人民政府办公室关于印发抚州市中心城区房屋建筑与市政工程施工现场扬尘污染防治管理办法的通知	抚州市人民政府	1	通知	污染防治类	污染防治	抚府办发[2015]12号	江西省	抚州市	
120	2015.01.28	四川省人民政府办公厅关于进一步做好防沙治沙工作的通知	四川省人民政府	1	通知	污染防治类	污染防治	川办发[2015]9号	四川省		
121	2015.01.28	阳泉市环境保护局关于认定我市国控重点企业2015年自行监测方案的通知	阳泉市环境保护局	1	通知	环境保护手段类	环保综合规定		山西省	阳泉市	
122	2015.01.28	成都市经济和信息化委员会关于组织申报2015年节能环保设备(产品)推广应用及示范项目的通知	成都市经济和信息化委员会	1	通知	自然资源保护类	节能管理	成经信财[2015]3号	四川省	成都市	
123	2015.01.28	四川省水利厅关于水土保持补偿费征收有关事项的通知	四川省水利厅	1	通知	环境退化防治类	水土保持	川水函[2015]128号	四川省		

续表

编号	发布时间	名称	发文主体	发文主体数量	文件类型	文件主类	文件亚类	文号	发文地区	发文城市	备注
124	2015.01.29	黑龙江省环境保护厅、黑龙江省财政厅关于转发环境保护部办公厅《关于电子产品处理企业回收拆解仿制废弃电器电子产品情况的函》的通知	黑龙江省环境保护厅、黑龙江省财政厅	1	通知	污染防治类	电子产品与质量	黑环办〔2015〕21号	黑龙江省		
125	2015.01.29	濮阳市人民政府关于推动都市生态农业发展的指导意见	濮阳市人民政府	1	意见	生态保护类	农业管理	濮政〔2015〕4号	河南省	濮阳市	
126	2015.01.29	德阳市人民政府办公室关于加强城乡绿化和生态保护建设工作的通知	德阳市人民政府	1	通知	自然资源保护类	植树造林与绿化		四川省	德阳市	
127	2015.01.29	广东省人民政府办公厅转发国务院办公厅关于加强环境监管执法的通知	广东省人民政府	1	通知	环境保护手段类	环境监测	粤府办〔2015〕6号	广东省		
128	2015.01.29	海南省人民政府关于印发海南省海域使用权审批出让管理办法的通知	海南省人民政府	1	通知	自然资源保护类	海洋资源	琼府〔2015〕9号	海南省		
129	2015.01.30	山东省经济和信息化委员会关于印发《山东省2015年节能监察工作指导意见》的通知	山东省经济和信息化委员会	1	意见	自然资源保护类	节能管理		山东省		
130	2015.01.30	五指山市人民政府办公室关于印发五指山市最严格水资源管理制度实施方案的通知	五指山市人民政府	1	通知	自然资源保护类	水资源	五府办〔2015〕9号	海南省	五指山市	

续表

编号	发布时间	名称	发文主体	发文主体数量	文件类型	文件主类	文件亚类	文号	发文地区	发文城市	备注
131	2015.01.30	漯河市人民政府办公室关于加快发展都市生态农业的意见	漯河市人民政府	1	意见	生态保护类	农业管理	政办〔2015〕12号	河南省	漯河市	
132	2015..02	浙江省环保护厅关于《原子能法（送审稿）》的反馈意见	浙江省环境保护厅	1	意见	环境保护手段类	环保综合规定		浙江省		
133	2015.02.01	铜仁市人民政府办公室关于印发铜仁市市行政区域内工业项目环境准入规定的通知	铜仁市人民政府	1	通知	综合类	电子工业管理	铜府办发〔2015〕13号	贵州省	铜仁市	
134	2015.02.02	贵州省环境保护护部《关于印发〈建设项目主要污染物排放总量指标审核及管理暂行办法〉的通知》的通知	贵州省环境保护厅	1	通知	污染防治类	污染防治	黔环通〔2015〕28号	贵州省		
135	2015.02.02	陕西省人民政府办公厅关于印发省级自然保护区管理规定的通知	陕西省人民政府	1	通知	生态保护类	自然保护	陕政办发〔2015〕8号	陕西省		
136	2015.02.02	遵义市人民政府办公室关于印发《市中心城区扬尘污染防治管理办法》的通知	遵义市人民政府	1	通知	污染防治类	污染防治	遵府办发〔2015〕8号	贵州省	遵义市	
137	2015.02.02	湖南省环境保护护厅关于印发《湖南省企业环境信用评价管理办法》的通知	湖南省环境保护厅	1	通知	环境保护手段类	1	湘环发〔2015〕1号	湖南省		

续表

编号	发布时间	名称	发文主体	发文主体数量	文件类型	文件主类	文件亚类	文号	发文地区	发文城市	备注
138	2015.02.02	福建省国土资源厅关于印发《福建省国土资源监督检查技术业务委托管理暂行办法》的通知	福建省国土资源厅	1	通知	环境保护手段类	土地综合规定	闽国土资〔2015〕32号	福建省		
139	2015.02.02	江西省人民政府办公厅关于将广丰县部分区域纳入信江源头保护区范围的通知	江西省人民政府	1	通知	生态保护类	水资源	赣府厅字〔2015〕6号	江西省		
140	2015.02.02	杭州市财政局、杭州市经济和信息化委员会、杭州市科学技术委员会、杭州市发展和改革委员会关于进一步明确新能源汽车推广应用财政补助办法有关问题的通知	杭州市财政局，杭州市经济和信息化委员会，杭州市科学技术委员会，杭州市发展和改革委员会	4	通知	综合类	能源综合规定	杭财企〔2015〕5号	浙江省	杭州市	
141	2015.02.02	山东省煤炭工业局关于印发《山东省实施〈煤炭经营监管办法〉细则》的通知	山东省煤炭工业局	1	通知	自然资源保护类	煤炭工业管理	鲁煤经运〔2015〕9号	山东省		
142	2015.02.03	青海省发展和改革委员会关于分布式光伏发电有关事宜的通知	青海省发展和改革委员会	1	通知	自然资源保护类	电线电网	青发改能源〔2015〕46号	青海省		
143	2015.02.03	黑龙江省人民政府办公厅关于推进国有林区转型发展的若干意见	黑龙江省人民政府	1	意见	生态保护类	林业管理	黑政办发〔2015〕5号	黑龙江省		

续表

编号	发布时间	名称	发文主体	发文主体数量	文件类型	文件主类	文件亚类	文号	发文地区	发文城市	备注
144	2015.02.03	山西省人民政府办公厅关于进一步加强林业有害生物防治工作的实施意见	山西省人民政府	1	意见	自然资源保护类	林业管理	晋政办发〔2015〕7号	山西省		
145	2015.02.03	宣城市人民政府办公室关于印发宣城市区园林绿化防止外来有害物种人侵管理办法的通知	宣城市人民政府	1	通知	自然资源保护类	植树造林与绿化	宣政办秘〔2015〕53号	安徽省	宣城市	
146	2015.02.03	宣城市人民政府办公室关于印发宣城市区大树移植管理办法的通知	宣城市人民政府	1	通知	自然资源保护类	植树造林与绿化	宣政办秘〔2015〕54号	安徽省	宣城市	
147	2015.02.03	宣城市人民政府办公室关于印发宣城市全民义务植树实施办法的通知	宣城市人民政府	1	通知	环境保护手段类	植树造林与绿化	宣政办秘〔2015〕56号	安徽省	宣城市	
148	2015.02.03	黑龙江省环境保护厅关于转发《关于发布毕拉河等21处国家级自然保护区面积、范围及功能区划的通知》的函	黑龙江省环境保护厅	1	函	生态保护类	自然保护	黑环办〔2015〕27号	黑龙江省		
149	2015.02.03	山东省人民政府办公厅关于进一步加强湿地保护管理工作的意见	山东省人民政府	1	意见	自然资源保护类	自然保护	鲁政办字〔2015〕14号	山东省		
150	2015.02.03	宣城市人民政府办公室关于印发宣城市城市湿地灵划区资源保护管理办法的通知	宣城市人民政府	1	通知	自然资源保护类	自然保护	宣政办秘〔2015〕55号	安徽省	宣城市	

续表

编号	发布时间	名称	发文主体	发文主体数量	文件类型	文件主类	文件亚类	文号	发文地区	发文城市	备注
151	2015.02.03	南阳市人民政府办公室关于进一步加强全市环境监管执法的通知	南阳市人民政府	1	通知	环境保护手段类	环境监测	宛政办〔2015〕4号	河南省	南阳市	
152	2015.02.03	五峰土家族自治县人民政府关于实行最严格水资源管理制度的通知	五峰土家族自治县人民政府	1	通知	环境保护手段类	水资源		湖北省	宜昌市	
153	2015.02.04	云南省环境保护厅关于楚雄州环境保护局关于建设项目投入试生产（运行）审批的请示的复函	云南省环境保护厅	1	函	综合类	环保综合规定	云环函〔2015〕46号	云南省		
154	2015.02.04	内蒙古自治区人民政府办公厅转发自治区发展改革委关于建立保障天然气稳定供应长效机制实施意见的通知	内蒙古自治区人民政府	1	通知	自然资源保护类	资源综合利用	内政办发〔2015〕11号	内蒙古自治区		
155	2015.02.04	四川省人民政府关于同意崇州市城区桤盘村北等三处集中式饮用水水源保护区和调整绵阳市仙鹤湖水库集中式饮用水水源保护区的批复	四川省人民政府	1	批复	生态保护类	水资源	川府函〔2015〕31号	四川省		
156	2015.02.04	黔西南州人民政府办公室关于印发《黔西南州实行最严格水资源管理制度2014年度考核工作方案》的通知	黔西南布依族苗族自治州人民政府	1	通知	自然资源保护类	水资源	州府办函〔2015〕9号	贵州省	黔西南布依族苗族自治州	

续表

编号	发布时间	名称	发文主体	发文主体数量	文件类型	文件主类	文件亚类	文号	发文地区	发文城市	备注
157	2015.02.04	珠海市人民政府关于印发珠海市饮用水源保护区扶持激励办法的通知	珠海市人民政府	1	通知	生态保护类	水资源	珠府〔2015〕13号	广东省	珠海市	
158	2015.02.04	汉中市人民政府办公室关于印发汉中市人工影响天气管理办法的通知	汉中市人民政府	1	通知	环境保护手段类	气象综合规定	汉政办发〔2015〕3号	陕西省	汉中市	
159	2015.02.04	赣州市矿管局关于转发赣州市矿产资源执法监察考核暂行办法的通知	赣州市人民政府	1	通知	环境保护手段类	矿产资源监督管理	赣市府办字〔2015〕8号	江西省	赣州市	
160	2015.02.04	内蒙古自治区人民政府办公厅关于加强油气勘查开采管理工作的通知	内蒙古自治区人民政府	1	通知	环境保护手段类	地质勘查单位	内政办字〔2015〕18号	内蒙古自治区		
161	2015.02.04	郑州市人民政府关于印发2015年郑州市林业生态建设工作实施方案的通知	郑州市人民政府	1	通知	自然资源保护类	林业资源保护	郑政文〔2015〕2号	河南省	郑州市	
162	2015.02.05	海南省林业厅办公室关于进一步深入开展林业宣传工作的通知	海南省林业厅	1	通知	自然资源保护类	林业管理	琼林办〔2015〕18号	海南省		
163	2015.02.05	湖北省人民政府关于加强环境监管能力建设的意见	湖北省人民政府	1	意见	环境保护手段类	环境监测	鄂政发〔2015〕12号	湖北省		

续表

编号	发布时间	名称	发文主体	发文主体数量	文件类型	文件主类	文件亚类	文号	发文地区	发文城市	备注
164	2015.02.05	福州市环境保护局关于转发环保部关于印发《企业事业单位突发环境事件应急预案备案管理办法（试行）》的通知	福州市环境保护局	1	通知	环境保护手段类	环保综合规定突发事件	榕环保综[2015]29号	福建省	福州市	
165	2015.02.05	北京市环境保护局、北京市公安局公安交通管理局关于巩固联勤联动机制强化机动车排放污染监管的通知	北京市环境保护局，北京市公安局公安交通管理局	2	通知	污染防治类	污染防治交通运输综合规定	京环发[2015]4号	北京市	北京市	
166	2015.02.05	丽水市人民政府关于印发丽水市千峡湖区域保护开发建设管理办法的通知	丽水市人民政府	1	通知	污染防治类	环保综合规定	丽政发[2015]7号	浙江省	丽水市	
167	2015.02.05	连云港市人民政府办公室关于转发市国土资源局《连云港市国土资源节约集约利用专项考核暂行办法》的通知	连云港市人民政府	1	通知	自然资源保护类	土地资源	连政办发[2015]2号	江苏省	连云港市	
168	2015.02.05	阳泉市人民政府办公厅关于印发进一步规范高铝（耐火）黏土烧结产业发展指导意见的通知	阳泉市人民政府	1	通知	环境保护手段类	节能管理	阳政办发[2015]12号	山西省	阳泉市	
169	2015.02.05	河北省机关事务管理局关于印发《河北省公共机构节约能源资源考核工作规程》的通知	河北省机关事务管理局	1	通知	自然资源保护类	机关工作综合规定节能管理	冀事管[2015]8号	河北省		

续表

编号	发布时间	名称	发文主体	发文主体数量	文件类型	文件主类	文件亚类	文号	发文地区	发文城市	备注
170	2015.02.05	厦门市人民政府办公厅关于印发厦门市溪流养护实施办法的通知	厦门市人民政府	1	通知	生态保护类	水利设施	厦府办〔2015〕29号	福建省	厦门市	
171	2015.02.06	广东省经济和信息化委印发广东省节能降耗专项资金项目完工评价实施细则的通知	广东省经济和信息化委员会	1	通知	环境保护手段类	节能管理	粤经信节能〔2014〕493号	广东省		
172	2015.02.06	陕西省人民政府办公厅关于做好2015年春节期间烟花爆竹禁限放管理加强空气污染防治工作的通知	陕西省人民政府	1	通知	污染防治类	污染防治	陕政办发明电〔2015〕12号	陕西省		
173	2015.02.06	阳泉市环境保护局关于进一步做好山西晋玉煤焦化集团有限公司等两家焦化企业自动监控日常监管工作的通知	阳泉市环境保护局	1	通知	综合类	环保综合规定		山西省	阳泉市	
174	2015.02.09	商洛市人民政府办公室关于加强野生牡丹兰花红豆杉石斛等珍稀植物保护的通知	商洛市人民政府	1	通知	自然资源保护类	野生动植物资源	商政办函〔2015〕27号	陕西省	商洛市	
175	2015.02.09	浙江省林业厅关于印发《浙江省林业厅招标投标管理实施细则（试行）》的通知	浙江省林业厅	1	通知	自然资源保护类	林业管理	浙林计〔2015〕17号	浙江省		
176	2015.02.09	江西省林业厅办公室关于印发《江西省森林资源数据更新管理办法（试行）》的通知	江西省林业厅	1	通知	自然资源保护类	林业资源保护		江西省		

续表

编号	发布时间	名称	发文主体	发文主体数量	文件类型	文件主类	文件亚类	文号	发文地区	发文城市	备注
177	2015.02.10	嘉兴市人民政府关于市区划定高污染燃料禁燃区的通告	嘉兴市人民政府	1	通告	污染防治类	化学易燃产品管理	嘉政发 [2015] 10 号	浙江省	嘉兴市	
178	2015.02.10	黑龙江省环境保护厅关于进一步加强机动车污染排放管理的通知	黑龙江省环境保护厅	1	通知	污染防治类	环保综合规定	黑环办 [2015] 29 号	黑龙江省		
179	2015.02.10	青岛市环境保护局关于公布《青岛市危险废物转移联单管理办法》等 6 件规范性文件继续有效的通知	青岛市环境保护局	1	通知	污染防治类	污染防治	青环发 [2014] 124 号	山东省	青岛市	
180	2015.02.10	重庆市环境保护局、重庆市质量技术监督局关于发布重庆市汽车整车制造表面涂装大气污染物排放标准的通知	重庆市环境保护局，重庆市质量技术监督局	2	通知	污染防治类	环保综合规定	渝环发 [2015] 10 号		重庆市	
181	2015.02.10	河北省住房和城乡建设厅关于推广应用环保水漆的通知	河北省住房和城乡建设厅	1	通知	污染防治类	环保综合规定	冀建材 [2015] 2 号	河北省		
182	2015.02.10	内蒙古自治区人民政府办公厅关于印发自治区草原生态保护监测评估制度的通知	内蒙古自治区人民政府	1	通知	生态保护类	草原管理	内政办发 [2015] 12 号	内蒙古自治区		
183	2015.02.10	福州市人民政府办公厅关于贯彻落实生猪养殖污染防治工作六条措施的实施意见	福州市人民政府	1	意见	污染防治类	畜产品	榕政办 [2015] 26 号	福建省	福州市	

续表

编号	发布时间	名称	发文主体	发文主体数量	文件类型	文件主类	文件亚类	文号	发文地区	发文城市	备注
184	2015.02.10	云南省环境保护厅转发环境保护部办公厅关于做好2015年春节期间烟花爆竹禁限放工作的函	云南省环境保护厅	1	函	污染防治类	环保综合规定	云环函〔2015〕50号	云南省		
185	2015.02.10	庆阳市人民政府关于进一步加强水土保持生态建设工作的意见	庆阳市人民政府	1	意见	环境退化防治类	水土保持	庆政发〔2015〕19号	甘肃省		
186	2015.02.11	安徽省财政厅、安徽省林业厅关于印发《安徽省财政林业补助资金管理办法》的通知	安徽省财政厅、安徽省林业厅	1	通知	环境保护手段类	林业管理专项资金管理	财农〔2015〕49号	安徽省		
187	2015.02.11	邵阳市人民政府办公室关于印发《邵阳市建筑垃圾处置管理办法》的通知	邵阳市人民政府	1	通知	污染防治类	污染防治	市政办发〔2015〕1号	湖南省	邵阳市	
188	2015.02.11	阳泉市环境保护局关于进一步加强春节及"两会"期间核与辐射安全工作的通知	阳泉市环境保护局	1	通知	环境保护手段类	环保综合规定		山西省	阳泉市	
189	2015.02.11	莆田市人民政府办公室关于加强全市地下饮用水管理工作的通知	莆田市人民政府	1	通知	自然资源保护类	水资源管理	莆政办〔2015〕25号	福建省	莆田市	
190	2015.02.11	白城市人民政府办公室关于印发《白城市雨水控制利用绩效考核与按效果付费制度实施办法（试行）》的通知	白城市人民政府	1	通知	环境保护手段类	水资源	白政办发〔2015〕6号	吉林省	白城市	

续表

编号	发布时间	名称	发文主体	发文主体数量	文件类型	文件主类	文件亚类	文号	发文地区	发文城市	备注
191	2015.02.11	阳泉市环境保护局关于切实做好两节期间环境安全监管工作的通知	阳泉市环境保护局	1	通知	环境保护手段类	环保综合规定		山西省	阳泉市	
192	2015.02.11	四川省国土资源厅关于贯彻四川省人民政府进一步加强矿产资源开发管理规定的实施意见	四川省国土资源厅	1	意见	自然资源保护类	矿产资源开采地质产综合规定	川国土资发〔2015〕13 号	四川省		
193	2015.02.11	青海省人民政府办公厅关于建立病死畜禽无害化处理机制的实施意见	青海省人民政府	1	意见	污染防治类	畜产品	青政办〔2015〕29 号	青海省		
194	2015.02.11	黔东南州人民政府办公厅关于建立黔东南州新能源汽车推广应用联席会议制度的通知	黔东南州人民政府	1	通知	综合类	能源综合规定		贵州省	黔东南州	
195	2015.02.11	包头市人民政府办公厅关于印发包头市节能减排财政政策综合示范典型示范项目管理暂行办法的通知	包头市人民政府	1	通知	自然资源保护类	能源综合规定	包府办发〔2015〕31 号	内蒙古自治区	包头市	
196	2015.02.12	广东省林业厅关于印发《广东省林业厅重大行政决策程序规定（试行）》的通知	广东省林业厅	1	通知	自然资源保护类	林业管理	粤林函〔2015〕78 号	广东省		

续表

编号	发布时间	名称	发文主体	发文主体数量	文件类型	文件主类	文件亚类	文号	发文地区	发文城市	备注
197	2015.02.12	泰州市人民政府办公室关于转发市环保局市财政局泰州市生态红线区域保护监督管理考核暂行办法的通知	泰州市人民政府	1	通知	生态保护类	自然保护	泰政办发[2015]24号	江苏省	泰州市	
198	2015.02.12	北京市发展和改革委员会、北京市财政局、北京市环境保护局关于建设工程施工工地扬尘排污收费标准的通知	北京市发展和改革委员会、北京市财政局、北京市环境保护局	1	通知	污染防治类	环保综合规定	京发改[2015]265号	北京市	北京市	
199	2015.02.12	陇南市人民政府关于认真做好新一轮退耕还林还草工作的实施意见	陇南市人民政府	1	意见	生态保护类	土地复垦与耕地保护	陇政发[2015]14号	甘肃省	陇南市	
200	2015.02.12	宣城市人民政府关于印发宣城市公共资源交易目录的通知	宣城市人民政府	1	通知	自然资源综合利用类	资源综合利用	宣政秘[2015]42号	安徽省	宣城市	
201	2015.02.12	山东省物价局、山东省财政厅、山东省水利厅关于水土保持补偿费收费标准的通知	山东省物价局、山东省财政厅、山东省水利厅	3	通知	环境退化防治类	水土保持	鲁价费发[2015]13号	山东省		
202	2015.02.13	淄博市林业有害生物防控指挥部关于2015年淄博市重大林业有害生物防控工作的意见	淄博市林业有害生物防控指挥部	1	意见	自然资源保护类	林业管理		山东省	淄博市	

续表

编号	发布时间	名称	发文主体	发文主体数量	文件类型	文件主类	文件亚类	文号	发文地区	发文城市	备注
203	2015.02.13	广东省环境保护厅关于广东省提前执行第五阶段国家机动车大气污染物排放标准的通告	广东省环境保护厅	1	通告	污染防治类	污染防治	粤环〔2015〕16号	广东省		
204	2015.02.13	新疆维吾尔自治区环境保护厅关于印发自治区环保厅环境保护挂牌督管办法（试行）的通知	新疆维吾尔自治区环境保护厅	1	通知	环境保护手段类	环保综合规定	新环发〔2015〕67号	新疆维吾尔自治区		
205	2015.02.13	宁德市人民政府关于贯彻落实省政府关于进一步加强重要流域保护管理切实保障水安全若干意见的实施意见	宁德市人民政府	1	意见	自然资源保护类	水资源	宁政〔2015〕5号	福建省	宁德市	
206	2015.02.13	石柱土家族自治县人民政府办公室关于进一步加强环境监管执法的通知	石柱土家族自治县人民政府	1	通知	环境保护手段类	环境监测		重庆市	石柱土家族自治县	
207	2015.02.13	黔西南州人民政府办公室关于印发《黔西南州气象灾害防御规划》的通知	黔西南州人民政府	1	通知	综合类	气象综合规定	州府办函〔2015〕14号	贵州省	黔西南州	
208	2015.02.14	梅州市人民政府办公室关于印发梅州市大气污染防治目标责任考核办法的通知	梅州市人民政府	1	通知	污染防治类	污染防治	梅市府办〔2015〕6号	广东省	梅州市	

续表

编号	发布时间	名称	发文主体	发文主体数量	文件类型	文件主类	文件亚类	文号	发文地区	发文城市	备注
209	2015.02.14	通辽市人民政府办公厅转发《内蒙古自治区人民政府办公厅关于建立统一规范的公共资源交易市场的意见》的通知	通辽市人民政府	1	通知	自然资源保护类	资源综合利用	通政办发〔2015〕7号	内蒙古自治区	通辽市	
210	2015.02.15	山西省林业厅关于全面加强法治林业建设的意见	山西省林业厅	1	意见	自然资源保护类	林业管理		山西省		
211	2015.02.15	陕西省环保护厅办公室关于贯彻固体废物管理廉政建设"七不准、七承诺"的实施意见	陕西省环境保护厅	1	意见	综合类	环保综合规定	陕环办发〔2015〕11号	陕西省		
212	2015.02.15	常德市人民政府关于划定高污染燃料禁燃区的通告	常德市人民政府	1	通告	污染防治类	污染防治	常政发〔2015〕4号	湖南省	常德市	
213	2015.02.15	嘉兴市人民政府办公室关于进一步加强危险废物和污泥处置监管工作的实施意见	嘉兴市人民政府	1	意见	污染防治类	污染防治	嘉政办发〔2015〕8号	浙江省	嘉兴市	
214	2015.02.15	运城市人民政府办公厅关于印发运城市提前淘汰黄标车及老旧车财政补贴办法的通知	运城市人民政府	1	通知	污染防治类	环保综合规定		山西省	运城市	
215	2015.02.15	四川省国土资源厅、四川省财政厅关于印发《四川省土地整治项目和资金管理办法》的通知	四川省国土资源厅、四川省财政厅	1	通知	环境保护手段类	土地综合规定专项资金管理	川国土资发〔2015〕14号	四川省		

续表

编号	发布时间	名称	发文主体	发文主体数量	文件类型	文件主类	文件亚类	文号	发文地区	发文城市	备注
216	2015.02.15	阳泉市环境保护局关于印发春节和"两会"期间辐射安全专项检查方案的通知	阳泉市环境保护局	1	通知	环境保护手段类	环保综合规定		山西省	阳泉市	
217	2015.02.15	赤峰市人民政府关于印发《赤峰市中心城区加强排水许可和污水处理费征收管理加快再生水水利用意见》的通知	赤峰市人民政府	1	通知	自然资源保护类	水资源	赤政发〔2015〕9号	内蒙古自治区	赤峰市	
218	2015.02.15	河北省发展和改革委员会、河北省科技厅、河北省工业和信息化厅、河北省财政厅、河北省国土资源厅、河北省环境保护厅、河北省住房和城乡建设厅、河北省国家税务局、河北省地方税务局、河北省质量技术监督局、河北省安全生产监督管理局关于转发国家《煤矸石综合利用管理办法》的通知	河北省发展和改革委员会、河北省科技厅、河北省工业和信息化厅、河北省财政厅、河北省国土资源厅、河北省环境保护厅、河北省住房和城乡建设厅、河北省国家税务局、河北省地方税务局、河北省质量技术监督局、河北省安全生产监督管理局	11	通知	自然资源保护类	煤矿与矿区	冀发改环资〔2015〕171号	河北省		

续表

编号	发布时间	名称	发文主体	发文主体数量	文件类型	文件主类	文件亚类	文号	发文地区	发文城市	备注
219	2015.02.16	福建省商务厅、福建省环境保护部关于转发商务部关于加强内贸流通环境保护工作指导意见的通知	福建省商务厅，福建省环境保护厅	2	通知	综合类	环保综合规定	闽商务建设〔2015〕2号	福建省		
220	2015.02.16	广东省发展改革委关于碳排放配额管理的实施细则	广东省发展改革委	1	细则	环境保护手段类	环境标准	粤发改气候〔2015〕80号	广东省		
221	2015.02.16	泰安市人民政府办公室关于印发泰安市环境空气质量生态补偿暂行办法的通知	泰安市人民政府	1	通知	环境保护手段类	环境标准	泰政办字〔2015〕18号	山东省	泰安市	
222	2015.02.16	新疆维吾尔自治区环境保护厅办公室关于转发环保部《关于〈企业事业单位突发环境事件应急预案备案管理办法（试行）〉的通知》的通知	新疆维吾尔自治区环境保护厅	1	通知	环境保护手段类	环境监测突发事件	新环办发〔2015〕13号	新疆维吾尔自治区		
223	2015.02.16	湖南省人民政府办公厅关于做好压覆矿产资源补偿工作的通知	湖南省人民政府	1	通知	自然资源保护类	矿产资源	湘政办发〔2015〕17号	湖南省		
224	2015.02.16	北海市人民政府办公室关于印发涠洲岛水资源管理办法的通知	北海市人民政府	1	通知	自然资源保护类	水资源	北政办〔2015〕13号	广西壮族自治区	北海市	

续表

编号	发布时间	名称	发文主体	发文主体数量	文件类型	文件主类	文件亚类	文号	发文地区	发文城市	备注
225	2015.02.16	安阳市人民政府办公室关于建立病死畜禽无害化处理机制的意见	安阳市人民政府	1	意见	污染防治类	畜产品	安政办〔2015〕12 号	河南省	安阳市	
226	2015.02.17	天津市人民政府办公厅转发市农委关于进一步加强我市林业有害生物防治工作实施意见的通知	天津市人民政府	1	通知	自然资源保护类	林业管理	津政办发〔2015〕10 号	天津市	天津市	
227	2015.02.17	德阳市人民政府办公室关于印发《德阳市公共资源交易管理办法》的通知	德阳市人民政府	1	通知	自然资源保护类	资源综合利用		四川省	德阳市	
228	2015.02.17	昆明市人工影响天气管理办法	昆明市人民政府	1	办法	综合类	气象综合规定	昆明市人民政府公告第 85 号	云南省	昆明市	
229	2015.02.25	安徽省人民政府办公厅关于进一步加强我省大别山区生态环境保护工作的通知	安徽省人民政府	1	通知	生态保护类	环保综合规定	皖政办发〔2015〕20 号	安徽省		
230	2015.02.26	铜川市人民政府办公室关于印发铜川市环境空气质量考核追究办法的通知	铜川市人民政府	1	通知	环境保护手段类	环境标准	铜政办发〔2015〕6 号	陕西省	铜川市	
231	2015.02.26	福州市环境保护局转发福建省环保厅关于学习贯彻《突发环境事件调查处理办法》的通知	福州市环境保护局	1	通知	环境保护手段类	环保综合规定突发事件	榕环保综〔2015〕39	福建省	福州市	

编号	发布时间	名称	发文主体	发文主体数量	文件类型	文件主类	文件亚类	文号	发文地区	发文城市	备注
232	2015.02.27	陕西省住房和城乡建设厅、陕西省财政厅关于做好可再生能源建筑应用示范市县验收评估工作的通知	陕西省住房和城乡建设厅、陕西省财政厅	2	通知	自然资源保护类	能源综合规定	陕建发〔2015〕25号	陕西省		
233	2015.02.27	漳州市人民政府办公室关于加强环境监管执法工作的通知	漳州市人民政府	1	通知	环境保护手段类	环保综合规定	漳政办〔2015〕37号	福建省	漳州市	
234	2015.02.28	昆明市人民政府办公厅关于做好农村水利改革试点工作的通知	昆明市人民政府	1	通知	环境退化防治类	水利综合规定	昆政办〔2015〕26号	云南省	昆明市	
235	2015.02.28	浙江省水利厅、浙江省交通运输厅关于简化公路建设项目水土保持管理程序的通知	浙江省水利厅；浙江省交通运输厅	2	通知	环境退化防治类	水利综合规定 水土保持	浙水保〔2015〕17号	浙江省		
236	2015.02.28	九江市人民政府办公厅关于进一步加大力度确保完成"十二五"碳排放降低目标任务的通知	九江市人民政府	1	通知	污染防治类	环保综合规定	九府厅字〔2015〕24号	江西省	九江市	
237	2015.02.28	天津市大气污染源自动监测有效数据适用环境行政处罚暂行办法	天津市环境保护局	1	办法	污染防治类	污染防治行政处罚与行政复议		天津市	天津市	

续表

编号	发布时间	名称	发文主体	发文主体数量	文件类型	文件主类	文件亚类	文号	发文地区	发文城市	备注
238	2015.02.28	天津市环境保护局大气环境保护约谈暂行办法	天津市环境保护局	1	办法	环境保护手段类	环保综合规定		天津市	天津市	
239	2015.02.28	《天津市大气污染防治条例》行政处罚自由裁量权规范（试行）	天津市环境保护局	1	规范	环境保护手段类	污染防治行政处罚与行政复议		天津市	天津市	
240	2015.02.28	咸宁市人民政府关于印发咸宁市公共资源交易运行管理办法的通知	咸宁市人民政府	1	通知	自然资源保护类	资源综合利益	咸政发〔2015〕5号	湖北省	咸宁市	
241	2015.02.28	安徽省财政厅、安徽省物价局、安徽省发展改革委发财政厅、国家住房和城乡建设部关于印发《污水处理费征收使用管理办法》的通知	安徽省财政厅、安徽省物价局、安徽省住房和城乡建设厅	3	通知	自然资源保护类	水资源		安徽省		
242	2015.02.28	呼伦贝尔市林业局关于下发2015年重点工作任务分工表的通知	呼伦贝尔市林业局	1	通知	自然资源保护类	林业管理	呼林党字〔2015〕11号	内蒙古自治区	呼伦贝尔市	
243	2015.02.28	周口市人民政府办公室关于印发周口市创建全国绿化模范城市和林业生态建设奖惩办法的通知	周口市人民政府	1	通知	环境保护手段类	植树造林与绿化	周政办〔2015〕12号	河南省	周口市	

续表

编号	发布时间	名称	发文主体	发文主体数量	文件类型	文件主类	文件亚类	文号	发文地区	发文城市	备注
244	2015.03	浙江省环境保护厅关于进一步加强全省重点污染源监督性监测工作的通知	浙江省环境保护厅	1	通知	污染防治类	污染防治		浙江省		
245	2015.03.02	福建省机关事务管理局关于公共机构节约能源工作安排的通知	福建省机关事务管理局	1	通知	自然资源保护类	节能管理	闽机管综〔2015〕30号	福建省		
246	2015.03.02	山东省环境保护厅办公室关于定期报送新环保法及其配套办法和国办发〔2014〕56号文件贯彻落实情况的通知	山东省环境保护厅	1	通知	综合类	环保综合规定	鲁环办函〔2015〕33号	山东省		
247	2015.03.02	石柱土家族自治县人民政府办公室关于改善农村人居环境的实施意见	石柱土家族自治县	1	意见	综合类	环保综合规定		重庆市	石柱土家族自治县	
248	2015.03.02	福州市人民政府关于下达福州新区水资源管理"三条红线"控制目标的通知	福州市人民政府	1	通知	自然资源保护类	水资源	榕政综〔2015〕57号	福建省	福州市	
249	2015.03.02	江西省畜牧兽医局关于开展新常态下畜牧业发展问题调研的函	江西省畜牧兽医局	1	函	自然资源保护类	牧业管理	赣牧便函〔2015〕15号	江西省		

续表

编号	发布时间	名称	发文主体	发文主体数量	文件类型	文件主类	文件亚类	文号	发文地区	发文城市	备注
250	2015.03.02	贵州省交通运输厅关于转发《省林业厅关于办理省级以上重点交通基础设施项目控制性工程占用征收林地和林木采伐审核审批手续有关事项的通知》的通知	贵州省交通运输厅	1	通知	自然资源保护类	林业资源保护	黔交建设〔2015〕58号	贵州省		
251	2015.03.02	潍坊市水利局关于组织开展2015年"世界水日""中国水周"宣传活动的通知	潍坊市水利局	1	通知	环境保护手段类	水利综合规定		山东省	潍坊市	
252	2015.03.03	天津市人民政府办公厅关于转发市水务局拟定的天津市津河等河道管理办法的通知	天津市人民政府	1	通知	环境保护手段类	水利工程	津政办发〔2015〕13号	天津市	天津市	
253	2015.03.03	沈阳市环境保护局关于加快推进我市燃煤锅炉烟气净化设施升级改造工作的通知	沈阳市环境保护局	1	通知	自然资源保护类	环保综合规定	沈环保〔2015〕22号	辽宁省	沈阳市	
254	2015.03.03	北京市环境保护局办公室关于加强危险废物经营活动环境管理的通知	北京市环境保护局	1	通知	环境保护手段类	环保综合规定	京环办〔2015〕22号	北京市	北京市	
255	2015.03.03	西安市发展和改革委员会关于资源综合利用认定工作有关事项的通知	西安市发展和改革委员会	1	通知	自然资源保护类	资源综合利益		陕西省	西安市	
256	2015.03.04	广东省经济和信息化委印发省级清洁生产企业认定职能转移后续监管办法的通知	广东省经济和信息化委员会	1	通知	环境保护手段类	环保综合规定	粤经信节能函〔2015〕441号	广东省		

续表

编号	发布时间	名称	发文主体	发文主体数量	文件类型	文件主类	文件亚类	文号	发文地区	发文城市	备注
257	2015.03.04	南宁市环境保护局关于 4 月 1 日起不再对预留材料的在用机动车进行免检核发机动车环保检验合格标志的通告	南宁市环境保护局	1	通告	环境保护手段类	环保综合规定	南环字〔2015〕45 号	广西壮族自治区	南宁市	
258	2015.03.04	文昌市人民政府办公室关于进一步加强大气污染防治工作的通知	文昌市人民政府	1	通知	污染防治类	污染防治		海南省	文昌市	
259	2015.03.04	海南省人民政府办公厅关于进一步加强林业有害生物防治工作的实施意见	海南省人民政府	1	意见	自然资源保护类	林业资源保护	琼府办〔2015〕27 号	海南省		
260	2015.03.04	重庆市林业局关于印发重庆市林地保护管理规定的通知	重庆市林业局	1	通知	自然资源保护类	林业管理	渝林政法〔2015〕6 号	重庆市	重庆市	
261	2015.03.04	河北省发展和改革委员会办公室关于转发《河北省公共机构节约能源资源考核工作规程》的通知	河北省发展和改革委员会	1	通知	自然资源保护类	能源综合规定	冀发改办〔2015〕14 号	河北省		
262	2015.03.04	潍坊市水利局 2015 年"世界水日""中国水周"宣传方案	潍坊市水利局	1	方案	环境保护手段类	水利综合规定	潍水政函字〔2015〕4 号	山东省	潍坊市	
263	2015.03.05	福建省经济和信息化委员会关于做好钢铁、石油和化工、建材、有色金属、轻工行业企业能源管理中心建设工作的通知	福建省经济和信息化委员会	1	通知	自然资源保护类	能源综合规定	闽经信环资〔2015〕109 号	福建省		

续表

编号	发布时间	名称	发文主体	发文主体数量	文件类型	文件主类	文件亚类	文号	发文地区	发文城市	备注
264	2015.03.05	吕梁市节约能源工作领导组办公室关于印发2015年全市节能工作要点的通知	吕梁市节约能源工作领导组办公室	1	通知	自然资源保护类	能源综合规定		山西省	吕梁市	
265	2015.03.05	淄博市林业局转发《山东省林业厅关于贯彻执行的通知》的通知	淄博市林业局	1	通知	自然资源保护类	林业管理	鲁林字〔2015〕59号	山东省	淄博市	
266	2015.03.05	辽源市人民政府办公室关于加强政府部门权力清单落实和监管工作的通知	辽源市人民政府	1	通知	综合类	环保综合规定	辽府办发〔2015〕5号	吉林省	辽源市	
267	2015.03.05	洛阳市环保局关于深化建设项目环境影响评价审批制度改革的实施意见	洛阳市环保局	1	意见	环境保护手段类	环保综合规定	洛市环〔2015〕34号	河南省	洛阳市	
268	2015.03.05	洛阳市人民政府办公室关于进一步加强河道管理保护工作的意见	洛阳市人民政府	1	意见	环境退化防治类	土地利用和治理	洛政办〔2015〕21号	河南省	洛阳市	
269	2015.03.06	安庆市人民政府办公室关于建立土地管理重点监管乡镇制度的实施意见	安庆市人民政府	1	意见	环境保护手段类	土地管理机构	宜政办秘〔2015〕20号	安徽省	安庆市	
270	2015.03.06	商洛市人民政府办公室关于印发商洛市合理利用土地专项规划编制工作实施方案的通知	商洛市人民政府	1	通知	环境保护手段类	土地综合规定	商政办发〔2015〕13号	陕西省	商洛市	

续表

编号	发布时间	名称	发文主体	发文主体数量	文件类型	文件主类	文件亚类	文号	发文地区	发文城市	备注
271	2015.03.06	内蒙古自治区人民政府办公厅关于印发《内蒙古自治区实行最严格水资源管理制度考核办法》的通知	内蒙古自治区人民政府	1	通知	自然资源保护类	水资源	内政办发〔2015〕21号	内蒙古自治区		
272	2015.03.06	四川省农业厅印发《2015年畜牧业工作要点》的通知	四川省农业厅	1	通知	自然资源保护类	牧业管理	川农业函〔2015〕97号	四川省		
273	2015.03.07	呼和浩特市人民政府关于风电开发实行有偿出让的意见（试行）	呼和浩特市人民政府	1	意见	环境保护手段类	土地征用与有偿使用	呼政发〔2015〕16号	内蒙古自治区	呼和浩特市	
274	2015.03.09	山东省发展和改革委员会、国家能源局山东监管办公室关于进一步加强光伏发电建设与运行管理工作的通知	山东省发展和改革委员会，国家能源局山东监管办公室	2	通知	环境保护手段类	电力工业管理	鲁发改能交〔2015〕171号	山东省		
275	2015.03.09	巴彦淖尔市人民政府办公厅关于进一步加强畜禽屠宰管理工作的通知	巴彦淖尔市人民政府	1	通知	自然资源保护类	畜产品牧业管理	巴政办字〔2015〕25号	内蒙古自治区	巴彦淖尔市	
276	2015.03.09	成都市经济和信息化委员会、成都市财政局关于印发《成都市2015年度大气污染防治专项资金燃煤锅炉淘汰及清洁能源改造项目申报指南》的通知	成都市经济和信息化委员会，成都市财政局	2	通知	污染防治类	污染防治	成经信办〔2015〕34号	四川省	成都市	

续表

编号	发布时间	名称	发文主体	发文主体数量	文件类型	文件主类	文件亚类	文号	发文地区	发文城市	备注
277	2015.03.10	龙岩市人民政府关于贯彻落实生猪养殖面源污染防治工作六条措施的实施意见	龙岩市人民政府	1	意见	污染防治类	污染防治	龙政综〔2015〕54号	福建省	龙岩市	
278	2015.03.10	黑龙江省环境保护厅关于印发《关于落实环评有关问题整改工作方案》的通知	黑龙江省环境保护厅	1	通知	环境保护手段类	环保综合规定	黑环办〔2015〕39号	黑龙江省环境保护厅		
279	2015.03.10	新乡市人民政府办公室关于印发《新乡市污水处理厂污泥集中处置管理规定》的通知	新乡市人民政府	1	通知	污染防治类	环保综合规定	新政办〔2015〕22号	河南省	新乡市	
280	2015.03.10	云南省环境保护厅关于转发环保部分环评机构和人员处理意见的通知	云南省环境保护厅	1	通知	综合类	环保综合规定	云环发〔2015〕5号	云南省		
281	2015.03.10	云南省环境保护厅关于《会泽工业园区总体规划(2011—2030)环境影响报告书》审查意见的函	云南省环境保护厅	1	函	环境保护手段类	环保综合规定	云环函〔2015〕76号	云南省		
282	2015.03.10	河南省人民政府关于适度调整我省重要矿产资源整合与资源配置政策的通知	河南省人民政府	1	通知	自然资源保护类	矿产资源	豫政〔2015〕15号	河南省		

续表

编号	发布时间	名称	发文主体	发文主体数量	文件类型	文件主类	文件亚类	文号	发文地区	发文城市	备注
283	2015.03.11	成都市经济和信息化委员会转发省发展改革委环境保护厅关于征集推广节能环保装备示范推广储备项目的通知	成都市经济和信息化委员会	1	通知	自然资源保护类	节能管理		四川省	成都市	
284	2015.03.11	城步苗族自治县人民政府关于禁止采挖春笋的通告	城步苗族自治县人民政府	1	通告	自然资源保护类	林业资源保护	城政发〔2015〕5号	湖南省	邵阳市城步苗族自治县	
285	2015.03.11	厦门市财政局、厦门市发展和改革委员会、厦门市政园林局转发财政部国家发展改革委住房城乡建设部关于污水处理费征收使用管理办法的通知	厦门市财政局、厦门市发展和改革委员会、厦门市政园林局	3	通知	自然资源保护类	水资源	厦财综〔2015〕8号	福建省	厦门市	
286	2015.03.12	浙江省环境保护厅关于印发《浙江省环保厅关于落实中央巡视组反馈意见中环评有关问题整改工作方案》的通知	浙江省环境保护厅	1	通知	环境保护手段类	环境监测	浙环发〔2015〕11号	浙江省		
287	2015.03.12	商洛市人民政府办公室关于印发《商洛市环境保护大检查工作方案》的通知	商洛市人民政府	1	通知	环境保护手段类	环保综合规定	商政办函〔2015〕45号	陕西省	商洛市	
288	2015.03.12	呼和浩特市人民政府关于高污染黄标车限行禁行范围的通告	呼和浩特市人民政府	1	通告	污染防治类	污染防治		内蒙古自治区	呼和浩特市	

续表

编号	发布时间	名称	发文主体	发文主体数量	文件类型	文件主类	文件亚类	文号	发文地区	发文城市	备注
289	2015.03.12	吉安市人民政府办公室关于切实加强全市环境监管执法工作的实施意见	吉安市人民政府	1	意见	环境保护手段类	环保综合规定	吉府办发[2015]18号	江西省	吉安市	
290	2015.03.12	泉州市人民政府关于贯彻落实省政府加快新能源汽车推广应用人条措施的实施意见	泉州市人民政府	1	意见	自然资源保护类	能源综合规定	泉政文[2015]23号	福建省	泉州市	
291	2015.03.13	天津市农机办关于做好春耕期间农作物秸秆综合利用工作的通知	天津市农机办	1	通知	自然资源保护类	农业管理	津农机管[2015]26号	天津市	天津市	
292	2015.03.13	合肥市环境保护局关于不再实行社会化环境检测机构备案的通知	合肥市环境保护局	1	通知	环境保护手段类	环保综合规定	合环科[2015]23号	安徽省	合肥市	
293	2015.03.13	云南省环境保护厅关于牟定生态县建设的意见	云南省环境保护厅	1	意见	生态保护类	自然保护	云环发[2015]6号	云南省		
294	2015.03.13	贵州省水利厅关于做好2014年度实行最严格水资源管理制度考核有关工作的通知	贵州省水利厅	1	通知	自然资源保护类	水资源	黔水资[2015]7号	贵州省		
295	2015.03.13	商洛市人民政府关于加强野生牡丹兰红豆杉石斛等珍稀植物保护的通告	商洛市人民政府	1	通告	自然资源保护类	野生动植物资源	商政发[2015]9号	陕西省	商洛市	
296	2015.03.13	北京市园林绿化局关于禁止焚烧园林绿化废弃物和加强综合利用工作的通知	北京市园林绿化局（首都绿化委员会办公室）	1	通知	环境保护手段类	植树造林与绿化	京绿造发[2015]3号	北京市	北京市	

续表

编号	发布时间	名称	发文主体	发文主体数量	文件类型	文件主类	文件亚类	文号	发文地区	发文城市	备注
297	2015.03.13	内蒙古自治区人民政府办公厅关于建立可再生能源保障性收购长效机制的指导意见	内蒙古自治区人民政府	1	意见	自然资源保护类	能源综合规定	内政办发[2015]25号	内蒙古自治区		
298	2015.03.13	珠海市海洋农业和水务局关于印发珠海市实施"河长制"指导意见的通知	珠海市海洋农业和水务局	1	通知	环境保护手段类	水利综合规定		广东省	珠海市	
299	2015.03.14	甘肃林业厅关于太子山国家级自然保护区拟建和政县小峡水库的初审意见	甘肃林业厅	1	意见	生态保护类	森林和野生动植物保护区	甘林护函[2015]191号	甘肃		
300	2015.03.14	郑州市人民政府关于印发郑州市2015年畜禽养殖污染总量减排实施方案的通知	郑州市人民政府	1	通知	污染防治类	畜产品污染防治	郑政文[2015]59号	河南省	郑州市	
301	2015.03.14	郑州市政府关于印发郑州市2015年主要污染物总量减排计划实施方案的通知	郑州市人民政府	1	通知	污染防治类	环保综合规定	郑政[2015]11号	河南省	郑州市	
302	2015.03.14	郑州市人民政府关于印发郑州市2015年畜禽养殖污染总量减排方案的通知	郑州市人民政府	1	通知	污染防治类	畜产品污染防治	郑政文[2015]59号	河南省	郑州市	
303	2015.03.15	平顶山市人民政府关于建设平顶山现代生态循环农业试验区的意见	平顶山市人民政府	1	意见	生态保护类	农业管理	平政[2015]11号	河南省	平顶山市	

续表

编号	发布时间	名称	发文主体	发文主体数量	文件类型	文件主类	文件亚类	文号	发文地区	发文城市	备注
304	2015.03.15	广东省人民政府办公厅转发国务院办公厅关于推行环境污染第三方治理意见的通知	广东省人民政府	1	通知	污染防治类	环保综合规定	粤府办 [2015] 14号	广东省		
305	2015.03.16	鄂尔多斯市人民政府办公厅关于煤炭资源配置程序的补充通知	鄂尔多斯市人民政府	1	通知	自然资源保护类	煤炭供应	鄂府办 [2015] 30号	内蒙古自治区	鄂尔多斯市	
306	2015.03.16	鄂尔多斯市人民政府关于国家森林城市预核验专家反馈意见整改落实情况的函	鄂尔多斯市人民政府	1	函	环境保护手段类	植树造林与绿化	鄂府函 [2015] 43号	内蒙古自治区	鄂尔多斯市	
307	2015.03.16	贵州省人民政府办公厅关于进一步加强林业有害生物防治工作的实施意见	贵州省人民政府	1	意见	自然资源保护类	林业资源保护	黔府办发 [2015] 12号	贵州省		
308	2015.03.16	益阳市人民政府办公室关于印发《益阳市主要污染物排污权储备使用和交易实施办法》的通知	益阳市人民政府	1	通知	环境保护手段类	污染防治	益政办发 [2015] 3号	湖南省	益阳市	
309	2015.03.16	新疆维吾尔自治区教育厅办公室、新疆维吾尔自治区环境保护厅办公室关于进一步加强中小学环境保护教育的通知	新疆维吾尔自治区教育厅办公室、新疆维吾尔自治区环境保护厅	2	通知	环境保护手段类	环保综合规定 中等教育	新教基办 [2015] 6号	新疆维吾尔自治区		

续表

编号	发布时间	名称	发文主体	发文主体数量	文件类型	文件主类	文件亚类	文号	发文地区	发文城市	备注
310	2015.03.16	大通回族土族自治县人民政府办公室关于印发《大通县贯彻落实〈大气污染治行动计划实施考核情况（试行）实施细则〉工作方案》的通知	大通回族土族自治县人民政府	1	通知	污染防治类	污染防治	大政办〔2015〕23 号	青海省	西宁市大通回族土族自治县	
311	2015.03.16	贵州省人民政府办公厅关于转发《贵州省矿山地质灾害和地质环境治理恢复保证金管理办法》的通知	贵州省人民政府	1	通知	环境退化防治类	地质矿产综合规定	黔府办函〔2015〕34 号	贵州省		
312	2015.03.16	黑龙江省人民政府安全生产委员会关于印发 2015 年金属非金属矿矿山整顿关闭工作实施意见的通知	黑龙江省人民政府	1	通知	自然资源保护类	矿山安全	黑安办发〔2015〕12 号	黑龙江省		
313	2015.03.16	海口市发展和改革委员会关于《海口市 2015 年公共机构节能工作安排》的意见	海口市发展和改革委员会	1	意见	自然资源保护类	节能管理		海南省	海口市	
314	2015.03.16	吕梁市经济和信息化委员会关于转发山西省水泥行业、火电企业能效水平对标活动实施方案	吕梁市经济和信息化委员会	1	方案	自然资源保护类	节能管理	吕经信节能字〔2015〕30 号	山西省	吕梁市	

续表

编号	发布时间	名称	发文主体	发文主体数量	文件类型	文件主类	文件亚类	文号	发文地区	发文城市	备注
315	2015.03.17	贵州省公安厅、贵州省质量监督局，贵州省交通运输厅，贵州省环保厅关于进一步规范回流外挂货运车辆转入登记工作的通知	贵州省公安厅，贵州省质量监督局，贵州省交通运输厅，贵州省环保厅	4	通知	环境保护手段类	环保综合规定	黔公交〔2015〕11号	贵州省		
316	2015.03.17	黑龙江省环境保护厅关于切实加强环境监管执法依法履行环境行政权力的通知	黑龙江省环境保护厅	1	通知	环境保护手段类	环保综合规定	黑环办〔2015〕44号	黑龙江省		
317	2015.03.17	苏州市环境保护局关于进一步明确建设项目环境保护"三同时"验收监测有关要求的通知	苏州市环境保护局	1	通知	污染防治类	环保综合规定	苏环字〔2015〕17号	江苏省	苏州市	
318	2015.03.17	淄博市人民政府办公厅关于建立全市污染防治长效机制的实施意见	淄博市人民政府	1	意见	环境保护手段类	污染防治	淄政办字〔2015〕22号	山东省	淄博市	
319	2015.03.17	新疆维吾尔自治区人民政府办公厅关于加强扬尘环境监管执法的实施意见	新疆维吾尔自治区人民政府	1	意见	污染防治类	环境监测	新政办发〔2015〕25号	新疆维吾尔自治区		
320	2015.03.17	五指山市人民政府办公室关于印发五指山市"十二五"控制温室气体排放工作实施方案的通知	五指山市人民政府	1	通知	自然资源保护类	环保综合规定	五府办〔2015〕31号	海南省	五指山市	

续表

编号	发布时间	名称	发文主体	发文主体数量	文件类型	文件主类	文件亚类	文号	发文地区	发文城市	备注
321	2015.03.17	淮北市人民政府办公室关于进一步加强林业有害生物防控工作的实施意见	淮北市人民政府	1	意见	自然资源保护类	林业资源保护	淮政办[2015]5号	安徽省	淮北市	
322	2015.03.18	南京市农业委员会关于做好林业有害生物普查工作的通知	南京市农业委员会	1	通知	环境保护手段类	农业管理	宁农林[2015]8号	江苏省	南京市	
323	2015.03.18	山东省人民政府办公厅关于修改山东省环境空气质量生态补偿暂行办法的通知	山东省人民政府办公厅	1	通知	生态保护类	环境标准	鲁政办字[2015]44号	山东省		
324	2015.03.18	安徽省人民政府办公厅关于开展巢湖流域水环境保护区划定工作的通知	安徽省人民政府办公厅	1	通知	污染防治类	环境保护	皖政办秘[2015]28号	安徽省		
325	2015.03.18	安徽省住房和城乡建设厅、安徽省环境保护厅、安徽省农业委员会关于印发《安徽省农村生活垃圾治理3年治理行动方案》、《安徽省农村生活垃圾治理验收标准（试行）》和《安徽省农村生活垃圾治理验收办法（试行）》的通知	安徽省住房和城乡建设厅、安徽省环境保护厅、安徽省农业委员会	3	通知	环境保护手段类	环保综合规定	建村[2015]61号	安徽省		
326	2015.03.18	哈尔滨市人民政府关于印发《哈尔滨市环境教育办法》的通知	哈尔滨市人民政府	1	通知	环境保护手段类	环保综合规定	哈政发法字[2015]4号	黑龙江省	哈尔滨市	

续表

编号	发布时间	名称	发文主体	发文主体数量	文件类型	文件主类	文件亚类	文号	发文地区	发文城市	备注
327	2015.03.18	北京市市政市容管理委员会北京市住房和城乡建设委员会北京市交通委员会北京市环境保护局北京市城市管理综合行政执法局北京市公安交通管理局关于砂石方砂土方砂石运输和建筑垃圾土方暂停的通告	北京市市政市容管理委员会、北京市住房和城乡建设委员会、北京市交通委员会、北京市环境保护局、北京市城市管理综合行政执法局、北京市公安交通管理局	6	通告	自然资源保护类	环保综合规定城市规划与开发建设城市交通运输	北京市市政市容管理委员会、北京市住房和城乡建设委员会、北京市交通委员会、北京市环境保护局、北京市城市管理综合行政执法局、北京市公安交通管理局通告2015年第2号	北京市	北京市	
328	2015.03.18	江苏省人民政府办公厅关于进一步加强林业有害生物防控工作的实施意见	江苏省人民政府	1	意见	环境保护手段类	林业管理	苏政办发〔2015〕23号	江苏省		
329	2015.03.19	晋城市环境保护局关于转发山西省人民政府办公厅《关于进一步加快推进全省燃煤发电机组超低排放改造工作的通知》的通知	晋城市环境保护局	1	通知	环境保护手段类	建材节能		山西省	晋城市	
330	2015.03.19	深圳市人民政府关于全面推广使用国Ⅴ车用柴油的通告	深圳市人民政府	1	通告	污染防治类	石油成品油市场	深府〔2015〕19号	广东省	深圳市	

续表

编号	发布时间	名称	发文主体	发文主体数量	文件类型	文件主类	文件亚类	文号	发文地区	发文城市	备注
331	2015.03.19	江西省人民政府办公厅关于建立病死畜禽无害化处理机制的实施意见	江西省人民政府	1	意见	污染防治类	畜产品	赣府厅发〔2015〕11 号	江西省		
332	2015.03.19	荆州市人民政府办公室关于做好农村生活垃圾治理工作的通知	荆州市人民政府	1	通知	环境保护手段类	环保综合规定	荆政办发〔2015〕11 号	湖北省	荆州市	
333	2015.03.19	海口市人民政府关于印发我市气象灾害防御管理办法的通知	海口市人民政府	1	通知	自然资源保护类	气象综合规定		海南省	海口市	
334	2015.03.19	铜川市人民政府办公室关于加强林业有害生物防治工作的实施意见	铜川市人民政府	1	意见	污染防治类	林业管理	铜政办发〔2015〕14 号	陕西省	铜川市	
335	2015.03.20	长春市人民政府办公厅关于印发长春市农作物秸秆禁烧管理办法（暂行）的通知	长春市人民政府	1	通知	环境保护手段类	农业管理	长府办发〔2015〕7 号	吉林省	长春市	
336	2015.03.20	江苏省水利厅关于转发《长江水利委员会关于长江澄通河道通州沙西水道通沙汽渡～五干河段边滩综合整治工程涉河建设方案的批复》的通知	江苏省水利厅	1	通知	自然资源保护类	水利综合规定	苏水管〔2015〕28 号	江苏省		

续表

编号	发布时间	名称	发文主体	发文主体数量	文件类型	文件主类	文件亚类	文号	发文地区	发文城市	备注
337	2015.03.20	吕梁市节约能源工作领导组办公室关于下达 2015 年各县（市、区）节能目标任务的通知	吕梁市节约能源工作领导组办公室	1	通知	自然资源保护类	节能管理	吕节能办字〔2015〕2 号	山西省	吕梁市	
338	2015.03.20	郑州市人民政府办公厅关于印发郑州市 2015 年节能降耗低碳发展工作方案的通知	郑州市人民政府	1	通知	环境保护手段类	节能管理	郑政办〔2015〕25 号	河南省	郑州市	
339	2015.03.20	河源市人民政府办公室关于贯彻实施《广东省气象灾害防御条例》的意见	河源市人民政府	1	意见	环境保护手段类	气象综合规定	河府办〔2015〕5 号	广东省	河源市	
340	2015.03.20	廊坊市人民政府关于印发《廊坊市煤炭经营使用监管暂行办法》的通知	廊坊市人民政府	1	通知	环境保护手段类	煤炭工业管理	廊政〔2015〕18 号	河北省	廊坊市	
341	2015.03.21	佛山市人民政府关于全面推广使用国 V 车用柴油的通告	佛山市人民政府	1	通告	环境保护手段类	石油成品油市场	佛府〔2015〕15 号	广东省	佛山市	
342	2015.03.22	浙江省水利厅转发水利部关于进一步强化农村饮水工程水质净化消毒和检测工作的通知	浙江省水利厅	1	通知	环境保护手段类	水利综合规定	浙水农〔2015〕11 号	浙江省		
343	2015.03.23	潍坊市国土资源局关于严格规范乡级土地利用总体规划修改工作的意见	潍坊市国土资源局	1	意见	环境保护手段类	土地利用和治理	潍国土资发〔2015〕6 号	山东省	潍坊市	

续表

编号	发布时间	名称	发文主体	发文主体数量	文件类型	文件主类	文件亚类	文号	发文地区	发文城市	备注
344	2015.03.23	德阳市人民政府关于进一步完善体制机制加强公共资源交易管理的实施意见	德阳市人民政府	1	意见	环境保护手段类	资源综合利用		四川省	德阳市	
345	2015.03.23	成都市国土资源局、成都市财政局关于印发《成都市地质灾害综合防治体系建设项目和资金管理办法》的通知	成都市国土资源局、成都市财政局	2	通知	自然资源保护类	地质矿产综合规定专项资金管理	联合发〔2015〕47号	四川省	成都市	
346	2015.03.24	河北省发展和改革委员会关于山西晋北—江苏南京±800千伏特高压直流输变工程（河北段）社会稳定风险评估意见	河北省发展和改革委员会	1	意见	环境保护手段类	能源综合规定	冀发改〔2015〕83号	河北省		
347	2015.03.24	上海市经济信息化委、市建设管理委、市质量技监局、市环保局关于加强燃煤（重油）锅炉清洁能源替代相关安全工作的通知	上海市经济和信息化委员会、上海市建设管理委员会、上海市质量技术监督管理局、上海市环境保护局	4	通知	环境保护手段类	能源综合规定	沪经信节〔2015〕118号	上海市	上海市	

续表

编号	发布时间	名称	发文主体	发文主体数量	文件类型	文件主类	文件亚类	文号	发文地区	发文城市	备注
348	2015.03.24	广东省环境保护厅关于进一步提升危险废物处置能力的通知	广东省环境保护厅	1	通知	环境保护手段类	特种行业和危险品管理环保综合规定	粤环〔2015〕26号	广东省		
349	2015.03.24	九江市人民政府办公厅关于切实加强环境监管执法工作的实施意见	九江市人民政府	1	意见	环境保护手段类	环保综合规定	九府厅发〔2015〕5号	江西省	九江市	
350	2015.03.24	阳泉市环境保护局关于开展环境监管执法不力专项整治工作的通知	阳泉市环境保护局	1	通知	生态保护类	环保综合规定		山西省	阳泉市	
351	2015.03.24	泰州市人民代表大会常务委员会关于批准第一批城市永久性保护绿地的决定	泰州市人民代表大会常务委员会	1	决定	生态保护类	植树造林与绿化		江苏省	泰州市	
352	2015.03.24	郑州市人民政府关于加快推进都市生态农业示范园区建设的实施意见	郑州市人民政府	1	意见	环境保护手段类	农业管理	郑政〔2015〕13号	河南省	郑州市	
353	2015.03.25	陕西省环境保护厅关于委托陕西省环境保护局实施行政处罚的通知	陕西省环境保护厅	1	通知	环境保护手段类	违法处理	陕环发〔2015〕62号	陕西省		
354	2015.03.25	浙江省环境保护厅关于《浙江省旅游条例》的反馈意见	浙江省环境保护厅	1	意见	环境保护手段类	环保综合规定	浙环便函〔2015〕146号	浙江省		

续表

编号	发布时间	名称	发文主体	发文主体数量	文件类型	文件主类	文件亚类	文号	发文地区	发文城市	备注
355	2015.03.25	晋城市人民政府关于印发晋城市碳排放目标责任考核暂行办法的通知	晋城市人民政府	1	通知	环境保护类	环境保护	晋市政发〔2015〕8 号	山西省	晋城市	
356	2015.03.25	晋城市人民政府关于印发晋城市温室气体排放统计和核算暂行办法的通知	晋城市人民政府	1	通知	环境保护类	环境监测	晋市政发〔2015〕7 号	山西省	晋城市	
357	2015.03.25	新疆维吾尔自治区环境保护厅关于印发《新疆维吾尔自治区环境教育基地管理办法（试行）》的通知	新疆维吾尔自治区环境保护厅	1	通知	环境保护类	环保综合规定	新环发〔2015〕127 号	新疆维吾尔自治区	
358	2015.03.25	云南省环境保护厅关于云南五鑫实业有限公司等 19 户企业通过强制性清洁生产审核的通知	云南省环境保护厅	1	通知	生态保护类	环保综合规定	云环通〔2015〕65 号	云南省	
359	2015.03.25	秀山土家族苗族自治县人民政府办公室关于新一轮退耕还林还草的实施意见	秀山土家族苗族自治县人民政府	1	意见	自然资源保护类	土地复垦与耕地保护	秀山府办发〔2015〕25 号	重庆市	秀山土家族苗族自治县	
360	2015.03.25	吉林省人民政府办公厅关于印发吉林省地质找矿成果奖励办法的通知	吉林省人民政府	1	通知	综合类	地质矿产综合规定	吉政办发〔2015〕14 号	吉林省	

续表

编号	发布时间	名称	发文主体	发文主体数量	文件类型	文件主类	文件亚类	文号	发文地区	发文城市	备注
361	2015.03.26	中共郴州市委、郴州市人民政府关于创建国家环境保护模范城市、全国生态市文明示范点市的决定	中共郴州市委、郴州市人民政府	2	决定	综合类	环保综合规定	郴发〔2015〕6号	湖南省	郴州市	
362	2015.03.26	中共郴州市委办公室、郴州市人民政府办公室关于印发《郴州市创建全国生态文明示范点工作总体方案》的通知	中共郴州市委办公室、郴州市人民政府	2	通知	生态保护类	环保综合规定	郴办字〔2015〕24号	湖南省	郴州市	
363	2015.03.26	商洛市人民政府关于命名市级生态镇生态村的决定	商洛市人民政府	1	决定	环境保护手段类	环保综合规定	商政发〔2015〕11号	陕西省	商洛市	
364	2015.03.26	福建省海洋与渔业厅关于规范海域资源招拍挂出让工作流程的通知	福建省海洋与渔业厅	1	通知	自然资源保护类	海洋资源	闽政海域〔2015〕41号	福建省		
365	2015.03.26	湖北省国土资源厅关于实施矿产资源节约与综合利用示范试点的通知	湖北省国土资源厅	1	通知	环境保护手段类	地质矿产综合规定	鄂土资函〔2015〕349号	湖北省		
366	2015.03.26	浙江省国土资源厅关于印发《浙江省采矿权人信用等级评价标准（2015版）》的通知	浙江省国土资源厅	1	通知	自然资源保护类	矿产资源开创	浙土资函〔2015〕21号	浙江省		
367	2015.03.26	河南省人民政府办公厅关于进一步加强林业有害生物防治工作的意见	河南省人民政府	1	意见	自然资源保护类	林业管理	豫政办〔2015〕36号	河南省		

续表

编号	发布时间	名称	发文主体	发文主体数量	文件类型	文件主类	文件亚类	文号	发文地区	发文城市	备注
368	2015.03.27	淄博市林业局关于做好树木采挖管理工作的通知	淄博市林业局	1	通知	环境保护手段类	林业管理		山东省	淄博市	
369	2015.03.27	安徽省人民政府办公厅关于加强巢湖蓝藻防控工作的通知	安徽省人民政府	1	通知	环境保护手段类	环保综合规定	皖政办秘〔2015〕41 号	安徽省		
370	2015.03.27	山西省人民政府办公厅关于加强环境监管执法的通知	山西省人民政府	1	通知	自然资源保护类	环境监测	晋政办发〔2015〕24 号	山西省		
371	2015.03.27	河北省林业厅关于印发《河北省重点生态公益林管理办法（试行）》的通知	河北省林业厅	1	通知	环境保护手段类	护林防火	冀林字〔2015〕114 号	河北省		
372	2015.03.27	北京市园林绿化局关于印发《北京市财政支农专项转移支付林政资源管理绩效考核办法（试行）》的通知	北京市园林绿化局（首都绿化委员会办公室）	1	通知	自然资源保护类	林业管理	京绿资发〔2015〕4 号	北京市	北京市	
373	2015.03.27	安徽省人民政府办公厅关于加快新能源汽车产业发展和推广应用的实施意见	安徽省人民政府	1	意见	自然资源保护类	能源综合规定	皖政办〔2015〕16 号	安徽省		
374	2015.03.28	江苏省政府办公厅关于印发《江苏省项目节能量交易管理办法（试行）》的通知	江苏省人民政府	1	通知	污染防治类	能源综合规定	苏政办发〔2015〕27 号	江苏省		

续表

编号	发布时间	名称	发文主体	发文主体数量	文件类型	文件主类	文件亚类	文号	发文地区	发文城市	备注
375	2015.03.28	青海省人民政府办公厅关于印发青海省大气污染防治实施情况考核办法（试行）的通知	青海省人民政府	1	通知	综合类	污染防治		青海省		
376	2015.03.30	黑龙江省环境保护厅关于转发环境保护部环办〔2015〕25号文件的通知	黑龙江省环境保护厅	1	通知	污染防治类	环保综合规定	黑环办〔2015〕54号	黑龙江省		
377	2015.03.30	滨州市人民政府关于印发《滨州市餐厨废弃物管理办法》的通知	滨州市人民政府	1	通知	污染防治类	污染防治	滨政发〔2015〕5号	山东省	滨州市	
378	2015.03.30	商洛市人民政府办公室关于印发《商洛市农村污水整治工作考核评分细则》的通知	商洛市人民政府	1	通知	污染防治类	污染防治	商政办函〔2015〕54号	陕西省	商洛市	
379	2015.03.30	合肥市城乡建设委员会关于印发《合肥市建设工程扬尘污染防治暂行规定》的通知	合肥市城乡建设委员会	1	通知	环境保护手段类	污染防治	合建〔2015〕33号	安徽省	合肥市	
380	2015.03.30	云南省人民政府办公厅关于加强环境监管执法的实施意见	云南省人民政府	1	意见	污染防治类	环境监测	云政办发〔2015〕22号	云南省		
381	2015.03.30	阳泉市环境保护局关于转发开展大气污染防治专项执法检查的通知	阳泉市环境保护局	1	通知	污染防治类	污染防治		山西省	阳泉市	

续表

编号	发布时间	名称	发文主体	发文主体数量	文件类型	文件主类	文件亚类	文号	发文地区	发文城市	备注
382	2015.03.30	阳泉市环境保护局关于做好2015年主要污染物总量减排监察系数核算工作的通知	阳泉市环境保护局	1	通知	自然资源保护类	污染防治		山西省	阳泉市	
383	2015.03.30	宽甸满族自治县人民政府办公室关于印发宽甸满族自治县实行最严格水资源管理制度考核办法的通知	宽甸满族自治县人民政府	1	通知	自然资源保护类	水资源	宽政办发[2015]14号	辽宁省	丹东市宽甸满族自治县	
384	2015.03.30	商洛市人民政府关于进一步加强人工影响天气工作的通知	商洛市人民政府	1	通知	自然资源保护类	气象综合规定	商政发[2015]13号	陕西省	商洛市	
385	2015.03.30	东营市人民政府办公室关于进一步加强林业有害生物防治工作的意见	东营市人民政府	1	意见	污染防治类	林业资源保护	东政办发[2015]4号	山东省	东营市	
386	2015.03.31	黑龙江省环境保护厅关于做好春季禁止野外焚烧秸秆的通知	黑龙江省环境保护厅	1	通知	污染防治类	环保综合规定	黑环办[2015]57号	黑龙江省		
387	2015.03.31	陕西省环境保护厅关于印发陕西省排污许可证管理暂行办法的通知	陕西省环境保护厅	1	通知	环境保护手段类	污染防治	陕环发[2015]20号	陕西省		

续表

编号	发布时间	名称	发文主体	发文主体数量	文件类型	文件主类	文件亚类	文号	发文地区	发文城市	备注
388	2015.03.31	湖北省人民政府办公厅关于印发湖北省湖泊保护行政首长年度目标考核办法（试行）的通知	湖北省人民政府	1	通知	污染防治类	自然保护	鄂政办发〔2015〕20号	湖北省		
389	2015.03.31	莆田市人民政府办公室关于进一步加强生猪养殖面源污染防治工作六条措施的通知	莆田市人民政府	1	通知	环境保护手段类	污染防治	莆政办〔2015〕38号	福建省	莆田市	
390	2015.03.31	徐州市环境保护局关于印发《进一步规范环保系统工作制度》的通知	徐州市环境保护局	1	通知	环境保护手段类	环保综合规定	徐环发〔2015〕29号	江苏省	徐州市	
391	2015.03.31	宁夏回族自治区人民政府办公厅关于加强环境监管执法的通知	宁夏回族自治区人民政府	1	通知	环境保护手段类	环境监测	宁政办发〔2015〕37号	宁夏回族自治区		
392	2015.03.31	南京市物价局、南京市财政局、南京市环境保护局关于调整排污费征收标准的通知	南京市物价局，南京市财政局，南京市环境保护局	3	通知	环境保护手段类	环保综合规定	宁价费〔2015〕76号	江苏省	南京市	
393	2015.03.31	阳泉市环境保护局对孟县京通煤矿气层利用有限公司辰通煤矿6MW瓦斯发电工程项目大气污染物排放总量控制指标的核定意见	阳泉市环境保护局	1	意见	环境保护手段类	环保综合规定		山西省	阳泉市	

续表

编号	发布时间	名称	发文主体	发文主体数量	文件类型	文件主类	文件亚类	文号	发文地区	发文城市	备注
394	2015.03.31	德阳市人民政府办公室关于印发《德阳市国家节能减排财政政策综合示范项目管理办法》的通知	德阳市人民政府	1	通知	自然资源保护类	环保综合规定		四川省	德阳市	
395	2015.03.31	青海省人民政府办公厅关于印发《青海省加强公共资源交易综合监管的实施意见》的通知	青海省人民政府	1	通知	自然资源保护类	资源综合利用	青政〔2015〕62号	青海省		
396	2015.03.31	武汉市人民政府办公厅转发武汉市发展改革委关于支持武汉城市矿产交易发展意见的通知	武汉市人民政府	1	通知	自然资源保护类	地质矿产综合规定	武政办〔2015〕33号	湖北省	武汉市	
397	2015.04.01	阳泉市环境保护局关于印发阳泉市环境矛盾纠纷排查化解工作方案的通知	阳泉市环境保护局	1	通知	综合类	环保综合规定		山西省	阳泉市	
398	2015.04.02	鹰潭市人民政府办公室关于进一步加强环境监管执法工作的通知	鹰潭市人民政府办公室	1	通知	综合类	环保综合规定	鹰府办字〔2015〕41号	江西省	鹰潭市	
399	2015.04.03	阳泉市环境保护局关于开展畜禽养殖业环保专项检查的通知	阳泉市环境保护局	1	通知	综合类	环保综合规定		山西省	阳泉市	
400	2015.04.03	湖南省人民政府办公厅关于加强环境监管执法的实施意见	湖南省人民政府办公厅	1	意见	综合类	环保综合规定	湘政办发〔2015〕27号	湖南省		

续表

编号	发布时间	名称	发文主体	发文主体数量	文件类型	文件主类	文件亚类	文号	发文地区	发文城市	备注
401	2015.04.03	黔西南州人民政府办公室关于印发提高全州城乡生活垃圾无害化处理率实施方案的通知	黔西南州人民政府办公室	1	通知	综合类	环保综合规定	州府办函〔2015〕40号	贵州省	黔西南州	
402	2015.04.07	成都市城市管理局关于印发《成都市2015年"四改六治理"市容市貌和农村环境专项治理宣传报道工作方案》的通知	成都市城市管理局	1	通知	综合类	环保综合规定	成城发〔2015〕18号	四川省	成都市	
403	2015.04.08	攀枝花市人民政府办公室关于进一步加强全市金融生态环境建设具体措施的通知	攀枝花市人民政府办公室	1	通知	综合类	环保综合规定		四川省	攀枝花市	
404	2015.04.08	南京市人民政府关于批转市环保局《南京市开展环境污染强制责任保险实施办法》的通知	南京市人民政府	1	通知	环境保护手段类	环保综合规定	宁政规字〔2015〕6号	江苏省	南京市	
405	2015.04.08	阳泉市环境保护局关于深入推进环境保护大检查"铁腕斩污"专项行动的通知	阳泉市环境保护局	1	通知	综合类	环保综合规定		山西省	阳泉市	
406	2015.04.09	江门市人民政府办公室关于加强环境监管执法工作的实施意见	江门市人民政府办公室	1	意见	综合类	环保综合规定	江府办〔2015〕10号	广东省	江门市	

续表

编号	发布时间	名称	发文主体	发文主体数量	文件类型	文件主类	文件亚类	文号	发文地区	发文城市	备注
407	2015.04.09	重庆市交通委员会关于报送公路水路交通运输"十三五"节能环保重点任务的通知	重庆市交通委员会	1	通知	自然资源保护类	能源资源	渝交委〔便函2015〕247号	重庆市	重庆市	
408	2015.04.09	深圳市市场监督管理局关于发布在用非道路移动机械用柴油机排气烟度排放限值及测量方法的通知	深圳市市场监督管理局	1	通知	污染防治类	污染物与污染源管理		广东省	深圳市	
409	2015.04.10	福建省人民政府关于平潭三十六脚湖省级自然保护区范围和功能分区的批复	福建省人民政府	1	批复	生态保护类	国家公园与自然保护区	闽政文〔2015〕104号	福建省		
410	2015.04.10	辽源市人民政府办公室关于加强环境监法执的通知	辽源市人民政府办公室	1	通知	综合类	环保综合规定	辽府办发〔2015〕6号	吉林省	辽源市	
411	2015.04.10	贵州省环境保护厅关于进一步做好水泥窑协同处置生活垃圾项目建设的通知	贵州省环境保护厅	1	通知	综合类	环保综合规定	环通〔2015〕91号	贵州省		
412	2015.04.10	桂林市住房和城乡建设局关于进一步加强建设工程项目监理机构关键岗位人员配备的通知	桂林市住房和城乡建设局	1	通知	综合类	环保综合规定	市住建〔2015〕58号	广西壮族自治区	桂林市	
413	2015.04.10	安徽省人民政府办公厅关于进一步加强环境监管执法的通知	安徽省人民政府办公厅	1	通知	综合类	环保综合规定	皖政办〔2015〕19号	安徽省		

续表

编号	发布时间	名称	发文主体	发文主体数量	文件类型	文件主类	文件亚类	文号	发文地区	发文城市	备注
414	2015.04.10	开封市环境保护局关于铅锌冶炼和制革及毛皮加工行业、实施危险废物产排系数研究、规范化管理工作的通知	开封市环境保护局	1	通知	污染防治类	固体废物污染		河南省	开封市	
415	2015.04.12	荆门市人民政府关于执行国家第四阶段机动车污染物排放标准的通告	荆门市人民政府	1	通告	环境保护手段类	环境标准	荆政发〔2015〕8号	湖北省	荆门市	
416	2015.04.13	南充市人民政府办公室关于印发《南充市市区生活垃圾收集清运处置管理办法（试行）》的通知	南充市人民政府办公室	1	通知	综合类	环保综合规定	南府办发〔2015〕6号	四川省	南充市	
417	2015.04.13	云南省环境保护厅关于牟定县历史遗留含危险废物处置工程环评有关问题请示的复函	云南省环境保护厅	1	复函	污染防治类	固体废物污染	云环函〔2015〕119号	云南省		
418	2015.04.14	山东省人民政府办公厅关于贯彻落实国办发〔2014〕56号文件加强环境监管执法工作的通知	山东省人民政府办公厅	1	通知	综合类	环保综合规定	鲁政办发〔2015〕15号	山东省		
419	2015.04.15	阳泉市环境保护局关于2015年第一季度全市自动监控数据有效性审核情况的通报	阳泉市环境保护局	1	通报	污染防治类	污染物与污染源管理		山西省	阳泉市	

续表

编号	发布时间	名称	发文主体	发文主体数量	文件类型	文件主类	文件亚类	文号	发文地区	发文城市	备注
420	2015.04.15	云南省环保厅关于于报送2014年国控重点污染源自动监控专项执法检查督查指出问题整改情况的函	云南省环境保护厅	1	函	污染防治类	污染物与污染源管理	云环函〔2015〕128号	云南省		
421	2015.04.15	云南省九大高原湖泊水污染综合防治领导小组办公室关于进一步采取有效措施防范九大高原湖泊水污染风险的通知	云南省九大高原湖泊水污染综合防治领导小组办公室	1	通知	污染防治类	水污染	云环通〔2015〕86号	云南省		
422	2015.04.15	阳泉市环保护厅关于做好2015年改善农村人居环境生活污水防治项目建设的通知	阳泉市环境保护局	1	通知	污染防治类	水污染		山西省	阳泉市	
423	2015.04.15	晋城市住建局、晋城市交警支队关于进一步加强建筑施工土地和道路扬尘污染防治工作的通告	晋城市住建局，晋城市交警支队	3	通告	污染防治类	大气污染	晋市环发〔2015〕74号	山西省	晋城市	
424	2015.04.16	云南省环境保护厅关于沧源佤族自治县生态县建设的意见	云南省环境保护厅	1	意见	综合类	环保综合规定	云环发〔2015〕19号	云南省		
425	2015.04.16	安徽省财政厅、省环境保护厅关于印发《安徽省大别山区水环境生态补偿资金管理办法》的通知	安徽省财政厅，省环境保护厅	2	通知	生态保护类	生态恢复与补偿		安徽省		

续表

编号	发布时间	名称	发文主体	发文主体数量	文件类型	文件主类	文件亚类	文号	发文地区	发文城市	备注
426	2015.04.16	上海市政府办公厅印发贯彻《国务院办公厅关于加强环境监管执法意见》实施意见的通知	上海市政府办公厅	1	通知	综合类	环保综合规定	沪府办发[2015]21号	上海市		
427	2015.04.16	云南省环境保护厅关于耿马傣族佤族自治县生态县建设的意见	云南省环境保护厅	1	意见	综合类	环保综合规定	云环发[2015]17号	云南省		
428	2015.04.16	云南省环境保护厅关于永德生态县建设的意见	云南省环境保护厅	1	意见	综合类	环保综合规定	云环发[2015]20号	云南省		
429	2015.04.16	毕节市人民政府办公室关于印发毕节市机动车排气污染防治管理办法的通知	毕节市人民政府办公室	1	通知	污染防治类	大气污染	毕府办通[2015]27号	贵州省	毕节市	
430	2015.04.16	云南省环境保护厅关于镇康生态县建设的意见	云南省环境保护厅	1	意见	综合类	环保综合规定	云环发[2015]18号	云南省		
431	2015.04.16	云南省环境保护厅关于双江拉祜族佤族布朗族傣族自治县生态县建设的意见	云南省环境保护厅	1	意见	综合类	环保综合规定	云环发[2015]16号	云南省		
432	2015.04.17	阳泉市环境保护局关于印发阳泉市全面清理环保违法违规建设项目专项整治工作方案的通知	阳泉市环境保护局	1	通知	综合类	环保综合规定		山西省	阳泉市	

续表

编号	发布时间	名称	发文主体	发文主体数量	文件类型	文件主类	文件亚类	文号	发文地区	发文城市	备注
433	2015.04.17	青海省人民政府办公厅关于贯彻落实《国务院办公厅关于加强环境监管执法的通知》的实施意见	青海省人民政府办公厅	1	意见	综合类	环保综合规定	青政办 [2015] 81 号	青海省		
434	2015.04.17	阳泉市环境保护局关于加强全市建筑工地扬尘污染管理的函	阳泉市环境保护局	1	函	污染防治类	大气污染		山西省	阳泉市	
435	2015.04.17	苏州市政府关于成立苏州市农村生活污水治理工作领导小组的通知	苏州市政府	1	通知	污染防治类	水污染	苏 [2015] 66 号	江苏省	苏州市	
436	2015.04.18	安徽省人民政府办公厅关于推行环境污染第三方治理的实施意见	安徽省人民政府办公厅	1	意见	污染防治类	污染第三方治理	皖政办 [2015] 22 号	安徽省		
437	2015.04.20	酒泉市人民政府办公室关于印发酒泉市大气污染防治行动计划实施情况考核办法（试行）实施细则的通知	酒泉市人民政府办公室	1	通知	污染防治类	大气污染	酒政办发 [2015] 71 号	甘肃省	酒泉市	
438	2015.04.20	毕节市人民政府办公室关于印发毕节市推广使用可生物降解塑料制品防止白色污染实施意见的通知	毕节市人民政府办公室	1	通知	污染防治类	固体废物污染	毕府办通 [2015] 30 号	贵州省	毕节市	
439	2015.04.21	惠州市人民政府办公室关于印发《惠州市大气污染防治目标责任考核办法》的通知	惠州市人民政府办公室	1	通知	污染防治类	大气污染	惠府办 [2015] 10 号	广东省	惠州市	

续表

编号	发布时间	名称	发文主体	发文主体数量	文件类型	文件主类	文件亚类	文号	发文地区	发文城市	备注
440	2015.04.23	阳泉市环境保护局关于下达2015年主要污染物总量减排项目计划的通知	阳泉市环境保护局	1	通知	污染防治类	污染物与污染源管理		山西省	阳泉市	
441	2015.04.23	天津市交通运输委员会关于印发《天津市大气污染防治条例》行政处罚自由裁量基准的通知	天津市交通运输委员会	1	通知	污染防治类	大气污染	津交发〔2015〕129号	天津市	天津市	
442	2015.04.23	天津市交通运输委员会关于印发天津市交通运输行约谈暂行办法的通知	天津市交通运输委员会	1	通知	综合类	环保综合规定	津交发〔2015〕128号	天津	天津市	
443	2015.04.27	湖南省发展和改革委员会、省财政厅、省环境保护厅关于调整排污费征收标准有关问题的通知	湖南省发展和改革委员会、省财政厅、省环境保护厅	3	通知	环境保护手段类	环境税费	湘发改价费〔2015〕306号	湖南省		
444	2015.04.28	恩施州人民政府办公室关于印发《恩施州大气污染防治行动计划实施考核办法（试行）》的通知	恩施州人民政府办公室	1	通知	污染防治类	大气污染	恩施州政办发〔2015〕28号	湖北省	恩施市	
445	2015.04.29	石家庄市人民政府关于印发石家庄市环境空气质量奖惩办法（试行）的通知	石家庄市人民政府	1	通知	综合类	环保综合规定	石政发〔2015〕7号	河北省	石家庄市	

续表

编号	发布时间	名称	发文主体	发文主体数量	文件类型	文件主类	文件亚类	文号	发文地区	发文城市	备注
446	2015.04.29	宁波市国土资源局办公室关于做好生活垃圾分类处理工作的通知	宁波市国土资源办公室	1	通知	综合类	环保综合规定	甬土资办发〔2015〕10号	浙江省	宁波市	
447	2015.04.29	汕头市环境保护局、汕头市财政局关于印发《汕头市环境保护局、汕头市财政局关于中心城区城市污水处理费先征后返实施办法》的通知	汕头市环境保护局，汕头市财政局	2	通知	环境保护手段类	环境税费	汕市环〔2015〕177号	广东省	汕头市	
448	2015.04.29	石家庄市环境空气质量奖惩办法（试行）	石家庄市人民政府	1	办法	综合类	综合类		河北省	石家庄市	
449	2015.04.29	恩施土家族苗族自治州人民政府关于印发《恩施州环境违法行为奖举报实施办法（试行）》的通知	恩施土家族苗族自治州人民政府	1	通知	综合类	综合类		湖北省	恩施市	
450	2015.04.29	云南省环境保护厅关于云南澄江华荣水泥有限责任公司等3户企业通过强制性清洁生产审核的通知	云南省环境保护厅	1	通知	环境保护手段类	清洁生产与循环经济	云环通〔2015〕103号	云南省		
451	2015.04.30	云南省环境保护厅关于水富县生态县建设的意见	云南省环境保护厅	1	意见	综合类	环保综合规定	云环发〔2015〕23号	云南省		
452	2015.04.30	云南省环境保护厅关于昭通市生态市建设的意见	云南省环境保护厅	1	意见	综合类	环保综合规定	云环发〔2015〕24号	云南省		

续表

编号	发布时间	名称	发文主体	发文主体数量	文件类型	文件主类	文件亚类	文号	发文地区	发文城市	备注
453	2015.04.30	云南省环境保护厅关于澄江生态县建设的意见	云南省环境保护厅	1	意见	综合类	环保综合规定	云环发〔2015〕27号	云南省		
454	2015.04.30	云南省环境保护厅关于威信生态县建设的意见	云南省环境保护厅	1	意见	综合类	环保综合规定	云环发〔2015〕26号	云南省		
455	2015.04.30	云南省环境保护厅关于会泽生态县建设的意见	云南省环境保护厅	1	意见	综合类	环保综合规定	云环发〔2015〕28号	云南省		
456	2015.04.30	云南省环境保护厅关于盐津生态县建设的意见	云南省环境保护厅	1	意见	综合类	环保综合规定	云环发〔2015〕25号	云南省		
457	2015.04.30	芜湖市人民政府办公室关于划定秸秆禁烧重点监管区域的通知	芜湖市人民政府办公室	1	通知	污染防治类	污染物与污染源管理	芜政办秘〔2015〕88号	安徽省	芜湖市	
458	2015.04.30	运城市人民政府办公厅关于印发加强环境监管履行环保职责意见的通知	运城市人民政府办公厅	1	通知	综合类	环保综合规定		山西省	运城市	
459	2015.05.04	丽水市人民政府办公室关于印发丽水市2015年主要污染物总量减排计划的通知	丽水市人民政府办公室	1	通知	污染防治类	污染物与污染源管理	丽政办发〔2015〕58号	云南省	丽水市	
460	2015.05.04	四平市人民政府办公室关于印发四平市城市生活垃圾管理办法的通知	四平市人民政府办公室	1	通知	污染防治类	污染物与污染源管理	四政办发〔2015〕26号	吉林省	四平市	

续表

编号	发布时间	名称	发文主体	发文主体数量	文件类型	文件主类	文件亚类	文号	发文地区	发文城市	备注
461	2015.05.04	镇江市人民政府办公室转发市政协关于治污治霾必须打好"组合拳"等重点提案的摘报的通知	镇江市人民政府办公室	1	通知	污染防治类	污染物与污染源管理	镇政办发[2015]98号	江苏省	镇江市	
462	2015.05.04	福建省人民政府办公厅关于2015年度主要污染物总量减排工作的意见	福建省人民政府办公厅	1	意见	污染防治类	污染物与污染源管理		福建省		
463	2015.05.05	浙江省人民政府办公厅关于切实加强城镇污水处理工作的通知	浙江省人民政府办公厅	1	通知	污染防治类	水污染	浙政办发[2015]42号	浙江省		
464	2015.05.05	长沙市人民政府办公厅关于进一步加强环境监管执法工作的通知	长沙市人民政府办公厅	1	通知	综合类	环保综合规定	长政办发[2015]18号	湖南省	长沙市	
465	2015.05.06	湖南省人民政府办公厅关于印发《湖南省加快环保产业发展实施细则》的通知	湖南省人民政府办公厅	1	通知	综合类	环保综合规定	湘政办发[2015]35号	湖南省		
466	2015.05.06	荆门市机动车排气污染防治管理暂行办法	荆门市人民政府	1	办法	污染防治类	污染物与污染源管理	荆政令	湖北省	荆门市	
467	2015.05.07	郑州市人民政府办公厅关于印发郑州市高污染燃料禁燃区管理实施办法的通知	郑州市人民政府办公厅	1	通知	污染防治类	污染物与污染源管理	郑政办[2015]52号	河南省	郑州市	

续表

编号	发布时间	名称	发文主体数量	发文主体	文件类型	文件主类	文件亚类	文号	发文地区	发文城市	备注
468	2015.05.07	浙江省人民政府办公厅关于加强环境监管执法的实施意见	1	浙江省人民政府办公厅	意见	综合类	环保综合规定	浙政办发[2015]46号	浙江省		
469	2015.05.08	北京市环境保护局办公室关于印发《北京市区县环境监测人员持证上岗考核办法》的通知	1	北京市环境保护局办公室	通知	环境保护手段类	环境监测	京环办[2015]57号	北京市		
470	2015.05.08	三门峡市人民政府办公室关于印发三门峡市环境保护监督管理责任暂行规定的通知	1	三门峡市人民政府办公室	通知	综合类	环保综合规定	三政办[2015]14号	河南省	三门峡市	
471	2015.05.08	包头市人民政府办公厅关于印发包头市大气污染防治专项奖励管理办法（试行）的通知	1	包头市人民政府办公厅	通知	污染防治类	大气污染	包府办发[2015]100号	内蒙古自治区	包头市	
472	2015.05.08	广州市城市管理委员会关于印发《广州市生活垃圾处理设施运营管理办法》的通知	1	广州市城市管理委员会	通知	污染防治类	污染物与污染源管理	穗城管委[2015]264号	广东省	广州市	
473	2015.05.12	云南省环境保护厅关于红塔集团楚雄卷烟厂易地搬迁技术改造项目环境影响报告书的复函	1	云南省环境保护厅	复函	环境保护手段类	环境影响评价	云环函[2015]161号	云南省		
474	2015.05.12	阳泉市环境保护局、阳泉市农业委员会关于做好2015年规模化畜禽养殖污染减排工作的通知	2	阳泉市环境保护局，阳泉市农业委员会	通知	污染防治类	污染物与污染源管理	阳环发[2015]24号	山西省	阳泉市	

续表

编号	发布时间	名称	发文主体	发文主体数量	文件类型	文件主类	文件亚类	文号	发文地区	发文城市	备注
475	2015.05.12	定安县人民政府办公室关于印发定安县2015年度主要污染物总量减排计划的通知	定安县人民政府办公室	1	通知	污染防治类	污染物与污染源管理	定府办[2015]43号	海南省	定安县	
476	2015.05.12	深圳市人居环境委员会关于执行第五阶段国家机动车大气污染物排放标准的通告	深圳市人居环境委员会	1	通告	环境保护手段类	环境标准	深人环[2015]203号	广东省	深圳市	
477	2015.05.13	湖南省人民政府关于加快环保产业发展的意见	湖南省人民政府	1	意见	综合类	环保综合规定	湘政发[2015]17号	湖南省		
478	2015.05.14	长沙市经济和信息化委员会关于印发《长沙市清洁生产审核评审和验收实施细则(试行)》的通知	长沙市经济和信息化委员会	1	通知	环境保护手段类	清洁生产与循环经济		湖南省	长沙市	
479	2015.05.14	甘肃省环境保护厅关于加强城镇污水处理厂污泥监督管理工作的通知	甘肃省环境保护厅	1	通知	污染防治类	水污染	甘环固化发[2015]9号	甘肃省		
480	2015.05.15	云南省环境保护厅关于环境监察履职尽责规定修改意见的复函	云南省环境保护厅	1	复函	综合类	环保综合规定	云环函[2015]163号	云南省		
481	2015.05.15	深圳市人居环境委员会关于部分车辆排放标准变更的通告	深圳市人居环境委员会	1	通告	环境保护手段类	环境标准	深人环[2015]206号	广东省	深圳市	

续表

编号	发布时间	名称	发文主体	发文主体数量	文件类型	文件主类	文件亚类	文号	发文地区	发文城市	备注
482	2015.05.15	辽宁辽河口（双台河口）国家级自然保护区管理办法	盘锦市人民政府	1	办法	生态保护类	国家公园与自然保护区	盘锦市人民政府令第 54 号	辽宁省	盘锦市	
483	2015.05.15	晋城市环境保护局关于做好 2015 年危险废物规范化管理工作的通知	晋城市环境保护局	1	通知	污染防治类	固体废物	晋市环函〔2015〕136 号	山西省	晋城市	
484	2015.05.15	成都市财政局、成都市发展和改革委员会、成都市建委、成都市水务局关于印发《成都市污水处理费征收使用管理细则》的通知	成都市财政局，成都市发展和改革委员会，成都市建委，成都市水务局	4	通知	环境保护手段类	环境税费	成财非〔2015〕7 号	四川省	成都市	
485	2015.05.15	郑州市人民政府关于农作物秸秆禁烧和综合利用工作的通告	郑州市人民政府	1	通告	污染防治类	大气污染	郑政通〔2015〕4 号	河南省	郑州市	
486	2015.05.18	中共黔西南州委办公室、黔西南州人民政府办公室关于印发《黔西南州环境保护工作网格化监管实施方案》的通知	中共黔西南州委办公室、黔西南州人民政府办公室	2	通知	综合类	环保综合规定	州委办字〔2015〕112 号	贵州省	黔西南州	
487	2015.05.19	鹤岗市人民政府办公室关于印发鹤岗市城市生活垃圾处理费征收管理办法的通知	鹤岗市人民政府办公室	1	通知	环境保护手段类	环境税费	鹤政办发〔2015〕19 号	黑龙江省	鹤岗市	

续表

编号	发布时间	名称	发文主体	发文主体数量	文件类型	文件主类	文件亚类	文号	发文地区	发文城市	备注
488	2015.05.19	永州市人民政府关于提升湘城市群大气环境质量的意见	永州市人民政府	1	意见	污染防治类	大气污染	永政发[2015]7号	湖南省	永州市	
489	2015.05.19	洛阳环境保护局关于做好2015年"六五"世界环境日宣传工作的通知	洛阳环境保护局	1	通知	环境保护手段类	环境信息		河南省	洛阳市	
490	2015.05.20	三亚市人民政府关于印发三亚市"十二五"主要污染物总量减排考核办法的通知	三亚市人民政府	1	通知	污染防治类	污染物与污染源管理	三府[2015]83号	海南省	三亚市	
491	2015.05.20	泉州市人民政府办公室关于认真贯彻落实《省政府办公厅关于加强环境监管执法工作的通知》有关要求的通知	泉州市人民政府办公室	1	通知	综合类	环保综合规定	泉政办[2015]50号	福建省	泉州市	
492	2015.05.20	广东省林业厅关于加强湿地公园建设管理的通知	广东省林业厅	1	通知	生态保护类	国家公园与自然保护区	粤林[2015]41号	广东省		
493	2015.05.21	晋城市环境保护局关于转发《关于进一步推动全省环境监察标准化建设的通知》的通知	晋城市环境保护局	1	通知	综合类	环保综合规定	晋市环发[2015]107号	山西省	晋城市	
494	2015.05.21	广西壮族自治区人民政府办公厅转发环保护厅关于改善城市环境空气质量若干措施的通知	广西壮族自治区人民政府办公厅	1	通知	综合类	环保综合规定	桂政办发[2015]32号	广西壮族自治区		

续表

编号	发布时间	名称	发文主体	发文主体数量	文件类型	文件主类	文件亚类	文号	发文地区	发文城市	备注
495	2015.05.21	嘉峪关市人民政府印发关于进一步强化大气污染防治工作意见的通知	嘉峪关市人民政府	1	通知	污染防治类	大气污染	嘉政发〔2015〕54号	甘肃省	嘉峪关市	
496	2015.05.25	湖北省物价局、湖北省财政厅、湖北省住房和城乡建设厅转发关于制定和调整污水处理收费标准等有关问题的通知	湖北省物价局、湖北省财政厅、湖北省住房和城乡建设厅	3	通知	环境保护手段类	环境税费	鄂价环资〔2015〕70号	湖北省		
497	2015.05.25	黑龙江省环境保护厅关于印发《黑龙江省"12369"环保微信举报工作管理暂行规定》的通知	黑龙江省环境保护厅	1	通知	综合类	环保综合规定	黑环办〔2015〕91号	黑龙江省		
498	2015.05.25	鞍山市人民政府关于印发鞍山市大气污染防治行动计划实施细则的通知	鞍山市人民政府	1	通知	污染防治类	大气污染	鞍政发〔2015〕17号	辽宁省	鞍山市	
499	2015.05.25	鞍山市人民政府关于调整市区高污染燃料禁燃区范围的通告	鞍山市人民政府	1	通告	污染防治类	大气污染	鞍政发〔2015〕16号	辽宁省	鞍山市	
500	2015.05.25	云南省环境保护厅关于开展市生态市建设的意见	云南省环境保护厅	1	意见	综合类	环保综合规定	云环发〔2015〕31号	云南省		

续表

编号	发布时间	名称	发文主体	发文主体数量	文件类型	文件主类	文件亚类	文号	发文地区	发文城市	备注
501	2015.05.25	北京市环境保护局、北京市公安交通管理局关于实施重型柴油车第五阶段排放标准的公告	北京市环境保护局、北京市质量技术监督局、北京市公安交通管理局	3	公告	环境保护手段类	环境标准	北京市环境保护局、北京市质量技术监督局、北京市公安局公安交通管理局公告2015年第8号	北京市	北京市	
502	2015.05.25	云南省环境保护厅关于富宁生态县建设的意见	云南省环境保护厅	1	意见	综合类	环保综合规定	云环发〔2015〕30号	云南省		
503	2015.05.25	广西壮族自治区住房和城乡建设厅关于加强城镇污水垃圾处理工程质量安全管理工作的通知	广西壮族自治区住房和城乡建设厅	1	通知	污染防治类	水污染	桂建管〔2015〕47号	广西壮族自治区		
504	2015.05.25	大理白族自治州人民政府办公室关于切实加强洱海流域农业面源污染防治工作的通知	大理白族自治州人民政府办公室	1	通知	污染防治类	水污染	大政办通〔2015〕27号	云南省	大理市	
505	2015.05.26	吉林省人民政府办公厅关于推行环境污染第三方治理的实施意见	吉林省人民政府办公厅	1	意见	污染防治类	污染第三方治理	吉政办发〔2015〕23号	吉林省		
506	2015.05.26	宜昌市环境保护综合监管办法	宜昌市人民政府	1	办法	环境保护手段类	环境监测	宜府办发〔2015〕25号	湖北省	宜昌市	

续表

编号	发布时间	名称	发文主体	发文主体数量	文件类型	文件主类	文件亚类	文号	发文地区	发文城市	备注
507	2015.05.26	佳木斯市人民政府办公室关于城市生活垃圾处理费征收有关事宜的通知	佳木斯市人民政府办公室	1	通知	环境保护手段类	环境税费	佳政办综[2015]10号	黑龙江省	佳木斯市	
508	2015.05.26	随州市人民政府关于印发随州市城市建筑垃圾管理暂行办法的通知	随州市人民政府	1	通知	污染防治类	固体废物污染		湖北省	随州市	
509	2015.05.26	青岛市环境保护局关于印发青岛市水环境目标责任及生态补偿考核办法的通知	青岛市环境保护局	1	通知	综合类	环保综合规定	青环发[2015]54号	山东省	青岛市	
510	2015.05.27	福建省人民政府关于建立顺昌七台山和武夷山黄冈省级自然保护区的通知	福建省人民政府	1	通知	生态保护类	国家公园与自然保护区	闽政文[2015]193号	福建省		
511	2015.05.27	安徽省人民政府关于同意建立广德泰山省级自然保护区的批复	安徽省人民政府	1	批复	生态保护类	国家公园与自然保护区	皖政秘[2015]86号	安徽省		
512	2015.05.28	酒泉市人民政府办公室关于印发酒泉市环保工作有关问题整改方案的通知	酒泉市人民政府办公室	1	通知	综合类	环保综合规定	酒政办发[2015]105号	甘肃省	酒泉市	
513	2015.05.28	河北省人民政府办公厅关于推行环境污染第三方治理的实施意见	河北省人民政府办公厅	1	意见	污染防治类	污染第三方治理	冀政办发[2015]17号	河北省		

续表

编号	发布时间	名称	发文主体	发文主体数量	文件类型	文件主类	文件亚类	文号	发文地区	发文城市	备注
514	2015.05.28	宁夏回族自治区通信管理局关于发送环境日宣传短信的通知	宁夏回族自治区通信管理局	1	通知	综合类	环保综合规定		宁夏回族自治区		
515	2015.05.28	北京市昌平区人民政府关于本行政区域内禁止露天烧烤食品的通告	北京市昌平区人民政府	1	通告	污染防治类	大气污染	昌政发〔2015〕14号	北京市	昌平区	
516	2015.05.28	上海市城乡建设和管理委员会关于进一步加强本市扬尘污染治工作的通知	上海市城乡建设和管理委员会	1	通知	污染防治类	大气污染	沪建管联〔2015〕366号	上海市	上海市	
517	2015.05.29	天津市人民政府关于实施第五阶段国家机动车大气污染物排放标准的通告	天津市人民政府	1	通告	环境保护手段类	环境标准	津政发〔2015〕12号	天津市	天津市	
518	2015.05.29	成都市环境保护局、成都市公安局交通管理局关于核发和换发机动车环保检验合格标志的通告	成都市环境保护局，成都市公安局交通管理局	2	通告	综合类	环保综合规定		四川省	成都市	
519	2015.05.29	南宁市环境保护局关于印发《南宁市环境保护红旗科室考核评比办法》的通知	南宁市环境保护局	1	通知	综合类	环保综合规定	南环字〔2015〕79号	广西壮族自治区	南宁市	
520	2015.05.29	包头市人民政府办公厅关于将未批先建项目纳入环境保护规范化管理的指导意见	包头市人民政府办公厅	1	意见	综合类	环保综合规定	包府办发〔2015〕113号	内蒙古自治区	包头市	

续表

编号	发布时间	名称	发文主体	发文主体数量	文件类型	文件主类	文件亚类	文号	发文地区	发文城市	备注
521	2015.05.29	安康市人民政府办公室关于印发安康市城镇生活污水生活垃圾处理设施建设运行管理考核办法（试行）	安康市人民政府办公室	1	办法	污染防治类	水污染	安政办发〔2015〕66号	陕西省	安康市	
522	2015.06.01	北京市人民政府关于进一步加强施工噪声污染防治工作的通知	北京市人民政府	1	通知	污染防治类	污染物与污染源管理	京政发〔2015〕30号	北京市	北京市	
523	2015.06.01	阳泉市环境保护局、阳泉市公安局关于建立阳泉市打击环境违法犯罪活动联动执法工作机制的意见	阳泉市环境保护局，阳泉市公安局	2	意见	综合类	环保综合规定		山西省	阳泉市	
524	2015.06.01	宜昌市人民政府办公室关于认真做好大气污染专项管控工作的通知	宜昌市人民政府办公室	1	通知	污染防治类	污染物与污染源管理	宜府办发〔2015〕27号	湖北省	宜昌市	
525	2015.06.01	河北省人民代表大会常务委员会关于促进农作物秸秆综合利用和禁止露天焚烧的决定	河北省人民代表大会常务委员会	1	决定	污染防治类	污染物与污染源管理		河北省		
526	2015.06.02	内蒙古自治区环境保护厅关于积极践行"三严三实"进一步加强改进工作作风的通知	内蒙古自治区环境保护厅	1	通知	综合类	环保综合规定		内蒙古自治区		

续表

编号	发布时间	名称	发文主体	发文主体数量	文件类型	文件主类	文件亚类	文号	发文地区	发文城市	备注
527	2015.06.02	重庆市城乡建设委员会关于做好城乡建设领域"2015年全国节能宣传周全国低碳日活动"期间宣传工作的通知	重庆市城乡建设委员会	1	通知	综合类	综合类	渝建〔2015〕166号	重庆市	重庆市	
528	2015.06.02	苏州市环境保护局关于对车辆冒黑烟限期整改的通知	苏州市环境保护局	1	通知	污染防治类	污染物与污染源管理	苏环控字〔2015〕23号	江苏省	苏州市	
529	2015.06.02	福建省环境保护厅、海峡股权交易中心关于印发《福建省排污权积瓒管理办法（试行）》的通知	福建省环境保护厅、海峡股权交易中心	2	通知	环境保护手段类	排污权交易	闽环发〔2015〕4号	福建省		
530	2015.06.03	云南省环境保护厅关于江城哈尼族彝族自治县生态县建设的意见	云南省环境保护厅	1	意见	综合类	环保综合规定	云环发〔2015〕36号	云南省		
531	2015.06.03	云南省环境保护厅关于思茅生态区建设的意见	云南省环境保护厅	1	意见	生态保护类	生态区	云环发〔2015〕35号	云南省		
532	2015.06.03	青岛市人民政府关于印发青岛市环境保护监督管理工作责任规定的通知	青岛市人民政府	1	通知	综合类	环保综合规定	青政发〔2015〕12号	山东省	青岛市	
533	2015.06.03	聊城市人民政府办公室关于印发《聊城市城区餐厨废弃物管理办法》的通知	聊城市人民政府办公室		通知	环境保护手段类	清洁生产与循环经济		山东省	聊城市	

续表

编号	发布时间	名称	发文主体	发文主体数量	文件类型	文件主类	文件亚类	文号	发文地区	发文城市	备注
534	2015.06.03	安庆市人民政府办公室关于进一步加强环境监管执法的通知	安庆市人民政府办公室	1	通知	综合类	环保综合规定	宜政办发〔2015〕34号	安徽省	安庆市	
535	2015.06.03	云南省环境保护厅关于孟连傣族拉祜族佤族自治县生态县建设的意见	云南省环境保护厅	1	意见	综合类	环保综合规定	云环发〔2015〕37号	云南省		
536	2015.06.04	阳泉市环境保护局关于开展排污权交易工作有关事宜的通知	阳泉市环境保护局	1	通知	环境保护手段类	排污权交易		山西省	阳泉市	
537	2015.06.04	黔西南州人民政府办公室关于印发《黔西南州环境污染治理设施建设三年行动计划(2015—2017年)》的通知	黔西南州人民政府办公室	1	通知	综合类	环保综合规定	州府办函〔2015〕88号	贵州省	黔西南州	
538	2015.06.04	阳泉市环境保护局关于印发《阳泉市环保局环境违法案件查处分离工作制度》的通知	阳泉市环境保护局	1	通知	综合类	环保综合规定		山西省	阳泉市	
539	2015.06.04	河南省人民政府办公厅关于加强秸秆禁烧和综合利用工作的通知	河南省人民政府办公厅	1	通知	综合类	环保综合规定	豫政办〔2015〕77号	河南省		
540	2015.06.05	黑龙江省林业厅关于严格禁止围垦占用湖泊湿地的通知	黑龙江省林业厅	1	通知	自然资源保护类	湿地资源	黑林发〔2015〕55号	黑龙江省		

续表

编号	发布时间	名称	发文主体	发文主体数量	文件类型	文件主类	文件亚类	文号	发文地区	发文城市	备注
541	2015.06.08	常州市人民政府关于贯彻《江苏省大气污染防治条例》的实施意见	常州市人民政府	1	意见	污染防治类	大气污染	常政发[2015]89号	江苏省	常州市	
542	2015.06.08	酉阳土家族苗族自治县人民政府办公室关于设立酉阳县投资环境公开投诉电话的通知	酉阳土家族苗族自治县人民政府办公室	1	通知	综合类	环保综合规定	酉阳府办发[2015]71号	重庆市	酉阳土家族苗族自治县	
543	2015.06.08	晋城市环境保护局关于印发《晋城市环境保护局重大案件集体审议工作制度》的通知	晋城市环境保护局	1	通知	综合类	环保综合规定	晋市环发[2015]120号	山西省	晋城市	
544	2015.06.08	重庆市城乡建设委员会关于印发《进一步加强城市施工扬尘污染专项整治工作方案》的通知	重庆市城乡建设委员会	1	通知	污染防治类	污染物与污染源管理	渝建发[2015]45号	重庆市		
545	2015.06.09	宁夏回族自治区人民政府关于印发《宁夏回族自治区矿山环境治理和生态恢复保证金管理办法》的通知	宁夏回族自治区人民政府	1	通知	综合类	环保综合规定	宁政发[2015]47号	宁夏回族自治区		
546	2015.06.09	沧州市人民政府办公室关于印发《沧州市污水处理厂运行管理及监督职责任务分工》的通知	沧州市人民政府办公室	1	通知	综合类	环保综合规定	沧政办字[2015]59号	河北省	沧州市	

续表

编号	发布时间	名称	发文主体	发文主体数量	文件类型	文件主类	文件亚类	文号	发文地区	发文城市	备注
547	2015.06.09	西藏自治区人民政府办公厅关于印发西藏自治区城镇生活垃圾化害处理处置设施建设与运营管理办法的通知	西藏自治区人民政府办公厅	1	通知	环境保护手段类	清洁生产与循环经济	藏政办发[2015]42号	西藏自治区		
548	2015.06.09	太原市人民政府办公厅关于印发太原市重污染天气应急预案的通知	太原市人民政府办公厅	1	通知	环境保护手段类	环境应急机制	并政办发[2015]35号	山西省	太原市	
549	2015.06.09	辽宁省环境保护厅关于印发辽宁省排污许可证管理暂行办法的通知	辽宁省环境保护厅	1	通知	环境保护手段类	环境许可	辽环发[2015]28号	辽宁省		
550	2015.06.10	贵州省环境保护厅关于印发《企业事业单位突发环境事件应急预案备案管理办法（试行）》通知	贵州省环境保护厅	1	通知	环境保护手段类	环境应急机制		贵州省		
551	2015.06.10	海口市发展和改革委员会关于《海口市生态保护建设规划编制工作方案》的意见	海口市发展和改革委员会	1	意见	综合类	环保综合规定		海南省	海口市	
552	2015.06.11	海南省人民政府办公厅关于加强环境监管执法的实施意见	海南省人民政府办公厅	1	意见	综合类	环保综合规定	琼府办[2015]100号	海南省		
553	2015.06.12	郑州市人民政府关于印发郑州市环境保护大检查工作实施方案的通知	郑州市人民政府	1	通知	综合类	环保综合规定	郑政文[2015]137号	河南省	郑州市	

续表

编号	发布时间	名称	发文主体	发文主体数量	文件类型	文件主类	文件亚类	文号	发文地区	发文城市	备注
554	2015.06.13	北京市人民政府关于进一步健全大气污染治体制机制推动空气质量持续改善的意见	北京市人民政府	1	意见	污染防治类	大气污染防治	京政发〔2015〕29号	北京市	北京市	
555	2015.06.15	徐州市环保护局关于印发2015年危险废物规范化管理实施方案的通知	徐州市环境保护局	1	通知	污染防治类	危险废物	徐环发〔2015〕53号	江苏省	徐州市	
556	2015.06.15	河北省环境保护厅关于规范环保行政审批行为改进行政审批工作的意见	河北省环境保护厅	1	意见	综合类	环保综合规定	冀环法〔2015〕183号	河北省		
557	2016.06.15	贵州省环保护厅关于印发《贵州省市县经济发展综合监测评价环境监护数据监测评价管理制度》的通知	贵州省环境保护厅	1	通知	环境保护手段类	环境监测	黔环通〔2015〕154号	贵州省		
558	2015.06.16	六盘水月照机场净空和电磁环境保护管理规定	六盘水市人民政府	1	规定	综合类	环保综合规定	六盘水市人民政府令（第11号）	贵州省	六盘水市	
559	2015.06.17	江苏省政府办公厅关于印发江苏省建设项目环境影响评价文件分级审批管理办法的通知	江苏省政府办公厅	1	通知	环境保护手段类	环境影响评价	苏政办发〔2015〕57号	江苏省		
560	2015.06.17	吕梁市人民政府关于对环境问题整改任务进行责任分解的通知	吕梁市人民政府	1	通知	综合类	环保综合规定	吕政发〔2015〕7号	山西省	吕梁市	

续表

编号	发布时间	名称	发文主体	发文主体数量	文件类型	文件主类	文件亚类	文号	发文地区	发文城市	备注
561	2015.06.17	莆田市人民政府办公室关于加强环境监管执法工作的通知	莆田市人民政府办公室	1	通知	综合类	环保综合规定	莆政办〔2015〕78 号	福建省	莆田市	
562	2015.06.17	五指山市人民政府办公室关于印发五指山市环境保护大检查工作方案的通知	五指山市人民政府办公室	1	通知	综合类	环保综合规定	五府办〔2015〕82 号	海南省	五指山市	
563	2015.06.17	五指山市人民政府办公室关于印发2015年五指山市主要污染物总量减排计划的通知	五指山市人民政府办公室	1	通知	污染防治类	环保综合规定	五府办〔2015〕83 号	海南省	五指山市	
564	2015.06.18	青岛市环境保护局关于简政放权提速提效服务增效发展的意见	青岛市环境保护局	1	意见	综合类	环保综合规定	青环发〔2015〕66 号	山东省	青岛市	
565	2015.06.19	湖北省环境保护厅关于印发《湖北省污染源自动监测数据审核规则（试行）》和《湖北省应用污染源自动监控数据实施环境行政处罚暂行办法》的通知	湖北省环境保护厅	1	通知	环境保护手段类	环境监测	鄂环发〔2015〕9 号	湖北省		
566	2015.06.19	石家庄市人民政府办公厅关于进一步加强汶河综合管理工作的通知	石家庄市人民政府办公厅	1	通知	综合类	环保综合规定	石政办函〔2015〕72 号	河北省	石家庄市	
567	2015.06.19	南宁市环境保护局关于印发《南宁市环境保护局"三重一大"决策制度》的通知	南宁市环境保护局	1	通知	综合类	环保综合规定	南环字〔2015〕92 号	广西壮族自治区	南宁市	

续表

编号	发布时间	名称	发文主体	发文主体数量	文件类型	文件主类	文件亚类	文号	发文地区	发文城市	备注
568	2015.06.23	鄂尔多斯市人民政府关于进一步加强环境保护宣传工作的意见	鄂尔多斯市人民政府	1	意见	综合类	环保综合规定	鄂府发[2015]109号	内蒙古自治区	鄂尔多斯市	
569	2015.06.23	阜新市人民政府关于调整设置环保绿色标识示范区的通告	阜新市人民政府	1	通告	综合类	环保综合规定		辽宁省	阜新市	
570	2015.06.25	三亚市人民政府关于印发三亚市生态效益补偿管理暂行办法的通知	三亚市人民政府	1	通知	环境保护手段类	生态补偿	三府[2015]121号	海南省	三亚市	
571	2015.06.25	阳泉市环境保护局关于开展排污权有偿使用和交易试点工作方案	阳泉市环境保护局	1	方案	环境保护手段类	排污权交易		山西省	阳泉市	
572	2015.06.26	湖北省人民政府办公厅关于切实加强环境监管执法的通知	湖北省人民政府办公厅	1	通知	综合类	环保综合规定	鄂政办发[2015]46号	湖北省		
573	2015.06.26	包头市人民政府办公厅关于加强对III类射线装置建设项目环境管理的意见	包头市人民政府办公厅	1	意见	污染防治类	污染物与污染源管理	包府办发[2015]138号	内蒙古自治区	包头市	
574	2015.06.26	贵阳市人民政府办公厅关于印发贵阳市环境空气质量考核暨奖惩办法（试行）的通知	贵阳市人民政府办公厅	1	通知	综合类	环保综合规定	筑府办发[2015]20号	贵州省	贵阳市	

续表

编号	发布时间	名称	发文主体	发文主体数量	文件类型	文件主类	文件亚类	文号	发文地区	发文城市	备注
575	2015.06.27	庆阳市人民政府关于加强环境监管执法工作的意见	庆阳市人民政府	1	意见	综合类	环保综合规定	庆政发〔2015〕73号	甘肃省	庆阳市	
576	2015.06.28	江门市人民政府办公室关于印发江门市大气污染防治（试行）目标责任考核办法的通知	江门市人民政府办公室	1	通知	污染防治类	大气污染防治	江府办〔2015〕13号	广东省	江门市	
577	2015.06.29	滨州市人民政府办公室关于印发《滨州市露天烧烤管理办法（暂行）》的通知	滨州市人民政府办公室	1	通知	污染防治类	污染物与污染源管理	滨政办发〔2015〕11号	山东省	滨州市	
578	2015.06.30	晋城市环境保护局关于下放重点污染源自动在线监控管理权限的通知	晋城市环境保护局	1	通知	污染防治类	污染物与污染源管理	晋市环发〔2015〕140号	山西省	晋城市	
579	2015.06.30	辽宁省环境保护厅、辽宁省物价局关于印发《辽宁省燃煤发电机组环保电价及环保设施运行监管实施细则》的通知	辽宁省环境保护厅、辽宁省物价局	2	通知	综合类	环保综合规定	辽环发〔2015〕36号	辽宁省		
580	2015.06.30	德州市人民政府办公室关于加快建制镇和大型农村社区污水处理设施建设的通知	德州市人民政府办公室	1	通知	污染防治类	水污染防治	德政办字〔2015〕45号	山东省	德州市	
581	2015.06.30	嘉峪关市人民政府办公室关于印发嘉峪关市严格控制污染物排放监管办法的通知	嘉峪关市人民政府办公室	1	通知	污染防治类	污染物与污染源管理	嘉政办发〔2015〕70号	甘肃省	嘉峪关市	

续表

编号	发布时间	名称	发文主体	发文主体数量	文件类型	文件主类	文件亚类	文号	发文地区	发文城市	备注
582	2015.07.01	温州市人民政府关于印发《温州市城市蓝线管理办法》的通知	温州市人民政府	1	通知	环境保护手段类	机关工作综合规定	温政发〔2015〕40号	浙江省	温州市	
583	2015.07.01	安徽省人民政府办公厅关于进一步加强《中华人民共和国环境保护法》宣传贯彻工作的通知	安徽省人民政府办公厅	1	通知	环境保护手段类	环保综合规定	皖政办秘〔2015〕95号	安徽省		
584	2015.07.01	宁夏回族自治区人民政府办公厅关于印发《宁夏回族自治区建设项目环境影响评价文件分级审批规定（2015年本）》的通知	宁夏回族自治区人民政府办公厅	1	通知	环境保护手段类	环保综合规定	宁政办发〔2015〕83号	宁夏回族自治区		
585	2015.07.02	长沙市人民政府关于印发《长沙市城市建筑垃圾运输处置管理规定》的通知	长沙市人民政府	1	通知	环境保护手段类	公共场所与环境卫生	长政发〔2015〕15号	湖南省	长沙市	
586	2015.07.02	金华市人民政府关于金华市区实施餐厨废弃物集中收运处置的通告	金华市人民政府	1	通告	环境保护手段类	环保综合规定	金政告〔2015〕3号	浙江省	金华市	
587	2015.07.03	上海市林业局关于受托国家野生动植物行政许可事项的公告（2015）	上海市林业局	1	公告	自然资源保护类	野生动植物资源	沪林〔2015〕92号	上海市	上海市	
588	2015.07.03	安庆市人民政府办公室关于推行环境污染第三方治理的实施意见	安庆市人民政府	1	意见	污染防治类	污染防治	宜政办发〔2015〕43号	安徽省	安庆市	

续表

编号	发布时间	名称	发文主体	发文主体数量	文件类型	文件主类	文件亚类	文号	发文地区	发文城市	备注
589	2015.07.03	重庆市发展和改革委员会关于组织申报第二批国家生态文明先行示范区的通知	重庆市发展和改革委员会	1	通知	环境保护手段类	环保综合规定	渝发改〔2015〕910号	重庆市	重庆市	
590	2015.07.06	昆明市水务局关于进一步加强农村饮水安全各项工作的通知	昆明市水务局	1	通知	自然资源保护类	水资源		云南省	昆明市	
591	2015.07.08	邵阳市人民政府关于将资水北塔区饮用水水源地划定为饮用水源保护区的通告	邵阳市人民政府	1	通告	自然资源保护类	水资源	市政发〔2015〕6号	湖南省	邵阳市	
592	2015.07.08	山东省物价局、山东省环保厅关于完善排污收费政策促进治污减排有关问题的通知	山东省物价局，山东省财政厅，山东省环境保护厅	3	通知	污染防治类	污染防治	鲁价费发〔2015〕53号	山东省		
593	2015.07.08	连云港市人民政府办公室关于印发连云港市水环境区域补偿管理办法（试行）的通知	连云港市人民政府	1	通知	自然资源保护类	水资源	连政发〔2015〕111号	江苏省	连云港市	
594	2015.07.08	金昌市人民政府办公室关于进一步做好落实最严格水资源管理制度相关工作的通知	金昌市人民政府办公室	1	通知	自然资源保护类	水资源	金政办发〔2015〕101号	甘肃省	金昌市	
595	2015.07.08	上海市绿化市容局关于进一步深化上海市绿化市容行业文化建设工作指导意见	上海市绿化市容局	1	意见	环境保护手段类	植树造林与绿化	沪绿容〔2015〕179号	上海市	上海市	

续表

编号	发布时间	名称	发文主体	发文主体数量	文件类型	文件主类	文件亚类	文号	发文地区	发文城市	备注
596	2015.07.08	唐山市人民政府关于实行环境污染有奖举报的通告	唐山市人民政府	1	通告	污染防治类	污染防治	唐政通字[2015]11号	河北省	唐山市	
597	2015.07.08	凉山州人民政府办公室关于做好新一轮退耕还林工作的通知	凉山州人民政府办公室	1	通知	生态损害防治类	植树造林与绿化	凉府办发[2015]14号	四川省	凉山州	
598	2015.07.09	衡阳市人民政府办公室关于进一步加强绿化工程建设施工管理的通知	衡阳市人民政府办公室	1	通知	环境保护手段类	植树造林与绿化	衡政办函[2015]48号	湖南省	衡阳市	
599	2015.07.10	苏州市环境保护局关于做好台风期间环境安全工作的通知	苏州市环境保护局	1	通知	环境保护手段类	环保综合规定	苏环办字[2015]64号	江苏省	苏州市	
600	2015.07.10	浙江省人民政府办公厅关于印发浙江省农药废弃包装物回收和集中处置试行办法的通知	浙江省人民政府办公厅	1	通知	污染防治类	化学农药管理	浙政办发[2015]82号	浙江省		
601	2015.07.10	酒泉市人民政府关于印发酒泉市地下水资源管理办法的通知	酒泉市人民政府	1	通知	自然资源保护类	水资源	酒政发[2015]145号	甘肃省	酒泉市	
602	2015.07.10	吐鲁番地区行署办公室关于在全市推广托克逊县伊拉湖镇农村垃圾规范化治理经验做法的通知	吐鲁番地区行署办公室	1	通知	环境保护手段类	环保综合规定	吐地行办[2015]117号	新疆维吾尔自治区	吐鲁番地区	

续表

编号	发布时间	名称	发文主体	发文主体数量	文件类型	文件主类	文件亚类	文号	发文地区	发文城市	备注
603	2015.07.10	陕西省人民政府办公厅关于进一步加强环境监管执法的通知	陕西省人民政府办公厅	1	通知	环境保护手段类	环境监测	陕政办发〔2015〕69号	陕西省		
604	2015.07.10	河南省人民政府关于加强城市建筑垃圾管理促进资源化利用的意见	河南省人民政府	1	意见	环境保护手段类	环保综合规定	豫政〔2015〕39号	河南省		
605	2015.07.10	青岛市人民政府办公厅关于加强林地保护和林木采伐管理工作的通知	青岛市人民政府办公厅	1	通知	生态损害防治类	林场与林业企业	青政办字〔2015〕60号	山东省	青岛市	
606	2015.07.12	葫芦岛市人民政府关于依法打击非法开采和运输砂石的通告	葫芦岛市人民政府	1	通告	自然资源保护类	地质矿产综合规定	葫政告字〔2015〕3号	辽宁省	葫芦岛市	
607	2015.07.13	北京市大兴区人民政府办公室关于印发《大兴区平原造林工程林木资源养护管理办法（试行）》的通知	北京市大兴区人民政府办公室	1	通知	自然资源保护类	林业资源保护		北京市	大兴区	
608	2015.07.13	湖北省财政厅、湖北省物价局、湖北省水利厅、中国人民银行武汉分行关于印发《湖北省水土保持补偿费征收使用管理实施办法》的通知	湖北省财政厅、湖北省物价局、湖北省水利厅、中国人民银行武汉分行	4	通知	气候与地理不利变化防治类	水土保持	鄂财综规〔2015〕5号	湖北省		
609	2015.07.13	武汉市人民政府关于加强环境监管执法的通知	武汉市人民政府	1	通知	环境保护手段类	环境监测	武政〔2015〕32号	湖北省	武汉市	

续表

编号	发布时间	名称	发文主体	发文主体数量	文件类型	文件主类	文件亚类	文号	发文地区	发文城市	备注
610	2015.07.13	海南省人民政府办公厅关于印发《海南省非重点市县生态功能区转移支付市县生态转移支付办法》的通知	海南省人民政府办公厅	1	通知	生态损害防治类	机关工作综合规定	琼府办〔2015〕113号	海南省		
611	2015.07.13	海南省人民政府办公厅关于调整部分资源税税率及开征海砂资源税的通知	海南省人民政府办公厅	1	通知	自然资源保护类	资源税	琼府办〔2015〕114号	海南省		
612	2015.07.13	福建省人民政府办公厅关于完成"十二五"森林蓄积量和森林覆盖率约束性指标的通知	福建省人民政府办公厅	1	通知	自然资源保护类	森林资源	闽政办〔2015〕103号	福建省		
613	2015.07.13	珠海市海洋农业和水务局关于进一步加强我市河道采砂管理的通知	珠海市海洋农业和水务局	1	通知	自然资源保护类	海洋运输		广东省	珠海市	
614	2015.07.14	云南省环境保护厅关于移交处理盐津县牛寨乡河口村环境污染问题的复函	云南省环境保护厅	1	函	污染防治类	污染防治	云环函〔2015〕235号	云南省		
615	2015.07.14	广西壮族自治区人民政府办公厅关于加强环境监管执法的实施意见	广西壮族自治区人民政府办公厅	1	意见	环境保护手段类	环境监测	桂政办发〔2015〕62号	广西壮族自治区		
616	2015.07.14	广东省住房和城乡建设厅转发住房城乡建设部关于坚决制止破坏行为加强保护性建设保护工作的通知	广东省住房和城乡建设厅	1	通知	环境保护手段类	建设综合规定	粤建规〔2015〕117号	广东省		

续表

编号	发布时间	名称	发文主体	发文主体数量	文件类型	文件主类	文件亚类	文号	发文地区	发文城市	备注
617	2015.07.15	万宁市人民政府办公室关于印发万宁市古树名木保护管理暂行规定的通知	万宁市人民政府办公室	1	通知	自然资源保护类	林业管理	万府办〔2015〕93号	海南省	万宁市	
618	2015.07.15	红河州人民政府办公室关于加强环境监管执法的实施意见	红河州人民政府办公室	1	意见	环境保护手段类	环境监测	红政办发〔2015〕90号	云南省	红河州	
619	2015.07.16	宣城市人民政府关于印发宣城市工业固体废物污染防治管理办法的通知	宣城市人民政府	1	通知	污染防治类	环保综合规定		安徽省	宣城市	
620	2015.07.16	四平市人民政府办公室关于印发四平市生态文明先行示范区建设任务分解表的通知	四平市人民政府办公室	1	通知	环境保护手段类	精神文明建设	四政办发〔2015〕46号	吉林省	四平市	
621	2015.07.16	包头市人民政府办公厅关于印发包头市环境空气质量综合考核办法（试行）的通知	包头市人民政府办公厅	1	通知	环境保护手段类	质量综合规定	包府办发〔2015〕147号	内蒙古自治区	包头市	
622	2015.07.16	三亚市人民政府关于印发三亚市饮用水水源保护区危险化学品运输管理办法的通知	三亚市人民政府	1	通知	污染防治类	化学危险品管理	三府〔2015〕132号	海南省	三亚市	
623	2015.07.16	天津市人民政府办公厅转发市环保局市财政局关于配备大气污染防治专职网格监督员实施意见的通知	天津市人民政府办公厅	1	通知	污染防治类	污染防治	津政办发〔2015〕52号	天津市	天津市	

续表

编号	发布时间	名称	发文主体	发文主体数量	文件类型	文件主类	文件亚类	文号	发文地区	发文城市	备注
624	2015.07.17	呼和浩特市人民政府关于印发《呼和浩特市城市绿线管理办法》的通知	呼和浩特市人民政府	1	通知	环境保护手段类	植树造林与绿化	呼政发〔2015〕35 号	内蒙古自治区	呼和浩特市	
625	2015.07.17	呼和浩特市人民政府关于印发《呼和浩特市古树名木和古树后续资源保护管理办法》的通知	呼和浩特市人民政府	1	通知	自然资源保护类	资源综合利用	呼政发〔2015〕34 号	内蒙古自治区	呼和浩特市	
626	2015.07.17	甘肃省环境保护厅关于印发《甘肃省建设项目"三同时"监督检查和竣工环保验收管理规程》的通知	甘肃省环境保护厅	1	通知	环境保护手段类	环保综合规定	甘环评发〔2015〕12 号	甘肃省		
627	2015.07.17	上海市环保局、市发展改革委、市财政局关于印发《上海市工业挥发性有机物治理和减排方案》和《上海市工业挥发性有机物减排企业污染治理项目专项扶持操作办法》的通知	上海市环保局、市发展改革委、市财政局	3	通知	污染防治类	污染防治	沪环保防〔2015〕325 号	上海市	上海市	
628	2015.07.20	邵阳市人民政府关于加强森林防火群防群治工作的实施意见	邵阳市人民政府	1	意见	污染防治类	消防管理	市政发〔2015〕8 号	湖南省	邵阳市	
629	2015.07.20	北京市园林绿化局关于加强造林营林和季节雨季林木管护的通知	北京市园林绿化局	1	通知	自然资源保护类	林业管理	京绿造发〔2015〕7 号	北京市		

续表

编号	发布时间	名称	发文主体	发文主体数量	文件类型	文件主类	文件亚类	文号	发文地区	发文城市	备注
630	2015.07.20	连云港市人民政府办公室关于划定连云港圩新区和徐圩新区海域管理界线的通知	连云港市人民政府办公室	1	通知	环境保护手段类	领土领海领空	连政办发〔2015〕112 号	江苏省	连云港市	
631	2015.07.20	淄博市物价局关于继续执行机动车排气污染检验收费标准等有关问题的通知	淄博市物价局	1	通知	污染防治类	机关工作综合规定	淄价字〔2015〕68 号	山东省	淄博市	
632	2015.07.20	陵水黎族自治县发展和改革委员会关于调整陵水县城镇污水处理费征收标准的通知	陵水黎族自治县发展和改革委员	1	通知	自然资源保护类	水费管理	陵发改〔2015〕86 号	海南省	陵水县	
633	2015.07.20	贵州省人民政府办公厅关于进一步加强环境监管执法工作的通知	贵州省人民政府办公厅	1	通知	环境保护手段类	环境监测	黔府办函〔2015〕116 号	贵州省		
634	2015.07.21	内蒙古自治区发展和改革委员会、财政厅、环境保护厅关于调整排污费征收标准的通知	内蒙古自治区发展和改革委员会、财政厅、环境保护厅	3	通知	污染防治类	行政事业性收费		内蒙古自治区		
635	2015.07.21	北京市园林绿化局关于加强平原地区林木资源管护的通知	北京市园林绿化局	1	通知	自然资源保护类	林业管理	京绿造发〔2015〕8 号	北京市	北京市	
636	2015.07.21	海南省林业厅办公室关于抓住雨季有利时机迅速掀起造林高潮的通知	海南省林业厅办公室	1	通知	自然资源保护类	林业资源保护	琼林办〔2015〕177 号	海南省		

续表

编号	发布时间	名称	发文主体	发文主体数量	文件类型	文件主类	文件亚类	文号	发文地区	发文城市	备注
637	2015.07.22	浙江省财政厅、浙江省环境保护厅关于印发浙江省环境保护专项资金管理办法的通知	浙江省财政厅、浙江省环境保护厅	2	通知	环境保护手段类	环保综合规定	浙财建〔2015〕129 号	浙江省		
638	2015.07.22	宜春市人民政府办公室关于印发宜春市防治农业面源污染实施意见的通知	宜春市人民政府	1	通知	污染防治类	污染防治	宜府办发〔2015〕35 号	江西省	宜春市	
639	2015.07.22	海南省人民政府办公厅关于印发海南省大气污染防治实施情况考核办法的通知	海南省人民政府办公厅	1	通知	污染防治类	污染防治	琼府办〔2015〕123 号	海南省		
640	2015.07.23	东营市水利局关于在全市开展河道沿线环境综合整治工作的通知	东营市水利局	1	通知	气候与地理不利变化防治类	水利工程	黑政办发〔2015〕56 号	山东省	东营市	
641	2015.07.23	安顺市政府办关于进一步加强林业有害生物防治工作的实施意见	安顺市政府	1	意见	自然资源保护类	林业管理	安府办发〔2015〕24 号	贵州省	安顺市	
642	2015.07.23	资阳市人民政府办公室关于加强环境监管执法工作的通知	资阳市人民政府办公室	1	通知	环境保护手段类	环保综合规定	资府办发〔2015〕41 号	四川省	资阳市	
643	2015.07.23	广西壮族自治区国土资源厅关于加强矿产资源综合开发利用的意见	广西壮族自治区国土资源厅	1	意见	自然资源保护类	矿产资源	桂国土资发〔2015〕50 号	广西壮族自治区		

续表

编号	发布时间	名称	发文主体	发文主体数量	文件类型	文件主类	文件亚类	文号	发文地区	发文城市	备注
644	2015.07.23	庆阳市城区扬尘污染治理管理办法	庆阳市人民政府	1	办法	污染防治类	污染防治	庆阳市人民政府令第2号	甘肃省	庆阳市	
645	2015.07.24	烟台市农业局关于召开全市农村改革与发展、农村现场观摩调度会的通知	烟台市农业局	1	通知	环境保护手段类	环境保护手段类	烟农函[2015]42号	山东省	烟台市	
646	2015.07.25	三明市人民政府关于加大依法治林力度营造深化集体林业综合改革良好环境的实施意见	三明市人民政府	1	意见	自然资源保护类	林业管理	明政[2015]12号	福建省	三明市	
647	2015.07.25	宜春市人民政府办公室关于进一步加强林地保护和管理工作的意见	宜春市人民政府办公室	1	意见	自然资源保护类	林业资源保护	宜府办发[2015]36号	江西省	宜春市	
648	2015.07.27	潍坊市住房和城乡建设局关于启动"211绿色低碳建筑行动"项目月调度的通知	潍坊市住房和城乡建设局	1	通知	环境保护手段类	计划综合规定	林业管理	山东省	潍坊市	
649	2015.07.27	兰州市人民政府办公厅关于印发兰州市大气污染防治工作监督管理责任规定的通知	兰州市人民政府办公厅	1	通知	污染防治类	污染防治	兰政办发[2015]213号	甘肃省	兰州市	
650	2015.07.27	广东省人民政府关于同意调整中山市近岸海域环境功能区划的批复	广东省人民政府	1	批复	环境保护手段类	环保综合规定	粤府函[2015]186号	广东省		
651	2015.07.28	东营市海洋与渔业局关于切实加强渔业生产抗旱工作的意见	东营市海洋与渔业局	1	意见	自然资源保护类	防汛抗旱	东海渔发[2015]40号	山东省	东营市	

续表

编号	发布时间	名称	发文主体	发文主体数量	文件类型	文件主类	文件亚类	文号	发文地区	发文城市	备注
652	2015.07.28	喀什地区行政公署关于印发地区林业局《关于加强林业有害生物防控工作的实施意见》的通知	喀什地区行政公署	1	通知	自然资源保护类	林业管理	喀署办发[2015]94号	新疆维吾尔自治区	喀什地区	
653	2015.07.28	福建省人民政府关于调整福建省近岸海域环境功能区划（漳州核电项目近岸海域）的批复	福建省人民政府	1	批复	环境保护手段类	核工业管理	闽政文[2015]282号	福建省		
654	2015.07.28	福建省人民政府关于调整福建省近岸海域环境功能区划（宁德市盐田港局部海域）的批复	福建省人民政府	1	批复	环境保护手段类	行政区划与地名	闽政文[2015]283号	福建省		
655	2015.07.29	江华瑶族自治县人民政府关于印发《江华瑶族自治县环境保护工作责任规定（试行）》的通知	江华瑶族自治县人民政府	1	通知	环境保护手段类	环保综合规定	江政发[2015]4号	湖南省	江华县	
656	2015.07.29	四平市人民政府办公室关于进一步加强矿产资源保护工作的意见	四平市人民政府办公室	1	意见	自然资源保护类	地质矿产综合规定	四政办发[2015]47号	吉林省	四平市	
657	2015.07.29	浙江省人民政府办公厅关于加强农村生活污水治理设施运行维护管理的意见	浙江省人民政府办公厅	1	意见	污染防治类	水利综合规定	浙政办发[2015]86号	浙江省		
658	2015.07.29	广州市水务局关于污水处理费收费有关事项的公告	广州市水务局	1	公告	污染防治类	水利综合规定	穗水[2015]80号	广东省	广州市	

续表

编号	发布时间	名称	发文主体	发文主体数量	文件类型	文件主类	文件亚类	文号	发文地区	发文城市	备注
659	2015.07.30	黑龙江省环境保护厅、黑龙江省财政厅关于兴凯湖生态环境保护项目 2015 年度实施方案的批复	黑龙江省环境保护厅、黑龙江省财政厅	2	批复	生态损害防治类	环保综合规定	黑环办〔2015〕131 号	黑龙江省		
660	2015.07.30	南京市政府关于印发南京市耕地保护补贴暂行办法的通知	南京市政府	1	通知	自然资源保护类	土地复垦与耕地保护	宁政规字〔2015〕18 号	江苏省	南京市	
661	2015.07.30	天津市人民政府办公厅转发市水务局关于我市城镇污水处理厂污泥处理处置工作指导意见的通知	天津市人民政府办公厅	1	通知	污染防治类	污染防治	津政办发〔2015〕57 号	天津市	天津市	
662	2015.07.31	玉林市人民政府办公室关于印发玉林市餐厨垃圾管理暂行办法的通知	玉林市人民政府办公室	1	通知	污染防治类	公共场所环境卫生	玉政办发〔2015〕60 号	广西壮族自治区	玉林市	
663	2015.07.31	北京市园林绿化局关于印发《北京市财政支农专项转移支付野生动植物保护工作绩效考核办法（试行）》的通知	北京市园林绿化局	1	通知	自然资源保护类	野生动植物资源		北京市	北京市	
664	2015.08.02	文山州人民政府关于进一步加强文山三七种质资源和种植技术保护管理工作的通知	文山州人民政府	1	通知	自然资源保护类	资源综合利用	文政发〔2015〕44 号	云南省	文山州	
665	2015.08.03	海南省财政厅、海南省地税局关于废止有关资源税文件及相关规定的通知	海南省财政厅、海南省地方税务局	2	通知	环境保护手段类	资源税	琼财税〔2015〕1213 号	海南省		

续表

编号	发布时间	名称	发文主体	发文主体数量	文件类型	文件主类	文件亚类	文号	发文地区	发文城市	备注
666	2015.08.05	昆明市水务局关于做好主汛期河道行洪安全工作的通知	昆明市水务局	1	通知	气候与地理不利变化防治类	水利设施		云南省	昆明市	
667	2015.08.05	化隆回族自治县人民政府办公室关于规范化隆县调运动物程序的通知	化隆回族自治县人民政府办公室	1	通知	自然资源保护类	牧业管理	化政办 [2015] 90 号	青海省	化隆县	
668	2015.08.06	徐州市人民政府办公室关于加强全市村庄环境整治长效管理工作的意见	徐州市人民政府办公室	1	意见	环境保护手段类	公共场所与环境卫生	徐政办 [2015] 128 号	江苏省	徐州市	
669	2015.08.06	南京市农业委员会关于做好湿地保护小区建设管理的通知	南京市农业委员会	1	通知	生态损害防治类	农业管理	宁农林 [2015] 14 号	江苏省	南京市	
670	2015.08.06	福建省人民政府关于同意东山珊瑚省级自然保护区范围和功能区调整的批复	福建省人民政府	1	批复	环境保护手段类	环境保护手段类	闽政文 [2015] 289 号	福建省		
671	2015.08.07	景德镇市人民政府办公室关于加强湿地保护二作的指导意见	景德镇市人民政府办公室	1	意见	生态损害防治类	土地资源	景府办 [2015] 29 号	江西省	景德镇市	
672	2015.08.07	南通市人民政府办公室转发市环境保护局关于加强环境保护监督管理实施意见 (试行) 的通知	南通市人民政府办公室	1	通知	环境保护手段类	环境保护手段类	通政办 [2015] 124 号	江苏省	南通市	

续表

编号	发布时间	名称	发文主体	发文主体数量	文件类型	文件主类	文件亚类	文号	发文地区	发文城市	备注
673	2015.08.07	浙江省林业厅关于印发《浙江省林地经营权流转发证管理办法（试行）》的通知	浙江省林业厅	1	通知	自然资源保护类	自然资源保护类	浙林策〔2015〕56号	浙江省		
674	2015.08.08	昆明市水务局关于取水许可延续工作的补充通知	昆明市水务局	1	通知	自然资源保护类	水资源		云南省	昆明市	
675	2015.08.10	嘉兴市人民政府办公室关于印发嘉兴市地热资源管理办法（试行）的通知	嘉兴市人民政府办公室	1	通知	自然资源保护类	资源综合利用	嘉政办〔2015〕59号	浙江省	嘉兴市	
676	2015.08.11	徐州市人民政府办公室关于印发《徐州市建设项目环境影响评价文件分级审批管理办法》的通知	徐州市人民政府办公室	1	通知	环境保护手段类	环保综合规定	徐政办〔2015〕132号	江苏省	徐州市	
677	2015.08.11	定安县人民政府办公室关于加强环境监管执法工作的实施意见	定安县人民政府办公室	1	意见	环境保护手段类	环保综合规定	定府办〔2015〕104号	海南省	定安县	
678	2015.08.12	白城市人民政府关于全面加强生态环境保护工作的意见	白城市人民政府	1	意见	生态损害防治类	环保综合规定	白政发〔2015〕7号	吉林省	白城市	
679	2015.08.12	苏州市政府关于印发苏州市生态补偿条例实施细则的通知	苏州市政府		通知	环境保护手段类	环保综合规定	环保综合规定	江苏省	苏州市	

续表

编号	发布时间	名称	发文主体	发文主体数量	文件类型	文件主类	文件亚类	文号	发文地区	发文城市	备注
680	2015.08.13	梧州市人民政府关于印发我市进一步加强河道采砂管理工作的意见的通知	梧州市人民政府	1	通知	自然资源保护类	水利综合规定	梧政发〔2015〕32号	广西壮族自治区	梧州市	
681	2015.08.14	深圳市财政委员会、深圳市海洋局关于规范用海城使用金征收管理的通知	深圳市财政委员会、深圳市海洋局	2	通知	自然资源保护类	水产养殖	深财资〔2015〕35号	广东省	深圳市	
682	2015.08.14	河南省发展和改革委员会、河南省财政厅关于做好合同能源管理项目清算审核工作的通知	河南省发展和改革委员会、河南省财政厅	2	通知	环境保护手段类	清产核资		河南省		
683	2015.08.18	安徽省林业厅关于印发《森林法》相关法律法规行政处罚自由裁量权基准表的通知	安徽省林业厅	3	通知	环境保护手段类	行政机关	林办〔2015〕49号	安徽省		
684	2015.08.18	城步苗族自治县人民政府关于进一步加强湖南金童山国家级自然保护区管理的通告	城步苗族自治县人民政府	1	通告	生态损害防治类	自然保护	城政发〔2015〕23号	湖南省	城步县	
685	2015.08.18	深圳市人民政府关于停止东角头、清水河油气库危险化学品储存、生产和经营业务的通知	深圳市人民政府	1	通知	污染防治类	化学危险品管理	深府函〔2015〕203号	广东省	深圳市	

续表

编号	发布时间	名称	发文主体数量	文件类型	文件主类	文件亚类	文号	发文地区	发文城市	备注
686	2015.08.18	四川省人民政府办公厅关于进一步加强林地保护管理工作的通知	四川省人民政府办公厅	1	通知	自然资源保护类	林业管理	川办发[2015]75号	四川省		
687	2015.08.19	芷江侗族自治县人民政府关于印发《芷江侗族自治县城乡环境综合治理条例实施细则》的通知	芷江侗族自治县人民政府	1	通知	环境保护手段类	公共场所与环境卫生	芷政发[2015]24号	湖南省	芷江县	
688	2015.08.19	衡阳市人民政府办公室关于印发《衡阳市城市污水排入排水管网许可管理实施细则》的通知	衡阳市人民政府办公室	1	通知	污染防治类	污染防治	衡政办[2015]26号	湖南省	衡阳市	
689	2015.08.19	邯郸市人民政府办公厅关于加快推行环境污染第三方治理的实施意见	邯郸市人民政府办公厅	1	意见	污染防治类	污染防治	邯政办字[2015]106号	河北省	邯郸市	
690	2015.08.19	西安市人民政府关于进一步加强燃煤污染控制的通告	西安市人民政府	1	通告	污染防治类	污染防治	市政告字[2015]4号	陕西省	西安市	
691	2015.08.20	陇南市人民政府关于进一步加强危险废物监督管理工作的实施意见	陇南市人民政府	1	意见	污染防治类	特种行业和危险品管理	陇政发[2015]57号	甘肃省	陇南市	
692	2015.08.20	兰州市人民政府办公厅关于印发兰州市农作物秸秆禁烧管理办法的通知	兰州市人民政府办公厅	1	通知	污染防治类	环保综合规定	兰政办[2015]251号	甘肃省	兰州市	

续表

编号	发布时间	名称	发文主体	发文主体数量	文件类型	文件主类	文件亚类	文号	发文地区	发文城市	备注
693	2015.08.20	常州市人民政府办公室关于印发《常州市建设项目主要污染物排放总量指标审核及管理实施细则》的通知	常州市人民政府办公室	1	通知	污染防治类	污染防治	常政办发〔2015〕104号	江苏省	常州市	
694	2015.08.20	内蒙古自治区人民政府关于达赉湖国家级自然保护区更名为呼伦湖国家级自然保护区的通知	内蒙古自治区人民政府	1	通知	生态损害防治类	自然保护	内政字〔2015〕184号	内蒙古自治区		
695	2015.08.24	北京市顺义区人民政府办公室关于印发顺义区企业环境信息公开办法（试行）的通知	北京市顺义区人民政府办公室	1	通知	环境保护手段类	环境监测	顺政办发〔2015〕23号	北京市	顺义区	
696	2015.08.24	哈尔滨市人民政府关于林地林木补偿标准有关问题的通知	哈尔滨市人民政府	1	通知	自然资源保护类	林业管理	哈政发〔2015〕7号	黑龙江省	哈尔滨市	
697	2015.08.24	北京市园林绿化局、北京市财政局关于印发《北京市园林绿化专项转移支付资金考核管理办法》的通知	北京市园林绿化局，北京市财政局	2	通知	自然资源保护类	专项资金管理		北京市	北京市	
698	2015.08.24	新乡市人民政府办公室关于印发《新乡市炭火烧烤整治工作奖惩办法》的通知	新乡市人民政府办公室	1	通知	环境保护手段类	奖惩		河南省	新乡市	

续表

编号	发布时间	名称	发文主体	发文主体数量	文件类型	文件主类	文件亚类	文号	发文地区	发文城市	备注
699	2015.08.24	深圳市人民政府关于调整深圳市饮用水水源保护区的通知	深圳市人民政府	1	通知	自然资源保护类	水资源	深府〔2015〕74号	广东省	深圳市	
700	2015.08.24	宁德市人民政府关于禁航禁渔的通告	宁德市人民政府	1	通告	自然资源保护类	渔业管理	宁政文〔2015〕255号	福建省	宁德市	
701	2015.08.25	苏州市环境保护局关于印发《苏州环保系统政务信息考核办法》的通知	苏州市环境保护局	1	通知	环境保护手段类	环保综合规定	苏环办字〔2015〕83号	江苏省	苏州市	
702	2015.08.25	青海省环境保护厅关于印发青海省排污许可证管理暂行规定的通知	青海省环境保护厅	1	通知	污染防治类	环保综合规定	青环发〔2015〕368号	青海省		
703	2015.08.25	河南省人民政府办公厅关于加强环境监察执法工作的意见	河南省人民政府办公厅	1	意见	环境保护手段类	环保综合规定	豫政办〔2015〕108号	河南省		
704	2015.08.26	淄博市林业局关于切实做好秋冬造林绿化工作的通知	淄博市林业局	1	通知	自然资源保护类	林业管理		山东省	淄博市	
705	2015.08.26	海南省财政厅、海南省海洋与渔业厅转发关于调整国内渔业捕捞和养殖业油价补贴政策促进渔业持续健康发展的通知	海南省财政厅，海南省海洋与渔业厅	2	通知	自然资源保护类	渔业管理	琼财建〔2015〕1369号	海南省		

续表

编号	发布时间	名称	发文主体	发文主体数量	文件类型	文件主类	文件亚类	文号	发文地区	发文城市	备注
706	2015.08.26	新疆维吾尔自治区林业厅关于进一步加快林权登记发证工作的通知	新疆维吾尔自治区林业厅	1	通知	自然资源保护类	登记管理	新林传发〔2015〕148 号	新疆维吾尔自治区		
707	2015.08.27	成都市交通运输委员会关于开展危险品运输安全专项整治的通知	成都市交通运输委员会	1	通知	污染防治类	化学危险品管理	成交发〔2015〕107 号	四川省	成都市	
708	2015.08.27	五指山市人民政府办公室关于印发五指山市 2015 年度五指山市城镇污水处理及再生利用设施建设实施方案的通知	五指山市人民政府办公室	1	通知	污染防治类	污染防治	五府办〔2015〕130 号	海南省	五指山市	
709	2015.08.28	大连市气象灾害防御条例	五指山市人民政府办公室	1	条例	环境保护手段类	扶贫救灾救济		辽宁省	大连市	
710	2015.08.28	吐鲁番市人民政府办公室关于进一步加强林木管护工作的意见	吐鲁番市人民政府办公室	1	意见	自然资源保护类	林业管理	吐政办〔2015〕30 号	新疆维吾尔自治区	吐鲁番市	
711	2015.08.28	潍坊市人民政府办公室关于加强危险化学品安全管理工作的通知	潍坊市人民政府办公室	1	通知	污染防治类	化学危险品管理	潍政办字〔2015〕101 号	山东省	潍坊市	
712	2015.08.28	天津市教委关于进一步加强危险化学品安全管理工作的通知	天津市教委	1	通知	污染防治类	化学危险品管理	津教委办〔2015〕86 号	天津市	天津市	

续表

编号	发布时间	名称	发文主体	发文主体数量	文件类型	文件主类	文件亚类	文号	发文地区	发文城市	备注
713	2015.08.31	潍坊市住房和城乡建设局关于印发《潍坊市绿色低碳生态城市建设"1396"行动实施方案》的通知	潍坊市住房和城乡建设局	1	通知	环境保护手段类	城市规划与开发建设		山东省	潍坊市	
714	2015.08.31	南宁市人民政府办公厅关于印发南宁市水生态文明城市建设工作考核办法的通知	南宁市人民政府办公厅	1	通知	环境保护手段类	城市规划与开发建设	南府办〔2015〕61号	广西壮族自治区	南宁市	
715	2015.08.31	黑龙江省财政厅、黑龙江省环境保护厅关于修订《黑龙江省农村环境连片整治示范项目资金管理暂行办法》的通知	黑龙江省财政厅、黑龙江省环境保护厅	2	通知	环境保护手段类	环保综合规定	黑财建〔2015〕154号	黑龙江省		
716	2015.08.31	周口市人民政府关于印发周口市高污染燃料禁燃区管理办法的通知	周口市人民政府	1	通知	污染防治类	环保综合规定	周政〔2015〕63号	河南省	周口市	
717	2015.08.31	北京市园林绿化局转发国家林业局关于停发林业行政执法证文件的通知	北京市园林绿化局	1	通知	环境保护手段类	林业管理		北京市	北京市	
718	2015.08.31	平顶山市人民政府关于南水北调中线工程平顶山段生态廊道建设的指导意见	平顶山市人民政府	1	意见	生态损害防治类	环保综合规定		河南省	平顶山市	

续表

编号	发布时间	名称	发文主体	发文主体数量	文件类型	文件主类	文件亚类	文号	发文地区	发文城市	备注
719	2015.09.01	北京市发展和改革委员会、北京市财政局、北京市环境保护局关于挥发性有机物排污收费标准的通知	北京市发展和改革委员会，北京市财政局，北京市环境保护局	3	通知	污染防治类	环保综合规定	京发改〔2015〕2003号	北京市	北京市	
720	2015.09.01	广州市环境保护局、广州市财政局关于印发广州市整治高污染燃料锅炉专项资金奖励办法的通知	广州市环境保护局，广州市财政局	2	通知	污染防治类	水利综合规定	穗环〔2015〕154号	广东省	广州市	
721	2015.09.01	许昌市人民政府印发于加强水系连通工程和许昌市市区河湖水系供水调度管理办法（试行）的通知	许昌市人民政府	1	通知	环境退化防治类	水利综合规定	许政〔2015〕55号	河南省	许昌市	
722	2015.09.01	吉林省人民政府办公厅关于转发省管局吉林省公共机构节约能源资源考核工作规程的通知	吉林省人民政府办公厅	1	通知	自然资源保护类	能源综合规定	吉政办明电〔2015〕65号	吉林省		
723	2015.09.02	福州市环境保护局转发福建省环保厅印发《福建省建设项目环境影响评价文件分级审批管理规定》的通知	福州市环境保护局	1	通知	环境保护手段类	环保综合规定	榕环保综环〔2015〕146号	福建省	福州市	
724	2015.09.02	信阳市人民政府办公室关于切实加强秸秆禁烧和综合利用工作的通知	信阳市人民政府办公室	1	通知	自然资源保护类	农业管理	信政办〔2015〕110号	河南省	信阳市	

续表

编号	发布时间	名称	发文主体	发文主体数量	文件类型	文件主类	文件亚类	文号	发文地区	发文城市	备注
725	2015.09.02	盐城市人民政府办公室关于建立村庄环境长效管护机制的意见	盐城市人民政府办公室	1	意见	环境保护手段类	环保综合规定		江苏省	盐城市	
726	2015.09.02	广东省环境保护厅关于废止《广东省环境保护厅关于建设项目竣工环境保护验收行政许可办理程序》的通知	广东省环境保护厅	1	通知	环境保护手段类	环保综合规定	粤环函〔2015〕1065 号	广东省		
727	2015.09.02	天津市人民政府关于划定高污染燃料禁燃区的通告	天津市人民政府	1	通知	污染防治类	污染防治	津政发〔2015〕23 号	天津市		
728	2015.09.03	天津市人民政府办公厅关于印发天津市再生水利用管理办法的通知	天津市人民政府办公厅	1	通知	自然资源保护类	水资源	津政办发〔2015〕68 号	天津市	天津市	
729	2015.09.05	德阳市人民政府办公室关于印发德阳市中心城区污水处理费征收使用管理实施办法的通知	德阳市人民政府办公室	1	通知	污染防治类	水资源		湖南省	衡阳市	
730	2015.09.06	呼伦贝尔市人民政府办公厅关于进一步加强城市绿线、蓝线管制工作和实行"绿色图章"制度的通知	呼伦贝尔市人民政府办公厅	1	通知	环境保护手段类	植树造林与绿化	呼政办字〔2015〕208 号	内蒙古自治区	呼伦贝尔市	
731	2015.09.06	襄阳市人民政府办公室关于印发《襄阳市区域环境空气质量考核管理办法（试行）》的通知	襄阳市人民政府办公室	1	通知	污染防治类	环境监测	襄政办发〔2015〕37 号	湖北省	襄阳市	

续表

编号	发布时间	名称	发文主体	发文主体数量	文件类型	文件主类	文件亚类	文号	发文地区	发文城市	备注
732	2015.09.06	上海市绿化委关于印发《中国绿化基金会"绿色上海"基金管理暂行办法》的通知	上海市绿化委	1	通知	环境保护手段类	基金	沪绿委〔2015〕3号	上海市	上海市	
733	2015.09.06	嘉兴市人民政府办公室关于印发嘉兴市区城市环境卫生保洁工作考核办法的通知	嘉兴市人民政府办公室	1	通知	环境保护手段类	公共场所与环境卫生	嘉政办发〔2015〕67号	浙江省	嘉兴市	
734	2015.09.07	黑龙江省财政厅、黑龙江省环境保护厅、中国人民银行哈尔滨中心支行关于修订《黑龙江省排污费资金收缴使用管理办法》的通知（2015）	黑龙江省财政厅、黑龙江省环境保护厅、中国人民银行哈尔滨中心支行	3	通知	污染防治类	污染防治	黑财建〔2015〕164号	黑龙江省		
735	2015.09.07	广东省林业厅委托实施野生动植物行政许可事项管理办法	广东省林业厅	1	办法	自然资源保护类	野生动植物资源	粤林〔2015〕101号	广东省		
736	2015.09.07	上海市水务局（上海市海洋局）关于重新发布《关于本市建设项目水资源论证实施分类管理的通知》等10件行政规范性文件的通知	上海市水务局（上海市海洋局）	1	通知	自然资源保护类	水资源	沪水务〔海洋〕〔2015〕72号	上海市	上海市	
737	2015.09.07	上海市水务局关于印发《上海市水务局关于修改〈上海市长江河道采砂行政许可实施细则〉的决定》的通知	上海市水务局	1	通知	自然资源保护类	机关工作综合规定	沪水务〔2015〕893号	上海市	上海市	

续表

编号	发布时间	名称	发文主体	发文主体数量	文件类型	文件主类	文件亚类	文号	发文地区	发文城市	备注
738	2015.09.07	青岛市环境保护局关于印发《企业事业单位环境信息公开办法》行政处罚裁量基准的通知	青岛市环境保护局	1	通知	环境保护手段类	信息公开	青环发〔2015〕81号	山东省	青岛市	
739	2015.09.07	青岛市环境保护局关于印发《突发环境事件应急管理办法》行政处罚裁量基准的通知	青岛市环境保护局	1	通知	环境保护手段类	行政处罚与行政复议、突发事件	青环发〔2015〕76号	山东省	青岛市	
740	2015.09.07	怀化市人民政府办公室关于印发《中坡国家森林公园管理办法》的通知	怀化市人民政府办公室	1	通知	生态损害防治类	森林和野生动植物保护区	怀政办发〔2015〕49号	湖南省	怀化市	
741	2015.09.08	芷江侗族自治县人民政府办公室关于印发《芷江侗族自治县杂交水稻制种风险基金管理暂行办法》的通知	芷江侗族自治县人民政府办公室	1	通知	自然资源保护类	基金	芷政办发〔2015〕42号	湖南省	芷江县	
742	2015.09.08	贵州省环境保护厅关于印发《贵州省环保厅关于进一步开展党风廉政建设突出问题集中专项整治和"四风"问题自查自纠工作方案》的通知	贵州省环境保护厅	1	通知	综合类	廉政	黔环直党〔2015〕29号	贵州省		

续表

编号	发布时间	名称	发文主体	发文主体数量	文件类型	文件主类	文件亚类	文号	发文地区	发文城市	备注
743	2015.09.08	河池市人民政府办公室关于印发河池市饮用水源保护区危险化学品运输管理办法的通知	河池市人民政府办公室	1	通知	污染防治类	化学危险品管理	河政办发 [2015] 88号	广西壮族自治区	河池市	
744	2015.09.09	驻马店市人民政府关于中心城区实行建筑垃圾分级管理的通知	驻马店市人民政府	1	通知	污染防治类	环保综合规定		河南省	驻马店市	
745	2015.09.09	浙江省环境保护厅办公室关于印发《浙江省企业突发环境事件应急预案编制导则》等技术规范的通知	浙江省环境保护厅办公室	1	通知	环境保护手段类	国家安全工作、突发事件	浙环办函 [2015] 146号	浙江省		
746	2015.09.09	松原市人民政府关于加强环境保护工作的意见	松原市人民政府	1	意见	综合类	环保综合规定	松政发 [2015] 20号	吉林省	松原市	
747	2015.09.09	天津市人民政府办公厅关于转发市水务局拟定的天津市超计划用水累进加价收费征收管理规定的通知	天津市人民政府办公厅	1	通知	自然资源保护类	价格综合规定	津政办发 [2015] 72号	天津市	天津市	
748	2015.09.10	南宁市水利局办公室关于尽快组织对水利工程竣工验收攻坚战项目开展水土保持专项验收的通知	南宁市水利局办公室	1	通知	自然资源保护类	水土保持	南水办 [2015] 197号	广西壮族自治区	南宁市	

续表

编号	发布时间	名称	发文主体	发文主体数量	文件类型	文件主类	文件亚类	文号	发文地区	发文城市	备注
749	2015.09.10	山东省人民政府办公厅关于印发山东省矿山地质环境保护与治理恢复保证金管理暂行办法的通知	山东省人民政府办公厅	1	通知	生态损害防治类	地质矿产综合规定	鲁政办字〔2015〕156号	山东省		
750	2015.09.10	江西省人民政府办公厅关于进一步加强危险废物管理工作的通知	江西省人民政府办公厅	1	通知	污染防治类	化学危险品管理	赣府厅字〔2015〕108号	江西省		
751	2015.09.10	温州市人民政府关于扩大市区高污染燃料禁燃区范围的通告	温州市人民政府	1	通告	污染防治类	污染防治		浙江省	温州市	
752	2015.09.10	广东省林业厅、广东省住房和城乡建设厅、广东省绿化委员会关于认种认养林木、林地和绿地的管理办法	广东省林业厅、广东省住房和城乡建设厅、广东省绿化委员会	3	办法	自然资源保护类	林业管理	粤林〔2015〕102号	广东省		
753	2015.09.11	成都市城乡建设委员会关于立即开展建设工地环境综合治理的通知	成都市城乡建设委员会	1	通知	环境保护手段类	环保综合规定	成建委〔2015〕336号	四川省	成都市	
754	2015.09.11	安康市人民政府办公室关于印发安康市网格化环境监管工作方案的通知	安康市人民政府办公室	1	通知	环境保护手段类	互联网	安政办发〔2015〕122号	陕西省	安康市	
755	2015.09.11	葫芦岛市煤炭堆放管理暂行规定	葫芦岛市人民政府	1	规定	污染防治类	煤炭工业管理	葫芦岛市人民政府令第163号	辽宁省	葫芦岛市	

续表

编号	发布时间	名称	发文主体	发文主体数量	文件类型	文件主类	文件亚类	文号	发文地区	发文城市	备注
756	2015.09.12	定安县人民政府办公室关于印发定安县城乡环境卫生整洁行动方案（2015—2020年）的通知	定安县人民政府	1	通知	综合类	城市规划与开发建设	定府办〔2015〕118号	海南省	定安县	
757	2015.09.13	牡丹江市人民政府关于印发牡丹江市生活饮用水地表水源保护区管理办法的通知	牡丹江市人民政府	1	通知	污染防治类	水资源	牡政发〔2015〕13号	黑龙江省	牡丹江市	
758	2015.09.14	深圳市经贸信息委关于大力发展绿色流通的通知	深圳市经贸信息委	1	通知	环境保护手段类	对外经贸综合规定		广东省	深圳市	
759	2015.09.14	云南省环境保护厅关于楚雄南华县生态县建设的意见	云南省环境保护厅	1	意见	生态保护类	环保综合规定	云环发〔2015〕49号	云南省		
760	2015.09.14	通辽市人民政府关于加快医疗废物集中处置设施建设的通知	通辽市人民政府	1	通知	污染防治类	环保综合规定	通政字〔2015〕115号	内蒙古自治区	通辽市	
761	2015.09.15	云南省环境保护厅关于报送环境信息公开情况的函	云南省环境保护厅	1	函	环境保护手段类	信息公开	云环函〔2015〕312号	云南省		
762	2015.09.15	宿迁市政府关于印发宿迁市市区商业宣传活动环境噪声污染防治管理办法的通知	宿迁市人民政府	1	通知	污染防治类	污染防治	宿政规发〔2015〕4号	江苏省	宿迁市	
763	2015.09.15	宿迁市政府关于印发宿迁市市区沿街装饰装潢市容和环境卫生管理办法的通知	宿迁市人民政府	1	通知	环境保护手段类	公共场所环境卫生	宿政规发〔2015〕3号	江苏省	宿迁市	

续表

编号	发布时间	名称	发文主体	发文主体数量	文件类型	文件主类	文件亚类	文号	发文地区	发文城市	备注
764	2015.09.15	宣城市人民政府办公室关于进一步加强秋季秸秆禁烧工作的通知	宣城市人民政府办公室	1	通知	污染防治类	农业管理		安徽省	宣城市	
765	2015.09.16	内蒙古自治区林业厅关于切实加强秋季营造林工作的通知	内蒙古自治区林业厅	1	通知	自然资源保护类	环保综合规定	内林造函[2015] 392 号	内蒙古自治区		
766	2015.09.16	龙岩市经济和信息化委员会关于贯彻落实环境保护监督管理"一岗双责"的实施意见	龙岩市经济和信息化委员会	1	意见	环境保护手段类	公共场所与环境卫生	龙经信能环[2015] 44 号	福建省	龙岩市	
767	2015.09.16	福州市环境保护局转发福建省国土资源厅关于废止《做好地质勘查项目环境影响评价工作》文件的通知	福州市环境保护局	1	通知	环境保护手段类	环保综合规定	榕环保综[2015] 160 号	福建省	福州市	
768	2015.09.16	深圳市人民政府关于进一步加强观澜河（石马河）流域水质保护的通知	深圳市人民政府	1	通知	自然资源保护类	水资源	深府函[2015] 233 号	广东省	深圳市	
769	2015.09.16	黑河市人民政府关于黑河市区建立居民用水阶梯价格制度和调整城市供水价格等有关问题的通知复审和升级结果的通知	黑河市人民政府	1	通知	自然资源保护类	水资源	黑市政发[2015] 38 号	黑龙江省	黑河市	

续表

编号	发布时间	名称	发文主体	发文主体数量	文件类型	文件主类	文件亚类	文号	发文地区	发文城市	备注
770	2015.09.17	兰州国资委关于同意增加兰州煤炭有限责任公司高效煤粉项目和洁净型煤建设资金的通知	兰州国资委	1	通知	污染防治类	财政综合规定	兰国资规发 [2015] 407号	甘肃省	兰州市	
771	2015.09.17	云南省环境保护厅关于建设项目竣工环境保护验收指南的意见	云南省环境保护厅	1	意见	环境保护手段类	环保综合规定	云环函 [2015] 317号	云南省		
772	2015.09.17	福建省物价局关于节能量交易服务收费有关问题的复函	福建省物价局	1	函	自然资源保护类	价格监督检查	闽价服 [2015] 324号	福建省		
773	2015.09.17	镇江市人民政府办公室关于镇江市环境监管网格化的实施意见	镇江市人民政府	1	意见	综合类	机关工作综合规定	镇政办发 [2015] 164号	江苏省	镇江市	
774	2015.09.17	黑龙江省人民政府办公厅关于推行环境污染第三方治理的实施意见	黑龙江省人民政府办公厅	1	意见	污染防治类	污染防治	黑政办发 [2015] 56号	黑龙江省		
775	2015.09.17	洛阳市人民政府关于进一步加强城市区禁燃区烟尘控制区环境管理的意见	洛阳市人民政府	1	意见	环境保护手段类	环境监测	洛政 [2015] 55号	河南省	洛阳市	
776	2015.09.18	西藏自治区人民政府办公厅转发环境保护厅、公安厅关于建立自治区黄标车及老旧车淘汰工作长效机制意见的通知	西藏自治区人民政府办公厅	1	通知	污染防治类	交通运输综合规定	藏政办发 [2015] 71号	西藏自治区		

续表

编号	发布时间	名称	发文主体	发文主体数量	文件类型	文件主类	文件亚类	文号	发文地区	发文城市	备注
777	2015.09.18	广东省海洋与渔业局关于修订《广东省海洋与渔业行政处罚自由裁量权标准（渔业类）》的通知	广东省海洋与渔业局	1	通知	环境保护手段类	行政处罚与行政复议	粤海渔函〔2015〕704号	广东省		
778	2015.09.18	铁岭市人民政府办公室转发市环保局关于加强环境监管执法工作的通知	铁岭市人民政府办公室	1	通知	环境保护手段类	环保综合规定	铁政办发〔2015〕52号	辽宁省	铁岭市	
779	2015.09.21	钦州市人民政府办公室关于加强金融服务支持生态经济发展的实施意见	钦州市人民政府办公室	1	意见	环境保护手段类	金融机构	钦政办〔2015〕108号	广西壮族自治区	钦州市	
780	2015.09.22	开封市人民政府关于强化耕地保护确保占补平衡的通知	开封市人民政府	1	通知	自然资源保护类	土地复垦与耕地保护	汴政〔2015〕65号	河南省	开封市	
781	2015.09.22	山东省发展和改革委员会关于征选山东省碳排放第三方核查机构的通知	山东省发展和改革委员会	1	通知	环境保护手段类	污染防治		山东省		
782	2015.09.22	青海省环境保护厅关于印发《青海省社会环境检测机构管理办法》的通知	青海省环境保护厅	1	通知	环境保护手段类	环境监测	青环发〔2015〕388号	青海省		
783	2015.09.22	河北省环境保护厅、河北省发展和改革委员会关于落实环境保护部国家发展改革委贯彻实施国家主体功能区环境政策若干意见的通知	河北省环境保护厅河北省发展和改革委员会	2	通知	生态保护类	环保综合规定	冀环规〔2015〕318号	河北省		

续表

编号	发布时间	名称	发文主体	发文主体数量	文件类型	文件主类	文件亚类	文号	发文地区	发文城市	备注
784	2015.09.22	阳泉市环境保护局关于印发阳泉市环境保护局2015年环境监察稽查工作计划的通知	阳泉市环境保护局	1	通知	环境保护手段类	计划类综合规定		山西省	阳泉市	
785	2015.09.22	重庆市发展和改革委员会关于组织申报清环经济示范城市(县)的通知	重庆市发展和改革委员会	1	通知	环境保护手段类	机关工作综合规定	渝发改环资〔2015〕2154号	重庆市	重庆市	
786	2015.09.23	广东省财政厅、广东省经济和信息化委关于修订《广东省省级节能降耗专项资金管理办法》的通知	广东省财政厅、广东省经济和信息化委员会	2	通知	环境保护手段类	节能管理	粤财工〔2015〕349号	广东省		
787	2015.09.23	天水市人民政府关于印发天水市取水许可和水资源费征收管理办法的通知	天水市人民政府	1	通知	自然资源保护类	水资源	天政发〔2015〕102号	甘肃省	天水市	
788	2015.09.23	邵阳市人民政府关于印发《邵阳市环境保护工作责任规定(试行)》的通知	邵阳市人民政府	1	通知	综合类	环保综合规定	市政发〔2015〕12号	湖南省	邵阳市	
789	2015.09.23	杭州市人民政府办公厅关于加强全市饮用水源保护区域内危险化学品运输管理工作的通知	杭州市人民政府办公厅	1	通知	污染防治类	化学危险品管理	杭政办函〔2015〕138号	浙江省	杭州市	
790	2015.09.23	恩施州人民政府办公室关于进一步加强危险化学品和易燃易爆物品安全生产工作的通知	恩施州人民政府办公室	1	通知	污染防治类	化学危险品管理	恩施州政办发〔2015〕62号	湖北省	恩施州	

续表

编号	发布时间	名称	发文主体	发文主体数量	文件类型	文件主类	文件亚类	文号	发文地区	发文城市	备注
791	2015.09.24	南宁市水利局关于开展节能减排检查的通知	南宁市水利局	1	通知	自然资源保护类	节能管理	南水办〔2015〕210号	广西壮族自治区	南宁市	
792	2015.09.24	鼓浪屿管委会、思明区人民政府关于鼓浪屿全岛禁止使用扩音器等高噪声设备的通告	鼓浪屿管委会、思明区人民政府	1	通知	污染防治类	污染防治	厦鼓管〔2015〕59号	福建省	厦门市	
793	2015.09.24	鞍山市人民政府办公厅关于印发鞍山市环境保护局主要职责内设机构和人员编制规定的通知	鞍山市人民政府	1	通知	综合类	机构编制	鞍政办发〔2015〕116号	辽宁省	鞍山市	
794	2015.09.24	阳泉市环境保护局关于进一步做好主要污染物总量减排工作的通知	阳泉市环境保护局	1	通知	污染防治类	污染防治		山西省	阳泉市	
795	2015.09.24	江苏省农业机械管理局关于扎实做好秋季秸秆机械化还田工作的通知	江苏省农业机械管理局	1	通知	污染防治类	污染防治	苏农机科函〔2015〕27号	江苏省		
796	2015.09.25	云南省环境保护厅关于楚雄州永仁县生态县建设的意见	云南省环境保护厅	1	意见	生态损害防治类	自然保护	云环发〔2015〕50号	云南省		
797	2015.09.25	云南省环境保护厅关于楚雄州大姚县生态县建设的意见	云南省环境保护厅	1	意见	生态损害防治类	自然保护	云环发〔2015〕51号	云南省		

续表

编号	发布时间	名称	发文主体	发文主体数量	文件类型	文件主类	文件亚类	文号	发文地区	发文城市	备注
798	2015.09.25	宽甸满族自治县人民政府办公室关于印发宽甸满族自治县景区森林防火管理办法的通知	宽甸满族自治县人民政府办公室	1	通知	自然资源保护类	护林防火	宽政办发〔2015〕55号	辽宁省	宽甸县	
799	2015.09.25	河北省环境保护厅关于取消建设项目主要污染物排放总量核定作为非行政许可审批事项的通知	河北省环境保护厅	1	通知	环境保护手段类	环保综合规定	冀环办发〔2015〕113号	河北省		
800	2015.09.25	阳泉市环境保护局关于开展全市核与辐射安全大检查及综合督查的通知	阳泉市环境保护局	1	通知	环境保护手段类	环保综合规定		山西省	阳泉市	
801	2015.09.25	泰州市政府关于印发泰州市建筑施工工地扬尘排污费征收管理办法的通知	泰州市政府	1	通知	污染防治类	污染防治	泰政规〔2015〕5号	江苏省	泰州市	
802	2015.09.25	大连市人民政府关于划定高污染燃料禁燃区的通告	大连市人民政府	1	通告	污染防治类	污染防治	大政发〔2015〕41号	辽宁省	大连市	
803	2015.09.27	泸州市人民政府办公室关于印发泸州市城市环境空气质量考核激励暂行办法的通知	泸州市人民政府办公室	1	通知	污染防治类	污染防治	泸市府办发〔2015〕46号	四川省	泸州市	
804	2015.09.28	厦门市经济和信息化局、厦门市财政局关于印发厦门市国家"园区循环化改造"示范试点建设管理办法的通知	厦门市经济和信息化局、厦门市财政局	2	通知	环境保护类	城市规划与开发建设	厦经信环资〔2015〕365号	福建省	厦门市	

续表

编号	发布时间	名称	发文主体	发文主体数量	文件类型	文件主类	文件亚类	文号	发文地区	发文城市	备注
805	2015.09.28	绍兴市人民政府办公室关于进一步加强全市环境监管执法工作的通知	绍兴市人民政府办公室	1	通知	环境保护手段类	环境监测	绍政办〔2015〕76号	浙江省	绍兴市	
806	2015.09.28	永州市人民政府关于执行国家机动车污染物国IV排放标准的通告	永州市人民政府	1	通告	污染防治类	污染防治	永政函〔2015〕166号	湖南省	永州市	
807	2015.09.28	三明市人民政府办公室关于切实做好万里安全生态水系建设的通知	三明市人民政府办公室	1	通知	环境保护手段类	水利综合规定	明政办〔2015〕90号	福建省	三明市	
808	2015.09.29	淮安市政府关于加强村庄环境长效管护的意见	淮安市政府	1	意见	环境保护手段类	环保综合规定	淮政发〔2015〕179号	江苏省	淮安市	
809	2015.09.29	丹东市人民政府关于印发丹东市危险化学品道路运输安全管理办法的通知	丹东市人民政府	1	通知	污染防治类	化学危险品管理	丹政发〔2015〕25号	辽宁省	丹东市	
810	2015.09.29	浙江省财政厅、浙江省环境保护厅、国家发展改革委环境保护部关于印发《排污权出让收入管理暂行办法》的通知	浙江省财政厅、浙江省物价局、浙江省环境保护厅	3	通知	环境保护手段类	环保综合规定	浙财综〔2015〕42号	浙江省		

续表

编号	发布时间	名称	发文主体	发文主体数量	文件类型	文件主类	文件亚类	文号	发文地区	发文城市	备注
811	2015.09.29	上海市环保局、市绿化市容局关于加强本市一般工业固体废弃物处置环境管理的通知	上海市环境保护局 上海市绿化和市容管理局	2	通知	环境保护手段类	环保综合规定	沪环保防[2015]419号	上海市	上海市	
812	2015.09.29	齐齐哈尔市人民政府关于黑龙江齐齐哈尔沿江湿地自然保护区的公告	齐齐哈尔市人民政府	1	公告	生态损害防治类	自然保护	齐政发[2015]52号	黑龙江省	齐齐哈尔市	
813	2015.09.30	淄博市林业局关于转发山东省林业厅关于加强建设项目使用林地审核审批管理的通知	淄博市林业局	1	通知	自然资源保护类	林业管理		山东省	淄博市	
814	2015.09.30	达州市人民政府关于印发《达州市城市绿线管理实施办法》的通知	达州市人民政府	1	通知	环境保护手段类	市政公用与道路桥	达市府发[2015]30号	四川省	达州市	
815	2015.09.30	大庆市人民政府关于调整市区城镇居民生活用水价格和污水处理费标准的通知	大庆市人民政府	1	通知	自然资源保护类	水资源	庆政发[2015]17号	黑龙江省	大庆市	
816	2015.09.30	福建省经济和信息化委员会、福建省国土资源厅、福建煤矿安全监察局等关于加快关闭淘汰落后小煤矿的通知	福建省经济和信息化委员会、福建省国土资源厅、福建煤矿安全监察局	3	通知	自然资源保护类	能源综合规定	闽经信能源[2015]669号	福建省	福建省	

续表

编号	发布时间	名称	发文主体	发文主体数量	文件类型	文件主类	文件亚类	文号	发文地区	发文城市	备注
817	2015.09.30	山西省地方税务局、山西省煤炭工业厅关于落实煤炭资源税优惠政策有关事项的公告	山西省地方税务局、山西省煤炭工业厅	2	公告	自然资源保护类	资源税	山西省地方税务局、山西省煤炭工业厅公告2015年第4号	山西省		
818	2015.09.30	铜仁市人民政府办公室关于企业环境保护信用等级评价实施细则的通知	铜仁市人民政府	1	通知	环境保护手段类	房屋租赁借用	铜府办发[2015]150号	安徽省	铜仁市	
819	2015.09.30	浙江省物价局、浙江省环保护厅关于非统调公用热电联产发电机组执行环保电价及考核等有关事项的通知	浙江省物价局、浙江省环境保护厅	2	通知	综合类	价格综合规定	浙价资[2015]201号	浙江省		
820	2015.09.30	宝鸡市人民政府办公室关于进一步加强环境监管执法的通知	宝鸡市人民政府办公室	1	通知	环境保护手段类	环境保护	宝政办发[2015]58号	陕西省	宝鸡市	
821	2015.09.30	内蒙古自治区人民政府办公厅关于切实加强环境监管执法的通知	内蒙古自治区人民政府	1	通知	环境保护手段类	环境监测	内政办发[2015]113号	内蒙古自治区		
822	2015.09.30	廊坊市人民政府办公室关于印发廊坊市环境空气质量奖惩办法（试行）的通知	廊坊市人民政府办公室	1	通知	污染防治类	污染防治	廊政办[2015]126号	河北省	廊坊市	
823	2015.10.08	长沙市机构编制委员会办公室关于长沙市环境保护局有关职责和机构编制调整的通知	长沙市机构编制委员会办公室	1	通知	综合类	机构编制	长编办发[2015]163号	湖南省	长沙市	

续表

编号	发布时间	名称	发文主体	发文主体数量	文件类型	文件主类	文件亚类	文号	发文地区	发文城市	备注
824	2015.10.08	保定市人民政府关于印发保定市环境空气质量排名落后处罚办法的通知	保定市人民政府	1	通知	环境保护手段类	环保综合规定	保政函〔2015〕76号	河北省	保定市	
825	2015.10.09	无锡市环境保护委员会办公室关于进一步做好2015年秋季秸秆综合利用和禁烧院的通知	无锡市环境保护委员会办公室	1	通知	环境保护手段类	环保综合规定	锡环委办〔2015〕25号	江苏省	无锡市	
826	2015.10.09	襄阳市人民政府办公室关于调整市区环境保护管理体制的通知	襄阳市人民政府	1	通知	环境保护手段类	环境保护	襄政办发〔2015〕41号	湖北省	襄阳市	
827	2015.10.09	潍坊市商务局、潍坊市公安局、潍坊市环境保护局、潍坊市工商行政管理局关于印发《潍坊市2015年度报废汽车回收拆解企业设立工作方案》的通知	潍坊市商务局、潍坊市公安局、潍坊市环境保护局、潍坊市工商行政管理局	4	通知	环境保护手段类	交通安全管理	潍商务建设字〔2015〕21号	山东省	潍坊市	
828	2015.10.09	浙江省环境保护厅关于印发浙江省环境监察机构现场检查工作规则的通知	浙江省环境保护厅	1	通知	综合类	廉政	浙环发〔2015〕40号	浙江省		
829	2015.10.09	宝鸡市人民政府办公室关于印发宝鸡市大力改善生态环境加快建设美丽宝鸡行动计划(2015—2016年)的通知	宝鸡市人民政府	1	通知	综合类	环境保护	宝政办发〔2015〕56号	陕西省	宝鸡市	

续表

编号	发布时间	名称	发文主体	发文主体数量	文件类型	文件主类	文件亚类	文号	发文地区	发文城市	备注
830	2015.10.10	商丘市人民政府办公室关于印发商丘市水环境生态补偿暂行办法的通知	商丘市人民政府	1	通知	环境保护手段类	环保综合规定	商政办〔2015〕111 号	河南省	商丘市	
831	2015.10.10	云南省环境保护厅、云南省财政厅关于印发《云南省农村环境综合整治项目管理实施细则（试行）》的通知	云南省环境保护厅、云南省财政厅	1	通知	综合类	环保综合规定	云环通〔2015〕279 号	云南省		
832	2015.10.12	湖北省环境保护厅关于进一步加强排污许可证管理工作的通知	湖北省环境保护厅	1	通知	环境保护手段类	环保综合规定	鄂环发〔2015〕17 号	湖北省		
833	2015.10.12	湖北省环境保护厅关于划定省控重点排污单位有关事项的通知	湖北省环境保护厅	1	通知	环境保护手段类	环保综合规定	鄂环发〔2015〕16 号	湖北省		
834	2015.10.12	毕节市人民政府办公室关于印发毕节市产业园区（开发区）投资环境综合评价办法（试行）的通知	毕节市人民政府	1	通知	环境保护手段类	环境标准	毕府办通〔2015〕71 号	贵州省	毕节市	
835	2015.10.12	云南省环境保护厅关于进一步加强危险废物规范化管理工作的通知	云南省环境保护厅	1	通知	环境保护手段类	特种行业和危险品管理	云环通〔2015〕244 号	云南省		

续表

编号	发布时间	名称	发文主体	发文主体数量	文件类型	文件主类	文件亚类	文号	发文地区	发文城市	备注
836	2015.10.13	湖北省环境保护厅、湖北省财政厅关于转发环保部财政部《关于加强"以奖促治"农村环境基础设施运行管理的意见》的通知	湖北省财政厅	1	通知	环境保护手段类	环保综合规定	鄂环发〔2015〕20号	湖北省		
837	2015.10.13	甘肃省人民政府办公厅关于推行环境污染第三方治理的实施意见	甘肃省人民政府	1	意见	污染防治类	污染防治、环保综合规定	甘政办发〔2015〕147号	甘肃省		
838	2015.10.13	本溪市人民政府办公厅关于对全市水环境质量实行目标考核的通知	本溪市人民政府	1	通知	环境保护手段类	水资源	本政办发〔2015〕86号	辽宁省	本溪市	
839	2015.10.13	本溪市人民政府办公厅关于加强老官砬子及观音阁水库饮用水源地环境保护工作的意见	本溪市人民政府	1	意见	环境保护手段类	环保综合规定	本政办发〔2015〕85号	辽宁省	本溪市	
840	2015.10.14	西藏自治区人民政府办公厅关于印发西藏自治区环境监管网格化建设指导意见（试行）的通知	西藏自治区人民政府	1	通知	环境保护手段类	环保综合规定	藏政办发〔2015〕82号	西藏自治区		
841	2015.10.14	贵州省环境保护厅关于印发《贵州省环境保护厅清理规范行政审批中介服务工作方案》的通知	贵州省环境保护厅	1	通知	综合类	机关工作综合规定		贵州省		

续表

编号	发布时间	名称	发文主体	发文主体数量	文件类型	文件主类	文件亚类	文号	发文地区	发文城市	备注
842	2015.10.15	毕节市人民政府办公室关于印发毕节市矿山地质灾害和地质环境治理恢复金保证管理实施办法的通知	毕节市人民政府	1	通知	生态保护类	地质矿产综合规定	毕府办通〔2015〕75 号	贵州省	毕节市	
843	2015.10.15	云南省环保护厅关于鲁甸地震云南会泽黑颈鹤国家级自然保护区灾后恢复重建实施方案的批复	云南省环境保护厅	1	批复	生态保护类	自然保护	云环发〔2015〕52 号	云南省		
844	2015.10.15	洛阳市公安局、洛阳市交通运输局、洛阳市商务局、洛阳市环境保护局关于强制淘汰 2005 年底前注册营运的黄标车的通告	洛阳市公安局，洛阳市交通运输局，洛阳市商务局，洛阳市环境保护局	4	通告	污染防治类	环保综合规定		河南省	洛阳市	
845	2015.10.16	南通市政府办公室关于转发市环保局南通市行政审批局环境影响评价文件分级审批办法的通知	南通市人民政府	1	通知	环境保护手段类	建设综合规定	通政办发〔2015〕157 号	江苏省	南通市	
846	2015.10.16	安阳市人民政府办公室关于印发安阳市水环境污染综合整治方案（2015—2016 年）的通知	安阳市人民政府	1	通知	污染防治类	污染防治	安政办〔2015〕96 号	河南省	安阳市	
847	2015.10.20	无锡市环境保护局关于印发转发《江苏省排污许可证发放管理办法（试行）》的通知	无锡市环境保护局	1	通知	环境保护手段类	污染防治	锡环总量〔2015〕9 号	江苏省	无锡市	

续表

编号	发布时间	名称	发文主体	发文主体数量	文件类型	文件主类	文件亚类	文号	发文地区	发文城市	备注
848	2015.10.20	广东省环境保护厅建设项目环境影响评价文件审批程序规定	广东省环境保护厅	1	规定	环境保护手段类	环保综合规定	粤环〔2015〕86 号	广东省		
849	2015.10.21	青海省人民政府办公厅转发省环保护厅关于青海省建设项目环境影响评价分级审批规定的通知	青海省人民政府	1	通知	环境保护手段类	环境标准	青政办〔2015〕192 号	青海省		
850	2015.10.21	浙江省环境保护厅关于印发《浙江省涂装行业挥发性有机物污染整治规范》和《浙江省印刷和包装行业挥发性有机物污染整治规范》的通知	浙江省环境保护厅	1	通知	污染防治类	污染防治	浙环函〔2015〕402 号	浙江省		
851	2015.10.22	连云港市政府关于加强环境监管执法的通知	连云港市人民政府	1	通知	环境保护手段类	环境监测	连政发〔2015〕147 号	江苏省	连云港市	
852	2015.10.22	辽宁省财政厅、辽宁省物价局、辽宁省环境保护厅转发财政部国家发展改革委环境保护部关于印发挥发性有机物排污收费试点办法的通知	辽宁省财政厅、辽宁省物价局、辽宁省环境保护厅	3	通知	环境保护手段类	环保综合规定	辽财非〔2015〕832 号	辽宁省		
853	2015.10.23	龙岩市城市管理行政执法局关于印发办公大楼及其周边环境卫生管理规定的通知	龙岩市城市管理行政执法局	1	通知	环境保护手段类	公共场所与环境卫生	龙城执〔2015〕113 号	福建省	龙岩市	

续表

编号	发布时间	名称	发文主体	发文主体数量	文件类型	文件主类	文件亚类	文号	发文地区	发文城市	备注
854	2015.10.23	山东省环境保护厅关于进一步加快全省柴油黄标车"黄改绿"工作的通知	山东省环境保护厅	1	通知	污染防治类	交通运输综合规定	鲁环函〔2015〕779号	山东省		
855	2015.10.23	辽宁省环境保护厅、辽宁省畜牧兽医局关于印发辽宁省畜禽禁养区划定技术指南的通知	辽宁省畜牧兽医局	1	通知	环境保护手段类	牧业管理	辽环发〔2015〕42号	辽宁省		
856	2015.10.23	宿迁市政府办公室关于进一步加强村庄环境长效管护工作的通知	宿迁市人民政府	1	通知	环境保护手段类	环保综合规定	宿政办发〔2015〕118号	江苏省	宿迁市	
857	2015.10.23	五指山市人民政府办公室关于印发五指山市2016年五指山县国家重点生态功能区县域生态环境质量考核工作任务分工方案的通知	五指山市人民政府	1	通知	生态保护类	公共场所与环境卫生	五府办〔2015〕167号	海南省	五指山市	
858	2015.10.25	淮北市人民政府办公室关于进一步加强环境监管执法工作的通知	淮北市人民政府	1	通知	环境保护手段类	环保综合规定		安徽省	淮北市	
859	2015.10.26	西藏自治区人民政府办公厅关于进一步加强环境监管执法的通知	西藏自治区人民政府	1	通知	环境保护手段类	环保综合规定	藏政办发〔2015〕85号	西藏自治区		

续表

编号	发布时间	名称	发文主体	发文主体数量	文件类型	文件主类	文件亚类	文号	发文地区	发文城市	备注
860	2015.10.27	山东省环境保护厅办公室关于修订《山东省环境监测人员持证上岗考核实施细则》的通知	山东省环境保护厅	1	通知	综合类	环保综合规定	鲁环办函〔2015〕177号	山东省		
861	2015.10.27	安顺市政府办关于进一步加强环境监管执法工作的通知	安顺市人民政府	1	通知	环境保护手段类	环境监测	安府办函〔2015〕113号	贵州省	安顺市	
862	2015.10.27	五指山市人民政府办公室关于印发 2016 年五指山市国家重点生态功能区县域生态环境质量监测评价与考核工作实施方案的通知	五指山市人民政府	1	通知	环境保护手段类	公共场所与环境卫生	五府办〔2015〕170号	海南省	五指山市	
863	2015.10.28	青海省发展和改革委员会转发国家发展改革委办公厅关于在全国发展改革系统开展学习宣传《党政领导干部生态环境损害责任追究办法（试行）》工作的通知	青海省发展和改革委员会	1	通知	环境保护手段类	环保综合规定	青发改人事〔2015〕855号	青海省		
864	2015.10.28	廊坊市人民政府办公室印发廊坊市推行环境污染第三方治理实施意见的通知	廊坊市人民政府	1	通知	环境保护手段类	污染防治	廊政办〔2015〕55号	河北省	廊坊市	
865	2015.10.29	黑龙江省环境保护厅关于转发环保部环办〔2015〕88号文件的通知	黑龙江省环境保护厅	1	通知	综合类	机关工作综合规定	黑环办发〔2015〕178号	黑龙江省		

续表

编号	发布时间	名称	发文主体	发文主体数量	文件类型	文件主类	文件亚类	文号	发文地区	发文城市	备注
866	2015.10.29	韶关市人民政府关于印发《关于进一步优化韶关投资营商环境的具体措施（试行）》的通知	韶关市人民政府	1	通知	综合类	环保综合规定	韶府〔2015〕48号	广东省	韶关市	
867	2015.10.29	宝鸡市人民政府办公室关于印发宝鸡市突发环境事件应急预案的通知	宝鸡市人民政府	1	通知	环境保护手段类	环境保护、突发事件	宝政办发〔2015〕61号	陕西省	宝鸡市	
868	2015.10.30	湖北省环境保护厅关于环保违规建设项目清理整顿工作的指导意见	湖北省环境保护厅	1	意见	环境保护手段类	违章建筑	鄂环发〔2015〕21号	湖北省		
869	2015.10.30	汉中市人民政府办公室关于印发汉中市突发环境事件应急预案的通知	汉中市人民政府	1	通知	环境保护手段类	环保综合规定、突发事件	汉政办函〔2015〕71号	陕西省	汉中市	
870	2015.10.30	永州市人民政府办公室关于贯彻落实《湖南省环境保护工作责任规定（试行）》的意见	永州市人民政府	1	意见	环境保护手段类	环保综合规定	永政发〔2015〕18号	湖南省	永州市	
871	2015.10.30	云南省环境保护厅关于云南省网格化环境监管体系建设的指导意见	云南省环境保护厅	1	意见	环境保护手段类	环保综合规定	云环发〔2015〕54号	云南省		
872	2015.11.02	信阳市人民政府办公厅转发省政府办公厅关于加强环境监管执法工作意见的通知	信阳市人民政府	1	通知	环境保护手段类	职业与职工教育	信政办〔2015〕138号	河南省	信阳市	

续表

编号	发布时间	名称	发文主体	发文主体数量	文件类型	文件主类	文件亚类	文号	发文地区	发文城市	备注
873	2015.11.02	北京市人民政府办公厅关于进一步加强环境监管执法工作的意见	北京市人民政府	1	意见	环境保护手段类	环境监测	京政办发〔2015〕51号	北京市	北京市	
874	2015.11.03	浙江省环境保护厅办公室关于印发浙江省环境保护厅环境保护专项资金内部管理办法的通知	浙江省环境保护厅	1	通知	环境保护手段类	专项资金管理	浙环办函〔2015〕173号	浙江省		
875	2015.11.03	六盘水市人民政府办公室关于印发六盘水市环境质量与目标责任约谈制度的通知	六盘水市人民政府	1	通知	环境保护手段类	环境标准	六盘水府办函〔2015〕109号	贵州省	六盘水市	
876	2015.11.04	黑龙江省环境保护厅关于调度污染源环境监管信息和企业环境信息公开有关情况的通知	黑龙江省环境保护厅	1	通知	环境保护手段类	环境监测	黑环办发〔2015〕183号	黑龙江省		
877	2015.11.05	上海市交通委员会、上海市环境保护局、上海市公安局、上海市质量技术监督局关于进一步加强本市在用机动车环保治理的通告	上海市交通委员会，上海市环境保护局，上海市公安局，上海市质量技术监督局	4	通告	环境保护手段类	环保综合规定	沪交科〔2015〕1257号	上海市	上海市	
878	2015.11.09	浙江省环境保护厅关于印发《浙江省网格化环境监管指导意见》的通知	浙江省环境保护厅	1	通知	环境保护手段类	环保综合规定	浙环函〔2015〕434号	浙江省		

续表

编号	发布时间	名称	发文主体	发文主体数量	文件类型	文件主类	文件亚类	文号	发文地区	发文城市	备注
879	2015.11.09	抚州市人民政府关于进一步提升市中心城区环境空气质量的意见	抚州市人民政府	1	意见	环境保护手段类	环境监测	抚府发[2015]28号	江西省	抚州市	
880	2015.11.09	兰州市环境保护局关于印发危险废物转移联单（医疗废物专用）操作规程的通知	兰州市环境保护局	1	通知	环境保护手段类	化学危险品管理	兰环发[2015]622号	甘肃省	兰州市	
881	2015.11.09	云南省环境保护厅转发环保部《关于加快推动生活方式绿色化的实施意见》的通知	云南省环境保护厅	1	通知	环境保护手段类	环保综合规定	云环通[2015]262号	云南省		
882	2015.11.10	绍兴市人民政府办公室关于印发绍兴市曹娥江水环境治理考核管理办法（试行）的通知	绍兴市人民政府	1	通知	环境保护手段类	环保综合规定	绍政办发[2015]88号	浙江省	绍兴市	
883	2015.11.10	浙江省环境保护厅关于印发《浙江省辐射环境监测人员持证上岗考核实施细则》的通知	浙江省环境保护厅	1	通知	环境保护手段类	环保综合规定	浙环发[2015]44号	浙江省		
884	2015.11.11	黑龙江省环境保护厅关于转发《关于执行调整排污费征收标准政策有关问题的通知》的通知	黑龙江省环境保护厅	1	通知	环境保护手段类	环保综合规定	黑环办发[2015]185号	黑龙江省		

续表

编号	发布时间	名称	发文主体	发文主体数量	文件类型	文件主类	文件亚类	文号	发文地区	发文城市	备注
885	2015.11.11	百色市人民政府办公室关于进一步落实和加强环境监管执法工作的通知	百色市人民政府	1	通知	环境保护手段类	环保综合规定	百政办发〔2015〕87号	广西壮族自治区	百色市	
886	2015.11.16	黑龙江省环境保护厅关于转发环办〔2015〕99号文件的通知	黑龙江省环境保护厅	1	通知	环境保护手段类	机关工作综合规定	黑环办发〔2015〕190号	黑龙江省		
887	2015.11.16	青海省人民政府办公厅关于加快推行青海省环境污染第三方治理的实施意见	青海省人民政府	1	意见	环境保护手段类	污染防治	青政办〔2015〕207号	青海省		
888	2015.11.16	阜阳市人民政府办公室关于进一步加强新河饮用水水源地环境保护工作的通知	阜阳市人民政府	1	通知	自然资源保护类	水资源	阜政办秘〔2015〕86号	安徽省	阜阳市	
889	2015.11.16	汉中市人民政府关于授权汉中兴元新区管委会组织实施及环境提升工程的通知	汉中市人民政府	1	通知	环境退化防治类	水利工程、环境保护	汉政函〔2015〕66号	陕西省	汉中市	
890	2015.11.16	中共常德市委办公室、常德市人民政府办公室关于印发《常德市环境问题（事件）责任追究办法（试行）》的通知	中共常德市委办公室、常德市人民政府办公室	2	通知	环境保护手段类	环保综合规定	常办发〔2015〕13号	湖南省	常德市	

续表

编号	发布时间	名称	发文主体	发文主体数量	文件类型	文件主类	文件亚类	文号	发文地区	发文城市	备注
891	2015.11.16	云南省环境保护厅、云南省财政厅转发环保部、财政部关于加强"以奖促治"农村环境基础设施运行管理意见的通知	云南省环境保护厅、云南省财政厅	2	通知	环境保护手段类	环保综合规定	云环通〔2015〕270号	云南省		
892	2015.11.17	无锡市环境保护局关于印发无锡市建设项目环境影响评价文件审批限额规定的通知	无锡市环境保护局	1	通知	环境保护手段类	环保综合规定	锡环发〔2015〕75号	江苏省	无锡市	
893	2015.11.17	银川市人民政府办公厅关于印发银川市环境空气质量生态补偿暂行办法的通知	银川市人民政府	1	通知	环境保护手段类	环保综合规定	银政办〔2015〕203号	宁夏回族自治区	银川市	
894	2015.11.18	江西省环境保护厅关于印发《江西省环境保护厅环境污染纠纷调解工作制度（试行）》的通知	江西省环境保护厅	1	通知	环境保护手段类	调解		江西省		
895	2015.11.19	湖州市人民政府关于进一步深化改革提高环境资源利用水平的若干意见	湖州市人民政府	1	意见	综合类	资源综合利用	湖政发〔2015〕32号	浙江省	湖州市	
896	2015.11.20	湖北省环境保护厅关于印发《湖北省重点生态功能区县域生态环境质量监测评价与考核指标体系评分实施细则（试行）》的通知	湖北省环境保护厅	1	通知	环境保护手段类	环境监测	鄂环发〔2015〕24号	湖北省		

续表

编号	发布时间	名称	发文主体	发文主体数量	文件类型	文件主类	文件亚类	文号	发文地区	发文城市	备注
897	2015.11.20	常德市人民政府关于印发《常德市环境保护工作责任规定(试行)》的通知	常德市人民政府	1	通知	环境保护手段类	环保综合规定	常政发〔2015〕12号	湖南省	常德市	
898	2015.11.20	佳木斯市人民政府关于进一步加强环境执法监管工作的意见	佳木斯市人民政府	1	意见	环境保护手段类	环境监测	佳政发〔2015〕20号	黑龙江省	佳木斯市	
899	2015.11.20	北京市人民政府办公厅关于推行环境污染第三方治理的实施意见	北京市人民政府	1	意见	环境保护手段类	公共场所与环境卫生	京政办发〔2015〕53号	北京市	北京市	
900	2015.11.20	湖州市发展和改革委员会、湖州市经济和信息化委员会、湖州市财政局关于印发湖州市工商业企业差别化水价政策有关事项的通知	湖州市发展和改革委员会、湖州市经济和信息化委员会、湖州市财政局, 湖州市环境保护局	4	通知	综合类	专项资金管理、环保综合规定		浙江省	湖州市	
901	2015.11.21	楚雄州人民政府办公室关于加强环境监管执法的实施意见	楚雄彝族自治州人民政府	1	意见	环境保护手段类	环境监测	楚政办发〔2015〕9号	云南省	楚雄州	
902	2015.11.23	无锡市环境保护局关于印发《无锡市环境保护局约谈暂行办法》的通知	无锡市环境保护局	1	通知	环境保护手段类	机关工作综合规定	锡环发〔2015〕76号	江苏省	无锡市	

续表

编号	发布时间	名称	发文主体	发文主体数量	文件类型	文件主类	文件亚类	文号	发文地区	发文城市	备注
903	2015.11.23	郑州市人民政府办公厅关于加强环境监管执法工作的实施意见	郑州市人民政府	1	意见	环境保护手段类	环境监测、环保综合规定	郑政办〔2015〕131号	河南省	郑州市	
904	2015.11.23	辽宁省环境保护厅关于印发《辽宁省环境保护行政处罚程序暂行规定》的通知	辽宁省环境保护厅	1	通知	环境保护手段类	环保综合规定、机关工作综合规定	辽环发〔2015〕46号	辽宁省		
905	2015.11.23	湖南省财政厅、湖南省国土资源厅关于印发《湖南省矿产资源勘查开发与地质环境保护专项资金管理办法》的通知	湖南省财政厅、湖南省国土资源厅	2	通知	环境保护手段类	专项资金管理	湘财建〔2015〕97号	湖南省		
906	2015.11.23	西安市人民政府办公厅关于加强土壤环境保护和综合治理工作的实施意见	西安市人民政府	1	意见	综合类	土地复垦与耕地保护	市政办发〔2015〕112号	陕西省	西安市	
907	2015.11.23	安顺市政府办公厅关于在全市范围内实施流域环境保护河长制的通知	安顺市人民政府	1	通知	生态保护类	环保综合规定	安府函〔2015〕130号	贵州省	安顺市	
908	2015.11.23	河北省财政厅、河北省环境保护厅关于转发财政部、环境保护部《中央农村节能减排资金使用管理办法》的通知	河北省财政厅、河北省环境保护厅	2	通知	环境保护手段类	建材节能	冀财资环〔2015〕124号	河北省		

续表

编号	发布时间	名称	发文主体	发文主体数量	文件类型	文件主类	文件亚类	文号	发文地区	发文城市	备注
909	2015.11.24	陕西省环境保护厅关于印发《陕西省环境保护厅关于在污染源日常环境监管领域推广随机抽查制度的实施细则》的通知	陕西省环境保护厅	1	通知	污染防治类	污染防治	陕环办发〔2015〕87号	陕西省		
910	2015.11.24	浙江省环境保护厅关于进一步加强环境保护专项资金项目储备库建设管理的通知	浙江省环境保护厅	1	通知	环境保护手段类	专项资金管理	浙环发〔2015〕43号	浙江省		
911	2015.11.24	南京市财政局、南京市环境保护局关于印发《南京市排污权有偿使用和交易资金管理办法》的通知	南京市财政局，南京市环境保护局	2	通知	环境保护手段类	环保综合规定	宁财规〔2015〕14号	江苏省	南京市	
912	2015.11.25	山东省环保厅、山东省水利厅关于进一步加强农村饮用水水源保护工作的指导意见	山东省环境保护厅，山东省水利厅	2	意见	自然资源保护类	水资源	鲁环发〔2015〕149号	山东省		
913	2015.11.25	济南市人民政府办公厅关于贯彻落实鲁政办发〔2015〕15号文件加强环境监管执法工作的通知	济南市人民政府	1	通知	环境保护手段类	环保综合规定	济政办发〔2015〕19号	山东省	济南市	
914	2015.11.25	四川省环境保护厅办公室关于印发《四川省环保领域信访问题法定途径清单》的通知	四川省环境保护厅	1	通知	综合类	环保综合规定	川环办发〔2015〕290号	四川省		

续表

编号	发布时间	名称	发文主体	发文主体数量	文件类型	文件主类	文件亚类	文号	发文地区	发文城市	备注
915	2015.11.26	厦门市环境保护局关于印发《厦门市主要污染物排污权指标核定管理办法（试行）》的通知	厦门市环境保护局	1	通知	环境保护手段类	污染防治	厦环总量〔2015〕14号	福建省	厦门市	
916	2015.11.26	北京市环境保护局关于印发《挥发性有机物排污费征收细则》的通知	北京市环境保护局	1	通知	环境保护手段类	环保综合规定	京环发〔2015〕33号	北京市	北京市	
917	2015.11.26	浙江省环境保护厅、浙江省交通运输厅关于进一步规范危险废物运输管理工作的意见	浙江省环境保护厅、浙江省交通运输厅	2	意见	环境保护手段类	交通运输综合规定		浙江省		
918	2015.11.27	开封市环境保护局关于进一步加强核与辐射安全工作的通知	开封市环境保护局	1	通知	环境保护手段类	核安全管理		河南省	开封市	
919	2015.11.30	山东省环境保护厅关于发布《山东省社会环境检测管理办法》的通知	山东省环境保护厅	1	通知	环境保护手段类	环境监测	鲁环函〔2015〕1058号	山东省		
920	2015.11.30	普洱市人民政府办公室关于进一步加强环境安全隐患排查及整改工作的紧急通知	普洱市人民政府	1	通知	环境保护手段类	公安综合规定	普政办发〔2015〕183号	云南省	普洱市	
921	2015.11.30	北京市环境保护局关于机动车异地进行环保定期检验有关事项的公告	北京市环境保护局	1	公告	环境保护手段类	环保综合规定	北京市环境保护局公告2015年第19号	北京市	北京市	

续表

编号	发布时间	名称	发文主体	发文主体数量	文件类型	文件主类	文件亚类	文号	发文地区	发文城市	备注
922	2015.11.30	兰州市人民政府办公厅关于贯彻落实推行环境污染第三方治理的实施意见	兰州市人民政府	1	意见	环境保护手段类	污染防治、环保综合规定	兰政办发〔2015〕318号	甘肃省	兰州市	
923	2015.11.30	北京市环境保护局关于机动车环保定期检验有关事项的通知	北京市环境保护局	1	通知	环境保护手段类	环保综合规定	京环发〔2015〕34号	北京市	北京市	
924	2015.11.30	潍坊市环境保护局关于落实省环保厅对建设项目环境影响评价试行承诺备案制的通知	潍坊市环境保护局	1	通知	环境保护手段类	环保综合规定		山东省	潍坊市	
925	2015.12	邯郸市人民政府办公厅关于建立环境监管执法部门联动机制的意见	邯郸市人民政府	1	意见	环境保护手段类	环境监测、环保综合规定	邯政办字〔2016〕1号	河北省	邯郸市	
926	2015.12.02	湘西土家族苗族自治州人民政府关于印发《湘西自治州环境保护工作责任实施细则（试行）》的通知	湘西土家族苗族自治州人民政府	1	通知	环境保护手段类	环保综合规定	州政发〔2015〕15号	湖南省	湘西土家族苗族自治州	
927	2015.12.02	东营市环境保护局关于终止Ⅲ级应急减排措施的通知	东营市环境保护局	1	通知	环境保护手段类	环保综合规定		山东省	东营市	

续表

编号	发布时间	名称	发文主体	发文主体数量	文件类型	文件主类	文件亚类	文号	发文地区	发文城市	备注
928	2015.12.02	鸡西市人民政府办公室关于在鸡西市污染源日常环境监管领域实施随机抽查制度的通知	鸡西市人民政府	1	通知	环境保护手段类	污染防治、统计监督检查		黑龙江省	鸡西市	
929	2015.12.03	盘锦市人民政府办公室关于加强全市环境监管执法的实施意见	盘锦市人民政府	1	意见	环境保护手段类	环保综合规定	盘政办发〔2015〕124号	辽宁省	盘锦市	
930	2015.12.03	湖南省财政厅、湖南省环境保护厅关于印发《湖南省环境保护专项资金使用管理办法》的通知	湖南省财政厅，湖南省环境保护厅	2	通知	环境保护手段类	专项资金管理	湘财建〔2015〕100号	湖南省		
931	2015.12.03	四川省人民政府办公厅关于推行环境污染第三方治理的实施意见	四川省人民政府	1	意见	环境保护手段类	污染防治	川办发〔2015〕102号	四川省		
932	2015.12.04	汕头市发展和改革局、汕头市城市综合管理局、汕头市环境卫生管理局关于印发《汕头市城市综合管理局、汕头市环境卫生管理局中心城区生活垃圾处理收费管理办法》的通知	汕头市发展和改革局、汕头市城市综合管理局、汕头市环境卫生管理局	3	通知	污染防治类	公共场所环境卫生	汕市发改〔2015〕349号	广东省	汕头市	

续表

编号	发布时间	名称	发文主体	发文主体数量	文件类型	文件主类	文件亚类	文号	发文地区	发文城市	备注
933	2015.12.04	北京市环境保护局、北京市公安局公安交通管理局关于对黄标车采取交通管理措施的通告	北京市环境保护局，北京市公安交通管理局，北京市公安局公安交通管理局	3	通告	环境保护手段类	交通运输综合规定	京环发〔2015〕35 号	北京市	北京市	
934	2015.12.07	上海市物价局、上海市财政局、上海市环境保护局关于开展挥发性有机物（VOCs）排污收费试点工作的通知	上海市物价局，上海市财政局，上海市环境保护局	3	通知	环境保护手段类	行政事业性收费、环保综合规定	沪价费〔2015〕18 号	上海市	上海市	
935	2015.12.07	新乡市人民政府办公室关于强化政府责任建立网格化环境监管体系的实施意见（试行）	新乡市人民政府	1	意见	综合类	机关工作综合规定	新政办〔2015〕155 号	河南省	新乡市	
936	2015.12.07	潍坊市环境保护局关于印发《潍坊市环境保护局市县联办事项网上办理实施细则》的通知	潍坊市环境保护局	1	通知	综合类	环保综合规定		山东省	潍坊市	
937	2015.12.08	山东省人民政府办公厅关于修改山东省环境空气质量生态补偿暂行办法的通知	山东省人民政府	1	通知	环境保护手段类	环境标准	鲁政办字〔2015〕241 号	山东省		

续表

编号	发布时间	名称	发文主体	发文主体数量	文件类型	文件主类	文件亚类	文号	发文地区	发文城市	备注
938	2015.12.08	陕西省环境保护厅办公室关于印发《陕西省企业环境信用评价办法》及《陕西省企业环境信用评价要求及考核评分标准》的通知	陕西省环境保护厅	1	通知	环境保护手段类	环保综合规定	陕环办发〔2015〕91 号	陕西省		
939	2015.12.08	商洛市人民政府关于印发《商洛市农村环境综合整治长效管理机制实施意见》的通知	商洛市人民政府	1	通知	环境保护手段类	环保综合规定	商政发〔2015〕61 号	陕西省	商洛市	
940	2015.12.08	东营市环境保护局关于启动Ⅲ级应急减排措施的通知	东营市环境保护局	1	通知	环境保护手段类	环保综合规定		山东省	东营市	
941	2015.12.08	陕西省环境保护厅办公室关于印发《陕西省企业环境信用评价办法》及《陕西省企业环境信用评价要求及考核评分标准》的通知	陕西省环境保护厅	1	通知	环境保护手段类	干部与工作人员		陕西省		
942	2015.12.09	连云港市政府办公室关于印发连云港市建设项目环境影响评价文件分级审批管理办法的通知	连云港市人民政府	1	通知	环境保护手段类	环境监测	连政办发〔2015〕186 号	江苏省	连云港市	
943	2015.12.09	株洲市人民政府办公室关于进一步加强环境监管执法工作的通知	株洲市人民政府	1	通知	环境保护手段类	环保综合规定	株政办发〔2015〕95 号	湖南省	株洲市	

续表

编号	发布时间	名称	发文主体	发文主体数量	文件类型	文件主类	文件亚类	文号	发文地区	发文城市	备注
944	2015.12.09	杭州市人民政府办公厅关于加强环境监管执法工作的通知	杭州市人民政府	1	通知	环境保护手段类	环境监测、环保综合规定	杭政办函[2015]165号	浙江省	杭州市	
945	2015.12.10	黑龙江省环境保护厅关于转发《关于城市国控空气质量监测点位调整有关问题的复函》的通知	黑龙江省环境保护厅	1	通知	环境保护手段类	质量综合规定	黑环办发[2015]208号	黑龙江省		
946	2015.12.11	南通市人民政府关于切实加强全市环境监管执法工作的通知	南通市人民政府	1	通知	环境保护手段类	环保综合规定	通政发[2015]82号	江苏省	南通市	
947	2015.12.11	广东省环境保护厅关于转发环境保护部《企业事业单位突发环境事件应急预案备案管理办法（试行）》的通知	广东省环境保护厅	1	通知	环境保护手段类	环保综合规定、突发事件	粤环[2015]99号	广东省		
948	2015.12.11	厦门市人民政府印发关于提升厦门岛环境品质若干规定的通知	厦门市人民政府	1	通知	综合类	环保综合规定、环境监测	厦府[2015]359号	福建省	厦门市	
949	2015.12.11	南宁经济技术开发区管委会关于印发南宁经济技术开发区环境监管网格化管理方案的通知	南宁经济技术开发区管委会	1	通知	环境保护手段类	环保综合规定	南经管发[2015]529号	广西壮族自治区		

续表

编号	发布时间	名称	发文主体	发文主体数量	文件类型	文件主类	文件亚类	文号	发文地区	发文城市	备注
950	2015.12.11	浙江省环境保护厅关于《杭州市第二水源千岛湖配水供水工程管理条例》的反馈意见	浙江省环境保护厅	1	意见	环境保护手段类	水利工程		浙江省		
951	2015.12.13	晋城市人民政府关于加强环境监察执法的实施意见	晋城市人民政府	1	意见	环境保护手段类	环保综合规定	晋市政发〔2015〕32号	山西省	晋城市	
952	2015.12.14	衢州市人民政府办公室关于全面实施环境监管网格化管理的通知	衢州市人民政府	1	通知	环境保护手段类	环境监测	衢政办发〔2015〕89号	浙江省	衢州市	
953	2015.12.14	江苏省物价局、江苏省环境保护厅关于根据环保信用评价等级试行差别电价有关问题的通知	江苏省环境保护厅、江苏省环境保护厅	2	通知	环境保护手段类	价格综合规定	苏价工〔2015〕335号	江苏省		
954	2015.12.14	淄博市人民政府办公厅关于进一步加强危险废物管理严厉打击环境违法犯罪的意见	淄博市人民政府	1	意见	环境保护手段类	化学危险品监管	淄政办字〔2015〕123号	山东省	淄博市	
955	2015.12.14	云南省环境保护厅关于宣传贯彻《环境保护部关于〈中华人民共和国大气污染防治法〉的通知》的通知	云南省环境保护厅	1	通知	污染防治类	污染防治	云环通〔2015〕284号	云南省		
956	2015.12.15	湖南省人民政府办公厅关于在湘江流域推行水环境保护行政执法责任制的通知	湖南省人民政府	1	通知	环境保护手段类	环保综合规定	湘政办发〔2015〕110号	湖南省		

续表

编号	发布时间	名称	发文主体	发文主体数量	文件类型	文件主类	文件亚类	文号	发文地区	发文城市	备注
957	2015.12.15	淮北市人民政府办公室关于推行环境污染第三方治理的实施意见	淮北市人民政府	1	意见	环境保护手段类	污染防治	淮政办 [2015] 41号	安徽省	淮北市	
958	2015.12.15	天津市人民政府办公厅转发市环保局关于加强环境监测执法实施意见的通知	天津市人民政府	1	通知	环境保护手段类	环境监测	津政办发 [2015] 97号	天津市	天津市	
959	2015.12.16	山东省环境保护厅办公室关于放射性药品使用管理有关事项的通知	山东省环境保护厅	1	通知	环境保护手段类	药品管理、环保综合规定	鲁环办函 [2015] 198号	山东省		
960	2015.12.16	山东省环境保护厅关于加强消耗臭氧层物质生产、使用、销售、回收、再生利用、销毁等经营活动备案管理的通知	山东省环境保护厅	1	通知	环境保护手段类	环保综合规定	鲁环函 [2015] 1059号	山东省		
961	2015.12.16	陕西省环境保护厅关于印发《充分发挥环境保护优化经济增长的指导意见》的通知	陕西省环境保护厅	1	通知	综合类	环保综合规定	陕环办发 [2015] 94号	陕西省		
962	2015.12.16	湖北省人民政府办公厅关于印发湖北省环境空气质量生态补偿暂行办法的通知	湖北省人民政府	1	通知	环境保护手段类	环保综合规定	鄂政办发 [2015] 89号	湖北省		
963	2015.12.16	上海市环境保护局关于进一步加强本市燃煤锅炉环境执法工作的通知	上海市环境保护局	1	通知	环境保护手段类	环保综合规定	沪环防 [2015] 514号	上海市	上海市	

续表

编号	发布时间	名称	发文主体	发文主体数量	文件类型	文件主类	文件亚类	文号	发文地区	发文城市	备注
964	2015.12.16	宝鸡市人民政府办公室关于印发宝鸡市推行环境污染第三方治理实施方案的通知	宝鸡市人民政府	1	通知	环境保护手段类	污染防治	宝政办发[2015]109号	陕西省	宝鸡市	
965	2015.12.17	宁波市人民政府办公厅关于推进全市网格化环境监管工作的实施意见	宁波市人民政府	1	意见	环境保护手段类	环境监测	甬政办发[2015]229号	浙江省	宁波市	
966	2015.12.17	湖南省发改委、湖南省财政厅、湖南省环保厅关于转发国家发展和改革委员会、财政部、环境保护部关于制定石油化工及包装印刷等行业挥发性有机物排污费征收标准有关问题的通知》的通知	湖南省发改委、湖南省财政厅、湖南省环保厅	3	通知	环境保护手段类	价格综合规定	湘发改价费[2015]1120号	湖南省		
967	2015.12.17	娄底市人民政府办公室关于加强环境监管执法的实施意见	娄底市人民政府	1	意见	环境保护手段类	环保综合规定	娄政办发[2015]61号	湖南省	娄底市	
968	2015.12.17	台州市人民政府办公室关于加强环境监管执法的实施意见	台州市人民政府	1	意见	环境保护手段类	环境监测	台政办发[2015]99号	浙江省	台州市	
969	2015.12.17	山东省国土资源厅关于下发《山东矿山地质环境保护与治理恢复方案编制审查管理办法》的通知	山东省国土资源厅	1	通知	生态保护类	地质矿产综合规定		山东省		

续表

编号	发布时间	名称	发文主体	发文主体数量	文件类型	文件主类	文件亚类	文号	发文地区	发文城市	备注
970	2015.12.17	浙江省司法厅、浙江省环境保护厅关于加强环境污染纠纷人民调解工作的指导意见	浙江省司法厅、浙江省环境保护厅	2	意见	环境保护手段类	调解		浙江省		
971	2015.12.18	上海市环境保护局关于印发《建设项目环境影响评价分类管理名录；上海市实施细化规定（2015版）》的通知	上海市环境保护局	1	通知	环境保护手段类	环保综合规定	沪环保评[2015]521号	上海市	上海市	
972	2015.12.18	上海市环境保护局关于印发《上海市固定污染源编码实施办法（试行）》的通知	上海市环境保护局	1	通知	环境保护手段类	污染防治	沪环保规[2015]527号	上海市	上海市	
973	2015.12.18	新乡市人民政府办公室关于印发《新乡市水环境生态补偿办法》的通知	新乡市人民政府	1	通知	环境保护手段类	自然保护、水资源	新政办[2015]160号	河南省	新乡市	
974	2015.12.18	吉林省环境保护厅关于印发《吉林省环境影响评价机构考核办法（试行）》的通知	吉林省环境保护厅	1	通知	环境保护手段类	环保综合规定	吉环管字[2015]18号	吉林省		
975	2015.12.20	东营市环境保护局关于启动III级应急减排措施的通知	东营市环境保护局	1	通知	环境保护手段类	环保综合规定		山东省	东营市	
976	2015.12.21	黑龙江省环境保护厅关于转发环保部环发[2015]86号文件的通知	黑龙江省环境保护厅	1	通知	综合类	环保综合规定	黑环发[2015]250号	黑龙江省		

续表

编号	发布时间	名称	发文主体	发文主体数量	文件类型	文件主类	文件亚类	文号	发文地区	发文城市	备注
977	2015.12.21	深圳市人居环境委、市交通运输委、市公安交警局关于对未取得绿色环保标志的机动车采取第二十三阶段限行措施的通告	深圳市人居环境委、市交通运输委、市公安交警局	3	通知	污染防治类	环保综合规定	深人环〔2015〕648号	广东省	深圳市	
978	2015.12.21	上海市海洋局关于印发《上海市海洋工程建设项目环境保护设施验收管理办法》的通知	上海市海洋局	1	通知	环境保护手段类	环保综合规定	沪海洋〔2015〕63号	上海市	上海市	
979	2015.12.21	东营市环境保护局关于启动Ⅱ级应急减排措施的通知	东营市环境保护局	1	通知	环境保护手段类	机关工作综合规定		山东省	东营市	
980	2015.12.22	陕西省人民政府办公厅关于印发《陕西省各级政府及部门环境保护工作责任规定（试行）》的通知	陕西省人民政府	1	通知	环境保护手段类	环保综合规护	陕政办发〔2015〕106号	陕西省		
981	2015.12.22	辽宁省人民政府关于促进沿海地区重点产业与环境保护协调发展的通知	辽宁省人民政府	1	通知	环境保护手段类	环保综合规定	辽政发〔2015〕69号	辽宁省		
982	2015.12.22	海南省人民政府办公厅关于印发海南省实行网格化环境监管体系指导意见（试行）的通知	海南省人民政府	1	通知	环境保护手段类	环境监测、环保综合规定	琼府办〔2015〕245号	海南省		

续表

编号	发布时间	名称	发文主体	发文主体数量	文件类型	文件主类	文件亚类	文号	发文地区	发文城市	备注
983	2015.12.22	汉中市人民政府办公室关于印发汉中市网格化环境监管工作方案的通知	汉中市人民政府	1	通知	环境保护手段类	环境监测	汉政办函[2015] 85 号	陕西省	汉中市	
984	2015.12.22	太原市人民政府办公厅关于印发太原市环境监管网格化管理实施方案的通知	太原市人民政府	1	通知	环境保护手段类	环境监测	并政办发[2015] 65 号	山西省	太原市	
985	2015.12.23	贵州省人民政府办公厅关于转发省环保护厅等部门《贵州省乌江流域水污染治生态补偿实施办法（试行）》的通知	贵州省人民政府	1	通知	环境保护手段类	污染防治	黔府办函[2015] 208 号	贵州省		
986	2015.12.23	青海省环境保护厅办公室关于印发青海省社会环境检测机构能力认定要点的通知	青海省环境保护厅	1	通知	环境保护手段类	环保综合规定	环办[2015] 68 号	青海省		
987	2015.12.23	潍坊市环境保护委员会关于印发《潍坊市网格化环境监管体系实施方案》的通知	潍坊市环境保护委员会	1	通知	环境保护手段类	环保综合规定	潍环委发[2015] 24 号	山东省	潍坊市	
988	2015.12.23	南京市人民政府关于贯彻落实《国务院办公厅关于加强环境监管执法的通知》的实施意见	南京市人民政府	1	意见	环境保护手段类	工商管理综合规定	宁政发[2015] 263 号	江苏省	南京市	

续表

编号	发布时间	名称	发文主体	发文主体数量	文件类型	文件主类	文件亚类	文号	发文地区	发文城市	备注
989	2015.12.23	合肥市环境保护局转发安徽省环保厅关于改革信访工作制度依照法定途径分类处理信访问题意见的通知	合肥市环境保护局	1	通知	综合类	信访	合环监〔2015〕131号	安徽省	合肥市	
990	2015.12.24	驻马店市人民政府办公室关于公布市环境保护局行政职权目录的通知	驻马店市人民政府	1	通知	综合类	污染防治	驻政办〔2015〕165号	河南省	驻马店市	
991	2015.12.24	许昌市人民政府关于印发许昌市扬尘管控智能管控系统运行管理办法和环境空气质量生态补偿办法（试行）的通知	许昌市人民政府	1	通知	环境保护手段类	环保综合规定	许政〔2015〕77号	河南省	许昌市	
992	2015.12.24	成都市城乡建设委员会关于印发《建设工地环境治理专项行动方案》的通知	成都市城乡建设委员会	1	通知	环境保护手段类	公共场所与环境卫生	成建委〔2015〕507号	四川省	成都市	
993	2015.12.24	北京市环境保护局关于印发《北京市环境保护局行政处罚自由裁量基准》（2016版）的通知	北京市环境保护局	1	通知	环境保护手段类	环保综合规定、行政处罚与行政复议		北京市	北京市	

续表

编号	发布时间	名称	发文主体	发文主体数量	文件类型	文件主类	文件亚类	文号	发文地区	发文城市	备注
994	2015.12.25	海南省物价局、海南省生态环境保护厅、海南省发展和改革委员会关于实行燃煤电厂超低价排放电价支持政策有关问题的通知	海南省物价局，海南省生态环境保护厅，海南省发展和改革委员会	3	通知	环境保护手段类	环保综合规定	琼价管〔2015〕341号	海南省		
995	2015.12.26	东营市环境保护局关于终止Ⅲ级应急减排措施的通知	东营市环境保护局	1	通知	环境保护手段类	机关工作综合规定		山东省	东营市	
996	2015.12.27	常州市人民政府办公室关于印发常州市建设项目环境影响评价文件分级审批管理办法的通知	常州市人民政府	1	通知	环境保护手段类	环保综合规定	常政办发〔2015〕144号	江苏省	常州市	
997	2015.12.28	山东省环境保护厅办公室关于印发《山东省污染源日常环境监管随机抽查制度落实方案》的通知	山东省环境保护厅	1	通知	环境保护手段类	污染防治	鲁环办〔2015〕47号	山东省		
998	2015.12.28	陕西省环境保护厅办公室关于建立工作动态报送制度的通知	陕西省环境保护厅	1	通知	环境保护手段类	环保综合规定	陕环办函〔2015〕108号	陕西省		
999	2015.12.28	衡阳市人民政府关于印发《衡阳市环境保护工作责任规定（试行）》的通知	衡阳市人民政府	1	通知	环境保护手段类	环保综合规定	衡政发〔2015〕14号	湖南省	衡阳市	

续表

编号	发布时间	名称	发文主体	发文主体数量	文件类型	文件主类	文件亚类	文号	发文地区	发文城市	备注
1000	2015.12.28	苏州市人民政府办公室关于印发苏州市建设项目环境影响评价文件分级审批管理办法的通知	苏州市人民政府	1	通知	环境保护手段类	环保综合规定	苏府办〔2015〕229 号	江苏省	苏州市	
1001	2015.12.28	江苏省物价局、江苏省财政厅、江苏省环境保护厅关于进一步明确排污费征收有关问题的通知	江苏省物价局、江苏省财政厅、江苏省环境保护厅	3	通知	环境保护手段类	价格综合规定	苏价费〔2015〕351 号	江苏省		
1002	2015.12.28	淄博市人民政府办公厅关于加强环境监管执法工作的通知	淄博市人民政府	1	通知	环境保护手段类	环保综合规定	淄政办发〔2015〕30 号	山东省	淄博市	
1003	2015.12.28	哈尔滨市人民政府办公厅关于印发哈尔滨市建设项目环境影响评价文件分级审批规定的通知	哈尔滨市人民政府	1	通知	环境保护手段类	环保综合规定、建设综合规定	哈政办综〔2015〕58 号	黑龙江省	哈尔滨市	
1004	2015.12.29	辽宁省环境保护厅办公室关于印发重大行政执法决定法制审查暂行规定的通知	辽宁省环境保护厅	1	通知	环境保护手段类	机关工作综合规定	辽环办〔2015〕32 号	辽宁省	辽宁省	
1005	2015.12.29	株洲市人民政府办公室关于印发《株洲市环境保护工作职责规定》的通知	株洲市人民政府	1	通知	环境保护手段类	环保综合规定	株政办发〔2015〕92 号	湖南省	株洲市	

续表

编号	发布时间	名称	发文主体	发文主体数量	文件类型	文件主类	文件亚类	文号	发文地区	发文城市	备注
1006	2015.12.29	来宾市人民政府办公室关于印发来宾市环境保护"一岗双责"责任制实施办法的通知	来宾市人民政府	1	通知	环境保护手段类	环保综合规定	来政办发〔2015〕109号	广西壮族自治区	来宾市	
1007	2015.12.29	定安县人民政府办公室关于印发定安县环境监测网格化管理工作方案的通知	定安县人民政府	1	通知	环境保护手段类	环保综合规定	定府办〔2015〕178号	海南省	定安县	
1008	2015.12.29	河北省发展和改革委员会、河北省环境保护厅转发关于实行燃煤电厂超低排放电价支持政策有关问题的通知	河北省发展和改革委员会，河北省环境保护厅	2	通知	环境保护手段类	环保综合规定、企业用电	冀发改价〔2015〕1528号	河北省		
1009	2015.12.30	湖北省环境保护厅关于印发《关于全面推进环境监测服务社会化的实施意见》的通知	湖北省环境保护厅	1	通知	环境保护手段类	环境监测	鄂环发〔2015〕27号	湖北省		
1010	2015.12.30	山西省环境保护厅、山西省财政厅、山西省物价局关于印发《山西省排污权有偿取得和交易办法》的通知	山西省环境保护厅，山西省财政厅，山西省物价局	3	通知	环境保护手段类	污染防治	晋环发〔2015〕168号	山西省		
1011	2015.12.30	东营市环境保护局关于启动Ⅲ级应急减排措施的通知	东营市环境保护局	1	通知	环境保护手段类	环保综合规定		山东省	东营市	
1012	2015.12.31	苏州市人民政府印发关于加强环境监管执法的工作意见的通知	苏州市人民政府	1	通知	环境保护手段类	地方规范性文件	苏府〔2015〕179号	江苏省	苏州市	

续表

编号	发布时间	名称	发文主体	发文主体数量	文件类型	文件主类	文件亚类	文号	发文地区	发文城市	备注
1013	2015.12.31	济南市环境保护局关于印发《济南市环境保护局行政处罚裁量基准（修订）》的通知	济南市环境保护局	1	通知	环境保护手段类	地方规范性文件	济环字〔2015〕241 号	山东省	济南市	
1014	2015.12.31	天水市人民政府办公室关于进一步加强环境监管执法的实施意见	天水市人民政府	1	意见	环境保护手段类	环保综合规定	天政办发〔2015〕174 号	甘肃省	天水市	
1015	2015.12.31	丽水市人民政府办公室关于全面实施环境监管网格化管理的通知	丽水市人民政府	1	通知	环境保护手段类	环境监测	丽政办发〔2015〕189 号	浙江省	丽水市	

编 后 记

　　本书是教育部人文社会科学发展报告（蓝皮书）培育项目"中国环境法制建设发展报告"（编号：11JBGPO44）的2016卷。

　　本书编写方案的制定和撰写队伍的组织由"中国环境法制建设发展报告"项目首席专家徐祥民教授负责，于铭参与了出版事宜。本书在分季度撰稿基础上统稿而成。第一至四季度撰稿人分别为：张红杰（中国海洋大学法学院）、宋福敏（曲阜师范大学法学院）、游祯祥（甘肃政法大学环境法学院）、王昌森（山东外贸职业学院）。各篇及附录统稿人分别为：徐祥民（第一篇），宋福敏（第二篇及附录一），张红杰、王庆元（第三篇及总附录），王昌森（第四篇）。王庆元（中国海洋大学法学院博士生）承担了总附录的整合完善以及数据统计分析工作。本书最终撰稿字数分别为：徐祥民撰稿约16000字，张红杰撰稿约99000字，宋福敏撰稿约82000字，王昌森撰稿约78000字，游祯祥撰稿约89000字，王庆元撰稿约14000字。

　　出于完成本报告编写规划内容的需要，在编写过程中使用了北大法宝、政府官网等网站上的信息和资料，在此对原作者、网站平台及发布者等表示敬意和感谢！

本卷编写组

2022年5月22日